2022
出国留学蓝皮书

中信银行股份有限公司 著

中信出版集团 | 北京

图书在版编目（CIP）数据

2022 出国留学蓝皮书 / 中信银行股份有限公司著
. -- 北京：中信出版社，2022.9
ISBN 978-7-5217-4642-6

I. ① 2… II. ①中… III. ①留学生教育-世界-2022-指南 IV. ①G649.1-62

中国版本图书馆 CIP 数据核字（2022）第 147727 号

2022 出国留学蓝皮书

著者：　中信银行股份有限公司
出版发行：　中信出版集团股份有限公司
（北京市朝阳区惠新东街甲 4 号富盛大厦 2 座　邮编　100029）
承印者：　宝蕾元仁浩（天津）印刷有限公司

开本：787mm×1092mm　1/16　　印张：21　　字数：310 千字
版次：2022 年 9 月第 1 版　　印次：2022 年 9 月第 1 次印刷
书号：ISBN 978-7-5217-4642-6
定价：58.00 元

服务热线：400-600-8099
投稿邮箱：author@citicpub.com

《2022 出国留学蓝皮书》
编审委员会名单

目 录

序　一

温暖护航留学之路

百余年来，中国留学生远渡重洋求学的足迹，记录着中华儿女奋发图强、上下求索，为实现中国梦而奋斗的历史。当今中国正处于实现中华民族伟大复兴的关键时期，培养更多具有家国情怀、国际视野、全球竞争力，以及中国文化自信的新一代国际化人才，是实现民族复兴和中国梦的重要助力。习近平总书记在欧美同学会成立100周年庆祝大会上提出了“支持留学、鼓励回国、来去自由、发挥作用”的十六字工作方针[①]，这也是我国多年来的留学政策。千帆竞发浪潮涌，百舸争流正逢时。留学归来的青年人投身到这个伟大国家的发展建设中，顺应了时代需求和历史潮流，将个体的发展与民族命运紧密相连，谱写青春的华章。

出国留学是一个重大决定，牵动着千万家庭的心。从萌生想法到行前准备，从签证办理到学费汇款，从海外留学生活到学成归国就业，众多繁杂的问题，令留学家庭感到焦虑。一直以来，中信银行都致力于成为有温度的银行，积极为留学家庭提供全方位金融服务。尤其是新冠肺炎疫情暴发以来，中信银行为国内外留学家庭做了大量的服务工作。在疫情防控期间，中信银行积极开通出国金融业务的绿色通道，为广大客户提供了便利化银行服务；开展线上系列讲座活动，发布“出国金融护航周历”，向留学客群传递境外疫情防控、签证及留学政策等重要资讯，践行“信守温度”的服务理念。

---

① 中国政府网，http://www.gov.cn/govweb/ldhd/2013-10/21/content_2511441.htm。

中信银行作为国内最早开办出国金融业务的商业银行，拥有24年出国金融业务服务经验，始终以为出国客户提供贴心、全面、便利的服务为已任，以用创新性思维发现和满足客户的实际需求为目标，在业内创造了多个“首家”和“率先”。中信银行是国内首批获得国家外汇管理局批准，推出个人外汇业务的银行之一；在业内首家推出不占用客户便利化购汇额度的线上留学汇款产品；在业内率先推出“全球签”一站式签证办理服务；获得美国、英国、新加坡、以色列等多国使馆和签证中心权威授权。“要出国，找中信”的品牌形象已经深入人心。近年来，我们深切感受到客户对留学选择的关注与困惑。因此，我们特邀中国社会科学院的专家团队进行大量调研，并邀请海外知名高校教授以及国内留学专家基于调研结果撰写全新的《2022出国留学蓝皮书》。我们希望通过相对客观中立的调研结果，帮助更多留学家庭做出理性的决策。

中信银行自2017年起持续出版“出国留学蓝皮书”系列图书，这一举措表明了中信银行对出国留学金融业务的重视，也说明中信银行对留学家庭的服务是长期的承诺。与此同时，我们也认识到，在中国继续深化改革开放的背景下，走出国门看世界，加强国际交流与合作，是一个不变的主题。中信银行将持续加强和改进出国留学金融服务，继续做一家了解客户需求的有温度的银行。我们近2 000人的出国金融专家团队愿意一路陪伴，做一缕微光，为每位学子照亮前行之路。

脚下行程千里远，腹中贮书万卷多。人生是一场修行，我们要在修炼自己的同时，努力为社会做出一点贡献。莘莘学子，更应该用青春为自己、他人乃至国家奏响前进的乐曲。中信银行祝愿每一位学子都能实现留学梦想，在人生道路上愈行愈远，发出属于自己的光芒。

中信银行股份有限公司
2022年8月

序　二

远航是为了更好的归来

改革开放以来，越来越多的年轻人走出国门，增长见识、开阔视野、学习新知、提升自我。中国经济的快速发展，也让年轻人有着更多的人生选择。尤其是随着国际形势风云变幻，个人在拥有创造美好生活的能力的同时，具备国际化思维和大视野显得尤为重要。如果说读万卷书、行万里路是留学生涯的开始，那么，新时代下留学的意义更关乎在全球化语境下如何提升专业知识、增长见识、开阔视野、获得独立创新的精神与能力。换言之，掌握前沿科学，深入理解和了解这个世界，是面向未来、迎接挑战的一个途径，这也是万千留学家庭做出留学决定的重要原因。

留学首先要解决一系列问题，比如：为什么要留学？留学生涯如何影响个人及社会的发展？如何才能进入理想的学校，获得更长远的发展？《2022 出国留学蓝皮书》解答了上述问题。这是一本具有很强的专业性、实用性和可读性的留学指南，是中信银行将多年的出国留学金融服务经验与海外专家教学经验凝聚成册，以期为留学家庭与学子提供专业指导。该书对国际教育体系进行了详细专业的解读。尤为特别的是，该书汇集了国际教育专家、留学生以及留学家庭的观点，他们的宝贵经验为我们提供了第一手信息。相信读者读完此书，会对留学海外和留学规划有一个全面且清晰的认识，在留学路上不再迷茫。

作为一名曾经的留学生，青春岁月的留学生涯给我带来了许多收获，让我更清晰地观察这个世界的本质，也更加体悟和理解自己的国家。法国是一个思想大国，从它在巴黎铁塔上骄傲地刻上了众多影响力巨大的科学家的名字可见一斑。

法国作家雨果的《孤星泪》等作品，表现出来的广阔历史跨度在人类思想史上留下了深刻的印记。历史上，在戴高乐总统带领下的法国是第一个跟中华人民共和国建立外交关系的西方大国，当时尼克松问他为什么这样做，戴高乐回答说：“我是在做历史上正确的事情，你们或迟或早会跟随我。”法国的教育也是西方教育的源头之一，索邦大学的所谓“离经叛道”之辈走到英国建立了牛津大学，牛津大学的教授后来建立了剑桥大学，剑桥大学的教授又去美国建立了哈佛大学。那么，下一个学术圣地是否会在中国呢？世界需要一个新的方向，有待学子们探索并做出贡献。

如今，中国处于发展的重要时期，这是一个大时代，充满着各种机遇与挑战。这个时代鼓励人们走出去看世界，也欢迎优秀学子学成归国。今日中国少年的留学之路，注定与以往都不同。在中国快速发展期成长的少年，生长在一个物质文明高度发达的社会，无论是跨越太平洋还是横渡大西洋，他们都有着文化自信，能自信行走世界，汲取知识养分，在未来的祖国建设中做出应有贡献。少年强则国强，这个时代需要更为广泛的开放与交流，需要更多的优秀学子参与其中。从某种意义上讲，留学是一次远航，而远航是为了更好的归来。

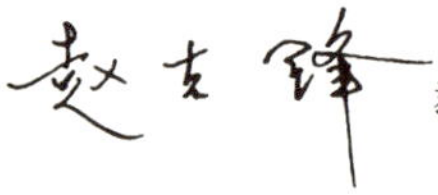
教授

巴黎商学院亚洲学术校长

法国布雷斯特商学院校董

2022 年 8 月

前 言

2022年，中信银行致力于出版《2022出国留学蓝皮书》，为有留学意愿的家庭提供有温度的服务。本书在持续追踪行业动态、把握留学动向和发展趋势的基础上，全面考察了学生群体在留学前及留学后的思考与困惑，并为留学家庭提供了许多可参考的意见与解决方案。

随着我国社会经济的迅速发展，居民收入水平不断提高，家庭支付能力也在快速增强，越来越多的家庭选择让孩子出国留学，尤其是2008年以来，我国出国留学人数呈爆炸式增长。截至目前，我国已经成为全球留学生的最大输出地，不仅连续12年成为美国最大的国际生生源地，而且成为英国最大的国际生生源地。

基于这种趋势，中信银行自2017年起陆续出版“出国留学蓝皮书”系列图书，旨在通过对学生群体和家长群体的调查，帮助有留学意愿的学生与家长掌握留学申请趋势，为有留学意愿的家庭提供有温度的服务。今年，中信银行继续开展了这项调查。本次调查对不同阶段的学生群体进行了区分，全面分析学生群体与家长群体从准备阶段到海外学习阶段的选择、收获、思考和困惑，为留学家庭提供关于留学发展趋势和留学准备的最新动态。

此次分析的样本数据来自中信银行2022年在国内外采集的5 200多份样本，覆盖了全国8个主要城市（如上海、北京、深圳等）和主要留学国家（如美国、英国、加拿大、澳大利亚、德国、丹麦、荷兰、法国、新加坡、日本）。为了更好地了解家庭层面对于留学的选择、需求和困惑，我们分别对家长群体和学生群体进行了问卷调研。调研团队反复精简和优化调查问卷，并且采用多平台投放的方式，尽可能提高问卷回收率、回收质量和样本的覆盖率，增强样本的代表性，缩小调研误差，力求真实全面地展现国内留学市场的现状。总体而言，此次调研在样本量、样本结构和样本代表性等方面都达到了较高水准。

《2022出国留学蓝皮书》作为一本可学习、可指导的留学状况分析和留学规划指导手册，新增了大量关于留学规划与申请的专业指导内容，以及对欧洲与亚洲留学新热点国家和地区的分析，并通过200份定性样本分析和对国际学校专家的访谈，对留学过程中的新趋势、新做法进行了详尽的分析与专业的解读，以帮助留学家庭更好地应对不断变化的留学申请过程，克服因文化不同及信息不对称而产生的留学申请障碍。持此手册，家长与学生基本可以深入了解留学规划及申请的全景，有留学意愿的学生可以解决留学申请道路上碰到的种种难题与挑战，提前做好专业的留学规划，从容步入国际名校。

本书由中信银行联合北京紫实教育科技有限公司和中国社会科学院社会发展战略研究院的专家与学者共同撰写。在成稿过程中，我们一直遵循客观严谨的原则，逐步呈现调研结果，对调研结果进行客观阐释，并结合近期留学发展趋势进行关联分析。但是，为了紧追留学活动新趋势、把握留学发展新走向，尽快给留学家庭提供有用信息，成稿时间比较紧迫，书中如有疏漏之处，敬请指正。

本书能够顺利付梓，要感谢多方团队与人员的支持和通力合作。诚挚感谢！

第一章

留学成就更好的自我，走向更广阔的世界

留学热会不会降温？风云变幻的国际形势、疫情的不确定性，都或多或少地影响着人们的选择。但对于世界上最大的国际生生源地中国而言，答案是非常清晰的。《2021 美国门户开放报告》显示，2020—2021 学年，中国留美国际生人数达 317 299 人，占留美国际生总数的 34.7%，中国连续 12 年成为美国最大的国际生生源地。而英国官方本科申请系统 UCAS（Universities and Colleges Admissions Service，英国大学和学院招生服务中心）公布的数据显示（数据截止到 2022 年 6 月 30 日），中国学生申请人数再创新高，达到了 31 400 名，比去年同期增长 10%，申请人数是 2018 年的两倍。

中国经济的快速发展，极大地改善了中国人民的物质生活条件，也给无数家庭带来了走出国门接受教育的机会与自由。中信银行等金融平台提供的强大而便捷的全方位出国留学金融服务更是令留学生无后顾之忧。

无论是回国还是留在他乡，今日学子都有着更多自由的选择，而国家也给予了充分的理解、支持与鼓励。2013 年 10 月 21 日，习近平总书记在欧美同学会成立100周年庆祝大会上发表讲话①，提出“支持留学、鼓励回国、来去自由、发挥作用……，把做好留学人员工作作为实施科教兴国战略和人才强国战略的重要任务……使留学人员回到祖国有用武之地，留在国外有报国之门”的指导方针。在这个方针的引导下，中国留学生有了更广阔的天地与未来。

为了更加客观全面地对留学趋势进行分析，中国社会科学院社会发展战略研

---

① 中国政府网，http://www.gov.cn/govweb/ldhd/2013-10/21/content_2511441.htm。

究院的陈华珊老师带领团队进行了抽样调查和分析。本次调研基于线上和线下问卷调查结果，调查对象覆盖全国 8 个主要城市和 10 个主要留学国家，共回收有效样本 5 090 份。同时，曾在普林斯顿大学任教的甄金辉老师也带领团队进行了 200 份定性问卷访谈，并对全书涉及的留学国家的申请规划进行了专业的梳理和总结。调查对象不仅涉及有留学意愿的学生，还包括正在留学或有过留学经历的人群。此次调研专注于调查和了解中国学生群体在留学的各个阶段所产生的不同需求，系统梳理学生在国内进行留学准备时的选择、规划，以及到达全新的学习、生活环境后随之产生的问题与困惑。同时，此次调研比较了不同的学生群体与家长群体在规划、比较、选择留学方案时的主要影响因素，为中国学生在新冠肺炎疫情防控时期的留学选择提供参考。

本章对 2022 年的调研数据进行了专业分析，并将其与 2020 年的调研数据进行了比较，以更好地把握整体变化与趋势（见表 1–1）。2022 年的调研样本量为 5 090 份，其中学生样本有 3 894 份，家长样本有 1 196 份，占比分别为 76.5% 和 23.5%。国内样本主要分布在广州、上海、北京、深圳、成都、武汉、杭州、苏州 8 个城市，海外样本主要分布在当前主流留学国家（包括美国、英国、澳大利亚、日本、加拿大等国家）。与之相比较的 2020 年，调研样本量为 5 010 份，其中学生样本有 3 430 份，家长样本有 1 580 份，占比分别为 68.5% 和 31.5%。两次调研的样本共计包括学生 7 324 人、家长 2 776 人，总计 10 100 人。总体而言，此次调研样本的代表性较强，覆盖面较广。

表 1–1　2020 年和 2022 年调研情况一览

项目	2020 年	2022 年
调研时间	7~9 月	5~6 月
调研方式	线上调研	线上调研
调研样本	学生样本 3 430 份、家长样本 1 580 份	学生样本 3 894 份、家长样本 1 196 份
学生结构	计划留学、正在留学	计划留学、正在留学
调研城市	广州、上海、北京、深圳、成都、武汉、杭州、苏州	广州、上海、北京、深圳、成都、武汉、杭州、苏州
调研国家	包括美国、英国、加拿大、澳大利亚等国家	包括美国、英国、澳大利亚、日本、加拿大等国家

在数据分析方面，我们首先区分了家长样本和学生样本，从家长和学生的视角分别描述留学情况。为了更好地了解不同学生群体在留学前、留学中和留学后的差异，我们还将学生群体划分为意向留学生群体（计划留学）和已经在国外学习的留学生群体。为了更好地分析和描述学生群体的留学过程，我们将分析时段划分为留学前、留学中和留学后三个阶段。

分析的内容包括三个部分。

- 学生群体在留学前的准备工作，具体包括：对学生群体的留学目标、留学申请的筹备进行了描述；在把握国内留学整体趋势的基础上，比较了家长和学生对留学的不同期待；分析了疫情对留学家庭意向产生的影响。
- 学生群体在留学中的生活、学习遇到的困难和获得的收获，具体包括学生群体在留学期间的真实生活面貌，涉及生活和学业上遇到的障碍、对学业与生活的满意度等情况。
- 学生群体在留学后的职业规划和归国打算等，具体包括留学生在制订未来发展规划与做出择业决策时考虑的种种因素与面临的困难。

2022 年的调研专注于了解中国学生在留学前、留学中和留学后三个阶段不同的准备、需求和困难等，旨在展现留学家庭的真实需求，让家长与学生深入了解留学全景，帮助有留学意愿的家庭解决可能遇到的各种问题与挑战，提前做好留学规划。

调研样本描述

从调研样本的分布来看，学生样本中分别有 82.2% 和 17.8% 来自国内和国外。从所在地区来看，学生回答者主要分布于全国 8 个城市及 5 个海外国家。在国内的学生回答者中，分别有 21.6%、19.2%、14.7%、7.6%、7.5%、6.7%、5.9%、4.8% 分布在广州、上海、北京、成都、武汉、杭州、深圳、苏州等城市，还有 12.0% 的学生来自其他城市；超过六成的学生集中于北京、上海、广州、深圳四个特大城市（见图 1–1）。

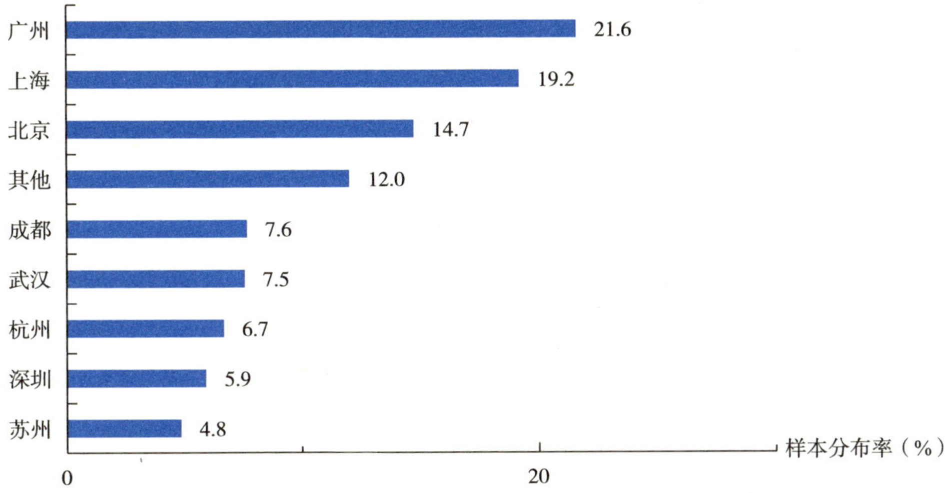

图 1-1　国内学生样本所在城市分布

从国外学生样本分布来看，身处美国和英国的学生最多，占比分别为 28.8% 和 28.0%（见图 1-2）。此外，分别有 14.4%、7.1%、4.9% 的学生分布在澳大利亚、日本和加拿大；除了英国和日本，分别还有 9.4% 和 7.4% 的学生分布在欧洲和亚洲的其他国家。

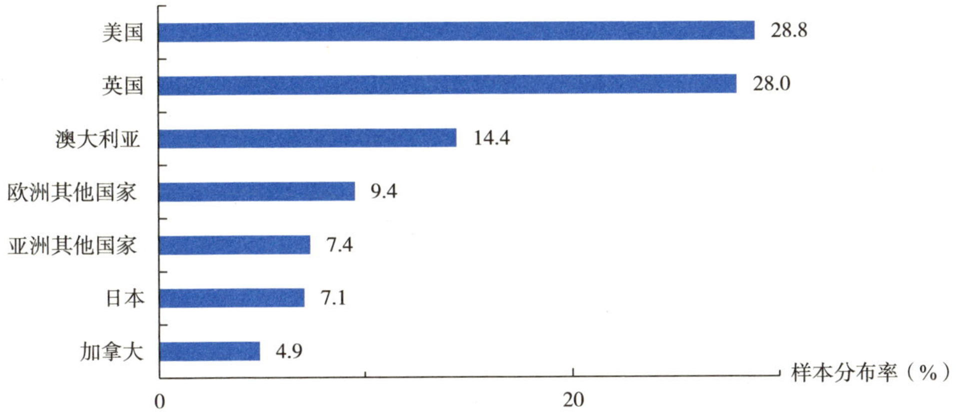

图 1-2　国外学生样本所在国家分布

在 2022 年调研数据中，已经留过学、正在留学和计划留学的学生回答者占比分别为 5.8%、16.7% 和 77.5%。根据家长群体的反馈，其子女分别有 4.7%、24.5%、70.8% 处于已经留过学、正在留学和计划留学的状态。由图 1-3 可知，绝大部分调研样本来自计划留学的群体。

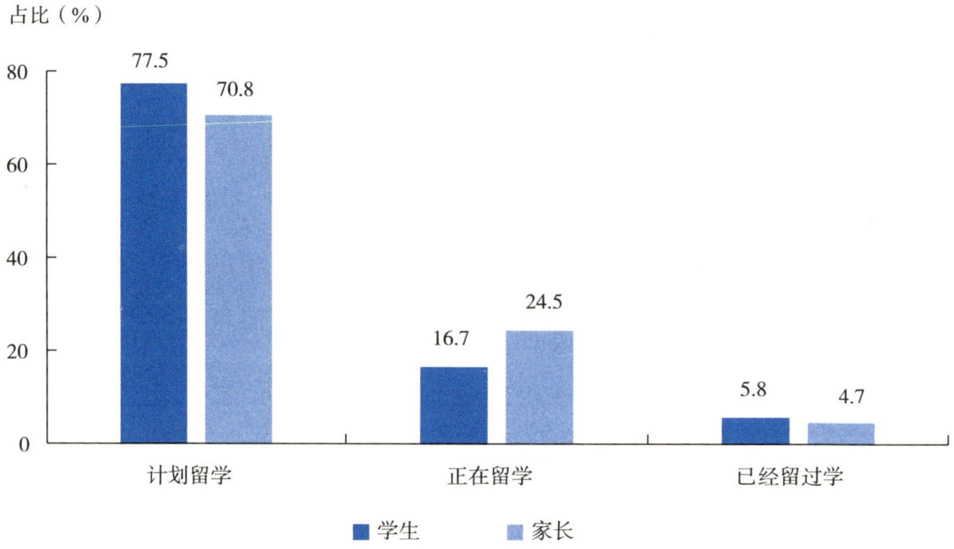

图 1-3　留学状态

结合图 1-4 和图 1-5 可知，在学生回答者中，男性和女性占比分别为 33.9% 和 66.1%；在家长回答者中，男性和女性占比分别为 35.6% 和 64.4%。

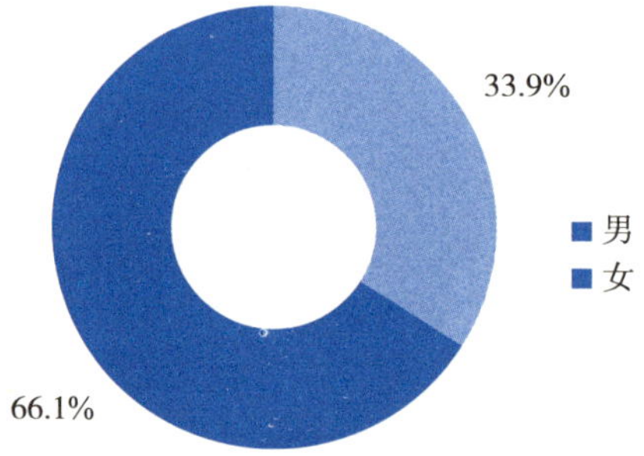

图 1-4　学生性别分布

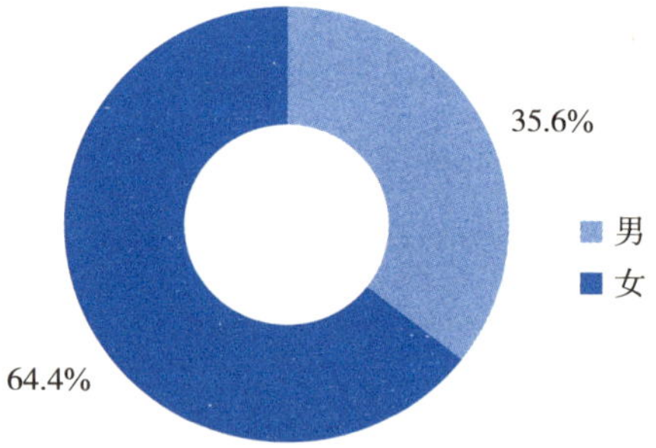

图 1-5　家长性别分布

在学生回答者中，年龄在 12 ~ 14 岁、15 ~ 17 岁、18 ~ 21 岁、22 ~ 24 岁、25 岁及以上的学生占比分别为 7.1%、26.7%、38.8%、18.4%、9.0%（见图 1–6）。其中 18 ~ 21 岁阶段的学生占比最高，接近四成，15 ~ 24 岁阶段的学生总占比超过八成（83.9%）。

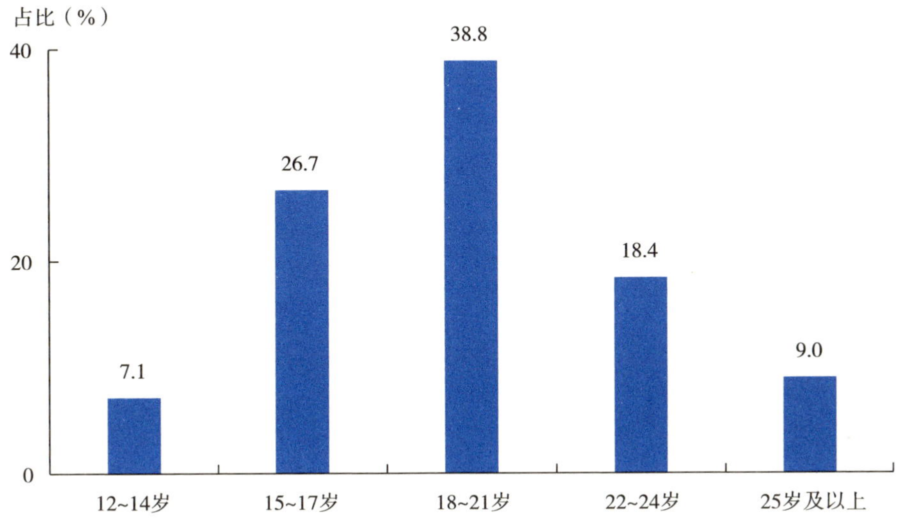

图 1–6　学生的年龄分布

在家长回答者中，由图 1–7 可知，60 后家长占比为 18.0%，70 后家长占比为 49.9%，80 后家长占比为 32.1%。家长群体的年龄段集中在 60 后到 85 前，最大年龄为 62 岁，最小为 37 岁。

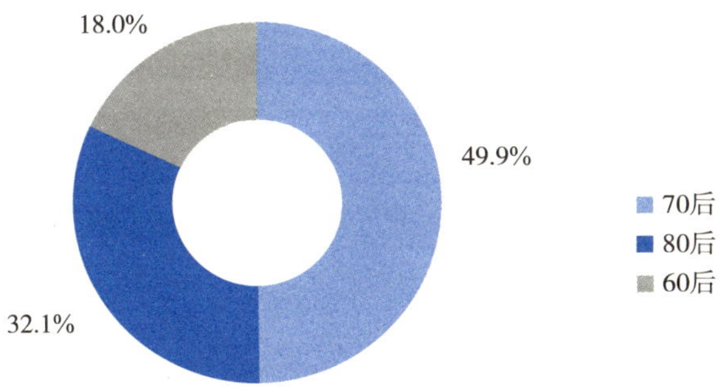

图 1–7　家长的年龄分布

在就学阶段方面（见图 1–8），学生回答者中分别有 8.5%、57.5%、26.9%、7.0% 的学生就学阶段为初中、高中、本科和研究生（含博士研究生），处于高中就学阶段的学生占比最高，接近六成。在家长回答者中，其子女就学阶段为初中、高中、本科和研究生（含博士研究生）的占比分别为 20.5%、34.8%、36.0%、8.2%。在调研数据中，高中和本科就学阶段的学生占比最高。

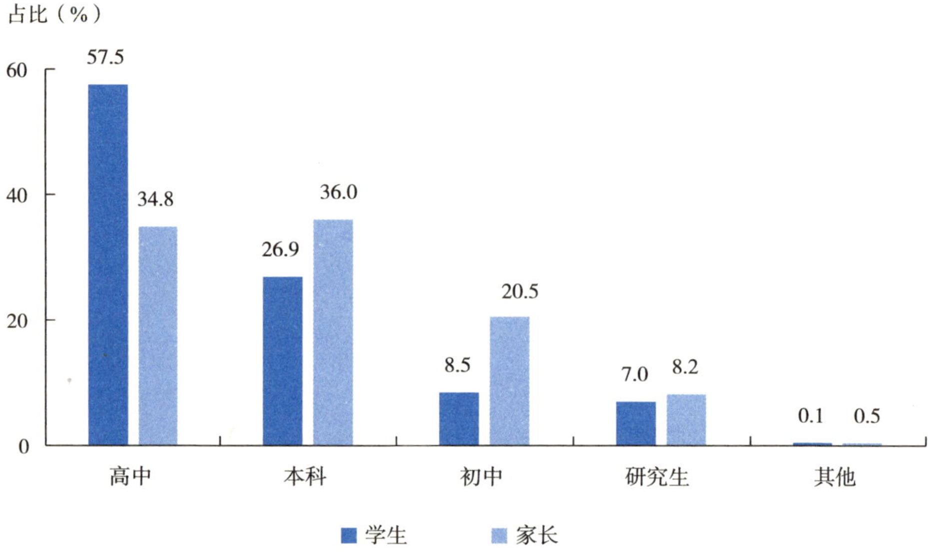

图 1–8　学生的就学阶段

在就学阶段为中学（初中和高中）的学生回答者中（见图 1–9），分别有 38.8%、33.4%、12.5%、11.2%、4.1% 的学生就读年级为 12 年级（高三）、11 年级（高二）、10 年级（高一）、9 年级（初三）、8 年级及以下。根据家长回答者的反馈，其子女就读年级为 12 年级（高三）、11 年级（高二）、10 年级（高一）、9 年级（初三）、8 年级及以下的占比分别为 20.6%、27.2%、14.7%、14.8%、22.7%。在学生回答者中，就读年级为 12 年级（高三）和 11 年级（高二）的学生占比较高，总计超过 70%，就读年级较为集中。在家长回答者中，其子女就读年级为 12 年级（高三）、11 年级（高二）和 8 年级及以下的占比均超过 20%，就读年级相对分散。

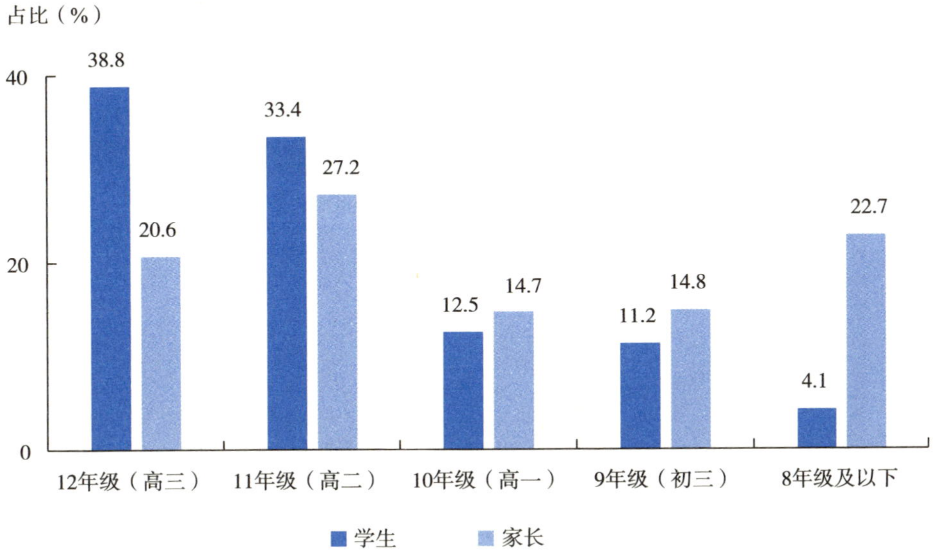

图 1–9　中学生的年级分布

从就读中学和班级类型来看（见图 1–10），在学生回答者中，就读中学和班级类型占比最高的四类分别是国内公立学校普通班（42.1%）、国内公立学校国际部或国际班（23.9%）、国内民办双语学校（11.9%）、国内的国际学校（11.1%）。根据家长回答者的反馈，其子女分别有 41.4%、15.1%、12.7%、20.0% 就读中学和班级类型是国内公立学校普通班、国内公立学校国际部或国际班、国内民办双语学校、国内的国际学校。总体而言，超过四成的学生就读于国内公立学校普通班，超过五成的学生就读于各类国际学校、国际班和双语学校。

在大学生（含研究生）回答者中（见图 1–11），分别有 33.0%、28.1%、23.5%、7.4%、5.9% 的大学生就读于普通公立高校、双一流高校（985/211）、国外大学、民办高校、中外合作高校或海外高校国内分校。在子女就学阶段为大学的家长群体中，分别有 17.8%、27.7%、44.7%、4.2%、4.8% 的家长表示其子女就读于普通公立高校、双一流高校（985/211）、国外大学、民办高校、中外合作高校或海外高校国内分校。对比分析可知，在大学生回答者中，普通公立高校、双一流高校（985/211）和国外大学的占比差距较小，分布较为均衡。在家长群体中，超过四成（44.7%）的家长表示其子女在国外大学就读，还有接近三成的家长表示其子女在双一流高校（985/211）就读。

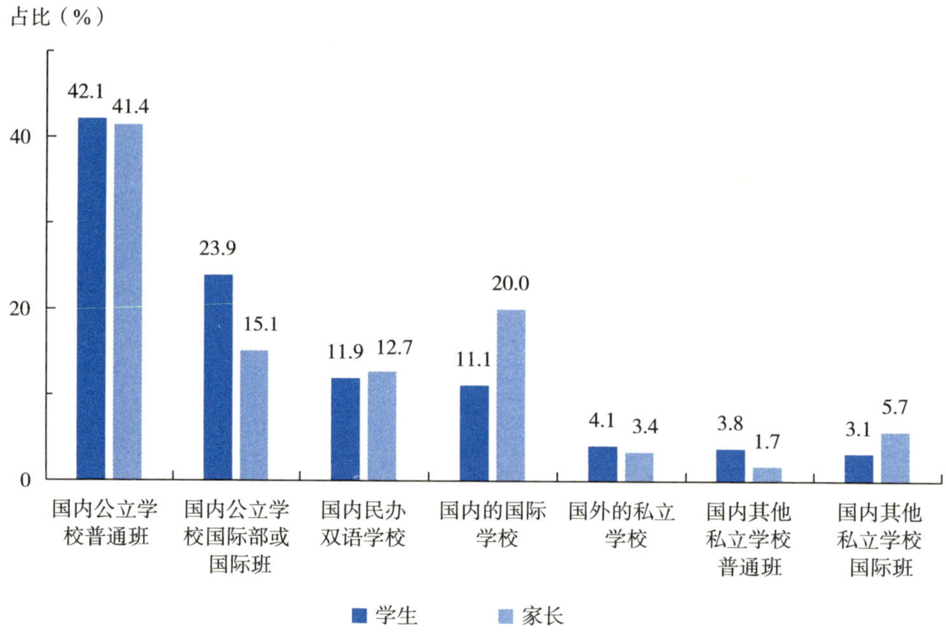

图 1-10　就读中学和班级类型

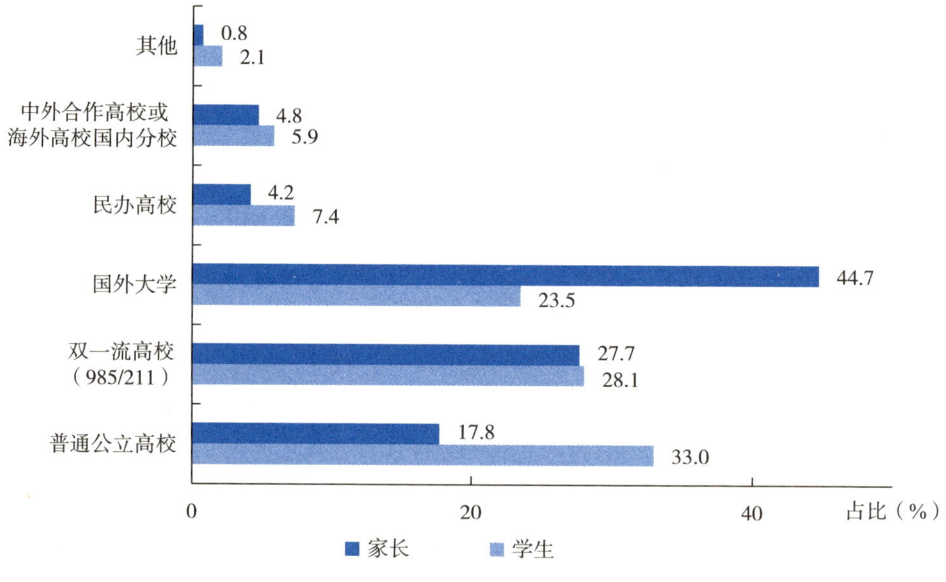

图 1-11　就读大学类型

从大学生（含研究生）就读专业来看（见图 1–12），占比最高的三类专业分别是经济学或商科（21.7%）、理学（19.0%）、管理学（18.0%），排在第四位的是工学。在家长群体中，分别有 19.9%、28.1%、17.6% 的家长表示其子女就读的专业是经济学或商科、理学、工学。从学生回答者和家长回答者的反馈来看，农学类专业、法学类专业、艺术类专业的占比较低。

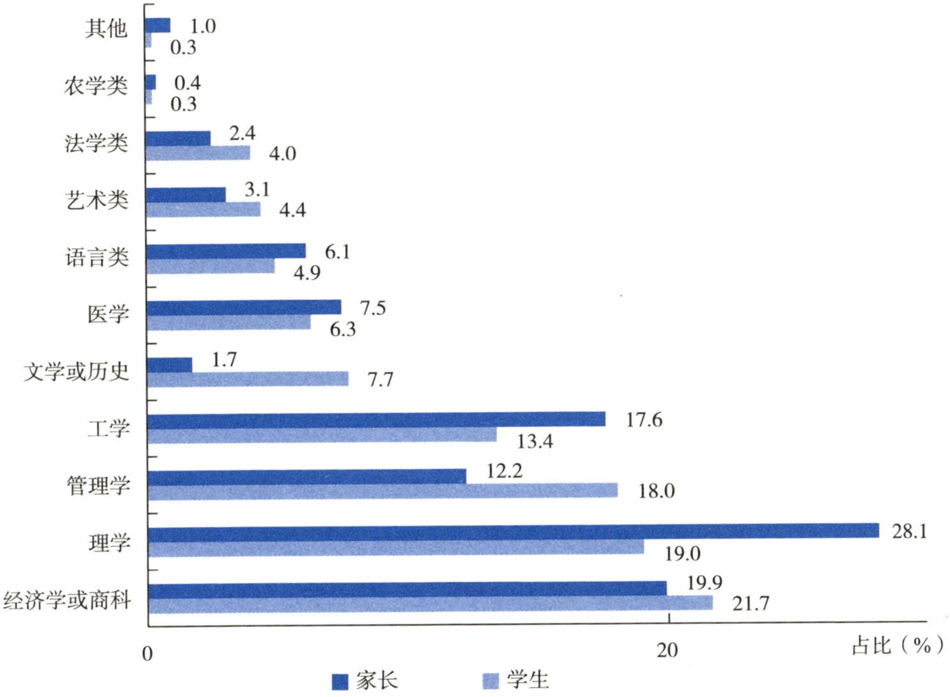

图 1–12　就读专业类型

在本科生回答者中（见图 1–13），分别有 22.7%、23.7%、25.8%、22.8%、0.8% 的学生就读本科一年级、本科二年级、本科三年级、本科四年级、本科五年级。在家长回答者中，其子女就读本科一年级、本科二年级、本科三年级、本科四年级、本科五年级的占比分别是 24.7%、33.3%、28.6%、12.2%、0.7%。

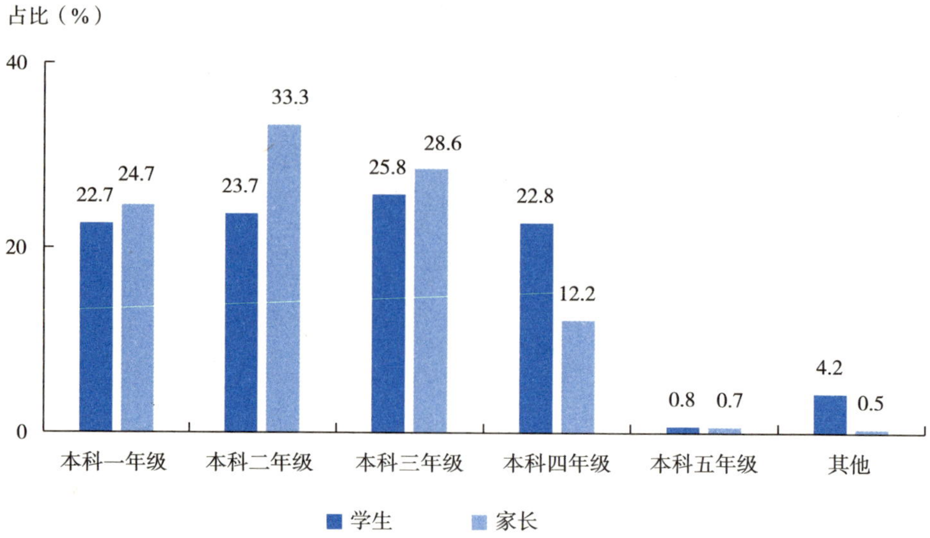

图 1–13　本科生年级分布

研究生也是留学生群体的重要组成部分，尤其是硕士研究生群体。由 2022 年的调研数据可知（见图 1–14），在研究生回答者中，硕士研究生和博士研究生的占比分别为 77.3% 和 22.7%；在家长回答者中，其子女为硕士研究生和博士研究生的占比分别为 82.5% 和 17.5%。总体而言，在研究生群体中，硕士研究生占比在八成左右。

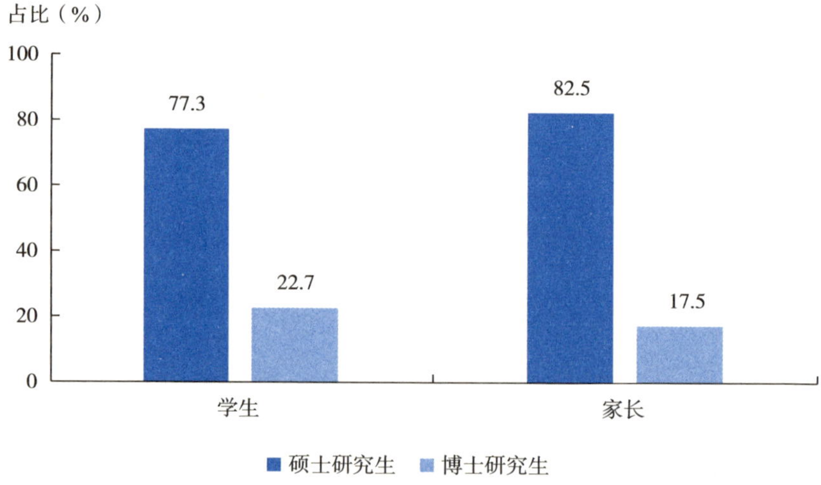

图 1–14　研究生分布

第一节
留学是家庭成员共同做出的重大决策

留学决策不仅包括做出是否留学的决定本身，还包括前期对于留学的国家或地区、学校和专业的选择等。虽然当前留学已经日趋走向平民时代，但对于绝大多数家庭而言，出国留学费用仍是家庭在未来一年或几年中一笔不菲的经济支出。同时，出国留学也与子女未来的生活和职业发展息息相关。因此，对中国家庭而言，留学是一项重大的家庭决策，需要考虑到父母和子女双方的想法。

一、约五成中国学生出国留学是由家庭共同决策

由 2022 年调研数据可知（见图 1–15），在家长回答者中，其子女留学决策方式依次为全家共同决策（55.1%）、父母共同决策（21.2%）、学生本人决策（16.8%）、母亲决策（4.1%）和父亲决策（2.8%）。在学生回答者中，分别有 48.1%、25.1%、21.5%、3.9% 和 1.4% 的学生表示其留学决策方式是全家共同决策、学生本人决策、父母共同决策、父亲决策和母亲决策。相较于家长回答者的反馈，在学生回答者中，留学决策由本人做出的占比更高，由全家共同做出的占比更低。

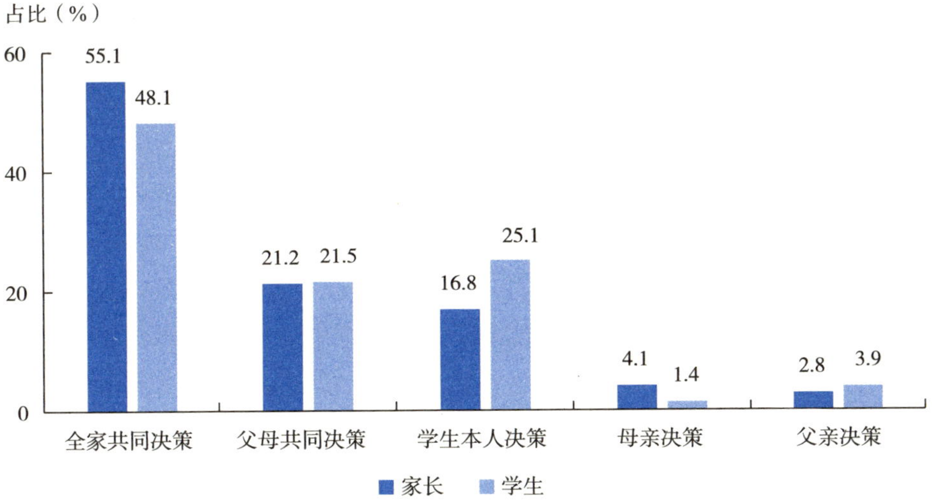

图 1–15　2022 年出国留学的决策方式

由 2020 年的调研数据可知（见图 1–16），分别有 65.8%、19.5%、8.9%、3.4%、2.4% 的家长回答者表示，在出国留学前的阶段，子女留学决策方式为全家共同决策、学生本人决策、父母共同决策、母亲决策、父亲决策。根据学生回答者的反馈，分别有 61.7%、29.8%、6.9%、1.1%、0.5% 的学生表示其留学决策方式为全家共同决策、学生本人决策、父母共同决策、母亲决策、父亲决策。

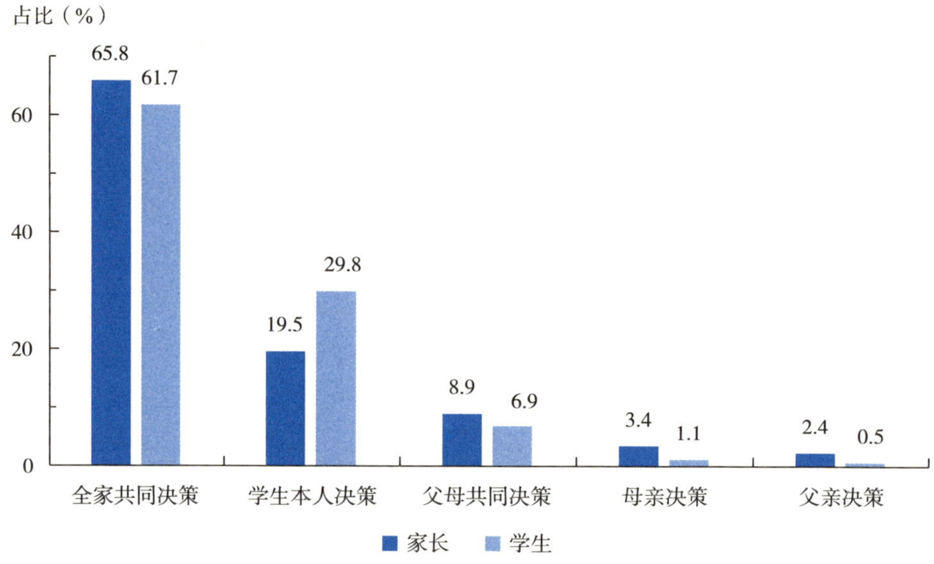

图 1–16　2020 年出国留学的决策方式

通过对比可知，从 2020 年到 2022 年，在中国学生做出出国留学决策的过程中，全家共同决策的占比明显下降，而父母共同决策的占比明显提高。

需要注意的是，学生群体中包含两类群体，一类是正在留学的学生（留学生），一类是计划留学的学生（意向留学生）。由图 1–17 可知，2022 年，在意向留学生回答者中，全家共同决策、父母共同决策、学生本人决策的占比分别为 47.6%、21.4%、27.2%；而在留学生群体中，全家共同决策、父母共同决策和学生本人决策的占比分别为 49.7%、22.1%、17.6%。显而易见，无论是哪类学生群体，全家共同决策都居于主导地位，占比接近 50%。但是，意向留学生群体在留学决策过程中由自己决定的占比（27.2%）明显高于留学生群体（17.6%）。

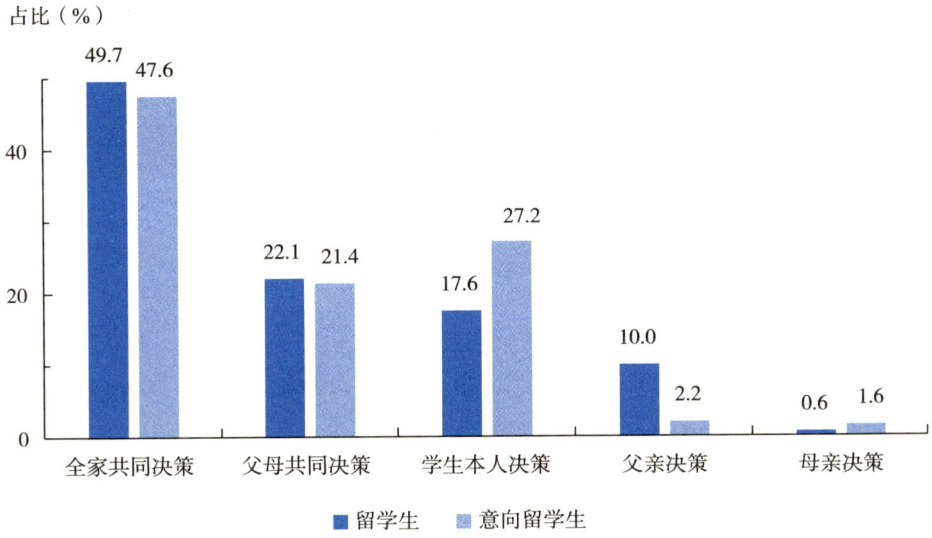

图 1-17　2022 年中国学生出国留学的决策方式

二、学生在留学专业选择上具有高度自主权和决定权

除了需要做出是否留学的决策，家长和学生还需要做出选择留学专业的决策。由 2022 年调研数据可知（见图 1-18），分别有 40.7%、36.6%、16.0% 的家长回答者明确表示，在子女留学专业方面的决策方式为学生本人决策、全家共同决策、父母共同决策。在学生回答者中，分别有 47.0%、31.2%、15.9% 的学生表示在留学专业方面的决策方式是学生本人决策、全家共同决策、父母共同决策，父亲和母亲单独决策的占比分别为 2.8% 和 3.1%。由此可见，在留学专业的选择上，学生群体相比于家长群体有了更大的发言权和决策权，家长更加尊重子女在留学专业方面的选择。

由 2020 年的调研数据可知（见图 1-19），分别有 49.6%、35.5%、5.7% 的家长回答者表示，在子女留学专业方面的决策方式为学生本人决策、全家共同决策、父母共同决策。在学生回答者中，分别有 53.4%、26.3%、6.1% 的学生表示在留学专业方面的决策方式为学生本人决策、全家共同决策、父母共同决策。

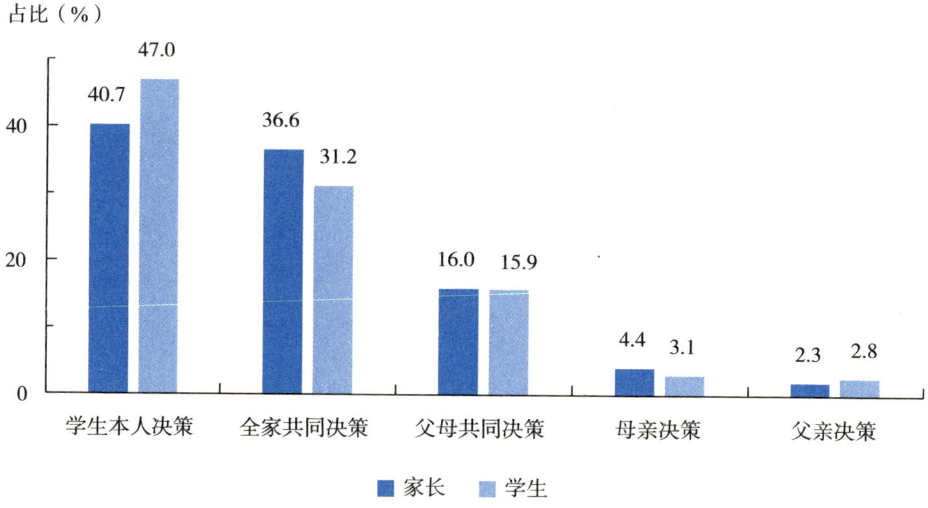

图 1-18　2022 年选择留学专业的决策方式

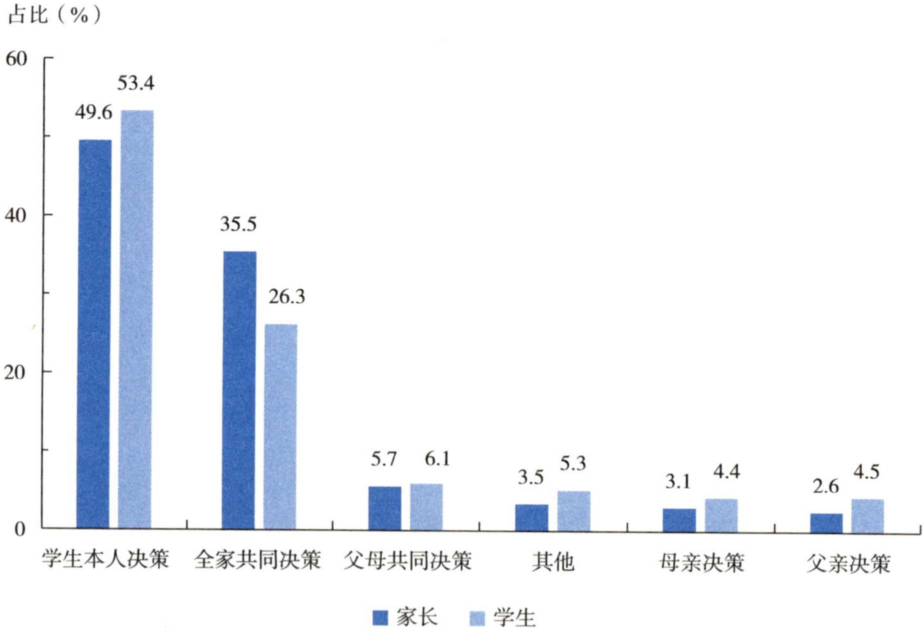

图 1-19　2020 年选择留学专业的决策方式

根据家长回答者和学生回答者的反馈，在留学专业决策方面，从 2020 年到

2022 年决策方式没有发生明显变化，一直是学生本人决策占主导地位（占比均超过 40%），全家共同决策占比低于学生本人决策占比。可见在做出出国留学的决策后，在留学专业选择上，学生本人拥有更大的决策权，家庭共同决策和父母共同决策的占比有所下降。

结合图 1-20 可知，留学生群体和意向留学生群体在做出留学专业决策时存在一定的差异。在留学生群体中，父母共同决策的占比（12.6%）低于意向留学生群体（17.0%），但母亲决策的占比（7.9%）高于意向留学生群体（1.6%）。

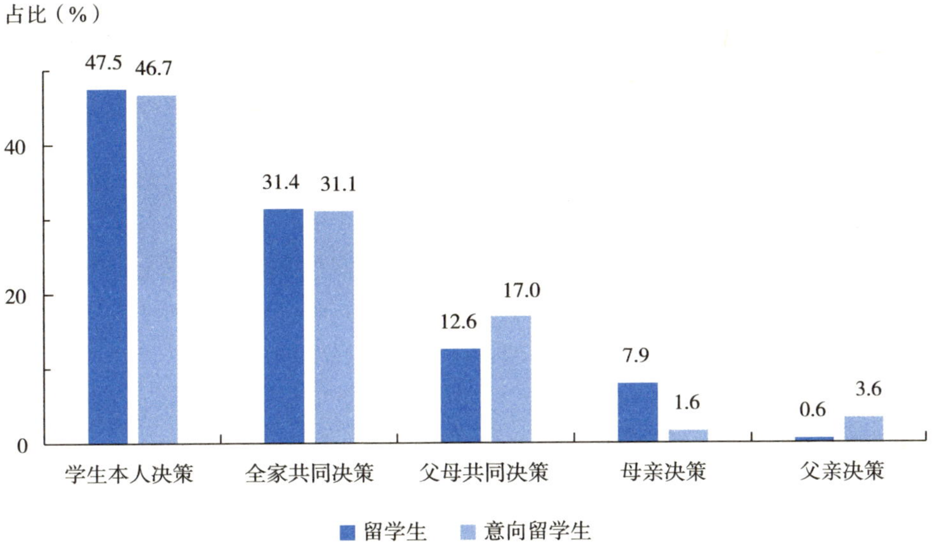

图 1-20　2022 年中国学生选择留学专业的决策方式

三、父母的教育背景与社会经历影响出国留学决策

在此次调研中，我们发现在留学家庭中，父母的教育背景与社会经历会在很大程度上影响留学决策。在学生回答者中（见图 1-21），分别有 45.9%、20.3%、15.8%、10.5%、7.5% 的学生表示其父亲的学历为大学本科、高中 / 中专 / 技校、大学专科、硕士及以上、初中及以下。在母亲学历方面，分别有 43.4%、20.8%、17.5%、7.6%、10.7% 的学生表示其母亲的学历为大学本科、高中 / 中专 / 技校、大学专科、硕士及以上、初中及以下。超过五成学生的父母的学历在大学本科及以上（父亲和母亲的学历为本科及以上的占比分别为 56.4% 和 51.0%）。

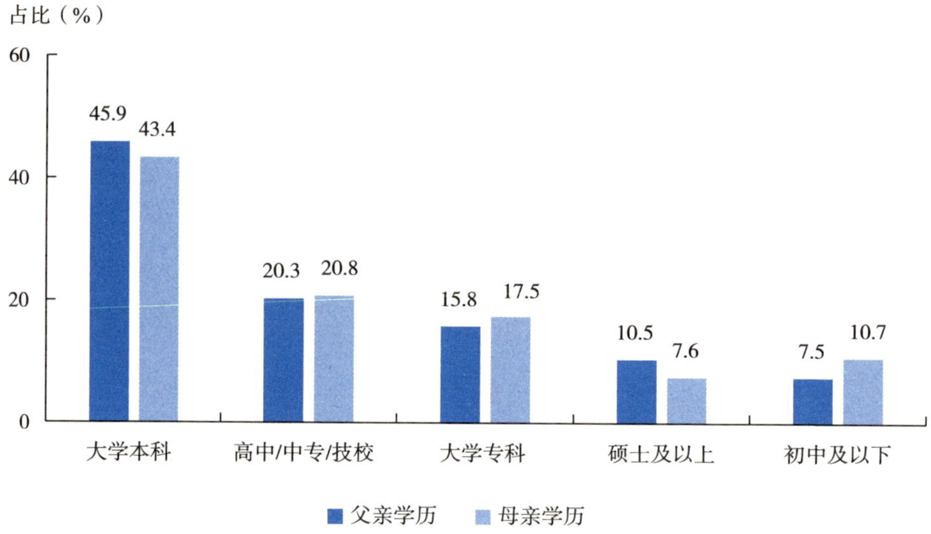

图 1–21　父母学历分布

在家长回答者中，由图 1–22 可知，学历为大学本科、大学专科、硕士及以上、高中 / 中专 / 技校和初中及以下的家长分别占比 51.7%、20.0%、17.2%、8.9% 和 2.2%。接近七成（68.9%）的家长学历在大学本科及以上。

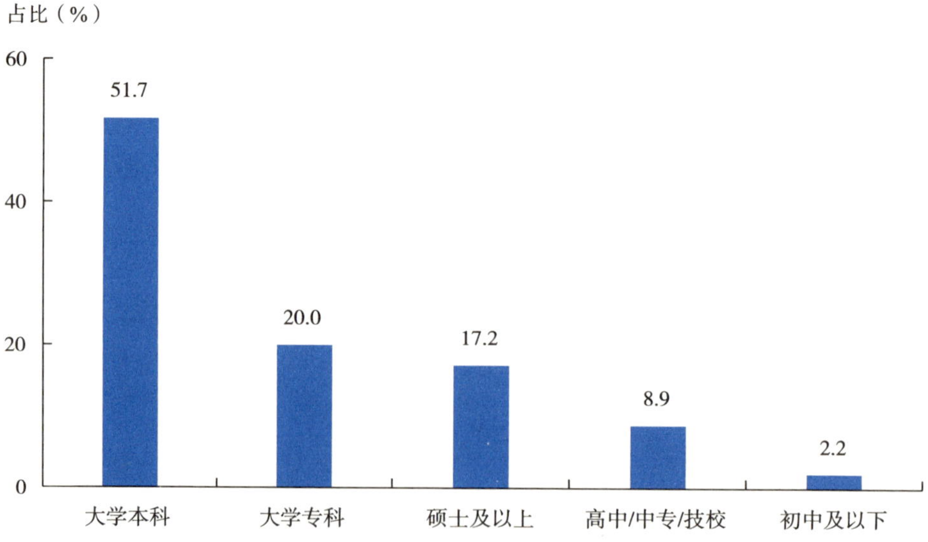

图 1–22　家长学历分布

由图 1–23 可知，在学生回答者中，有约二成（22.9%）的学生表示其父母有国外留学或交流经历；在家长回答者中，有 22.2% 的家长有国外留学或交流经历。

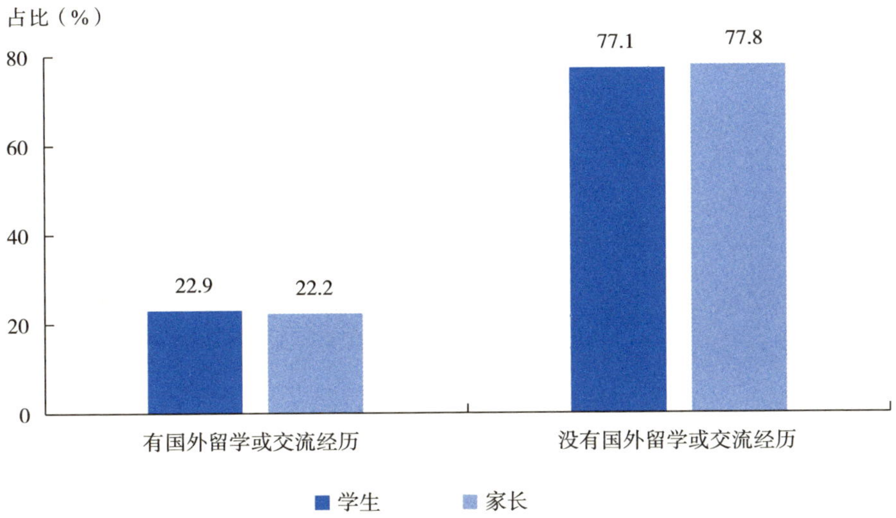

图 1–23　父母的国外留学或交流经历

具体来说，在学生回答者中，3.6% 的学生的母亲有国外留学或交流经历，12.8% 的学生的父亲有国外留学或交流经历，6.5% 的学生的父母双方都有国外留学或交流经历，还有 3.8% 的学生表示不清楚父母国外留学或交流的情况。

在父母职务方面（见图 1–24），分别有 43.3%、18.7%、16.2%、10.9%、8.0% 的学生表示其父亲的职务为中层管理人员、高层管理人员、基层人员、个体经营者、企业所有者 / 出资人 / 合伙人，分别有 33.4%、11.6%、35.0%、11.8%、3.1% 的学生表示其母亲的职务为中层管理人员、高层管理人员、基层人员、个体经营者、企业所有者 / 出资人 / 合伙人。在学生回答者中，超过六成（62.0%）的学生的父亲职务为中高层管理人员，父亲为中层管理人员的占比最高（43.3%）；而母亲职务为中高层管理人员的学生占比仅为 45.0%，大部分学生的母亲职务为基层人员（35.0%）。

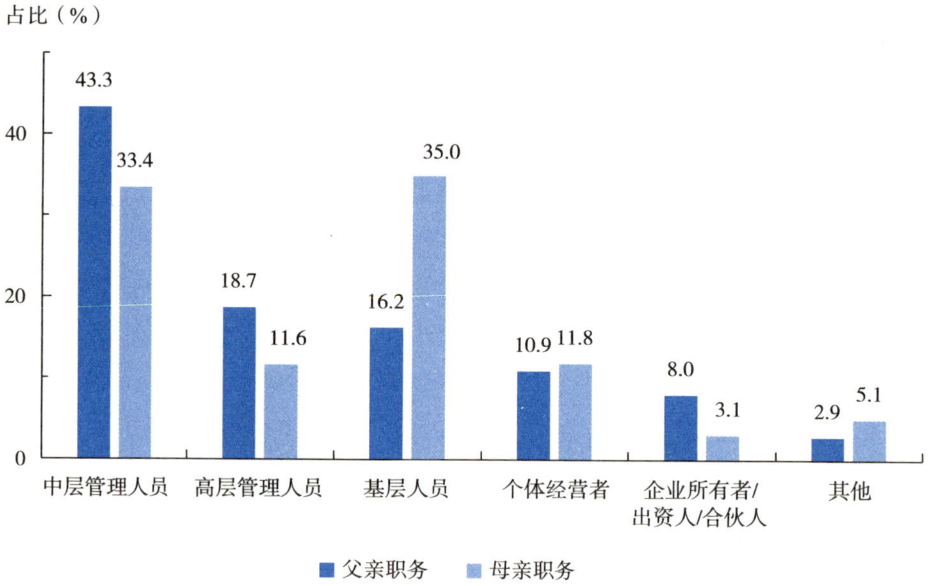

图 1–24　父母职务分布

四、四成学生在留学前已有海外经历

在正式出国留学之前，不少家长和孩子都会主动通过各类方式，增进对海外的学校、学习和生活的了解，例如参加学校或者各类机构组织的夏令营或短期海外交流项目。根据 2022 年调研数据，结合图 1–25 可知，有 44.2% 的学生表示在留学前有海外经历，55.8% 的学生表示没有海外经历。

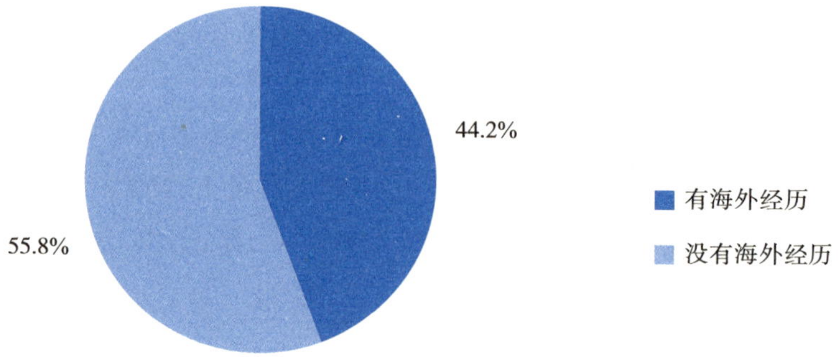

图 1–25　学生在留学前的海外经历

在有海外经历的学生中，分别有 35.0%、25.6%、16.4%、11.7%、11.3% 的学生参加的海外项目是学校组织的夏 / 冬令营、培训机构的游学营、海外高校暑期项目、其他海外项目、短期交换项目（见图 1–26）。学校组织的夏 / 冬令营是学生在留学前参与的最主要的海外项目。

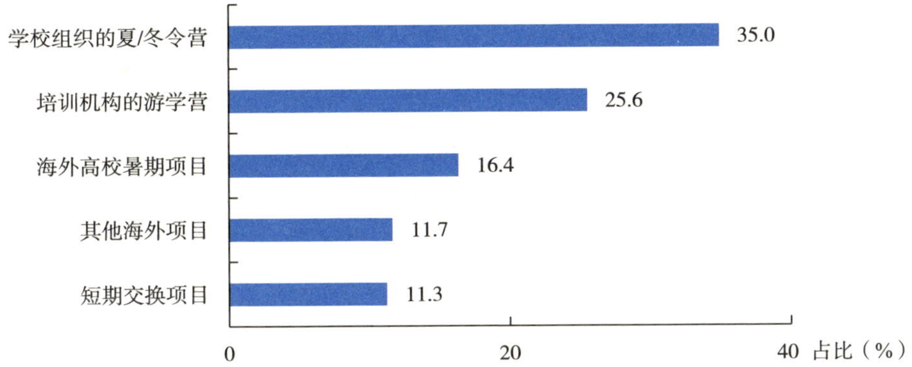

图 1–26 中国学生在留学前参加的海外项目

由 2022 年的调查数据可知，在意向留学生中，有 69.5% 的学生没有海外经历，有 30.5% 的学生有海外经历。在有海外经历的意向留学生群体中，分别有 49.2%、21.3%、12.9%、11.2% 的学生参加的是学校组织的夏 / 冬令营、培训机构的游学营、短期交换项目、海外高校暑期项目（见图 1–27）。

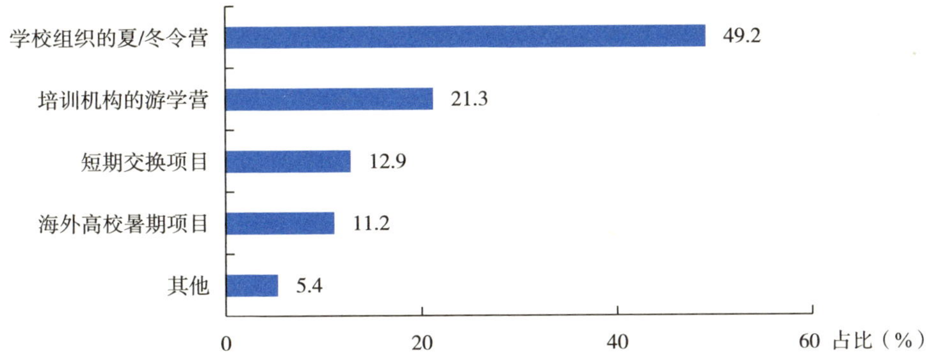

图 1–27 意向留学生在留学前参加的海外项目

2022 年调研数据显示（见图 1–28），在留学前有海外经历的学生中，分别有 44.8%、41.7%、9.2%、2.4% 和 1.9% 的学生的海外经历时长在 1～3 个月、1 个月以下、3～6 个月、1 年以上、6 个月到 1 年。整体来看，超过八成的学生的海外经历时长在 3 个月以内，绝大部分学生在留学前参与海外交换或交流的时间都比较短，且与学校组织的夏 / 冬令营有关。

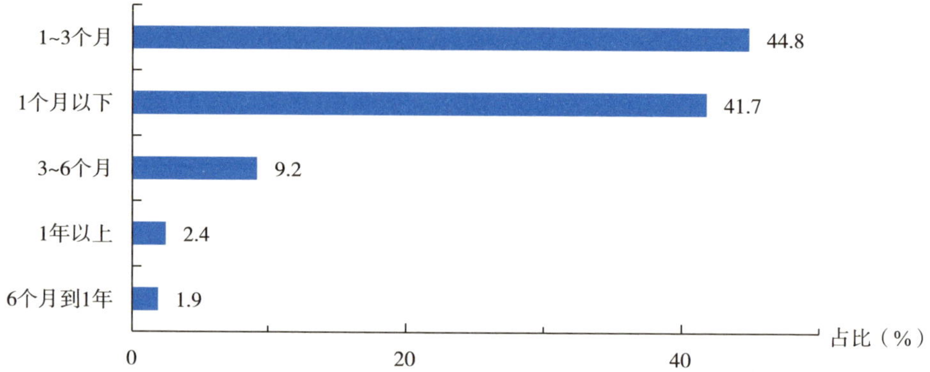

图 1–28　中国学生海外经历的时长

五、疫情对中国学生的出国留学选择影响有限

相关新闻报道和报告显示，我国的留学潮受新冠肺炎疫情的冲击有限，并未出现明显的衰退。国际教育高峰论坛发布的《2021 年度全国留学报告》显示，我国出国留学人数仍在不断增长，疫情之下，原定出国留学的人群中，仍有 91% 坚持出国留学计划。本次调研结果显示（见图 1–29），有 76.3% 的家长表示疫情对其子女出国留学的选择产生了一定影响并体现在对留学城市安全度更为重视上。根据学生回答者的反馈，疫情对他们出国留学的选择产生的影响从大到小依次是对留学城市安全度更为重视（69.7%）、留学时间段有改变（54.9%）、对择校有一定的影响（46.7%）、出国热情降低（46.4%）、对未来职业规划有影响（38.8%）、留学目标国改变（36.1%）、对未来事业发展目标有影响（35.5%）、对学费更为敏感（33.9%）。

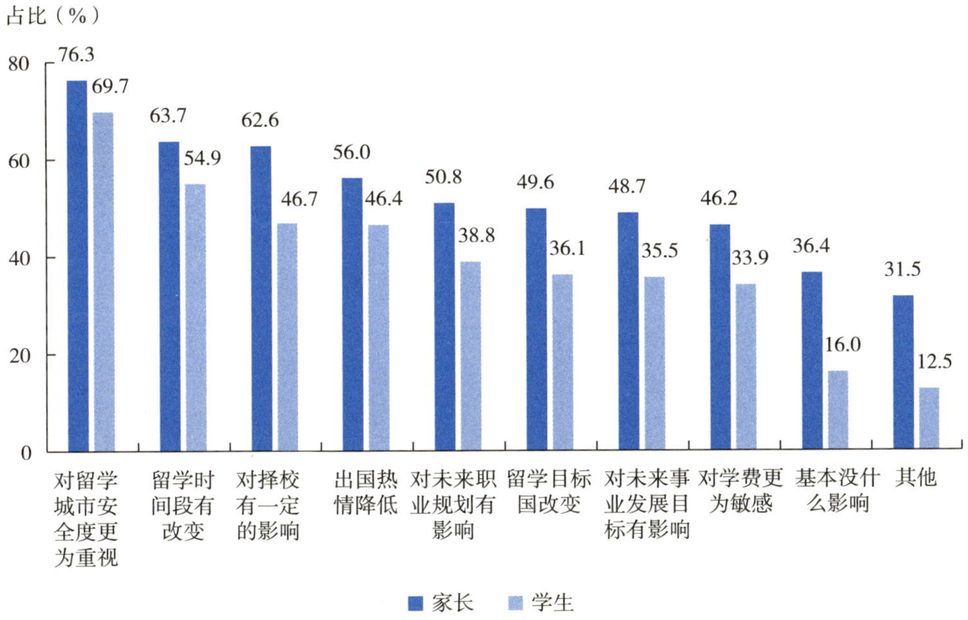

图 1–29　疫情对中国家长和学生出国留学选择的影响

值得注意的是，疫情对于留学生群体的未来事业发展目标和其对学费的敏感性的影响并没有社会各界预期的那么大。由图 1–29 可知，仍然有 36.4% 的家长和 16% 的学生表示，疫情对出国留学计划基本没什么影响。相较于家长群体，学生群体认为疫情对其出国留学的影响更大。此外，受疫情影响，学生和家长都更加重视对留学城市安全度的考量，并且改变了留学时间段。整体来看，疫情对出国留学人数的影响有限，但是却对家长和学生群体在选择留学的国家、城市和时间段等方面产生了较明显的影响。

由图 1–30 可知，有超过四成（42.1%）的留学生表示疫情对他们出国留学的选择基本没什么影响。在表示疫情对其出国留学选择有影响的留学生群体中，疫情对他们出国留学影响最大的五个方面依次是对留学城市安全度更为重视（83.0%）、留学时间段有改变（72.0%）、对学费更为敏感（63.8%）、留学目标国改变（59.1%）、对择校有一定的影响（58.7%）。相较而言，在意向留学生群体中，只有不到 1/10（8.5%）的学生表示疫情对他们出国留学的选择基本没什么影响。疫情对意向留学生群体出国留学影响最大的五个方面依次是对留学城市安全度更为重视（65.9%）、留学时间段有改变（50.0%）、对择校有一定的影响

（43.3%）、出国热情降低（42.9%）和对未来事业发展目标有影响（33.9%）。

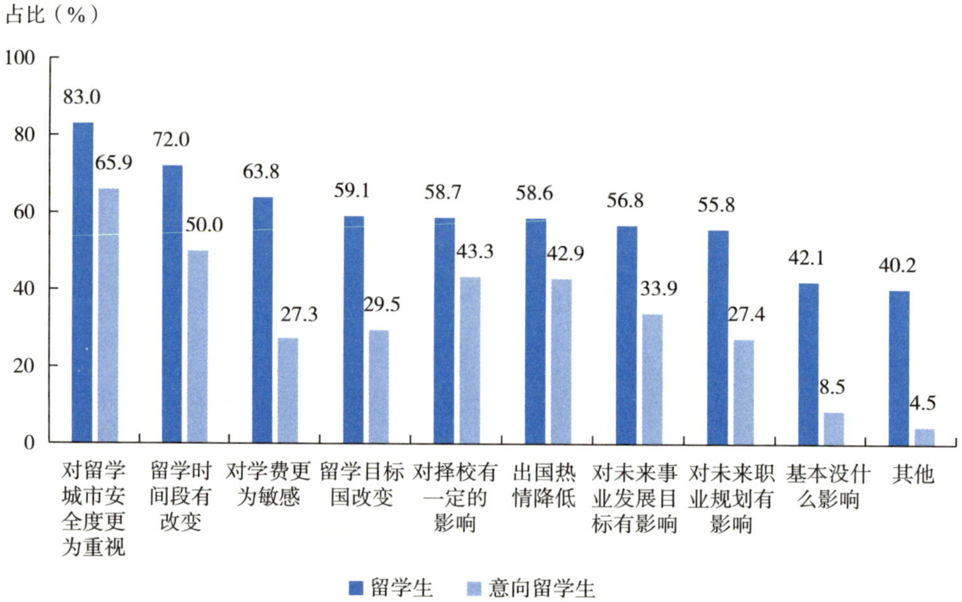

图 1-30　疫情对中国学生出国留学选择的影响

第二节
留学选择呈现出新趋势和新特征

随着我国经济快速发展和国内教育竞争压力越来越大，不少家长和学生开始考虑去国外完成基础教育以及高等教育。相关公开统计数据表明，进入 21 世纪以来，我国留学生人数规模快速增长，并且我国留学生的组成越来越多样化，不同学业阶段的留学生都有所增加，尤其是选择初中和高中就出国留学的学生比例有所增加。

一、本科阶段仍然是留学的主要阶段，也是家长心中最理想的留学阶段

2022 年调研数据显示（见图 1-31），接近四成（36.9%）家长回答者表示，

在初中阶段就产生了让子女留学的想法。具体来看，分别有36.9%、26.9%、16.2%、15.4%的家长表示在初中、高中、本科和小学阶段产生了让子女留学的想法，而仅有2.6%的家长表示“自己没考虑过，尊重孩子的想法”。由图1–32可知，有41.2%的家长认为本科阶段是最适合留学的阶段，其次分别是高中阶段（40.3%）、初中阶段（9.2%）和研究生及以上阶段（6.5%）。

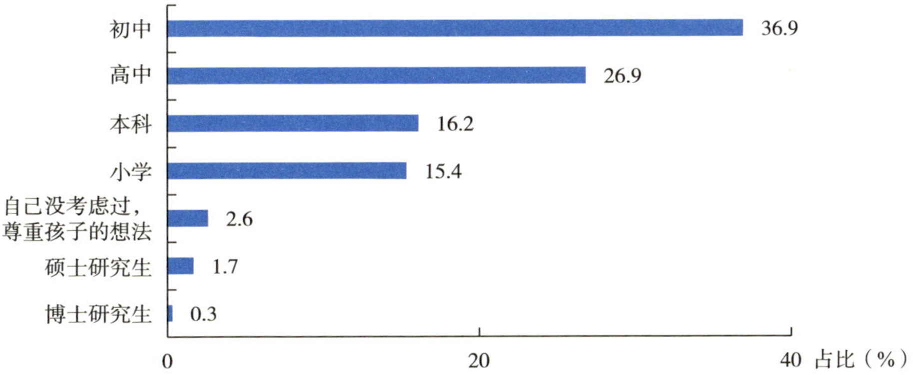

图1–31　家长产生让子女留学想法的阶段

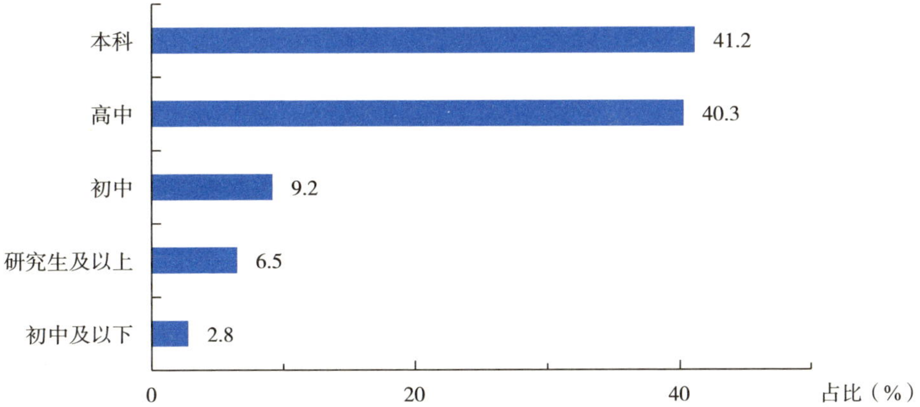

图1–32　家长眼中最适合留学的阶段

从学生回答者的反馈来看，接近五成（47.9%）的学生明确表示，计划（已经）在本科阶段留学；28.8%的学生计划（已经）在硕士研究生阶段留学；另有

13.8% 的学生计划（已经）在高中阶段留学（见图 1–33）。无独有偶，《2021 美国门户开放报告》公开的数据也表明，在赴美留学的国际生中，就读本科的学生人数依然最多，多于在其他学习阶段前往美国留学的学生人数；前往美国留学的中国学生群体也不例外。

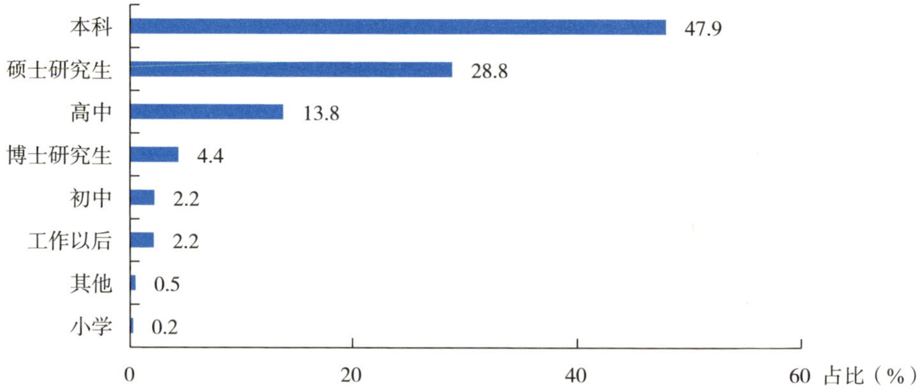

图 1–33　学生产生留学想法的阶段

二、研究生留学申请增长趋势明显

由调研数据可知（见图 1–34），2022 年，在意向留学生群体中，分别有 29.5%、47.1%、5.2%、13.7% 的学生表示计划在硕士研究生阶段、本科阶段、博士研究生阶段、高中阶段出国留学。2020 年，在意向留学生群体中，分别有 18.0%、59.0%、3.0%、12.0% 的学生表示计划在硕士研究生阶段、本科阶段、博士研究生阶段、高中阶段出国留学。从 2020 年到 2022 年，意向留学生计划在本科阶段出国留学的比例大幅下降，从 59.0% 下降到 47.1%；而计划在硕士研究生阶段出国留学的学生比例明显增加，从 18.0% 上升到 29.5%，上升了超过 10 个百分点，研究生阶段留学热度有非常明显的上升。

疫情虽然对中国学生出国留学的意愿影响有限，但是却对中国学生的留学时段产生了明显的影响，有接近三成的意向留学生表示计划在硕士研究生阶段申请出国留学。

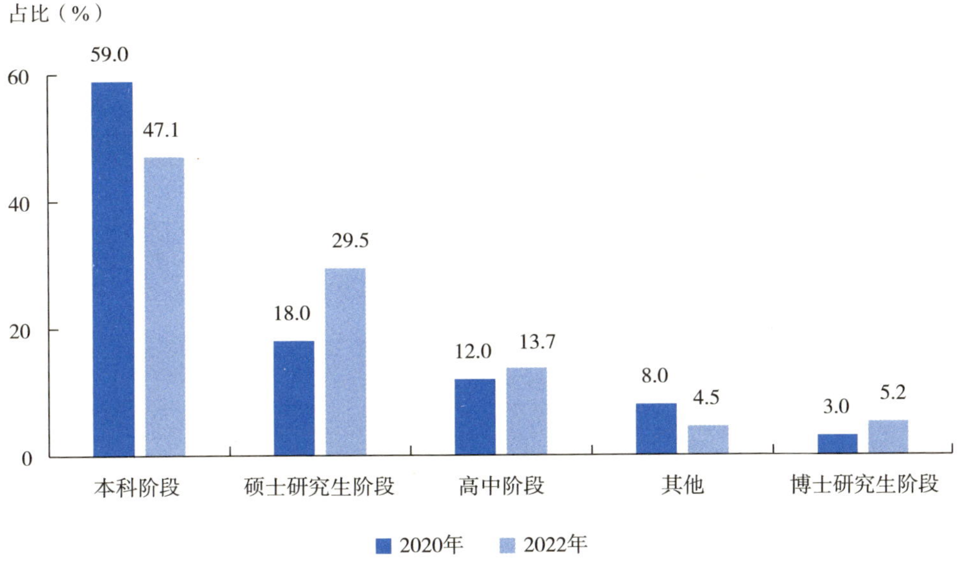

图 1–34　意向留学生计划的留学阶段

三、美国和英国仍然是中国留学生的主要目的国

欧美国家一直受到中国留学生的青睐，尤其是美国和英国。由美国联邦移民和海关执法局（ICE）历年的在美学生报告可知，从 2019 年到 2020 年，中国在美留学生人数下降幅度接近 15%，由 372 532 人下降到 317 299 人；从全美范围来看，在美的国际学生总人数从 2016 年的 1 078 822 人下降到 2020 年的 914 095 人，每年新增人数也从 290 836 人下降到 145 528 人。但中国依旧是美国海外留学生的最大生源国，截至 2022 年，中国在美留学生有将近 348 900 人。2021 年 11 月，美国国际教育学会发布的《2021 美国门户开放报告》显示，2020—2021 学年中国在美留学生为 31.7 万人，仍然占据世界各国赴美留学人数第一位。受疫情的影响，我国赴英留学人数也出现了一定下滑，但英国政府发布的《英国学生签证统计报告》最新披露的数据显示，截至 2021 年 9 月的一年中，英国向中国公民发放学生签证 13.5 万个，比疫情前增长了 13%，占英国发放学生签证总量的 32%。中国依旧是美国和英国国际生的最大来源国。

根据 2022 年家长回答者的反馈（见图 1–35），在最受中国学生青睐的留学国家或地区中，排名前五的分别是美国（65.2%）、英国（61.5%）、加拿大

（47.3%）、澳大利亚（46.3%）和德国（42.4%）。在学生回答者中，排名前五的分别是美国（53.2%）、英国（51.9%）、加拿大（37.1%）、澳大利亚（32.4%）和新加坡（27.0%）。整体来看，美国和英国仍是最受中国留学生欢迎的留学目的国。

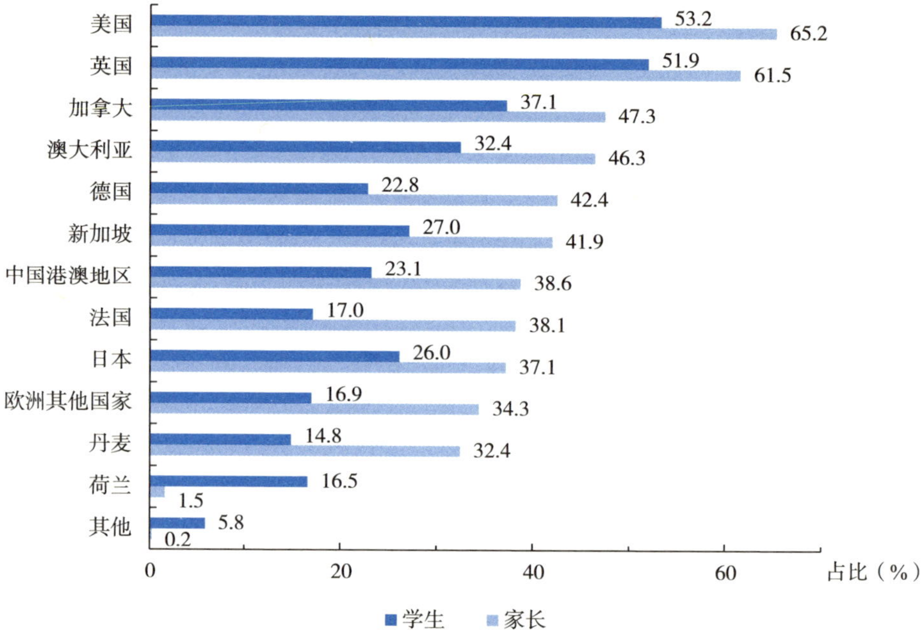

图 1-35　2022 年中国学生和家长计划（已经）留学的目的地

结合图 1-36 可知，2020 年，在家长回答者中，其子女计划（已经）留学国家或地区排名前五的分别是美国（72.5%）、英国（55.4%）、加拿大（26.9%）、新加坡（21.4%）、德国（13.9%）。在学生回答者中，计划（已经）留学国家或地区排名前五的分别是美国（65.8%）、英国（55.9%）、加拿大（30.5%）、新加坡（15.1%）和澳大利亚（14.5%）。

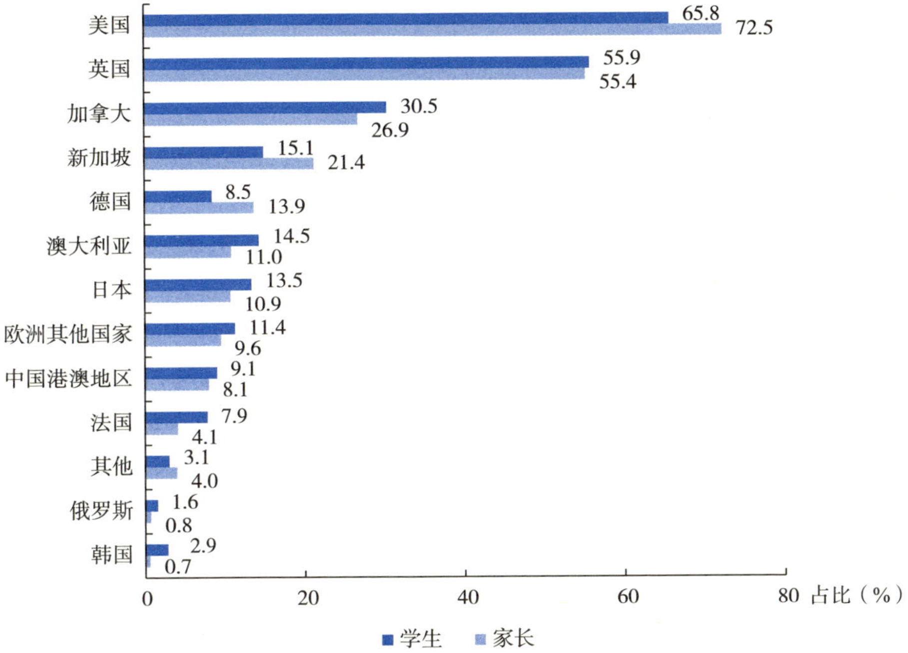

图 1–36　2020 年中国学生和家长计划（已经）留学的目的地

四、美国的留学热度有所下降，英国的留学热度开始反超美国

由 2022 年的调研数据可知（见图 1–37），在意向留学生群体计划的留学国家或地区中，英国位居榜首（51.7%），其次是美国（48.9%），澳大利亚（31.2%）和加拿大（28.4%）分别居第三位和第四位，还有超过 1/5（22.2%）的学生将新加坡纳入计划留学的名单。此外，分别还有 20.0%、18.0%、16.9% 和 18.6% 的学生将法国、日本、德国和中国港澳地区作为计划留学的国家或地区。

由 2020 年的调研数据可知，在意向留学生群体计划的留学国家或地区中，排名前五的分别是美国（65.8%）、英国（55.9%）、加拿大（30.5%）、新加坡（15.1%）、澳大利亚（14.5%）。结合两次调研数据可知，从 2020 年到 2022 年，在中国意向留学生群体计划的留学国家或地区中，排名前五的分别为英国、美国、澳大利亚、加拿大和新加坡。此外，英国和美国的留学热度正在下降，并且英国的留学热度反超美国，成为中国留学生群体的首选国家。

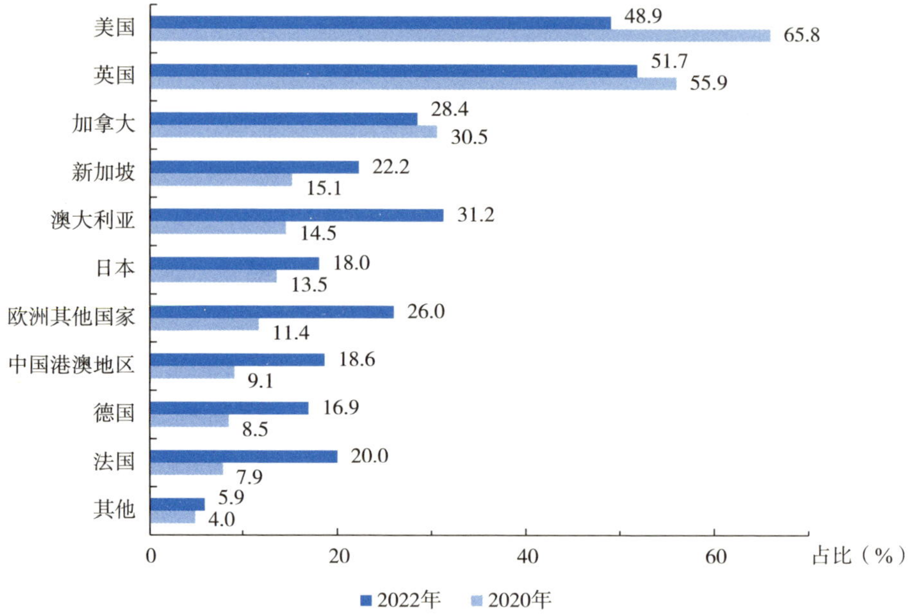

图 1-37　意向留学生计划的留学国家或地区

五、亚洲国家或地区的留学热度升温较快

由两次调研数据可知，从 2020 年到 2022 年，中国家长和学生对于留学国家或地区的选择并没有发生结构性的变化。但除英国和美国之外，越来越多的中国家长和学生开始选择将亚洲的新加坡、日本和中国港澳地区纳入计划留学的国家或地区名单。2020 年，在意向留学生群体中，分别有 15.1%、13.5% 和 9.1% 的学生将新加坡、日本和中国港澳地区纳入计划留学名单；到 2022 年这些比例分别上升到 22.2%、18.0% 和 18.6%（见图 1-38）。

由家长回答者的反馈可知（见图 1-39），2020 年，中国学生留学目的地为新加坡、日本和中国港澳地区的占比分别为 21.4%、10.9%、8.1%；到 2022 年，分别有 41.9%、37.1%、38.6% 的家长表示，其子女将新加坡、日本和中国港澳地区纳入计划留学名单。在中国学生的留学目的地中，新加坡稳居亚洲国家或地区中的第一位。

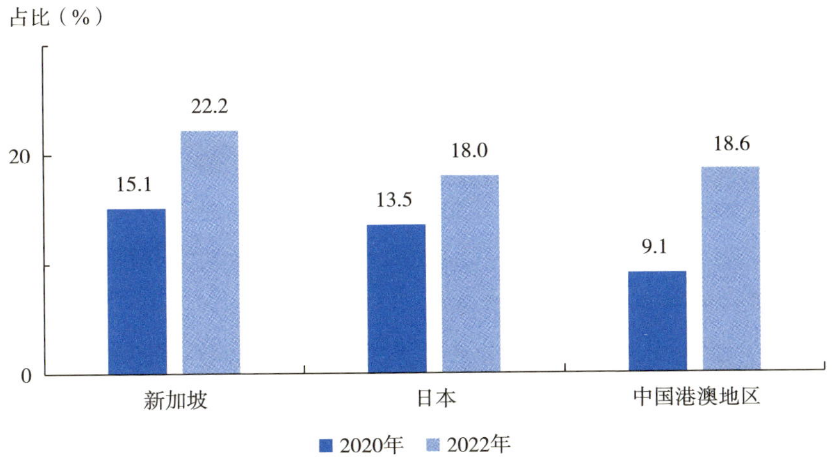

图 1-38　意向留学生对亚洲国家或地区留学的倾向度

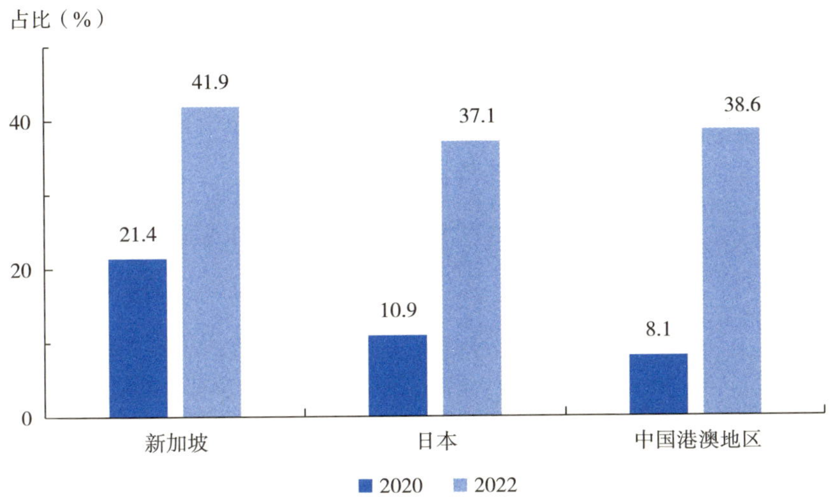

图 1-39　中国家长对亚洲国家或地区留学的倾向度

这一趋势不仅与当前的国际形势和航空交通便利度有关，也与这些亚洲国家或地区的疫情控制得较好且社会环境比较安定有关。在当前的国际形势和背景下，亚洲国家或地区对中国留学生而言是性价比较高的选择之一，成为中国留学生在选择留学目的地时的新宠。

六、中国学生择校的理性化趋势明显

由 2022 年调研数据可知（见图 1–40），在家长回答者中，分别有 53.9%、52.9% 和 51.6% 的家长表示，其子女计划（已经）申请的海外学校排名所在区间为英国 TOP①20、QS 排名②前 100 和美国 TOP31～50。其他四个区间的选择占比从高到低依次是美国 TOP30（47.2%）、QS 排名前 50（47.1%）、美国 TOP51～100（44.5%）和英国 G5③（41.5%）。根据学生回答者的反馈，在计划（已经）申请的海外学校排名所在区间中，英国 TOP20、QS 排名前 100、QS 排名前 50 的占比较高，分别为 42.0%、41.0%、35.6%。其他四个区间的选择占比由高到低依次是美国 TOP30（31.6%）、美国 TOP31～50（30.3%）、美国 TOP51～100（27.3%）、英国 G5（26.5%）。

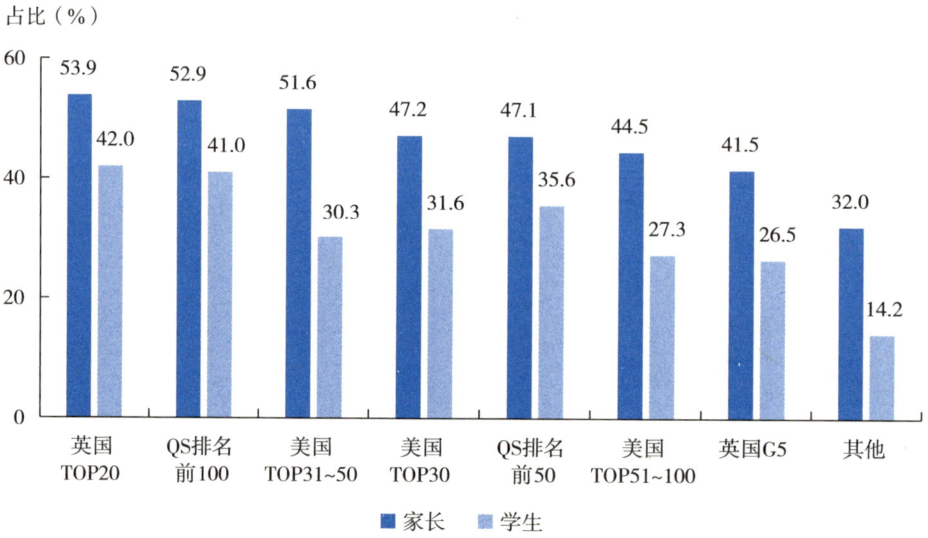

图 1–40 中国家长和学生对留学院校的选择偏好

① TOP，意为最前面的，本书用于学校排名。

② QS，指英国国际教育市场咨询公司 Quacquarelli Symonds。QS 排名指 QS 世界大学排名，具有很强的权威性。

③ G5，指被英国媒体报道的 5 所精英学校，包括剑桥大学、牛津大学、帝国理工学院、伦敦大学学院和伦敦政治经济学院。

由 2022 年的调研数据可知（见图 1–41），意向留学生群体最喜欢的是 QS 排名前 100（39.4%）、英国 TOP20（36.2%）和 QS 排名前 50（28.8%）区间的学校。选择其他区间的学校的学生占比从高到低依次是美国 TOP31 ~ 50（25.8%）、美国 TOP30（24.9%）、美国 TOP51 ~ 100（20.6%）、英国 G5（20.1%）。2020 年，意向留学生计划申请的学校所处区间占比由高到低分别是美国 TOP30（52.7%）、英国 G5（34.9%）、美国 TOP31 ~ 50（25.0%）、QS 排名前 50（22.3%）、英国 TOP20（15.0%）、QS 排名前 100（14.1%）、美国 TOP51 ~ 100（6.4%）。

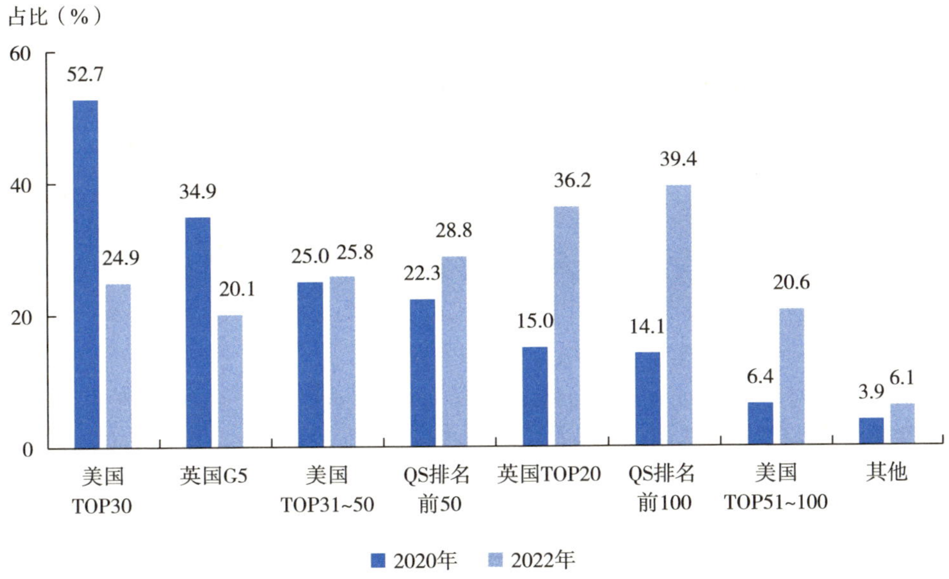

图 1–41　意向留学生计划申请的目标学校

综合来看，2020 年意向留学生计划申请的学校主要集中在英美的顶级名校中（比如美国 TOP30 和英国 G5）；到了 2022 年，意向留学生计划申请的学校所处区间则相对更加分散，且选择排名相对靠后的学校的学生占比有所上升（比如 QS 排名前 100、美国 TOP51 ~ 100 和英国 TOP20），可见中国学生对名校的喜好有所下降，选择更为理性。

专家访谈

许凌可
重庆德普外国语学校校长

问题 1：从国际教育的角度来看，学校要为未来培养什么样的人才？

国际教育首先应该培养的是“人”，其次才是培养“什么样的人”。做教育永远绕不开一个话题：未来世界是怎样的？它决定了我们的目标，即一所国际学校应该教育出什么样的人。没有人可以精准地预测未来世界的样子。但种种迹象表明，世界并没有循着福山“历史终结论”预言的足迹，成为一个和谐的统一体；相反，它越来越显现出亨廷顿“文明冲突论”的特性。新冠肺炎疫情的暴发，让各种“冲突”更加显性，它加剧了每个人内心的不安全感，增强了人与人的距离感，让分歧和争端有了更多的生长空间；它让价值观以超出我们想象的速度变得更加多元，而多元的背后是“共识”的节节败退，“达成一致”面临着前所未有的挑战。

教育是一件极度个性化的事情，面对这样的世界，每一所学校都有自己的答案。作为国际教育从业者，我们也一直在思考，应该教给孩子们什么能力，才能让他们更加从容、坦然，才能让他们有足够的勇气和智慧去面对充满挑战的世界。德普的教育使命是“培养健康快乐、懂中国懂世界的创变者”。我们希望，孩子们首先在身心上是健康快乐的，“健康快乐”看似容易，实则很难做到。这无关成绩，但却与善、美等价值判断相关，与孩子们能否成为“完整的人”、能否拥有幸福的能力息息相关。

在素质能力上，我们希望孩子们能成长为“懂中国懂世界的创变者”。具体而言，我们希望培养的学生既具有中国式的“仁爱之心、变通之道、顺势而为、知行合一”，也具备西方式的“哲科素养、批判思维、契约精神、全球视野”。我们希望通过 6 年、12 年的一贯制培养，把它们内化为每位学子的思维和行为方式。当离开我们学校时，孩子们能够带着这些融入骨子里的思维和行为方式，踏上更广阔的人生之路，一生受益。

问题 2：你们学校这几年有着突出的成绩，是如何做到的？

我想说感谢困难，尊重教育和社会发展的规律。过去几年，我们在各方面都取得了一些成绩，包括竞赛、升学等。但最让人欣慰的不是这些可以量化的成绩，而是发生在学生身上的美好变化。

未来最大的魅力在于未知，而教育是一个不断拓展孩子可能性，从而应对未知的过程。每个人天性禀赋不一样，如何挖掘每个学生成长的最大可能性，帮助他们丰富自我、实现自我，从而以有限的经验来应对未知的无限？这对所有学校而言，都是一个不小的考验，但也是教育的魅力所在。

过去七年，我们一直在努力探索和践行自己的教育理念。如何去点燃每个孩子内在的动力？如何帮助他们定义和实现自己的价值？如何让孩子们对艰苦而美好的事情上瘾？如何尊重孩子的天性禀赋，培养他们的多样性，从而让每一个生命发出属于自己的光芒？这些一直都是我们探索的方向。

在理念落地的过程中，我们将“育”与“教”放在同等重要的位置上，做了很多从成绩角度看的“无用功”，比如周末幸福派、挫折教育、计划与反思、冥想课程等。学校通过这些“无用功”来培养孩子感知幸福、反思生活的能力，激发他们内在的动力。

教育的终极意义不在当下，而在未来。通过这些看似不重要的“无用功”培养的能力与品格，可能会奠定孩子们未来几十年追求幸福与自我价值的能力基础，让每一个生命都孕育出更多的可能性。

教育是一条关乎孩子一生的路，我们还有太长的路要走，它甚至没有终点。在这条路上行走，我们不敢马虎，唯有如履薄冰。目前取得的一些成绩，不仅仅是对我们的肯定，更是对我们的鞭策。未来，我们将望着月亮，继续出发。

问题 3：国际形势风云变幻，您认为留学趋势会有所变化吗？这对国际教育是否有影响？

教育的开放性永远不会因为任何事情而改变，这一规律就是我们所说的“道”。我的看法是，留学趋势也许会短期波动，但不会有根本性变化。这可以从三个角度去思考。

一是历史的角度，教育会越来越开放。从清末 120 名官派幼童赴美留学至今已有一百多年，我们历经两次世界大战、鼠疫、冷战、金融危机，但教育的全球化趋势并未受到大的影响。未来，我们的世界会越来越全球化，越来越融合，教育的开放性不会因为一时的状况而改变，这是历史的规律。

二是需求的角度，留学需求依旧旺盛。留学是一种人生规划，家长做出决策是基于未来的趋势，而不是眼前的短期形势。只要存在教育资源的差距，留学需求就会依然旺盛。疫情尚未结束，从数据上看，主流留学目的国英美的申请人数已经开始出现增长。

三是社会发展的角度，懂中国懂世界的人才不可或缺。未来，很多发展机会都将与中国相关，每个中国人都会因此受益，但受益的程度不一样。受益最多的也许是既懂中国又懂世界，拥有跨文化思维和解决问题能力的人，以及既能理解东西方因文化差异和历史的不同而造成思维和行为模式的不同，又能在不同文化碰撞中表现得游刃有余的人。所以，我对中国未来国际教育的发展和接受国际教育的学生充满信心。

国际教育也不会因疫情和国际形势而有所变化。因为国际化只是路径和手段，学校本质上是培养人和发展人的地方，探索的是把孩子培养成什么样的人。答案始终要回归到人本身。

具体到我们，我们希望培养的是能够从容不迫地学习、工作的人，是能够悲天悯人、活出生命厚度的人，是能够承担更多社会责任的人。获取小成就依靠的是知识和技能，获取更大的成就则需要思维模式和妥善地处理与世界的关系，需要强大的心灵。这些是教育永恒的使命。

第三节
影响留学的因素呈现多样化

在做出留学决策时，每个家庭都应该从不同的维度进行全方位、多角度考量。近年来，随着疫情及国际形势的变化，影响留学的因素也呈现多样化的特征。

一、安全因素成为家长在做出留学决策时主要考虑的因素

本次调查主要从经济、城市宜居、教育和国际形势四个维度出发，来探讨家长及学生在做出留学决策时主要考虑的因素（见表 1–2）。

表 1–2 留学决策考虑的因素

维度	留学决策考虑的因素	学生排序	家长排序
经济维度	学费合理	1	1
	生活开销少	2	3
	奖学金易获得	3	2
城市宜居维度	安全问题	1	1
	对华人的接纳程度	2	2
	好就业	3	5
	语言环境	4	3
	气候宜居	5	4
	有亲戚朋友的帮助或照料	6	6
教育维度	教育质量	1	2
	专业优势	2	1
	国内认可度	3	3
	学制长短	4	4
国际形势维度	留学城市的国际化程度	1	1
	留学国家的文化吸引力	2	3
	国家综合实力	3	2
	国际局势或双边国际关系	4	4
	易获得移民权	5	5

每个家庭的经济情况各不相同，可以承担的留学费用也不一样。调查发现，在经济维度，相比于生活开销少和奖学金易获得，学生和家长均认为学费合理是主要的考量因素。

在留学城市的考量上，无论是学生还是家长，都认为安全问题是首要考虑的问题，其次是对华人的接纳程度。而有亲戚朋友的帮助或照料、气候宜居的重要程度则相对较弱。学生和家长都充分考虑了留学所在地的治安情况，选择相对安全的地区，以免发生危险。

在选择留学国家、学校和专业时，如果分析不到位，学业规划就会比较盲目。在教育维度，教育质量和专业优势是学生在留学决策中优先考虑的因素，学制长短的重要程度则相对较低。可以发现，教育质量越来越成为影响学生群体做出留学决策的重要因素。家长认为专业优势是在留学决策中优先考虑的因素。不过要注意的是，在选择专业时，学生一方面要从自己的兴趣出发，因为兴趣是学好一个专业的前提，另一方面要充分审视自身的学习能力，以保障在留学期间顺利完成学业；而家长在孩子选择专业时，应该给予孩子自主选择的空间，让孩子不留遗憾。

国际形势变化在一定程度上会影响意向留学生群体的留学决策。尽管局部地区动荡对跨境流动的留学生群体造成不利影响，但中国学生的留学意愿依然不减。UCAS 公布的 2022 年英国本科申请数据显示，虽然总申请人数相比 2021 年有所下降，但中国学生的申请人数相比 2021 年增长 12%。

从国际形势维度来看，学生和家长均认为留学城市的国际化程度是主要考虑因素，而易获得移民权、国际局势或双边国际关系则不是重要的考虑因素。可以发现，在影响留学生群体出国的因素中，移民意向的作用近几年越来越小，这是因为随着经济的快速发展，我国社会环境的安全稳定在某种程度上可以满足大多数海归的就业和生活需求。

二、教育水平是影响家长和学生选择留学国家或地区的最主要因素

在选择出国留学的学生规模越来越大的同时，选择出国留学的原因也越来越多样化。由 2022 年调研数据可知（见图 1–42），分别有 79.8%、69.7%、61.7%、55.5%、51.7%、50.8% 的家长回答者表示，其子女在选择留学国家或地区时主要考虑的因素是教育水平高、国家综合实力强、科技发达、整体较安全、留学生政策包容、名校多。而居住与移民较容易（39.7%）、学费较便宜（37.4%）和学时较短（35.8%）三个因素对其子女选择留学国家或地区的影响较小。

在学生回答者中，有 68.7% 的学生表示，教育水平高是他们选择留学国家或地区时考虑的首要因素，其次是国家综合实力强（59.2%），再次是科技发达（48.2%）。而居住与移民较容易（20.7%）、学时较短（20.5%）和学费较便宜（16.6%）三个因素对中国学生选择留学国家或地区的影响较小。

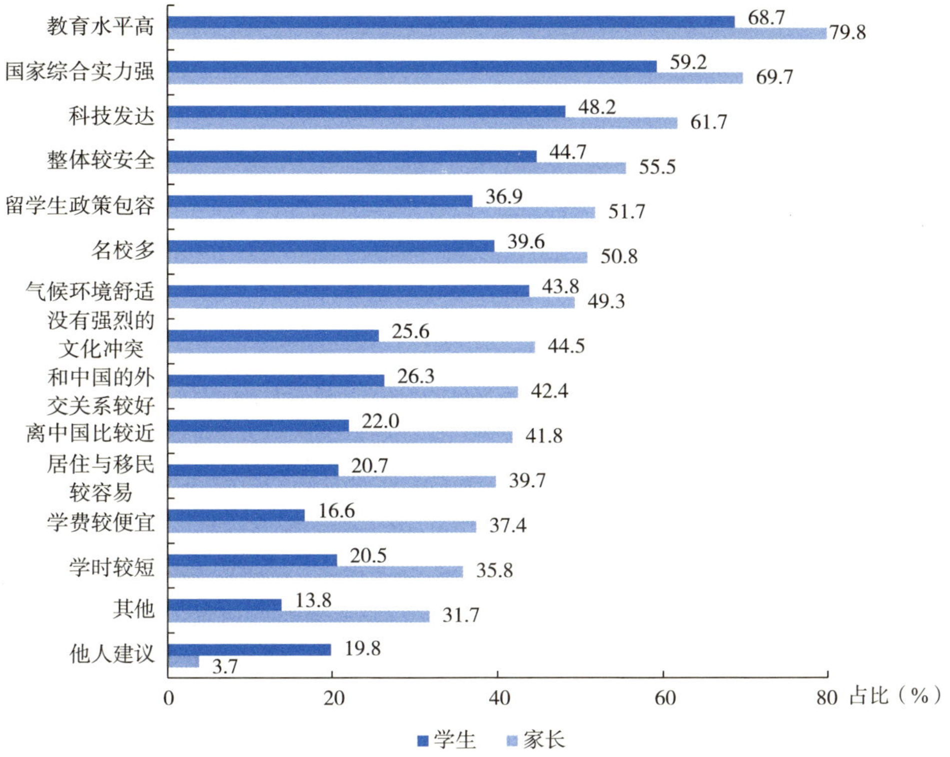

图 1–42　中国学生和家长选择留学国家或地区的影响因素

在意向留学生群体中（见图 1–43），分别有 66.3%、56.8%、41.9% 和 41.1%、38.8% 的学生表示，他们选择留学国家或地区时会考虑教育水平高、国家综合实力强、科技发达、整体较安全、气候环境舒适等因素。在留学生群体中，影响他们选择留学国家或地区的最重要五个因素依次是教育水平高（76.9%）、科技发达（70.0%）、国家综合实力强（67.6%）、气候环境舒适（61.1%）、名校多（59.2%）。在对意向留学生和留学生群体选择留学国家或地区影响较小的因素中，除了他人建议和学时较短，还有居住与移民较容易和学费较便宜。

对比可知，影响两类学生选择留学国家或地区的因素存在一定差异。除了都比较重视教育水平高、科技发达、国家综合实力强等因素，留学生群体在选择留学国家或地区时更加看重名校多、气候环境舒适、整体较安全等因素。

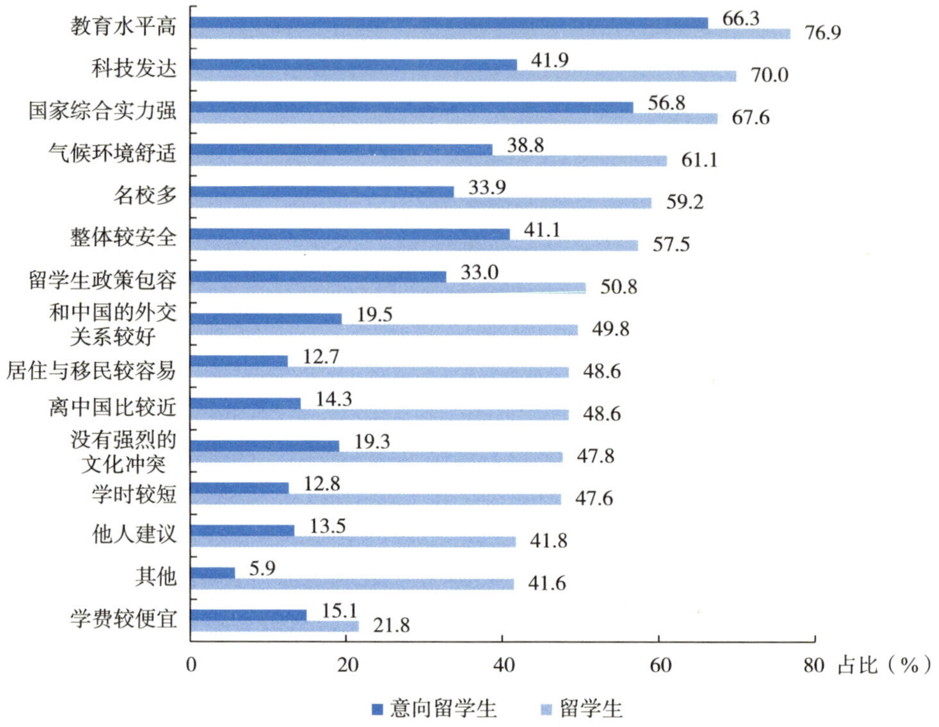

图 1-43　中国学生选择留学国家或地区的影响因素

三、拓宽国际视野是学生选择出国留学的第一考虑因素

国外的教育体系、教育理念和教育环境与国内存在很大差别，对许多选择出国留学的学生而言，出国留学是增长见识和拓宽视野的一个好机会，同时对于提高学生自身的实力与能力也是一种不错的锻炼。结合图 1-44 可知，家长回答者认为，子女选择出国留学最重要的五个原因分别是拓宽国际视野（75.7%）、接受多元文化（72.8%）、获得国际化的教育经历（72.8%）、提高自身实力（68.2%）和国外高校选择多或教育质量好（68.1%）。学生回答者在选择出国留学的原因方面与家长群体的反馈结果一致，分别有六成左右的学生认为拓宽国际视野（63.2%）、获得国际化的教育经历（61.9%）和接受多元文化（59.8%）是其选择出国留学的最重要原因。

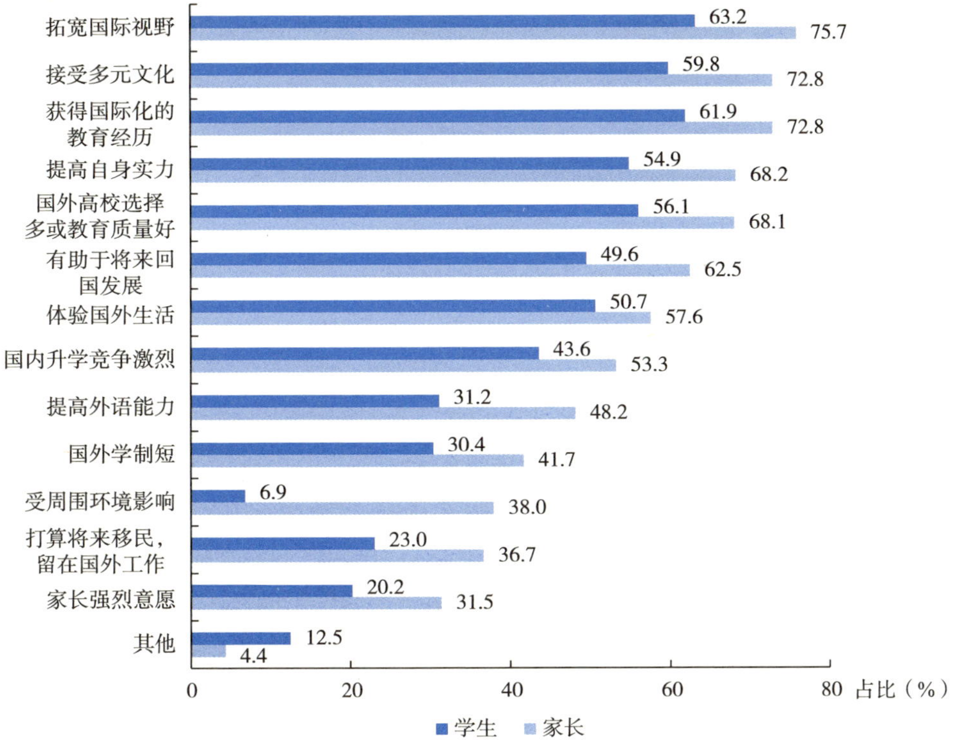

图 1-44　2022 年中国家长和学生选择出国留学的原因

由 2020 年的调研数据可知（见图 1-45），分别有 76.6%、68.9%、67.1%、57.8%、36.4% 的家长回答者表示，在子女选择出国留学的原因中，排名前五的分别是拓宽国际视野、获得国际化的教育经历、接受多元文化、国外高校选择多或教育质量好、有助于将来回国发展。在学生回答者中，分别有 66.3%、58.4%、65.7%、56.4%、52.5% 的学生表示他们出国留学的原因是拓宽国际视野、获得国际化的教育经历、接受多元文化、国外高校选择多或教育质量好、体验国外生活。

从 2020 年到 2022 年，中国学生选择出国留学的原因没有发生明显的变化，排名靠前的原因依然是拓宽国际视野、获得国际化的教育经历、接受多元文化和国外高校选择多或教育质量好。

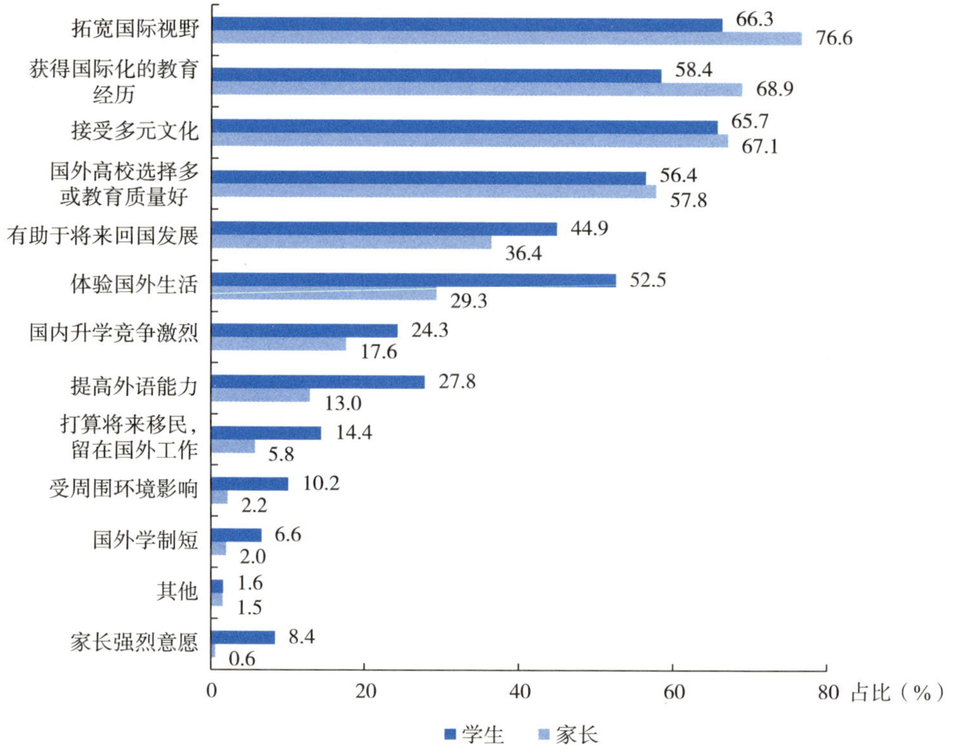

图 1–45　2020 年中国家长和学生选择出国留学的原因

结合图 1–46 可知，留学生群体和意向留学生群体选择出国留学的原因存在一定的差异。留学生群体的反馈表明，吸引他们出国留学的最重要五个因素分别是国外高校选择多或教育质量好（78.9%）、获得国际化的教育经历（74.5%）、接受多元文化（72.3%）、拓宽国际视野（71.3%）、体验国外生活（62.5%）。在意向留学生群体中，除了拓宽国际视野（60.9%），获得国际化的教育经历（58.3%）、接受多元文化（56.2%）、提高自身实力（53.3%）等也是他们选择出国留学的重要考量因素。打算将来移民，留在国外工作（16.0%）及家长强烈意愿（13.0%）和受周围环境影响（8.2%）三个因素只有不到 20% 的意向留学生选择。可见，相比于留学生群体，一方面，意向留学生群体对移民和在国外工作的意愿降低；另一方面，家长强烈希望子女留学的意愿对其影响力也有所下降。

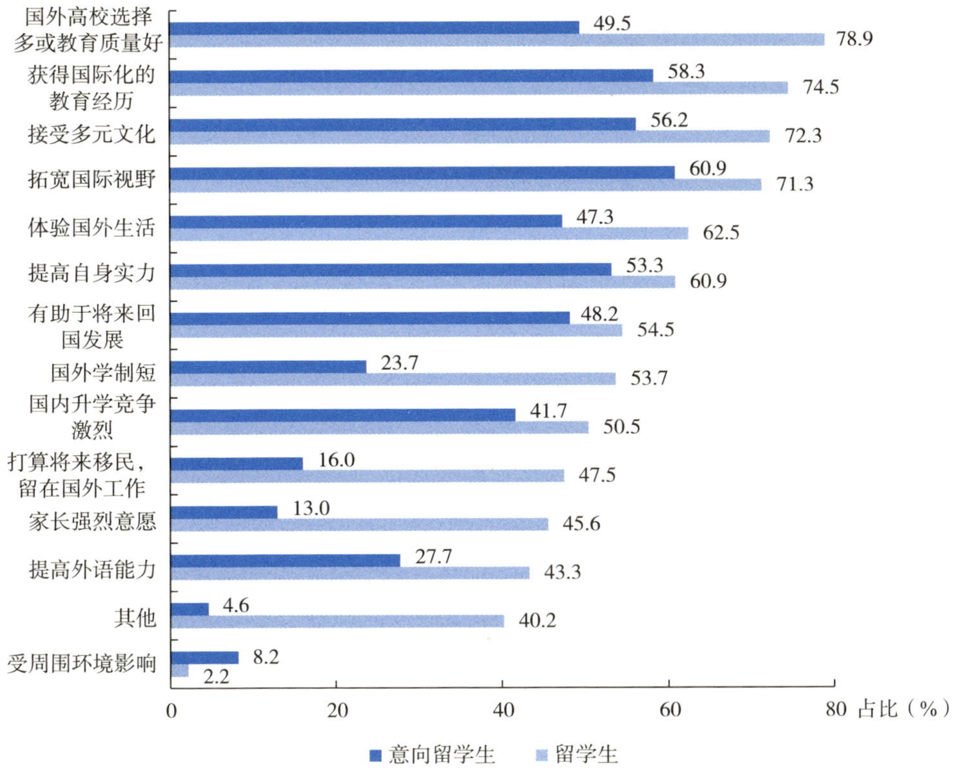

图 1–46　中国学生选择出国留学的原因

四、学校所在地区的安全程度成为中国学生择校时的重点考虑因素

由 2022 年调研数据可知（见图 1–47），在选择就读学校的过程中，分别有 83.0%、77.3%、71.5%、63.8% 和 62.5% 的家长表示，影响子女择校的最重要五个因素分别是学校所在地区的安全程度、学校综合排名、学校专业排名、国内认知度高、学校所在地区或城市的舒适度。学生的反馈表明，他们在选择学校过程中最看重的三个因素分别是学校所在地区的安全程度、学校综合排名、学校专业排名，占比分别为 72.5%、68.6%、60.7%，最不看重的三个因素则分别是师生比、国际生比例、他人推荐。

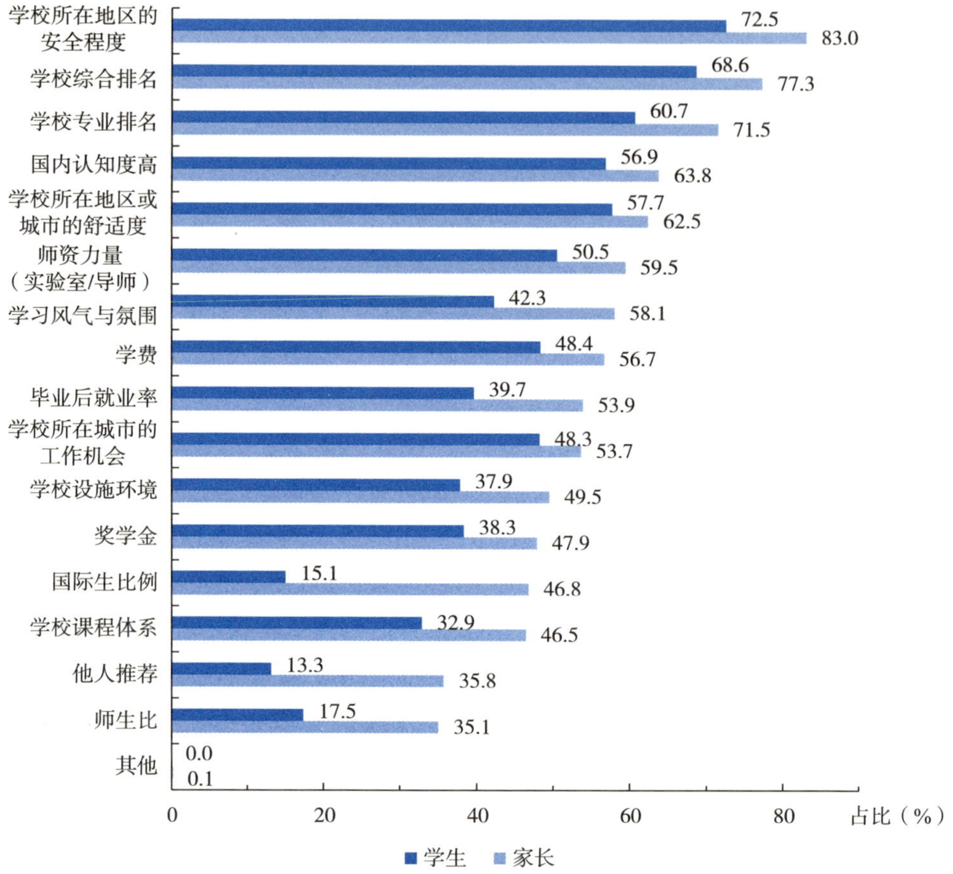

图 1–47　中国家长和学生选择留学院校的影响因素

结合图 1–48 可知，在意向留学生群体中，除了学校所在地区的安全程度（73.1%），学校综合排名（65.9%）、学校专业排名（60.0%）、学校所在地区或城市的舒适度（55.4%）、国内认知度高（53.9%）等因素也是他们在择校时的重要考量因素，有超过一半的学生选择了这些因素。而他们在选择留学院校时最不看重的五个因素分别是奖学金（32.5%）、学校课程体系（27.6%）、国际生比例（17.8%）、师生比（10.1%）和他人推荐（6.1%）。结合 2020 年的调研数据可知，从 2020 年到 2022 年，影响中国家长和学生选择留学院校的三个重要因素分别是学校综合排名、学校所在地区的安全程度、学校专业排名。

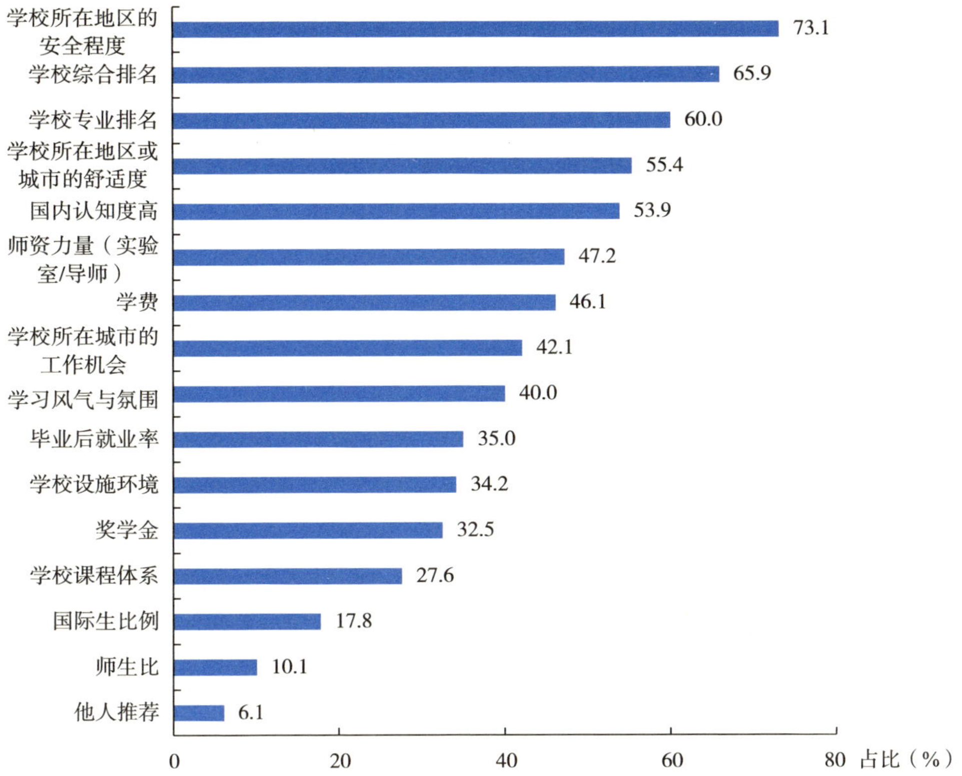

图 1–48 意向留学生选择留学院校的影响因素

五、STEM 和商科类专业依旧是主流专业

《2021 美国门户开放报告》显示，在 2018 年和 2019 年赴美留学的中国学生选择的专业中，工程专业被更多人选择，占比超过 20%；其次是数学和计算机科学专业，占比为 19.9%；再次是商务管理专业，占比为 15.9%。2021 年，54% 的留学生都选择了 STEM［科学（Science）、技术（Technology）、工程（Engineering）、数学（Mathematics）］类专业（包括工程学、数学和计算机科学、物理与生命科学、卫生和农业）。

2022 年，结合图 1–49 可知，分别有 39.1%、28.9%、10.7%、9.8%、6.4% 和 5.1% 的家长表示，子女计划（已经）选择的留学专业是 STEM 类专业、商科类专业、社会科学类专业、医科类专业、人文学科类专业、艺术类专业。在学生群体中，选择 STEM 类专业的学生占比为 35.1%，商科类专业占比为 23.9%，人文学科类专业占比为 17.6%，医科类专业占比为 8.4%，社会科学类专业占比为 7.9%，艺术类专业占比为 7.1%。由此可知，在中国留学生群体中，目前最热门的留学专业为 STEM 类专业，其次是商科类专业，再次是人文学科类专业和社会科学类专业；医科类专业、艺术类专业比较小众，选择就读的学生相对较少。

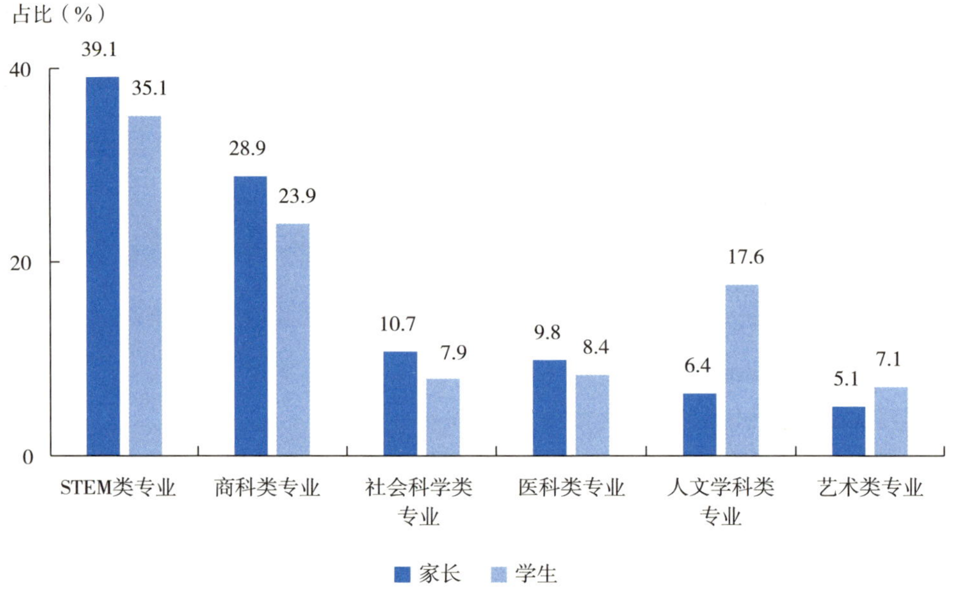

图 1–49　中国家长和学生选择的留学专业

结合图 1–50 可知，超过五成（54.5%）留学生选择的是 STEM 类专业，另有超过 1/5（20.7%）的留学生选择了商科类专业。选择其他专业的留学生占比从高到低依次是人文学科类专业（9.7%）、艺术类专业（5.3%）、社会科学类专业（4.9%）和医科类专业（4.9%），占比均不超过 10%。在意向留学生中，计划申请 STEM 类专业的学生占比最高（31.5%）；其次是商科类专业，占比约 1/4（24.5%）；再次是人文学科类专业，占比约 1/5（19.2%）。艺术类专业、社会科学类专业和医科类专业占比较少，分别为 7.4%、8.5% 和 8.9%。

虽然两类学生群体选择留学专业的整体趋势一致，但他们在留学专业选择的占比层面存在非常明显的差异：留学生的专业选择更加集中，而意向留学生的专业选择则相对分散。选择 STEM 类专业的留学生占比更高，超过 50%；而选择

STEM 类专业的意向留学生占比虽然最高，但与选择其他专业的意向留学生占比的差距却较小。造成留学生群体和意向留学生群体在专业选择方面产生差异的主要原因在于，许多意向留学生并未确定自己所学专业，他们的选择更多的是以兴趣为基础，而留学生群体经过大学申请或者专业选择，基本都已确定专业方向，其对 STEM 类专业的青睐是有目共睹的。

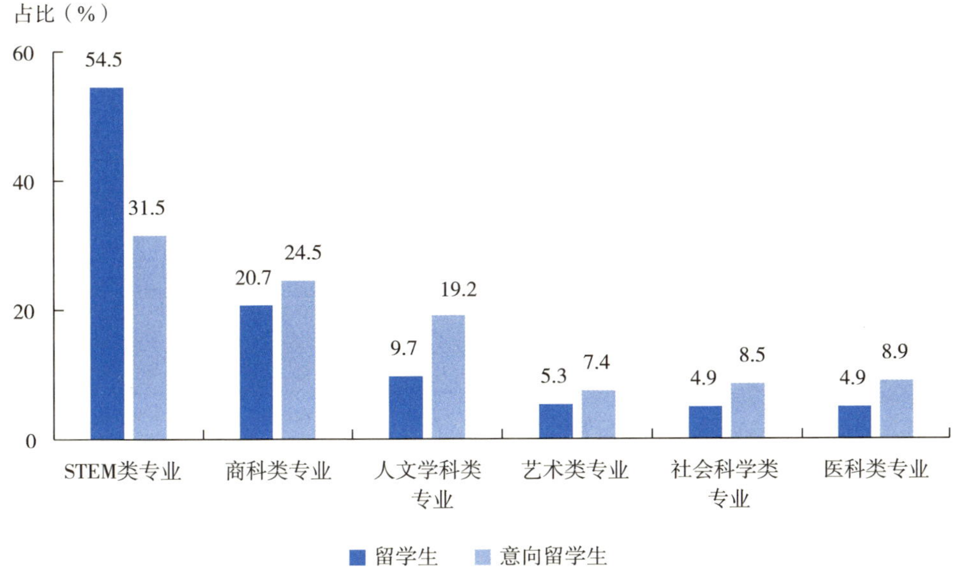

图 1–50　中国学生选择的留学专业

六、中国学生的留学专业选择兼具学习兴趣和就业前景

如前所述，中国学生大多选择的留学专业为 STEM 类专业。由 2022 年调研数据可知（见图 1–51），家长认为子女在选择专业时主要考虑的因素是自己感兴趣（78.8%）、就业前景好（75.7%）、专业排名（63.8%）、契合自己的教育背景（61.5%）、录取率及申请难度（57.7%）。无论是家长还是学生，在选择留学专业时，都是将学生个人兴趣放在第一位，同时也十分看重专业的就业前景和排名。此外，家长和学生群体都表示，课程体系难易程度、奖学金和父母影响等因素对他们选择留学专业的影响程度较低，他人推荐的重要性最低。

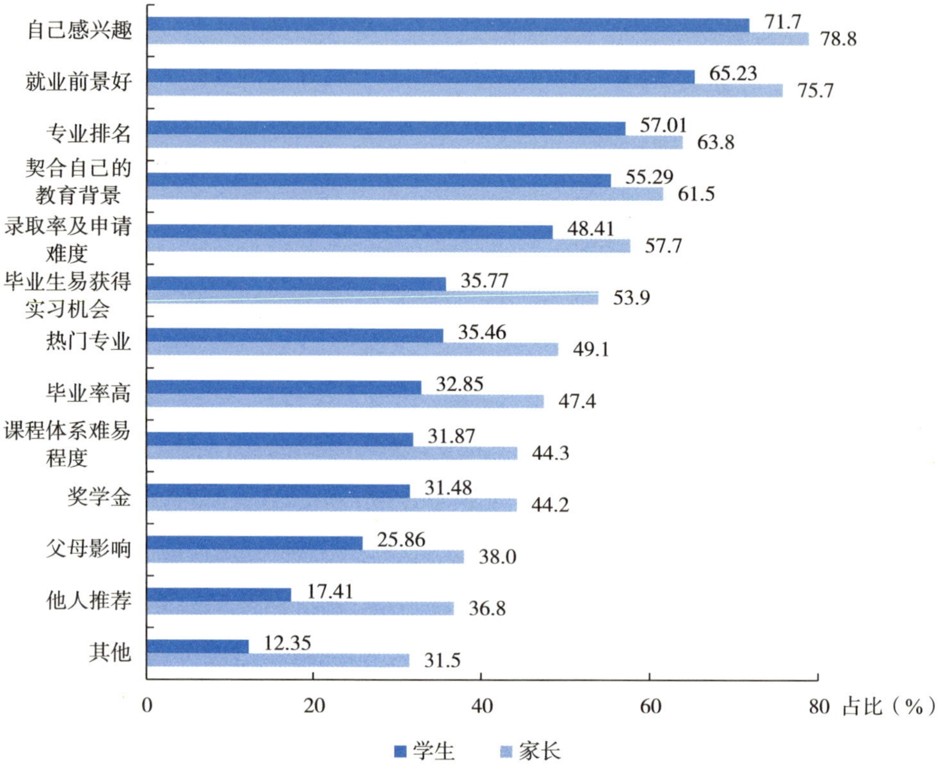

图 1–51　中国家长和学生选择留学专业的影响因素

如图 1–52 所示，留学生表示影响他们选择留学专业的最重要五个因素依次是自己感兴趣（74.1%）、就业前景好（73.5%）、契合自己的教育背景（72.6%）、专业排名（67.6%）、奖学金（59.1%）。而意向留学生则认为选择留学专业时最重要的五个考量因素分别是自己感兴趣（71.0%）、就业前景好（62.9%）、专业排名（54.0%）、契合自己的教育背景（50.3%）、录取率及申请难度（47.1%）。通过对比可以发现，除了兴趣、专业排名、就业前景和教育背景，留学生群体还比较看重奖学金，而意向留学生群体则更看重录取率及申请难度，这种差异或许与两者所处的留学状态息息相关。

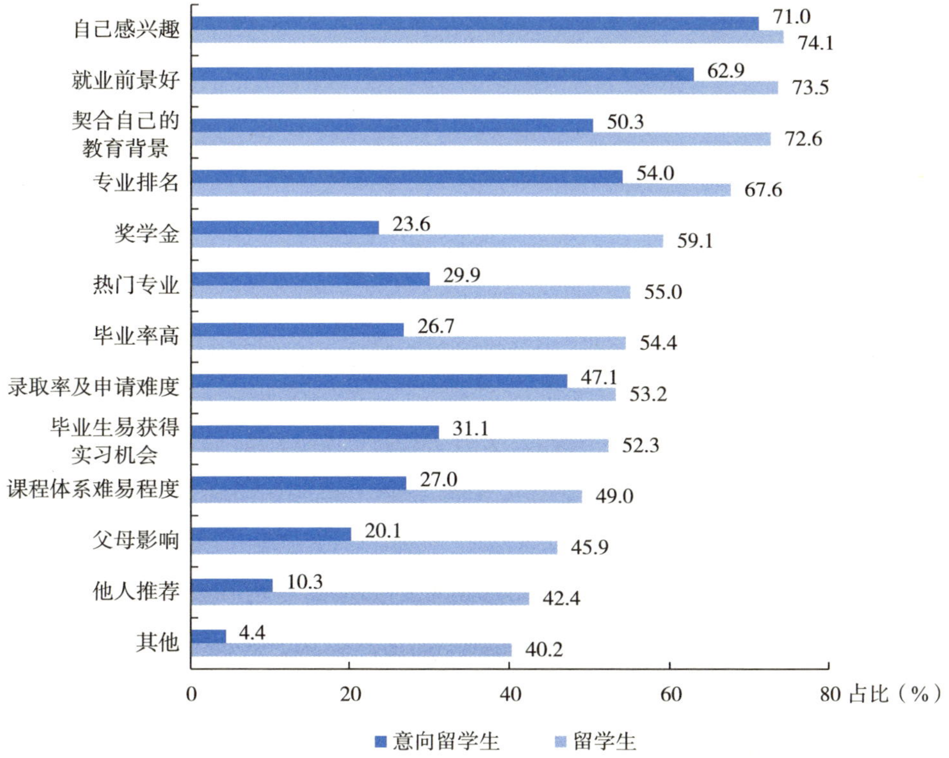

图 1-52　中国学生选择留学专业的影响因素

第四节
海外留学主要有双重压力——社交与学业

留学生在海外有着多重压力，不仅需要快速适应全然陌生的新环境，还不得不面临来自学业、活动、社交、生活琐事等各方面无形的压力。

一、人际交流是留学生在留学过程中普遍遇到的障碍

近年来，留学生群体遇到的文化差异和融入问题日渐呈上升趋势。留学在外并没有外人看起来那么光鲜亮丽，独自异乡求学不仅要保证课业成绩，还要适应

生活习惯以及调节内心的负面情绪。尤其是刚进入一个陌生的文化环境，学生更容易产生迷失、迷惑、排斥甚至恐惧的感觉，产生文化休克。

由 2022 年的调研数据可知（见图 1–53），分别有 84.8%、73.8% 和 73.1% 的学生认为留学期间遇到的主要障碍是人际交流、经济压力和语言压力。而孤独情绪、自律能力和师生关系的占比相对较低，分别为 45.8%、45.9% 和 51.3%。尽管留学生在留学之前已经顺利通过了语言考试，但考试与实际应用仍然存在较大差异，这对留学生融入当地生活造成了困难，然而这是留学生适应海外生活的必经之路。家长认为在留学期间，子女遇到的主要障碍首先是学业压力（77.2%），其次是文化冲突和经济压力（占比均为 76.9%）。而认为孩子在自律能力、师生关系和生活自理能力等方面相对没有障碍的家长，占比分别为 60.1%、60.4% 和 61.0%。

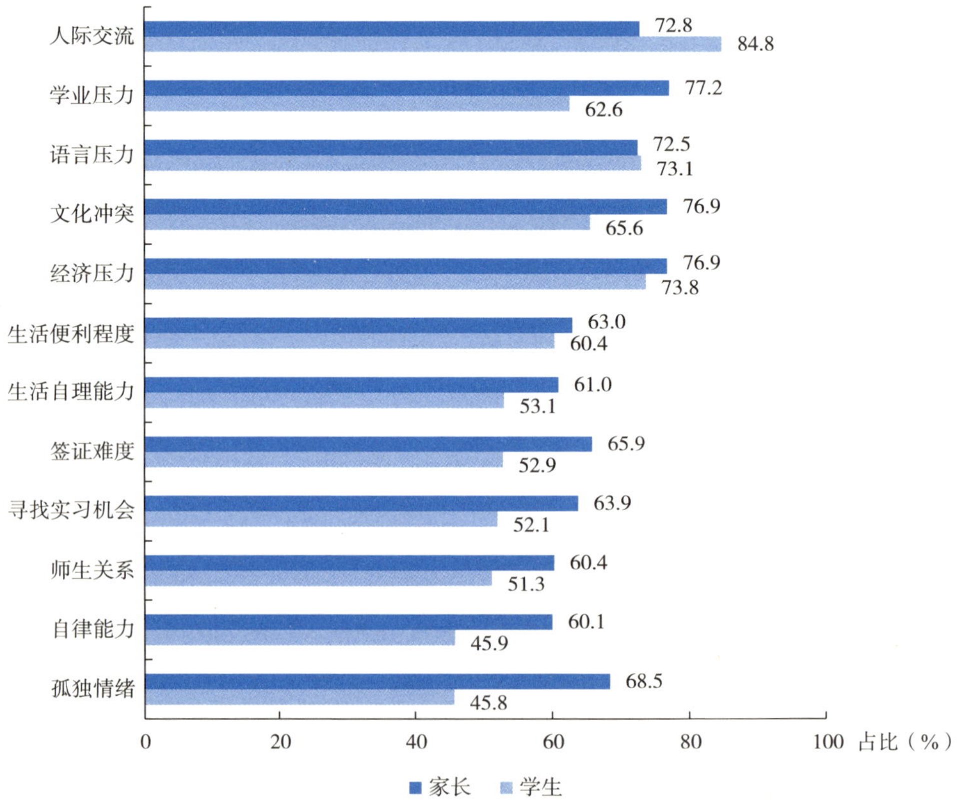

图 1–53　学生留学过程中遇到的障碍

当越来越多的大学看重申请者拥有跨文化经历的时候，各种各样的海外项目应运而生，越来越多的学生选择充分利用暑期时间去丰富海外经历。最热门的选择就是美国和英国名校的暑期课程，学生通过学习 6~8 周的课程来获得相应学校的学习经历，甚至学分。由 2022 年的调研数据可知（见图 1–54），在留学前有海外经历的留学生在留学过程中遇到的主要障碍是人际交流（81.1%）、经济压力（71.2%）和语言压力（70.4%），而自律能力（39.3%）、孤独情绪（42.3%）和签证难度（47.5%）方面的障碍则相对较小。

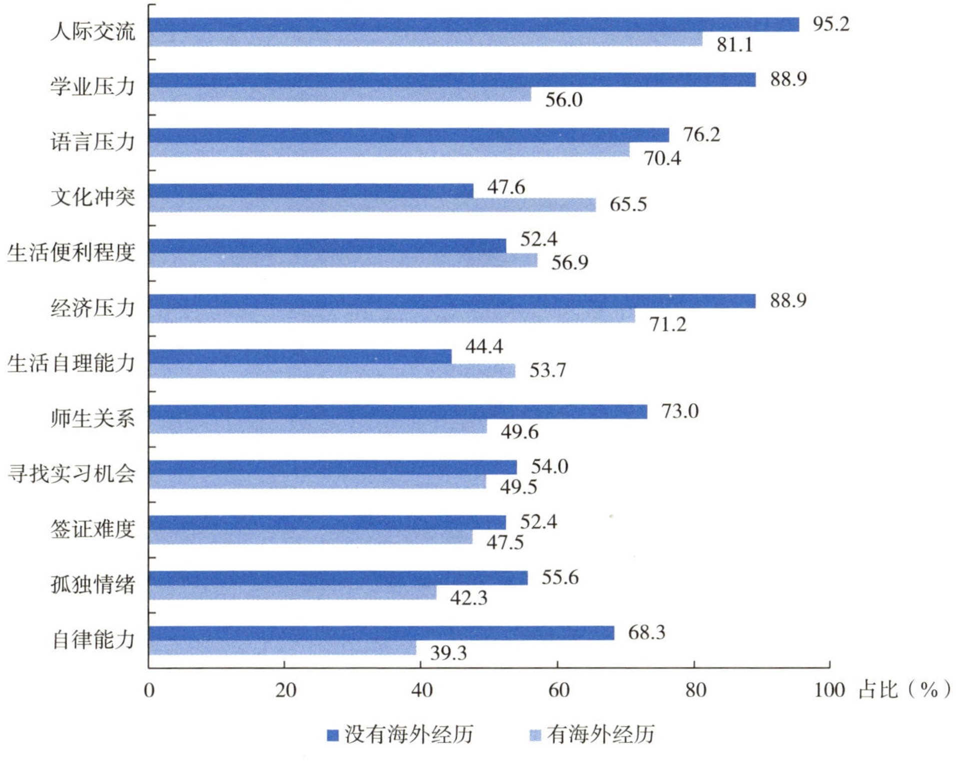

图 1–54　海外经历与留学过程中遇到的困难和障碍

没有海外经历的留学生在留学过程中遇到的主要障碍是人际交流（95.2%）、学业压力（88.9%）和经济压力（88.9%），而生活自理能力（44.4%）、文化冲突（47.6%）、签证难度（52.4%）和生活便利程度（52.4%）方面的障碍则相对较小。此外，我们还发现拥有海外经历的留学生遇到障碍的概率要明显低于没有海外经历的留学生，这是因为海外经历可以使留学生提前感受真实的留学生活，丰富自己的经历，从而更容易适应留学生活以及克服留学过程中可能遇到的障碍。

二、大部分学生和家长认为所学专业及其授课方式符合预期

本次调查数据显示（见图 1–55），大部分学生（71.60%）和家长（76.02%）认为留学所学专业符合预期。仅有 1.06% 的学生和 7.02% 的家长认为留学所学专业不符合预期。

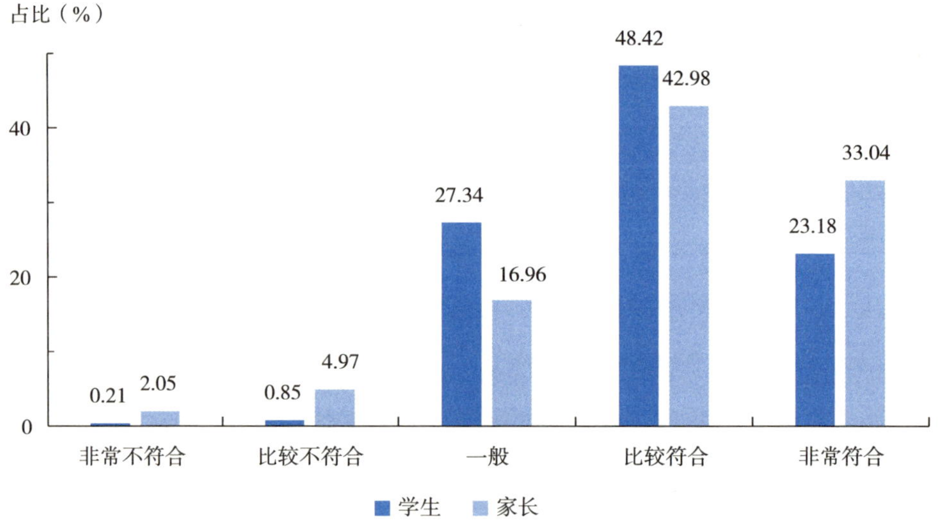

图 1–55　所学专业是否符合预期

在留学生群体中，无论有无海外经历，大部分学生（占比分别为 70.8% 和 82.6%）都认为留学所学专业符合预期（见图 1–56）。

本次调查数据显示（见图 1–57），大部分学生（76.3%）和家长（73.1%）认为留学所学专业的授课方式符合预期。仅有 7.2% 的留学生认为留学所学专业的授课方式不符合预期，6.5% 的家长认为孩子留学所学专业的授课方式不符合预期。

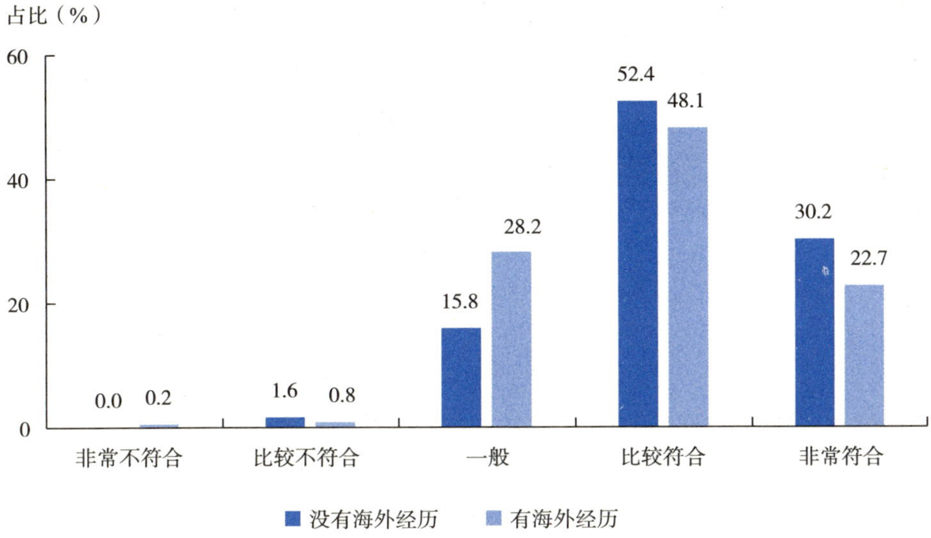

图 1-56　海外经历与所学专业是否符合预期

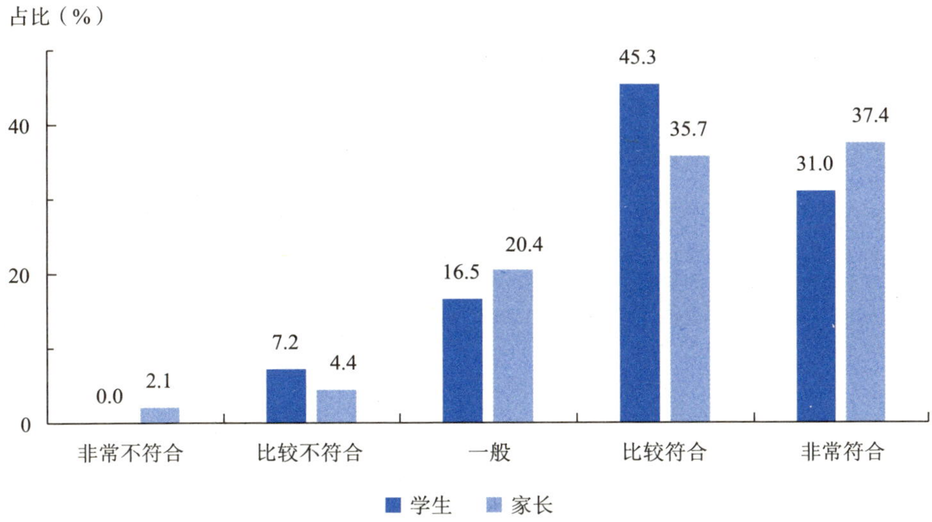

图 1-57　所学专业的授课方式是否符合预期

在留学生群体中，无论有无海外经历，大部分学生（占比分别为 76.3% 和 76.2%）都认为留学所学专业的授课方式符合预期（见图 1-58）。

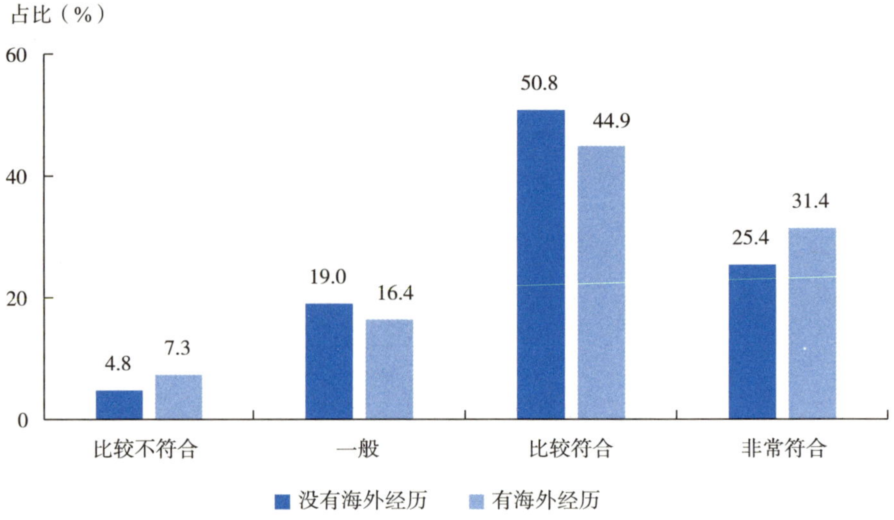

图 1-58　海外经历与所学专业的授课方式是否符合预期

三、半数以上留学生感到学习压力大

不同的学校对毕业有不同的要求，有些学校会要求学生写毕业论文。本次调查数据显示（见图 1-59），一半以上的学生（59.4%）和家长（59.9%）认为留学过程中课业或学习压力比较大。仅有 15.0% 的留学生认为留学过程中没有课业或学习压力，13.5% 的家长认为孩子在留学过程中没有课业或学习压力。

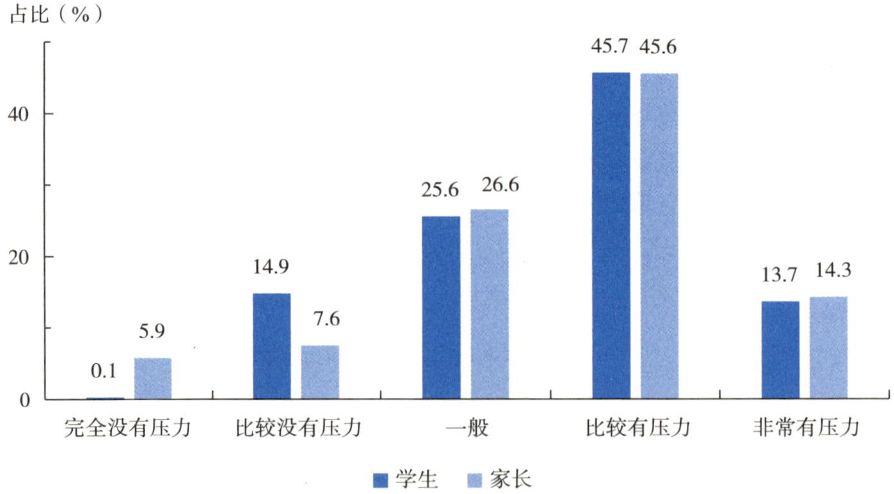

图 1-59　课业或学习压力

在留学生群体中，有一半以上拥有海外经历的留学生（61.0%）认为课业或学习压力比较大，而没有海外经历的学生只有 38.1% 表示课业或学习比较有压力（见图 1–60）。

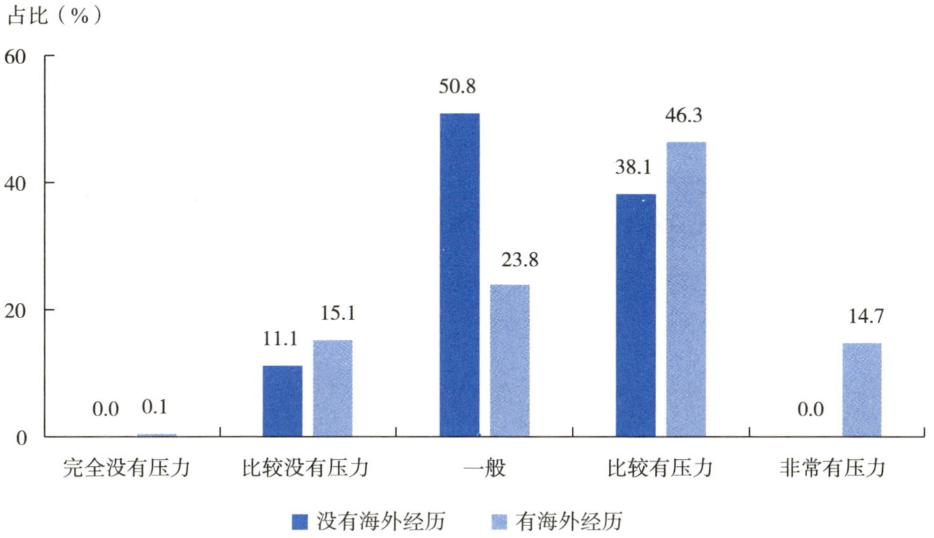

图 1–60　海外经历与课业或学习压力

本次调查数据显示（见图 1–61），一半以上的学生（63.2%）和家长（57.3%）认为留学过程中论文压力或毕业压力比较大。仅有 10.9% 的留学生认为留学过程中没有论文压力或毕业压力，14.9% 的家长认为孩子在留学过程中没有论文压力或毕业压力。

在留学生群体中，无论有无海外经历，大部分学生（占比分别为 62.5% 和 71.4%）均认为留学过程中论文压力或毕业压力比较大（见图 1–62）。

本次调查数据显示（见图 1–63），大部分学生（75.6%）和家长（73.1%）认为留学过程中与导师沟通比较顺畅。仅有 0.1% 的留学生认为与导师沟通不顺畅，3.0% 的家长认为孩子在留学过程中与导师沟通不顺畅。这说明年轻一代的留学生无论是在文化融入程度还是在沟通能力上都有了质的飞跃。

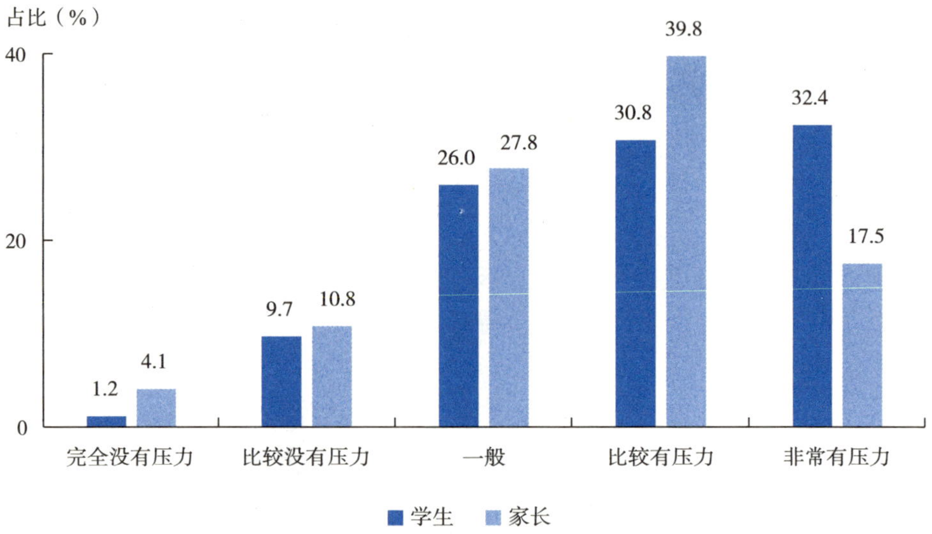

图 1-61　论文压力或毕业压力

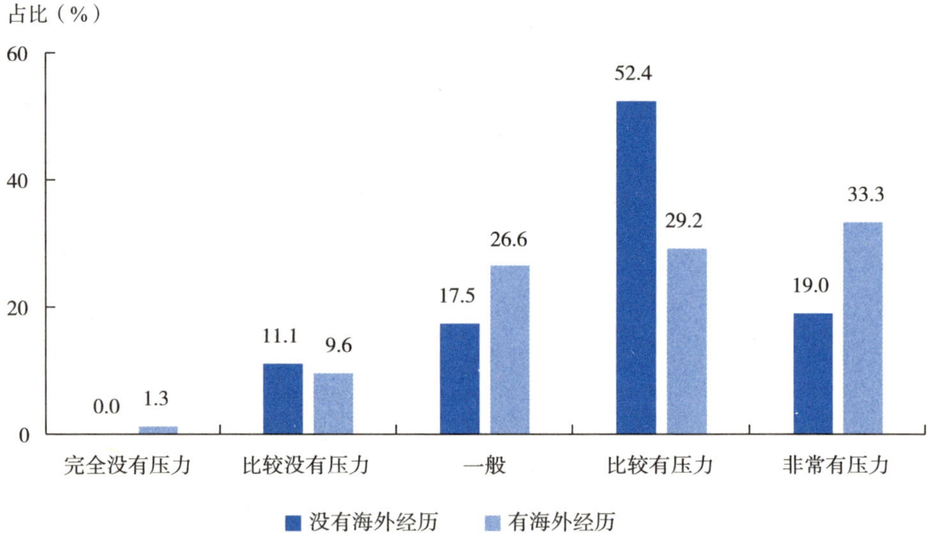

图 1-62　海外经历与论文压力或毕业压力

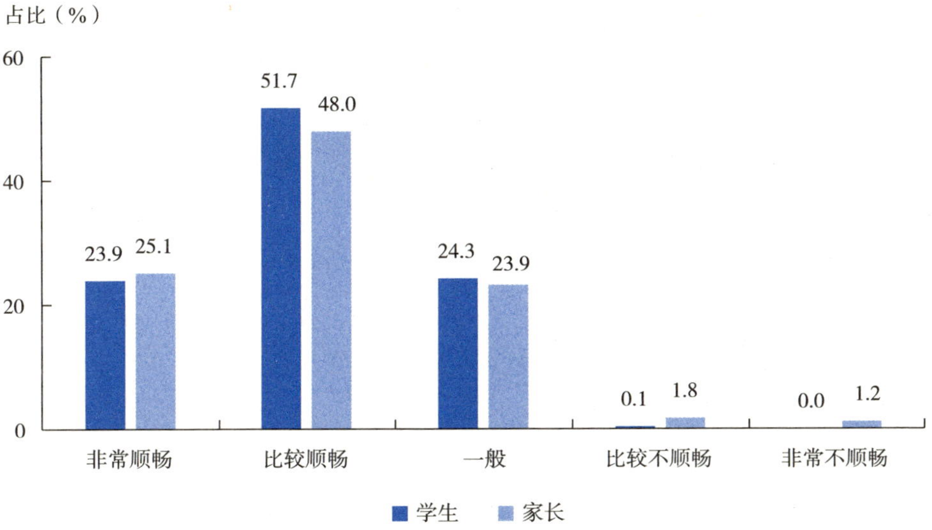

图 1-63　与导师沟通顺畅程度

在留学生群体中，无论有无海外经历，大部分学生（占比分别为 74.8% 和 87.3%）均认为与导师沟通起来比较顺畅（见图 1-64）。

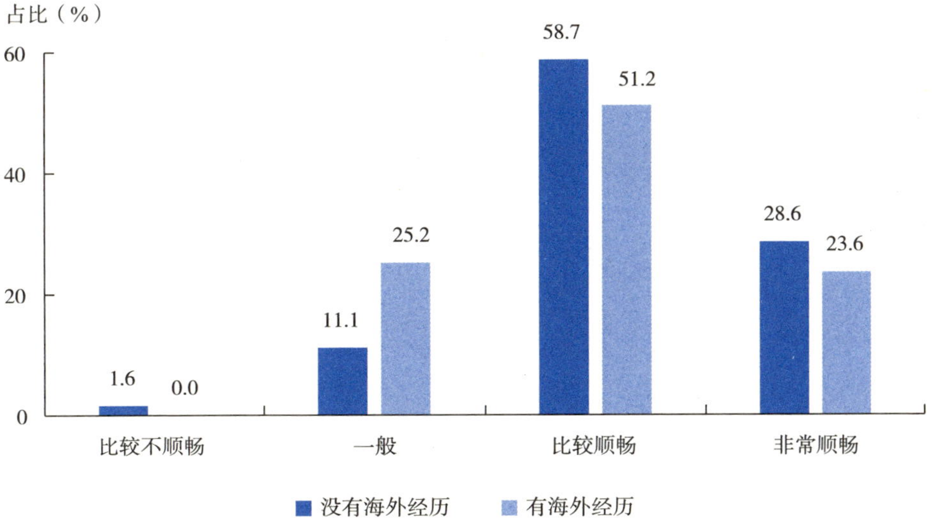

图 1-64　海外经历及与导师沟通顺畅程度

第五节
留学教育带来的最大收获是自我成长

一直以来，中国众多家长和学生对于出国留学都情有独钟，即使是疫情也并未减弱其迈出国门、走向世界的热情。其中很大一部分原因在于，这些家长和学生对出国留学带来的收获的认可，尤其是学生在个人能力、思维方式等方面的深层次成长，这也是许多学生和家长希望通过留学达到的目的。

一、独立解决问题能力的提升是留学带来的最大收获

调查结果显示（见图 1–65），学生群体普遍认为，留学过程中的最大收获在于提高独立解决问题的能力（24.6%）、思维方式的转变（18.7%）、专业知识提升（18.3%）和开阔视野（14.4%）。在 2020 年的调查中（见图 1–66），思维方式的转变（26.9%）、专业知识提升（20.4%）、提高独立解决问题的能力（19.2%）、开阔视野（17.6%）是学生群体认为在留学过程中最大的收获。相比于 2020 年大部分学生认为“思维方式的转变”是留学带来的最大收获，在 2022 年的调查中，更多的学生则认为“提高独立解决问题的能力”是其留学后获得的最大成长。

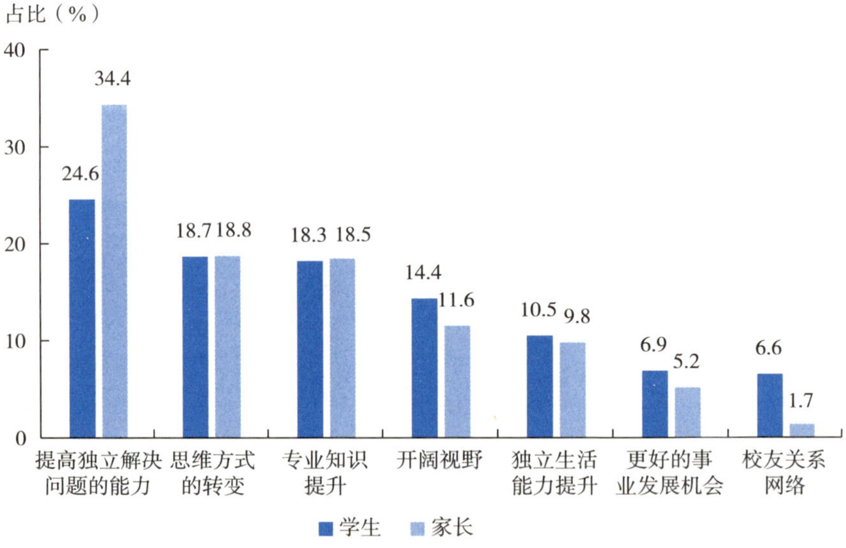

图 1–65　留学最大的收获

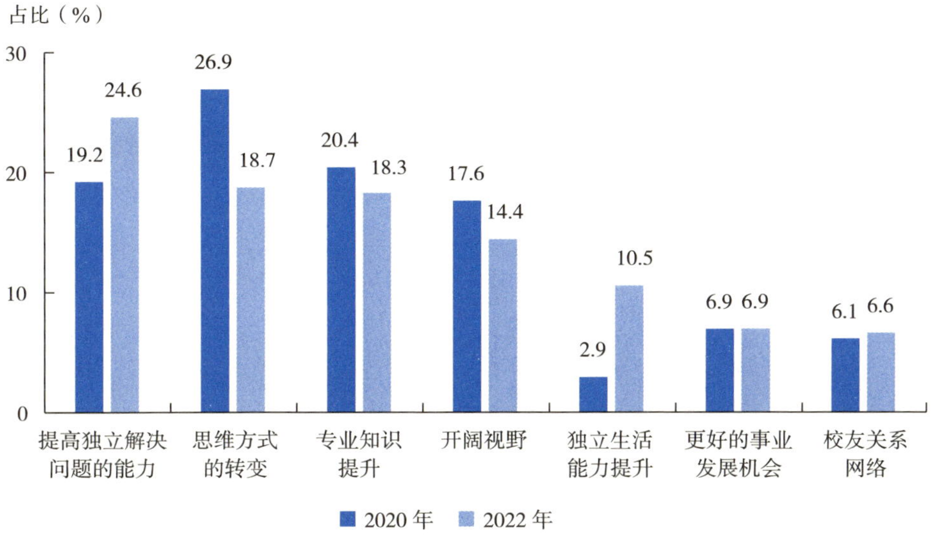

图 1–66　学生留学最大的收获

而在家长群体看来，提高独立解决问题的能力（34.4%）也是他们认为留学带给孩子的最大收获（见图 1–67）。此外，与学生群体的看法一致，家长群体也认同留学带给孩子在思维方式的转变（18.8%）、专业知识提升（18.5%）和开阔视野（11.6%）方面的收获。在 2020 年的调查中，家长群体认为自我成长（30.9%）和提高独立解决问题的能力（23.8%）是孩子在留学后获得的最大收获。可见，家长非常关注留学对孩子个人生活能力的提升和自我成长产生的积极作用，他们的反馈与学生的自我反馈基本是一致的，留学基本达到了父母与孩子双方的预期。

综上所述，2022 年的调查结果显示，无论是学生还是家长，都十分关注学生独自前往海外留学这一过程本身对学生个人成长产生的积极影响。尤其近两年来，世界各国疫情形势严峻，至今尚未完全平息，如何应对充满变数的国际形势和留学环境，对留学生而言是一场更加严苛的试炼，对留学生独立解决问题的能力提出了更大的挑战，而不少留学生也在此过程中成功应对了挑战，在能力、思维方式、专业水平等方面都得到了深层次的提升。

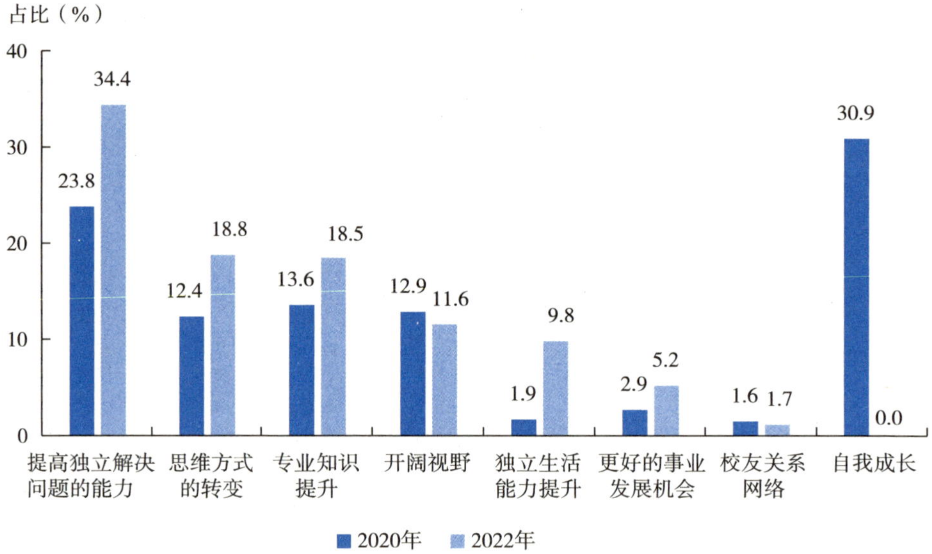

图 1-67　家长认为孩子留学最大的收获

二、毕业回国发展呈上升趋势

毕业后，每个留学生都会面临不同的选择，而不同选择的背后则有着不同的未来规划。教育部发布的相关统计数据显示①，从 1978 年到 2019 年，我国各类出国留学人员累计达 656.06 万人，除去 165.62 万人正在进行学习和研究，已有 490.44 万人完成学业，而其中 423.17 万人在完成学业后选择回国发展，占已完成学业群体的 86.28%。这意味着，在每 100 个完成学业的留学生中，就有超过 86 个人选择回国发展。2019 年，我国出国留学人数突破 70 万，留学回国人数达 58 万，回流比例超八成，达 82.49%。

另外，全球化智库（CCG）与西南财经大学发展研究院共同发布的《中国留学发展报告（2020～2021）》蓝皮书显示②，留学回国人数持续增加，拥有国际视野成为海归群体新的核心竞争力。随着海归群体不断扩大，海归就业的紧张形势也进一步凸显。海归群体由 2000 年的 13 万人增加到 2019 年的 423.17 万人，增幅超过 31 倍。在海归发展优势方面，2019 年的数据显示，“具有国际视野”取代

① 中华人民共和国教育部，http://www.moe.gov.cn/jyb_xwfb/gzdt_gzdt/s5987/202012/t20201214_505447.html。

② 全球化智库，http://www.ccg.org.cn/archives/62414。

“语言沟通能力强”成为海归在国内发展的主要优势。

最新调查数据显示（见图 1–68），在留学生群体中，有 26.9% 的学生对于是否回国“还未决定，到时再看”，有 48.6% 的学生有回国发展的打算，其中直接回国发展的留学生占全部受访留学生的 23.7%，先在国外工作两年再回国发展的留学生占全部受访留学生的 24.9%，而“留在国外，希望获得永久居住权”的留学生占比仅为 24.5%。在家长群体中，有 32.1% 的家长对于孩子是否回国“还未决定，到时再看”，有 57.6% 的家长希望孩子回国发展，其中希望孩子直接回国发展的家长占全部受访留学生家长的 16.9%，希望孩子先在国外工作两年再回国发展的家长占全部受访留学生家长的 40.7%，而想让孩子“留在国外，希望获得永久居住权”的家长占比仅为 10.3%。

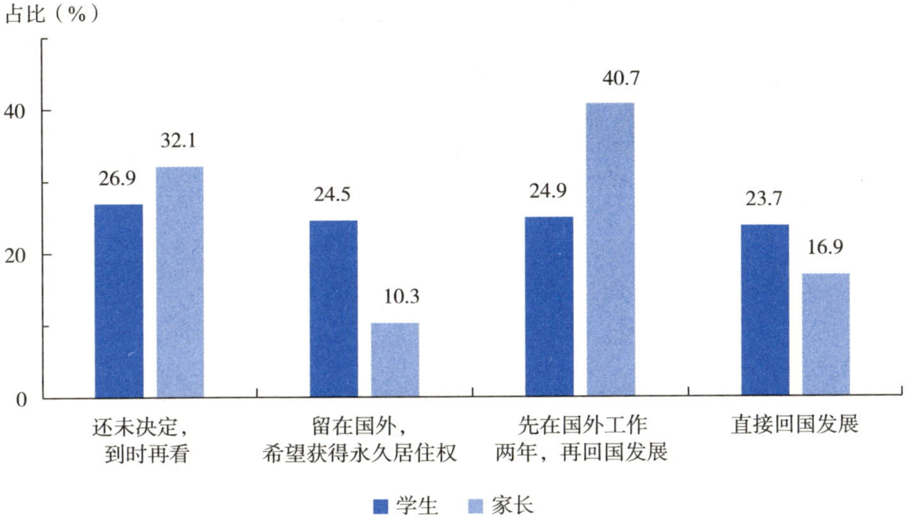

图 1–68　2022 年留学毕业后的选择

2020 年的调查数据显示（见图 1–69），在留学生群体中，有 41% 的学生对于是否回国还未做决定，打算直接回国发展的学生占全部受访留学生的 20%，先在国外工作两年再回国发展的留学生占全部受访留学生的 31%，而“留在国外，希望获得永久居住权”的留学生占比仅为 8%。在家长群体中，有 40% 的家长对于孩子是否回国“还未决定，到时再看”，有 55% 的家长希望孩子回国发展，其中希望孩子直接回国发展的家长占全部受访留学生家长的 18%，希望孩子先在国外工作两年再回国发展的家长占全部受访留学生家长的 37%，而想要孩子“留在国外，希望获得永久居住权”的家长占比仅为 5%。通过两年的数据对比发现，学生和家长对于留学后的打算有了更为清晰的规划。总体而言，毕业回国发展呈上升趋势，与留学生相比，留学生家长更希望孩子留学后回国发展。

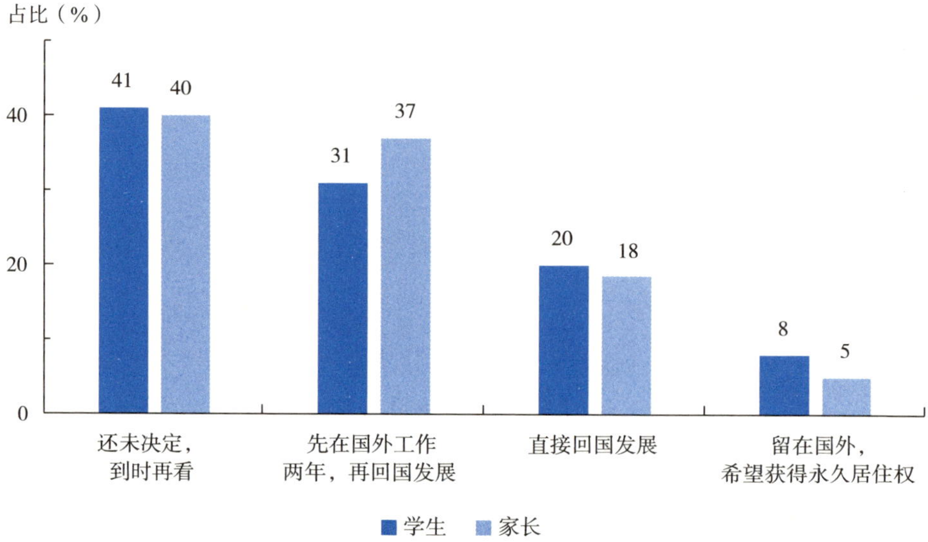

图 1–69　2020 年留学毕业后的选择

三、留学生选择国外发展的主要原因是专业匹配度高

本次调查显示，更适合自己专业发展、喜欢国外的生活环境和国外工作机会多是学生和家长群体选择留在国外发展的三个主要因素，这与 2020 年调查数据显示的结果相吻合（见图 1–70 和图 1–71）。相比 2020 年，在 2022 年的调查中，因为更适合自己专业发展而选择留在国外发展的学生和家长的占比有所下降，而因为喜欢国外的生活环境和国外工作机会多而选择留在国外发展的学生和家长的占比均有所上升。同时，日后可以移民定居和看好国外的长远发展并非学生做出是否留在国外发展决策的主要考虑因素，两年中并未有多少变化。在家长群体中，因国外工作机会多和喜欢国外的生活环境而希望孩子留在国外发展的家长占比也有大幅度上升。可见，无论是家长还是学生，都非常看重个人的长期职业发展，会做出对自己专业发展更有利的选择。而移民及亲友是否在国外并不在学生

和家长主要考量的范围之内。

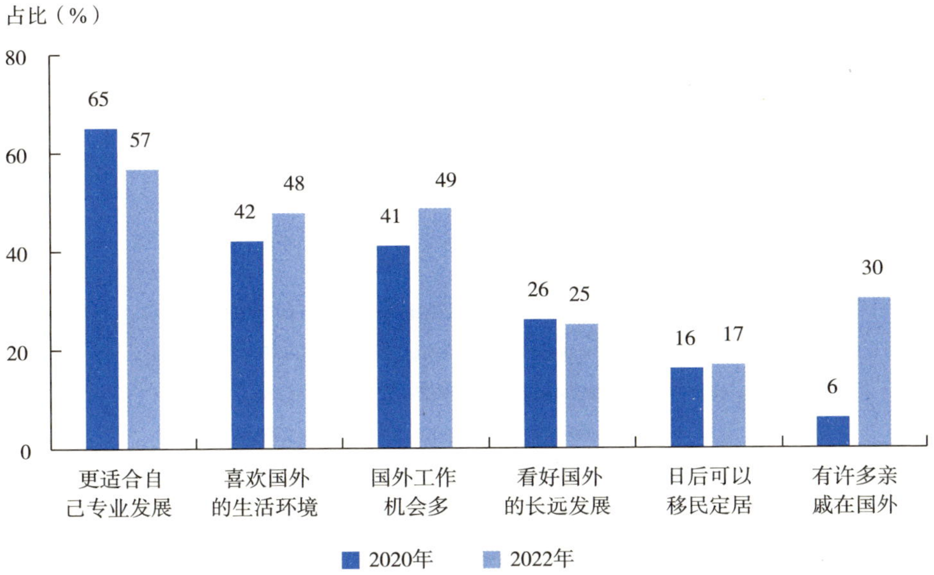

图 1–70　学生毕业后想要留在国外发展的原因

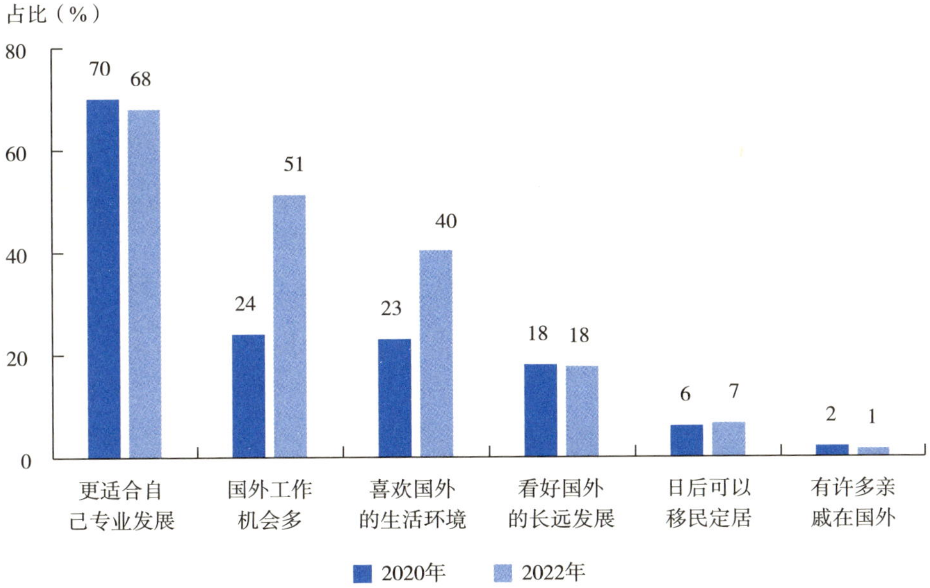

图 1–71　家长希望孩子毕业后留在国外发展的原因

2022 年的调查结果显示，对于选择留在国外发展的学生和家长群体来说，更适合自己专业发展始终是其在留学结束后做出选择的首要考虑因素，这表明，专业与国内企业的市场需求不匹配、技能在短期内无法显现明显的竞争优势一直是阻碍留学生回国就业的重要因素。一项对海归群体回国后面临的择业困境的调查也显示（见图 1–72），对企业用人政策不清（52.6%）是海归群体在择业时面临的最大困境，良好的工作环境和更多的就业机会一直是国外企业吸引留学生的主要原因。

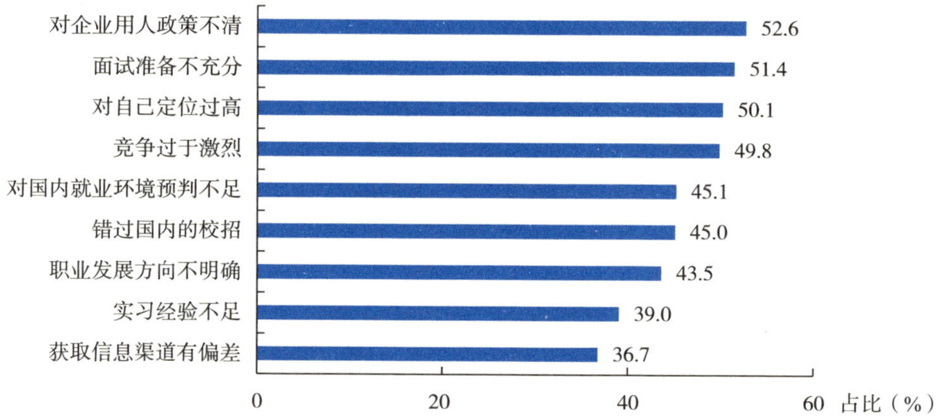

图 1–72　海归回国就业遇到的困难

对于学生群体来讲，喜欢国外的生活环境也是其做出是否留在国外发展决策时考虑的重要因素之一。在长期的求学过程中，许多留学生已经逐渐适应了国外的生活节奏，也逐渐接受了国外的思维方式和生活习惯。在这种情况下，选择回国对他们而言不仅意味着需要重新适应国内的环境，而且意味着在择业时面临对企业用人政策不清（52.6%）、面试准备不充分（51.4%）、对国内就业环境预判不足（45.1%）、错过国内的校招（45.0%）等困境。对国内就业环境的不熟悉让他们在择业过程中处于相对被动的局面，这也是很多留学生选择在国外就业的主要原因之一。

此外，相比于国内的就业环境，国外工作机会多也是留学生选择在国外工作的重要原因之一。在国内择业过程中，对自己定位过高（50.1%）和竞争过于激烈（49.8%）成为海归群体遇到的主要困难。教育部的统计数据显示[①]，2022年我国高校毕业生人数首次突破千万，达到1 076万，比上年增加167万，规模和数量史无前例，其中国内名校（985/211）毕业生人数达76万。就业需求增加，而就业机会供给却不足，2022年3月15日智联校园发布的《春节后校招趋势报告》显示，2022年春节后毕业生求职需求翻倍增长，毕业生求职者同比增长90.5%，而总体职位量的同比增幅仅为21.2%。同时，2022年智联招聘发布的《2021年中国海归就业调查报告》显示，近几年，国内企业愿意提供的海归优先职位数持续减少，2019年、2020年、2021年的同比增幅分别为–25.4%、–23.5%、–0.4%。回国求职海归人数增多，海归优先职位减少，一增一减使得海归在国内的求职压力增大，有过半的海归（64%）认为回国人数太多是造成求职困难的主要原因。在这种背景下，留学生毕业后选择暂留国外也是合理的。

2022年智联招聘发布的《2021年中国海归就业调查报告》显示，近几年，留学回国就业人数持续上涨，2020年向国内岗位投递简历的海归数量较2019年增长33.9%，其中应届留学生人数猛增67.3%，2021年在国内求职的海归总人数及应届留学生人数基本和2020年持平。报告还显示，近几年，海归薪酬持续走高，从海归优先职位平均招聘薪酬与全平台职位平均月薪对比来看，海归优先职位的平均招聘薪酬连续三年走高，2021年达13 719元/月，高出全平台职位平均月薪（9 364元）46.5%。从增速来看，2020年及2021年海归优先职位平均招聘薪酬的同比涨幅分别为7.3%和8.9%，均高于全平台职位平均月薪的同比涨幅（2.1%和7.5%）。整体来看，留学生薪酬优势明显，尤其是在50万以上收入群体中，有留学背景人才与无留学背景人才的数量约为2∶1。除了薪酬待遇，留学生群体及其家长群体在做出归国发展这一决策时，还会考虑哪些因素呢？

四、与家人团聚是吸引留学生回国的主要原因

智联招聘发布的报告显示，对于留学毕业后回国发展这一决策，排名前三的考虑因素是国内疫情管控效果更好、国内生活更加便利和国内经济恢复好。这与本次调查的结果基本吻合。本次调查结果显示，对于决定回国发展的学生和家长

① 中华人民共和国教育部，http://www.moe.gov.cn/fbh/live/2021/53931/mtbd/202112/t20211229_591244.html。

群体来说，国内更安全稳定均列在其考虑的前三个重要因素之中（见图 1-73），相比而言，家长群体对这一因素的重视程度高于学生群体，占比 67.3%。在 2020 年的调查结果中，国内更安全稳定更是 81% 的家长和 74% 的学生选择毕业后回国发展的首要考虑因素。这与 2020 年以来全球发生的特殊公共健康安全问题有着十分密切的关系，相比于国外，国内疫情管控取得的显著成绩和相对安稳的社会环境对留学生有着很大的吸引力；对于家长群体来说，这更是他们考虑让孩子回国发展的首要因素。

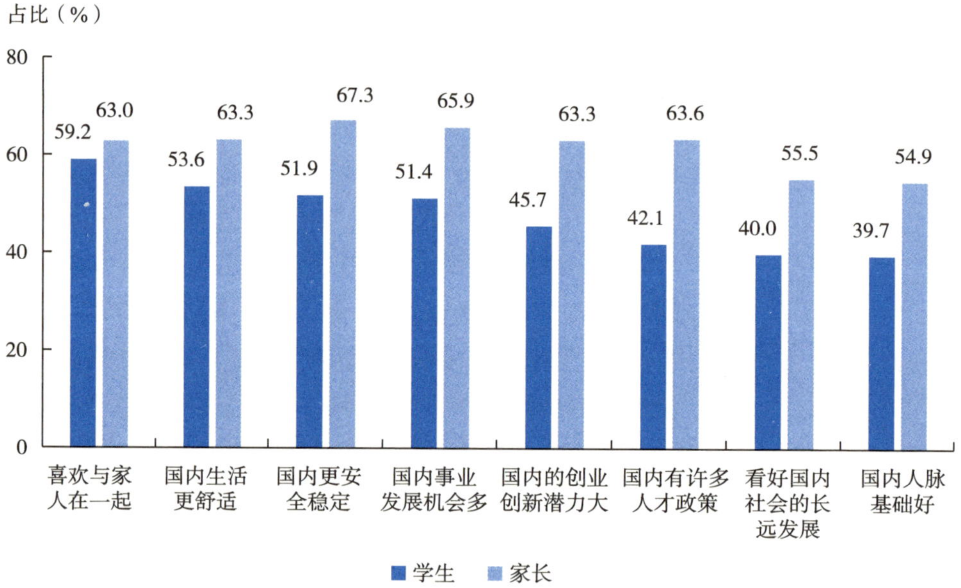

图 1-73　毕业后选择回国发展的原因

2022 年的调查结果显示（见图 1-74），喜欢与家人在一起（59.2%）和国内生活更舒适（53.6%）是留学生群体在做出回国发展决策时的另外两个重要考量因素。在 2020 年的调查中，看好国内社会的长远发展（62.0%）是学生群体考虑回国发展的重要因素，2022 年考虑这一因素的学生占比则有所下降（40.0%）。对于留学生来讲，虽然数年的留学生活让他们渐渐适应了国外的生活节奏，但他们却很难产生归属感。可见，国内外生活文化的差异以及家人亲友的羁绊仍然是留学生在做出回国发展决策时考虑的重要因素。尤其是在全球暴发疫情的背景下，中国政府全力维护社会安全稳定的局面，以及不遗余力保障全民健康，使留学生产生更多的归属感和认同感，并在其归国决策中凸显出来。

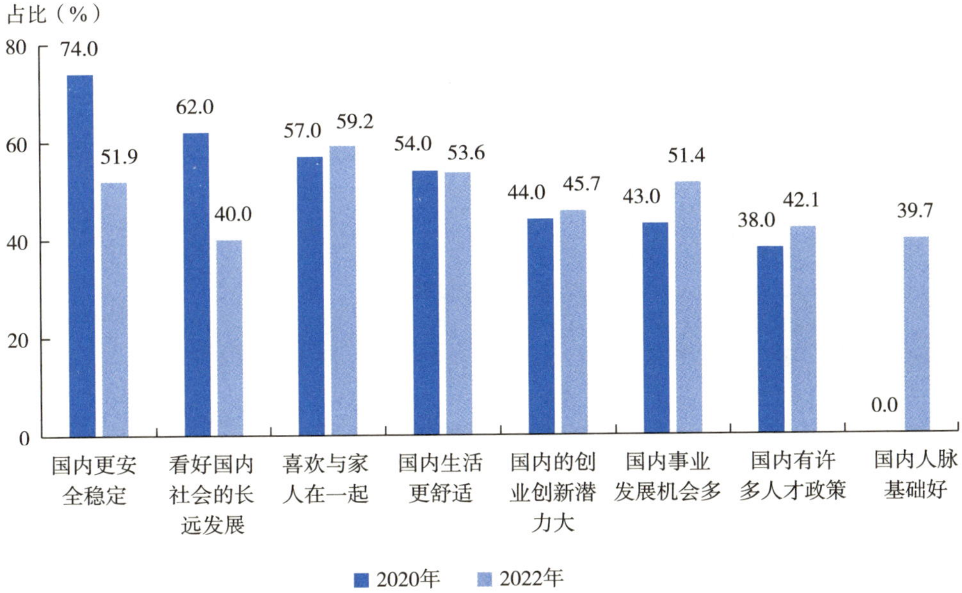

图 1–74　学生毕业后选择回国发展的原因

与学生群体不同，家长群体在为子女做出回国发展的决策时，对国内事业发展机会多（65.9%）和国内有许多人才政策（63.6%）的考量更多，这两个因素的占比与 2020 年相比也有所上升（见图 1–75）。随着国内疫情形势渐趋稳定，我国经济的平稳高速发展也为留学生创造了更多的工作机会和更广阔的平台。在疫情导致全球经济低迷的背景下，国内经济的快速恢复和平稳发展更是成为吸引留学生回国的重要因素。同时，我国各地都有专门面向高校和研究机构的地方性人才计划与人才政策，也都出台了相应的海归创业人才引进与奖励措施。人才机制的改善既能使归国留学生充分发挥所长，也能推动国内对海外人才强大的“人才磁铁”效应的形成。

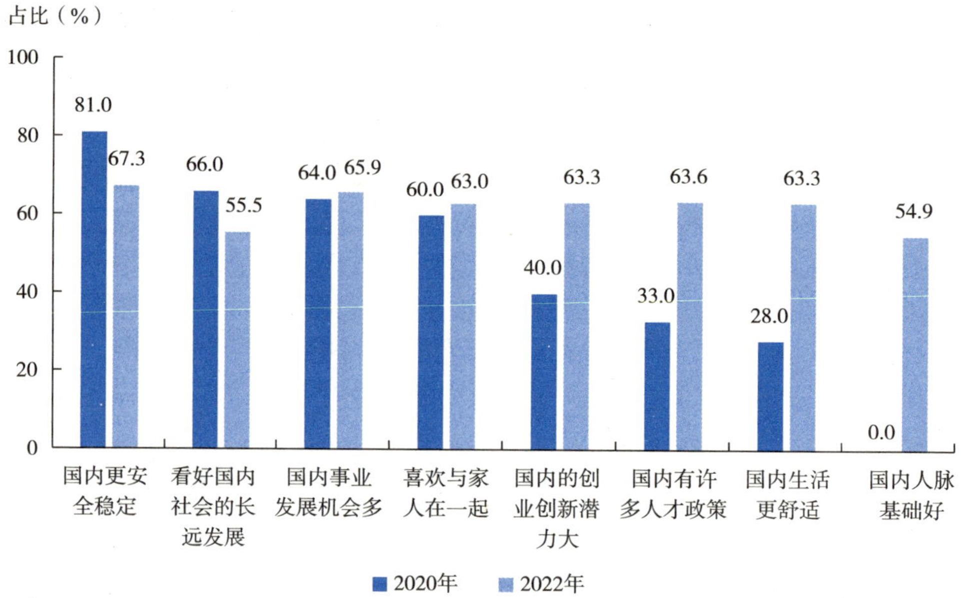

图 1–75　家长希望孩子毕业后回国发展的原因

此外，与 2020 年相比，在询问学生和家长群体做出回国发展决策的原因时，2022 年的调查新添了“国内人脉基础好”这一选项，结果显示，有 39.7% 的学生和 54.9% 的家长都将其视为回国发展的重要考虑因素之一。整体来看，同 2020 年的调查结果一样，学生群体在考虑回国发展时更关注对国内外文化环境和生活习惯的适应情况，而家长群体则更关心学生未来的职业发展前景。

五、照顾家庭和职业发展前景是海归选择就业城市时考虑的主要因素

2022 年智联招聘发布的《2021 年中国海归就业调查报告》显示，海归人群在就业城市的选择上，明显倾向北上广深等一线城市。值得注意的是，新一线城市凭借发展潜力与人才引进政策，也吸引了大批海归人才。本次调查数据显示（见图 1–76），照顾家庭（58.7%）是海归人群在选择就业城市时考虑的最重要因素，与上述留学生选择回国发展时考虑的因素一致，亲情始终是留学生群体选择就业去向的首要考虑因素。此外，职业发展前景（50.1%）、一线或准一线城市（50.0%）和薪酬待遇（49.8%）也是留学生关心的重要因素。可见，大部分留学生在归国就业方面仍然怀有很大的期待和大展宏图的抱负。

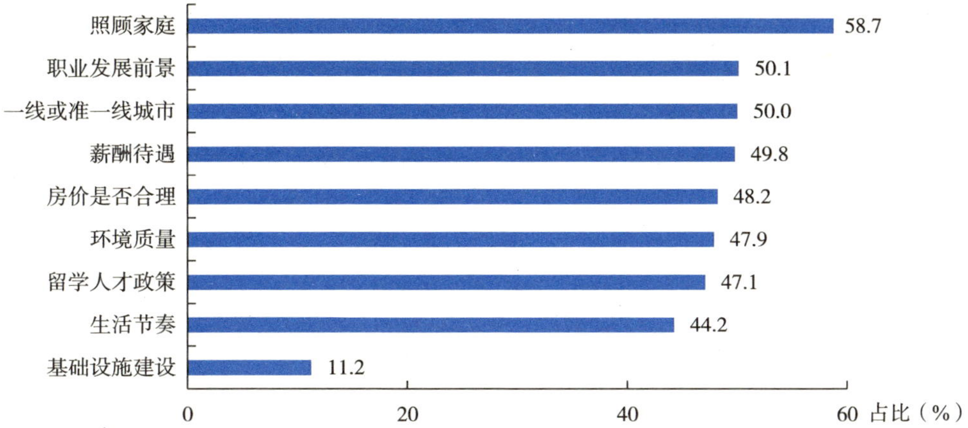

图 1–76　海归选择就业城市时考虑的因素

2022 年调查数据显示（见图 1–77），留学生群体更倾向选择外资企业和上市公司，分别占比 29.3% 和 28.0%，其次是创业型企业，占比 21.7%。与此同时，分别有 9.6% 和 6.7% 的受访留学生选择央企或国企和事业单位，仅有 2.5% 和 2.2% 的受访留学生选择自由职业和部委或政府机关。

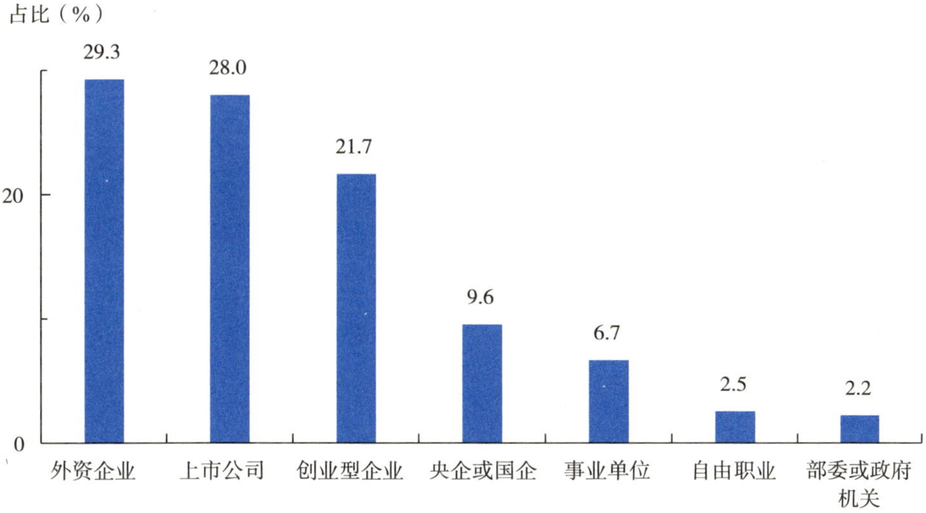

图 1–77　海归选择的就业组织类型

外资企业和上市公司平台大、就业机会多、工资水平高，一直是海归群体的首要选择。另外，受疫情影响，毕业生似乎更偏向于追求稳定的工作，央企或国企和事业单位越发受到青睐，这个趋势也逐渐在海归群体中显现。《2021 年中国海归就业调查报告》显示，2021 年向国企投递简历的海归人数同比增长 3.7%。在 2022 年调查中，有三成留学生期望进入国企，有 59% 的留学生认为海归群体中存在“考公热”，其中 38.3% 的留学生认为“考公热”近两年明显升温。

服务案例——中信银行在抗击新冠肺炎疫情中信守温度

2020 年年初，疫情肆虐、出入境限制、航班停飞，让所有留学家庭陷入巨大困境。中信银行南京分行出国金融客户孙女士的儿子，接到必须在 5 月底赶赴德国的学校报到的通知，孙女士查询了所有购票渠道都没能成功购票，面对校方规定和机票难求的双重压力，作为一位母亲，她彻夜难眠，无比焦虑。中信银行南京分行营业部在了解这一情况后，开始联络各种专属渠道——咨询签证政策、落实机票行程、协调落地接送，经过多方面努力，中信银行南京分行终于履行了对客户的承诺，将孙女士的孩子安全送到德国的学校。

体验过多家银行私行客户礼遇的孙女士非常感动，给时任中信银行董事长李庆萍寄来一封热情洋溢的感谢信。坚持提供有温度的优质服务，以打造一流品牌为目标，这个典型事例就是中信银行南京分行出国金融业务信守温度的缩影。

第二章

留学前奏
——进入国际教育体系

进入 21 世纪以来，随着改革开放的进一步深化，具有国际视野和全球竞争力以及国际沟通能力与自信的人才在中国显得尤为重要。在这种大环境下，中国的国际教育体系得到充分发展，以满足培养学生的创造力、学习力、沟通合作能力、批判性思维能力以及问题解决能力的需求。培养人才成为实现民族振兴、增强国家竞争力、实现"中国梦"的重要途径之一。中共中央总书记、国家主席、中央军委主席习近平于 2017 年 12 月 28 日在接见回国参加 2017 年度驻外使节工作会议的全体使节时说："'放眼世界，我们面对的是百年未有之大变局。'……新世纪以来，一大批新兴市场国家和发展中国家快速发展，世界多极化发展加速，国际格局日趋均衡，国际潮流大势不可逆转。"[①] 2021 年 9 月 27 日在中央人才工作会议上，中共中央总书记、国家主席、中央军委主席习近平强调："国家发展靠人才，民族振兴靠人才。我们必须增强忧患意识，更加重视人才自主培养，加快建立人才资源竞争优势。"[②] 在这个大前提下，中国的国际教育体系得以深入发展，也进一步明确人才培养的目标和方向，即培养具有服务国家理念、具有家国情怀、具有中国文化自信的新一代国际化人才。

---

① 人民网，http://theory.people.com.cn/n1/2018/0104/c40531-29744314.html。

② 光明网，https://m.gmw.cn/baijia/2021-09/29/35199889.html。

第一节
国际教育中的三大国际课程体系

谈到中学的国际教育体系，首先就要提及学校的办学特色，其核心就是国际课程体系。所谓的国际课程体系，就是大学预科课程体系，世界上最主要的三种大学预科课程体系是 AP（Advanced Placement，大学预修课程）体系、IB（International Baccalaureate，国际预科证书课程）体系和 A-Level（General Certificate of Education Advanced Level，英国高中课程，是英国全民课程体系、英国普通中等教育证书考试高级水平课程，也是英国学生的大学入学考试课程）体系。大学预科课程成绩在留学申请中可以起到非常重要的作用，它不仅能体现学生高中时期的 GPA（Grade Point Average，平均学分绩点），更能体现学生的学习兴趣、学习能力与潜力，是英美等国家的大学录取时衡量的重要指标。三种大学预科课程体系在课程设置和难易度上都略有不同，不同的学生可以根据自身的优劣势选择不同的课程体系。

IB 体系要求学生在开设该课程体系的高中学习，拿到课程证书，才能最终获得成绩。虽然 A-Level 体系和 AP 体系也在一些学校开设课程，但学生只要参加每年 5 月举行的考试，便可获得成绩。

很多学生和家长都在纠结这三大课程体系的选择，还有更多的学生在选择具体科目时非常困惑。那么，这三大课程体系分别有哪些特点，又开设了哪些热门课程呢？下文就三大国际课程体系的差异性进行充分比较。

一、AP 课程的优势与选择

AP 课程由美国大学理事会（College Board）设计，主要针对美国大学的申请，但也被英国、加拿大等多个国家认可，是含金量很高的课程。AP 考试每年 5 月在全球 80 个国家举行，学生可以自选科目，科目数量不限，考试次数也没有限制。自 2020 年起，AP 考试的报名开放时间由原先的 12 月至次年 1 月提前到了 10 月。

美国大学理事会 2021 年大学理事会中国教育年会（2021 College Board China Forum）公布的数据显示，2021 年参与 AP 考试的学校多达 746 所，其中非 AP 课程学校有 365 所。这也意味着 AP 课程在美国大学申请中得到了更多的重视。

AP 科目共有 38 个，文理兼备，无论什么专业的学生，都可以选到较为适合自己的课程。每个 AP 科目的满分为 5 分，最低分为 1 分。在换取学分时，大部分学校都只接受 3 分以上的 AP 考试成绩，有些学校甚至只接受 5 分的 AP 考试成绩。比如，如果想换取麻省理工学院经典力学课程的学分，那么学生需要拥有 AP 物理 C 力学和 AP 物理 C 电磁学均为 5 分的 AP 考试成绩。

很多大学都在官网上表示，希望学生参加对自己来说有挑战性的课程。宾夕法尼亚大学官网指出，希望每个学生都能根据学校提供的课程资源挑战自己，因此在录取过程中，它会充分考虑学校的差异性，并以此来衡量哪些课程对学生来说是有挑战性的。

在选择 AP 科目时，学生需要均衡搭配文理科目，并有重点地选择与自己专业相关的科目。常见的 AP 理科科目有微积分 BC、物理 1、物理 2、物理 C 力学、化学、生物、计算机科学 A 等，文科、社科科目则有微观经济学、宏观经济学、心理学、美国史等。在选择科目时，学生也可以了解每个 AP 科目往年的分数分布，在对科目的难易度有一定认识后再做选择。比如，美国大学理事会官网显示，2019 年微积分 BC 的 5 分率高达 43%，几乎达到其他科目的两倍。对于想要快速拿到 5 分的学生来说，微积分 BC 无疑是一个很好的选择。美国大学理事会公布的 2021 年中国热门 AP 科目（见图 2–1），非常清楚地体现了各个科目的难度，学生在报名时可以参考。

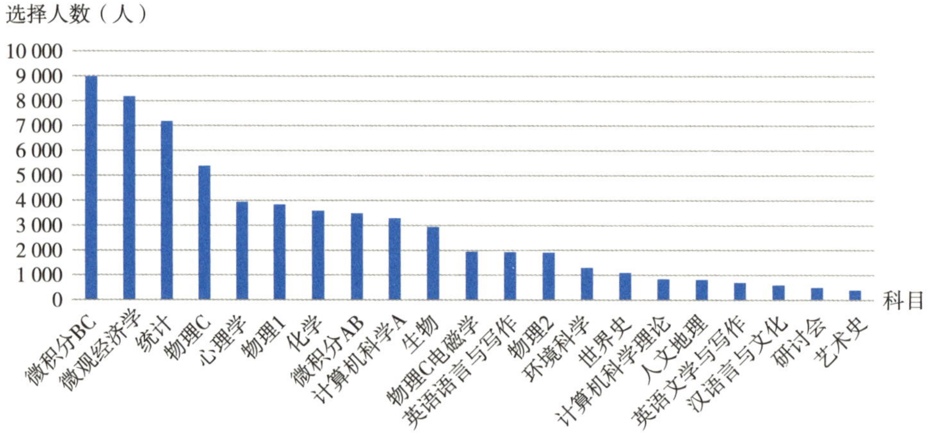

图 2–1　2021 年中国热门 AP 科目

资料来源：美国大学理事会官网，https://apstudents.collegeboard.org/about-ap-scores/score-distributions。

从美国大学理事会的公开数据来看（见表 2-1），2021 年全球 AP 成绩的 5 分率整体呈下降趋势，38 个 AP 科目的 5 分率均有所下降，甚至连 3 分率都呈下降趋势。但中国考生整体表现出色，平均分达到 3.5 分，75% 的考生获得 3 分及以上，5 分率达到 32%，这个数据与 2020 年持平。该数据远远超出了全球水平，其中北京考生数量占据榜首，有超过 1.2 万名学生参加了 AP 考试。

表 2-1　全球 AP 成绩 5 分率对照表

AP 科目	2019 年	2021 年	变化
物理 1	7%	7%	0
物理 2	14%	15%	1%
物理 C 电磁学	37%	33%	-4%
物理 C 力学	38%	23%	-15%
计算机科学 A	27%	25%	-2%
计算机科学理论	14%	13%	-1%
统计	15%	16%	1%
微积分 BC	19%	18%	-1%
微积分 AB	43%	38%	-5%
微观经济学	24%	20%	-4%
宏观经济学	19%	18%	-1%
化学	11%	11%	0
生物	7%	7%	0
心理学	15%	20%	5%
环境科学	9%	6%	-3%
人文地理	11%	15%	4%
艺术史	12%	11%	-1%
世界史	8%	10%	2%
美国史	12%	11%	-1%
欧洲史	12%	14%	2%
比较政府和政治	22%	17%	-5%
美国政府和政治	13%	11%	-2%
英语语言与写作	10%	8%	-2%
英语文学与写作	6%	5%	-1%

（续表）

AP 科目	2019 年	2021 年	变化
法语和文化	16%	13%	-3%
西班牙文学与文化	10%	8%	-2%
西班牙语与文化	25%	17%	-8%
拉丁语	13%	10%	3%
德语与文化	21%	18%	-3%
意大利语与文化	14%	21%	7%
日语与文化	45%	47%	2%
汉语言与文化	60%	57%	-3%
音乐理论	21%	20%	-1%
艺术：绘画作品集	21%	14%	-7%
艺术 –2D 设计	21%	10%	-11%
艺术 –3D 设计	10%	7%	-3%
研究	10.7%	14%	3.3%
研讨会	7.1%	11%	3.9%

资料来源：美国大学理事会官网，https://apstudents.collegeboard.org/about-ap-scores/score-distributions。

如何选择 AP 科目？

选择 AP 科目，与未来申请的大学专业密切相关。选择 AP 科目的基本原则如下：

1. 经济或商科专业：选择宏观经济学、微观经济学、统计、微积分 BC 等科目，因为经济或商科的基础除了经济学，还有数学、统计等。微观经济学的 5 分率是高于宏观经济学的，所以学生应先学微观经济学。

2. 化学与工程类专业：选择微积分 BC、物理 C、化学、统计、计算机科学 A 等科目。

3. 物理专业：多选物理课程，并选择微积分 BC、计算机科学 A 等科目以展现个人在物理方面的学术能力与潜力。

4. 人文社科专业：选择历史、微观经济学、宏观经济学、心理学等科目。

但无论选择以上哪种专业，学生都不能只选文科或只选理科，要对文理科目进行平衡，文理皆选。

选课要体现自己的专业兴趣与能力。除了选与专业相关的科目，还要注意的是，美国大学更喜欢发展全面的学生，所以学生要文理科皆选。

在过去几年，中国考生的 5 分率排序基本是：物理 C 力学、物理 C 电磁学、微积分 BC、微观经济学、宏观经济学、化学、统计、物理 2、计算机科学 A。对于中国考生而言，5 分率最低的莫过于美国史、生物和世界史。

二、IB 课程含金量高

IB 课程是目前认可度最高的国际课程体系之一。全球有 150 多个国家的多所高中开设了 IB 课程，我国许多知名的国际高中基本都开设了 IB 课程。IB 课程分为大学预科项目（DP，Diploma Program）、中学项目（MYP，Middle Years Program）和小学项目（PYP，Primary Years Program）。大学预科项目适合 16 ~ 19 岁的学生，学制 2 年；中学项目适合 11 ~ 16 岁的学生，学制 5 年；小学项目适合 3 ~ 12 岁的学生，学制 5 年。我们通常提到的高中 IB 课程体系，指的就是 IBDP，即大学预科项目。

IBDP 课程主要集中在中学的最后两年。IB 体系希望学生具有以下特点：喜欢探究、思想开放、善于交流、全面发展、博爱包容、敢于冒险、自我反省等。为期两年的 IBDP 课程，对多数中国学生来说，需要提前完成至少 1 年的 Pre-IB（IB 体系先修课程）或 IGCSE（International General Certificate of Secondary Education，国际普通中等教育证书）课程。IBDP 课程文理兼顾，但学生需要在一定范围内选课，因此灵活性相对 AP 体系来说较小。

（一）IBDP 课程的三大核心课程和六大学科组

IBDP 的三大核心课程包括：知识理论（TOK，Theory of Knowledge），拓展论文（EE，Extended Essay）和创意、行动与服务（Creativity，Action，Service），每门课各 1 分，总共 3 分。

六大学科组包括第一组语言 A（母语）、第二组语言 B（第二语言）、第三组个人与社会学科（地理、历史、经济学、哲学、商业研究、心理学等）、第四组自然科学（物理、化学、生物、设计与科技、环境系统等）、第五组数学（数学 HL[①]、数学 SL[②]、数学研习）、第六组艺术与其他（音乐、视觉艺术等）。通过六大

① HL，Higher Level，意为高阶课程。

② SL，Standard Level，意为标准课程。

学科组和三大核心课程的考查，学生不仅能在学术能力（学习广度、调研能力、批判性思考能力）上获得提升，而且能在交流能力与自我管理能力上取得进步，因此无论是美国大学的博雅教育体系，还是更偏重专业精深程度的英国高校，IB学生都能较好地适应。

IBDP 课程分为 SL 和 HL。所有 IB 学生必须在规定的六个学科组中各选一门课程进行学习，每一门课程的分数从低至高为 1～7 分，包括至少 3 门 HL 和 3 门 SL，每个学科组满分 7 分，共 42 分。加上拓展论文和知识理论的 3 分（创新、行动与服务以活动小时数计算），三大核心课程和六大学科组加在一起，IBDP 课程满分共 45 分。英国一些大学在官网上明确列出了对 IB 分数的基本要求，比如剑桥大学对 IB 分数的基本要求高达 41 分。

（二）什么样的学生适合 IB 体系

IBDP 课程的学习需要运用调研与学术写作的能力，因此对英语的要求更高。IBDP 课程在外语、人文、科学、艺术和社会服务等方面要求平衡发展，学生只有不偏科才能拿到良好的预估分，所以文理科同样优秀的学生可选择 IBDP 课程，特别是写作和英语水平高的学生。如果学生偏科比较严重，那么 IB 体系并不适合，相对而言，A-Level 体系更适合。

除了基础的学术课程，学生需要在三大核心课程上投入大量时间，所以课业较重。平时作业与平时成绩更是不能有一点疏忽，因此学生在选择国际课程体系时，要认真评估自己是否有很强的自学能力和时间管理观念，是否能平衡六大学科组和三大核心课程之间的矛盾，最终获得美好的中学体验并获得优秀的 IB 预估分。

（三）IB 选课逻辑

什么时候选 HL？一是与未来大学申请专业高度相关的课程；二是自己的优势所在，容易拿到好成绩的课程。

什么时候选 SL？一是感兴趣但并非优势所在，学习起来并不轻松的课程；二是并非与未来大学申请专业高度相关的课程。

总体而言，IB 选课的关键是确定大学的专业方向，也就是说学生在 10 年级就要考虑未来的专业方向，在选课时要考虑专业大类。一般不建议学生同时选择数学和 3 个科学科目，否则学业压力会很大。中国学生 IB 选课的方案建议如下：数学 +1～2 门科学 +1～2 门社会（或艺术）+ 英语 + 中文（或第二外语）。至于课程难度级别及具体科目，学生需根据大学专业的申请要求和自我学习能力评估而定。

（四）IB 整体 7 分率分析

根据 2021 年 IBO（International Baccalaureate Organization，国际文凭组织）官方公布的成绩分析，选择个人与社会类科目的学生最多；从得分率来看，7 分率最高的是语言习得类别，最低的是艺术类别。但是 6 分率和 7 分率低，并不代表艺术类科目难度大，也有可能是因为选课人数少。中国学生最常选择的英语和中文的 7 分率并不高；社会类别中 HL 历史的 7 分率最低；2021 年改革后数学科目的难度有所提升，但总体来看，6 分率和 7 分率比较高，其中 7 分率最低的是 SL 数学 AI（Applications &Interpretation，数学应用与解释），最高的反而是 HL 数学 AA（Analysis & Approaches，数学分析与方法）；在科学类别中，计算机、物理、化学相对而言 7 分率较高，而生物 7 分率最低。对多数中国学生来说，HL 数学 AA、历史、生物、心理、视觉艺术等科目较难拿高分。无论是选课人数很多的数学、物理、化学、历史等科目，还是其他相对小众的科目，想要拿到 7 分或 6 分的好成绩都很不容易。因此，IB 体系在全球都是认可度最高的课程体系。

（五）IB 全科文凭和 IB 单科证书

学生完成并通过 6 门 IB 学科课程和 3 门核心课程，即可获得 IB 全科文凭。但学生如果完成的学科课程数量不足 6 门或没有通过核心课程的考核，就只能获得 IB 单科证书。IB 单科证书对于申请美国大学以外的多数大学都是不利条件。换言之，获得 IB 单科证书的学生的多数去向是美国。美国高校注重学生的学习过程和综合能力，获得 IB 单科证书的学生可以通过在校平时成绩，加上部分高中提供的美高课程文凭来申请美国大学，但如果申请其他国家的大学，则不具有任何优势。

拓展论文和知识理论是获取 IBDP 文凭的重要组成部分。从大学申请来说，有些大学（比如英国的大学）会将这两项课程的分数计入申请成绩要求，学生所在的高中也会出具包含这两项课程成绩的满分为 45 分的 IB 预估分。此外，拓展论文和知识理论也是申请文书的有利补充，对学生的写作内容、思路以及知识拓展有一定程度的积极作用。近年来，美国采取 Test flexible（考试成绩灵活提交政策）的大学越来越多，比如，位于马萨诸塞州波士顿郊区的名校布兰迪斯在提交大学申请材料中就采取了这一政策，但学生需要提供有力的证明材料来证实自己的能力，包括论文。IB 体系的拓展论文就可作为补充材料提交，以证实学生在某一领域的能力和潜力。

因为 IB 考试在 12 年级春季学期，所以在 11 年级秋季学期申请大学时，学生提交的是学校提供的 IB 预估分。IB 预估分直接影响大学的录取结果。在学生 IB 实考分出来后，如果其与 IB 预估分差别比较大，大学是会取消录取结果的。

三、A-Level 课程在英联邦教育体系中的优势

A-Level 体系是英国高中课程体系，与 AP 体系和 IB 体系相比，更适合英国、澳大利亚、加拿大、新加坡等国家，即英联邦教育体系的留学生。许多美国大学也认可 A-Level 课程，允许学生用 A-Level 成绩换取大学学分，但在美国大学申请中，A-Level 的优势并没有在英国大学申请中那么明显。

A-Level 共开设 40 多门课程，常见的有进阶数学、化学、计算机、英语语言文学等。A-Level 学制共两年，分为 AS 阶段（第一年）和 A2 阶段（第二年）。AS 阶段选择 3 ~ 4 门课，不计入最终成绩，A2 阶段选择 3 门课，计入最终成绩。每门课的成绩分为 A、B、C、D、E、U 六个等级，A 为最高，U 为不合格，格外优秀的学生还可能获得 A* 的成绩。想要申请英国 G5 大学，包括牛津大学、剑桥大学、伦敦大学学院、帝国理工学院、伦敦政治经济学院，学生每门课通常要获得 A ~ A* 的成绩（见表 2–2）。

表 2–2　英国 TOP50 大学对 A-Level 成绩的基准要求

学校类别	大学	A-Level 的基准要求
第一梯队	牛津大学、剑桥大学	基准 A*A*A，通常要求 4 科
第二梯队	帝国理工学院、伦敦政治经济学院、伦敦大学学院	基准 A*A*A，通常要求 4 科
第三梯队	爱丁堡大学、曼彻斯特大学、伦敦大学国王学院、其他 TOP10 大学	基准 A*AA ~ AAB，通常要求 3 科
第四梯队	TOP20 大学	AAA ~ BBB
第五梯队	TOP50 大学	AAB ~ CCC

注：基准要求是指大学对入学成绩的最低要求。

资料来源：根据各学校官网公开资料整理。

中国的国际学校通常会开设10门左右的A-Level课程，学生需要从中选择3～5门自由学习。中国学生的常见选课组合包括数学、高等数学、物理、化学和经济。

上述三种课程体系在课程广泛度与难易程度上各不相同，因此，拥有不同特点的学生适合的课程体系也不尽相同。学生在选择课程体系时一定要扬长避短，充分研究。

校友观点

黛安娜（Diana）

普林斯顿大学校友，现在华尔街工作

选择IB是对自己的一个挑战

我学的是IB课程，但我们学校的部分课程是学完之后，IB、AP都可以考的。虽然我不是AP学生而是IB学生，但最后我两个都考了。我个人更喜欢IB，因为我喜欢自己提出一个想法，然后做课题并试着展示，不管是一份报告还是一篇文章。AP会让我学很多内容，但IB会鞭策我多思考一点，多尝试展示学术成果。IB有一些硬性要求是必须达到的，这一点可能对很多人是一个障碍。假如你是一个特别喜欢科学的人，但你西班牙语特别薄弱，而IB要求每个人都要上一门第二外语课，所以你现在学IB，你就必须得学西班牙语，那么其他学科你可能就顾不上那么多，因为西班牙语一门课就要花掉你大部分时间。AP在选课上比较灵活，你可以选任何你想选的学科。但我觉得IB的优势是，它会逼着你学各种各样自己不擅长的东西，这样你才能更好地在大学找到适合自己的专业。对我来说，IB给我的帮助更多，但我能理解有些人可能真的不喜欢外语，在这种情况下IB可能不是一个好的选择。选择IB还是AP取决于你有多想挑战自己的极限，拓宽自己的视野。

小贴士

1. 三大国际课程体系切勿盲选。

2. 充分了解自己的优劣势及学科匹配度。

3. 选课与未来申请的专业有关。

4. 选课程体系与未来申请的国家有关。

第二节
中国国际教育体系及区域教育水平

随着国家经济的快速增长，越来越多的家庭希望将孩子培养成出色的国际型人才，国际教育已经成为应对世界发展的有效途径。因此，家长对国际学校的需求也在不断增长，国际学校的建设与发展需要达到一个新的高度。

一、中国国际教育体系概况

据不完全统计，截至 2021 年 8 月，中国一共有 1 423 所国际学校，包括 907 所获得各类国际课程或认证的学校。其中，华东地区拥有最多的国际学校，占到了全国国际学校存量的 41%，其次是华南地区占到了 19%，华北地区占到了 15%。从国际学校性质来看，907 所获得各类国际课程或认证的学校包含外籍学校、公立学校国际部、民办国际学校三大类，具体占比分别为：民办国际学校数量最多，共 535 所，占比 59%；公立学校国际部（班）共 259 所，占比 29%；外籍学校共 113 所，占比 12%。从学段开设数量来看，高中学段远超其他学段，这是市场的选择。以出国留学为最终目标是大多数人选择就读国际学校的主要动因。出国留学群体中占比最高的为本科学生，因此高中学段成为国际学校争相开设的学段。我国国际学校数量最多的地区分别是上海、广东、江苏、北京和浙江。这些也是国际教育水平最发达的地区，而四川、山东、湖北、重庆等地的国际教育体系也迎头赶上，近年来取得瞩目成绩。

二、公立学校国际部的优势

从目前中国的高中国际体系来看，除了上海民办学校集中，整体发展水平较高的是公立学校国际校区或国际部，有着明显的教育优势，尤其是在北京。上海的民办学校国际体系在英国大学录取中成绩显著，同时其公立学校国际体系也是非常出色的。

公立学校国际部的优势主要体现在三个方面。

师资强大。虽然大多数公立学校采取外教与中国教师相结合的教学方式，但是它们有着多年沉淀下来的极为强大的理工科教学经验。中国教师有着传统教学的经验优势与管理学生经验，往往在提高学生 GPA、弥补学生短板上有着天然的敏感度与精准的教学方法。这在整个国际教育体系中发挥了重要的作用。但公立学校国际部有一个显著特征，即外教的比例明显不如民办学校国际体系的比例高，在很大程度上依赖中国教师在理工科教学上的天然优势以及管理能力。

学生综合能力突出。公立学校国际部的先发优势在于，生源质量有保证，比如：深圳的深圳中学，北京的北师大附属实验中学国际部、人大附中中外合作办学项目（ICC）、北京十一学校国际部，重庆的重庆南开国际课程班，上海的复旦大学附属中学国际部、上交大附属中学 IB 课程中心、上海市建平中学国际课程班，成都树德中学国际部，武汉外国语学校英中。从某种意义上讲，这些学校的学生的自学能力、学术素养都优于同龄人，所以公立学校国际部有着天然的人才优势，生源质量优秀。

教育资源强大。公立学校国际部由于隶属公立学校，有着天然的资源优势。尤其是各大学的附属中学，在人力、物力和财力上借助大学的优势都获得了强大的资源支持。比如人大附中、北大附中、清华附中等，无论在科研资源还是硬件设施以及高端学术项目上，都得到了更多的支持。

所以，在目前整个国际教育体系中，公立学校国际部有着与美国大学申请课程体系匹配的优势。但在英国大学申请中，民办学校的优势明显，这是后发优势的显著特征。国际形势变幻莫测，加之近年来的疫情影响，英国成为中国学生留学最热目标国，这是许多国际学校未料到的。但灵活的民办学校，总能第一时间捕捉最新信息，迅速调整方向并发展壮大。

在《2022 胡润百学 · 可招收中国籍学生的中国国际化学校 100 强》的公立学校国际部（班）前十名（见表 2–3）中，北京有 5 所，南京 1 所，成都 1 所，深圳 1 所，广州 2 所。这些学校无一不是传统的公立名校。

表 2-3 《2022 胡润百学·可招收中国籍学生的中国国际化学校 100 强》的公立学校国际部（班）前十名

2022 年排名	2021 年排名	学校	School	城市
1	1	北京师范大学附属实验中学国际部	SDSZ International Department	北京
2	2	华南师范大学附属中学国际部	International Department, The Affiliated High School of SCNU	广州
3	3	人大附中中外合作办学项目	The High School Affiliated to Renmin Uni of China Joint Program	北京
4	4	北京十一学校国际部	Beijing National Day School International Department	北京
5	5	深圳中学实验课程	Shenzhen High School International Department	深圳
6	7	南京外国语学校国际部	Nanjing Foreign Language School International Department	南京
7	6	北京第四中学国际部	Beijing No. 4 High School International Department	北京
8	12	广州外国语学校国际部	Guangzhou Foreign Language School International Department	广州
9	—	北京一零一中学国际部	International Department of Beijing 101 Middle School	北京
10	9	成都七中国际部	Chengdu No. 7 High School International Department	成都

资料来源：《2022 胡润百学·中国国际化学校排行榜》。

三、民办学校国际体系特点与优势

中国民办学校国际体系日趋成熟，受到了国外名校的青睐。民办学校国际体系的特点主要如下所示：

- 更关注国际化教育。无论是外教的配比，还是校内的多元化活动发展，都更关注国际化教育的趋势与需求。
- 注重与国外课程体系的接轨。教学方式更多元化，外教的比例普遍更高。

- 集中分布在经济发达地区，尤其是长三江和珠三角地区。民办学校办学更为灵活，国际课程体系成熟，多数获得三大国际课程体系认证。
- 更关注课外活动的发展。除了组织学生学习传统课程，民办学校对社团、课外活动等方面颇为关注。但在组织学生参加挑战性高的竞赛时，公立学校的优势又显现出来。
- 民办学校在中国已成体系，尤其是几大优秀的教育集团，比如贝赛思、中芯、领科国际教育等。

我国也出现了一大批优秀的民办国际学校，这些学校都是中国最优秀的民办学校，也是英美名校的录取池。数据显示（见表 2-4），在招收中国籍学生的民办国际学校前十名中，上海有 5 所，广东有 3 所，其中深圳占 2 所，佛山占 1 所。

表 2-4 《2022 胡润百学 · 可招收中国籍学生的中国国际化学校 100 强》的民办国际学校前十名

2022 年排名	2021 年排名	学校	城市
1	1	上海民办包玉刚实验学校	上海
2	2	深圳国际交流学院	深圳
3	3	北京市鼎石学校	北京
4	4	上海市世界外国语中学国际高中	上海
5	5	上海市民办平和学校	上海
6	7	广东碧桂园学校	佛山
7	6	中国常熟世界联合学院	苏州
8	10	WLSA 上海学校	上海
9	8	领科教育上海校区	上海
10	14	万科梅沙书院	深圳

资料来源：《2022 胡润百学 · 中国国际化学校排行榜》。

在《2022 胡润百学 · 中国外籍人员子女学校 30 强》的前十名中（见表 2-5），北京和上海各 4 所，广东 2 所，其中广州和深圳各 1 所。这些学校全部集中在北上广深，这也是因为外籍人员来中国，多集中在这些一线大城市。

表 2-5 《2022 胡润百学·中国外籍人员子女学校 30 强》的前十名

2022 年排名	2021 年排名	学校	School	指数	城市
1	1	北京德威英国国际学校	Dulwich College Beijing	100	北京
2	5	上海惠灵顿外籍人员子女学校	Wellington College International Shanghai	97	上海
3	2	北京顺义国际学校	International School of Beijing	95	北京
4	6	上海美国外籍人员子女学校	Shanghai American School	89	上海
5	4	北京京西学校	Western Academy of Beijing	88	北京
6	7	上海德威外籍人员子女学校（浦东）	Dulwich College Shanghai Pudong	85	上海
7	9	哈罗北京	Harrow Beijing	84	北京
8	3	上海中学国际部	Shanghai High School International Division	82	上海
9	10	广州美国人国际学校	American International School of Guangzhou	79	广州
10	16	深圳贝赛思外籍人员子女学校	BASIS International School Shenzhen	77	深圳

资料来源：《2022 胡润百学·中国国际化学校排行榜》。

专家访谈

柯蒂斯·韦斯特比（Curtis Westbay）

华润小径湾贝赛思国际学校资深大学升学主任

问题 1：在您看来，国际学校的学生是如何实现自我提升的？

国际学校学生改进自己的最有效的方法是学习语言。国际上最通用的两种语言是英语和中文。通过学习这两种语言，学生就获得了和世界上 25 亿人进行交流的能力。

除了学术课程，国际学校的学生还必须获得很多软技能。由于来自世界各地的学生和老师要合作达成共同的目标，和其他大多数学校不同，国际学校的学生在进入大学前就要接触某种程度的多样性。这种多样性会给学生带来巨大的好处，但是也对学生提出更高要求：他们要学会和不熟悉的观点、文化偏好等打交道。在 21 世纪的中国，在超大型城市的生活和工作中，我认为在国际学校获得的这种多样性对于学生的社会性情绪成长是无比珍贵的。

国际学校的学生还必须参与无比复杂且具有强竞争性的大学申请。国际学校的学生必须课堂表现好，积极服务社区，全力准备入学考试，等等。在大学申请过程中，学生们提升了学术和人际技能，包括批判性思考、论证、研究、项目和时间管理、合作等，而这些会极大地帮助他们取得中学毕业后的成功。

问题 2：华润小径湾贝赛思在国际教育中是如何取得成功的？

我们还有很多工作要做，但是我们的确对让我们学生在大学录取中取得不凡成绩的几件事情感到骄傲。在每一个学校，不可替代的是老师授业的有效性。我们的老师，不论是资深教育者还是业界专家，都极有才干。作为一个学校，我们最高优先级是确保学生的每一次课堂体验都由层层选拔的优秀老师来设计和实施。

与这些有才干的老师一起学习，我们的学生都在茁壮成长。尽管我们的入学标准很高，但我们并不期望学生立刻成为专家。相反，我们期望学生能全身心投入并努力学习，做有挑战性的事情，尽管在此过程中可能失败，但最终学生会拥有坚韧的品格。

我希望能告诉你一些意想不到的秘诀，但我们的成功就是那么简单：我们的老师是专家，我们的学生聪明而刻苦努力。

问题 3：能否分享一下您在国际教育方面的洞见？

这真是个很难的问题！我入职国际学校才五年，也不是这个领域的专家，不过我可以分享一些想法。每一个被认为获得极大成功的国际学校的核心，都是它的沉浸式语言环境和文化。我记得在大学一年级的时候，物理课期末考试没有任何需要计算的题目，而是完全以论文的形式。因此，国际学校的学生必须能用英语表述他们的想法。国际学校必须让自己的学生在学术环境中做到真正流畅地表达，如果不是这样，学生就没有为大学做好足够准备。如果语言不流畅，老师和学生之间的交流反馈就会受阻。因此，学生有时并不能对反馈进行同步反应。我从我的本科研究导师那儿得到的最好的反馈是，她在办公室答疑时间（office hour）给我的非正式的建议和评论。这还不算国际学校的学生被大学录取后由于语言流畅而获得的其他众多好处。一旦做到真正的语言流畅，他们在聊天时就会颇为轻松，可以让他们交到新朋友并克服文化疏离感。

问题 4：由于疫情大流行，国际化趋势有了巨大变化。您认为这会影响国际招生吗？

我认为新冠肺炎疫情已经极大改变了国际招生。其中最显著的改变是很多大学放弃了将标化考试作为申请的必要部分。这一改变的后续影响则比较复杂。没有了熟悉的标化成绩，大学只能从其他方面来判断学生的学术潜力。但即便是 GPA，也无法做到像 SAT（美国学业能力倾向测验）或 ACT（美国大学入学考试）的成绩那样清楚而一致地对学生进行比较。这些标化考试尽管有这样或那样的缺点，但至少对所有申请人都是公平的、比较统一化的数据。

现在的大学必须通过活动、推荐信甚至作品集来探索学生学术背景的轮廓。对大学来说，困难在于，这些可能更能说明学生有资源而不是有能力。有些人会说，抛弃标化考试是通向英才教育过程的一步。这可能是对的，但是申请评估过程肯定会变得更不具确定性和客观性。

当大学不再要求申请时提交某些标化成绩，那些筛选最严苛的大学的申请池子会大为膨胀。以前把自己排除的学生（因为标化成绩太差而自觉没有机会），也决定申请一下碰碰运气。因此，在新冠肺炎疫情暴发前筛选就已经最为严苛的大学，现在就更加严苛了。毕竟，更多的申请者并不意味着学校有更多的教室和宿舍。

在史无前例的严苛筛选下，被录取的学生必须接近一个完美的成人。这正是让我觉得令人忧虑的事情，我不能想象我在 18 岁的时候就准确地知道自己想学习什么，或者知道自己应该为将来的职业发展准备什么技能。但是这些就是对现在要进入大学的学生的要求。我认为这并不是什么好事！也许，我们的学生至少会紧紧抓住他们的热情和爱好，如果他们足够幸运地知道自己的爱好。学生们必须极为活跃，才能准备好一份优秀的大学申请材料。即使他们找不到自己的爱好，也必须极为活跃，这也许是一件好事，至少他们知道自己不喜欢什么。

问题 5：您认为一个国际化的人才应该具有哪些品质？

我已经说得太多，这个问题就回答得简单些。

- 超级流畅的语言。
- 文化理解力和敏感度。
- 批判性思维和合作技能。
- 创造性思维，能够发散性地和集中地解决问题。
- 高度的博爱，把人当作人，而不是精于算计。
- 乐意去探索和深度检验想法，即使这并不容易。
- 技术通，可以适应思想交流的新方式。
- 坚韧、坚强、乐观。

第三节
英美名校在中国的录取特点与趋势

中国已连续 12 年成为美国最大的国际生生源地，同时，在疫情环境下，中国赴英留学的人数不减反增，以 10% 的增长率显示出强劲的留学需求，因此中国也已成为英国最大的国际生生源地。年轻一代的中国留学生成长于中国经济快速增长时期，亲历中国社会的变化与发展，自信而包容的心态让他们自由行走世界，以活泼生动的姿态传递着中国年轻一代的形象。

尤其是国际学校，为广大学子打开了一扇走向世界的大门，让他们走向更为广阔的世界。其中，英国G5与美国常春藤名校的录取更是牵动了万千学子的心弦。本节就英美顶尖学校在中国的录取特点和趋势，分别从专业角度与录取角度进行解读，希望给读者以启发。近年来，许多高中采取不公开、不公布录取数据的原则，英美一些高校也采取了不再公开录取标准及数据的原则，因此，本节中的数据为不完全统计数据，仅供参考。

需要说明的是，影响一个学生录取结果的原因很复杂，学校信誉度、大学扩招或缩减招生、选校策略、标化成绩以及大学招生官的偏好都会直接影响录取结果。

一、就读学校的背景与受认可度是影响录取结果的重要因素

国外高校在录取学生时考虑的因素更为综合和全面，因此，影响录取结果的因素也是多元的。由2022年的调研数据可知（见图2–2），分别有77.4%、72.5%、70.8%的家长表示，除了标化成绩和GPA，就读学校的背景与受认可度、国际学术赛事奖项、科研实习经历三个因素对申请院校的录取结果有影响。学生群体也认为除了标化成绩和GPA，就读学校的背景与受认可度（64.7%）、国际学术赛事奖项（62.8%）和科研实习经历（63.8%）等因素是影响录取结果最重要的三个因素。此外，家长和学生普遍认为，校外的额外推荐信等因素对申请院校录取结果的影响较小。

由2022年的调研数据可知（见图2–3），留学生群体认为，除了标化成绩和GPA，对申请院校的录取结果影响最大的三个因素分别是科研实习经历（82.0%）、就读学校的背景与受认可度（76.0%）和国际学术赛事奖项（68.1%）。而意向留学生群体则认为，就读学校的背景与受认可度（61.5%）、国际学术赛事奖项（61.3%）、科研实习经历（58.6%）是影响申请院校的录取结果最重要的三个因素。

由数据分析结果可知，两类学生群体对于影响申请院校录取结果的因素的认识存在较高的一致性，均认为就读学校的背景与受认可度、国际学术赛事奖项和科研实习经历是最重要的三个因素。但其认识也存在一定的差异，即留学生群体认为科研实习经历最重要，而意向留学生群体则认为就读学校的背景与受认可度最重要。

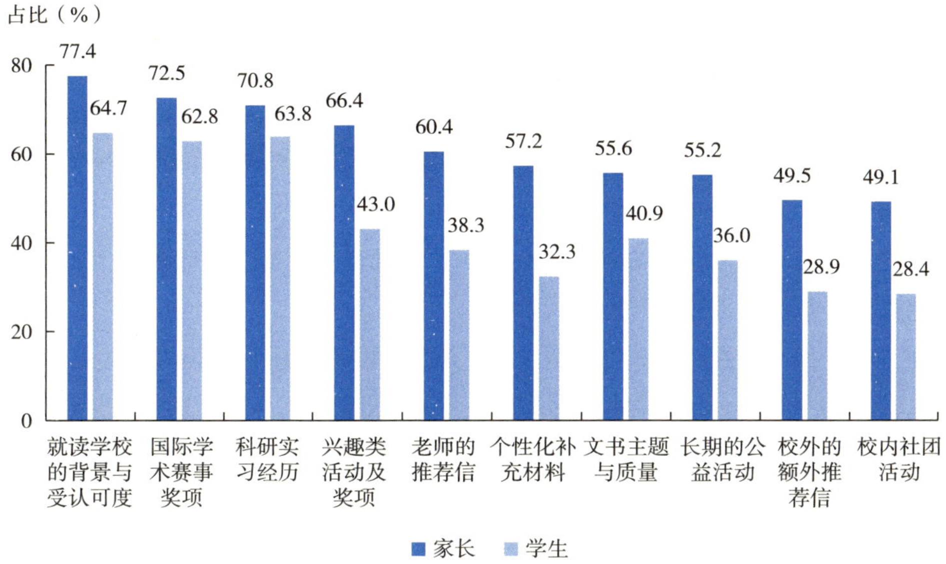

图 2-2　中国家长和学生认为影响录取结果的因素

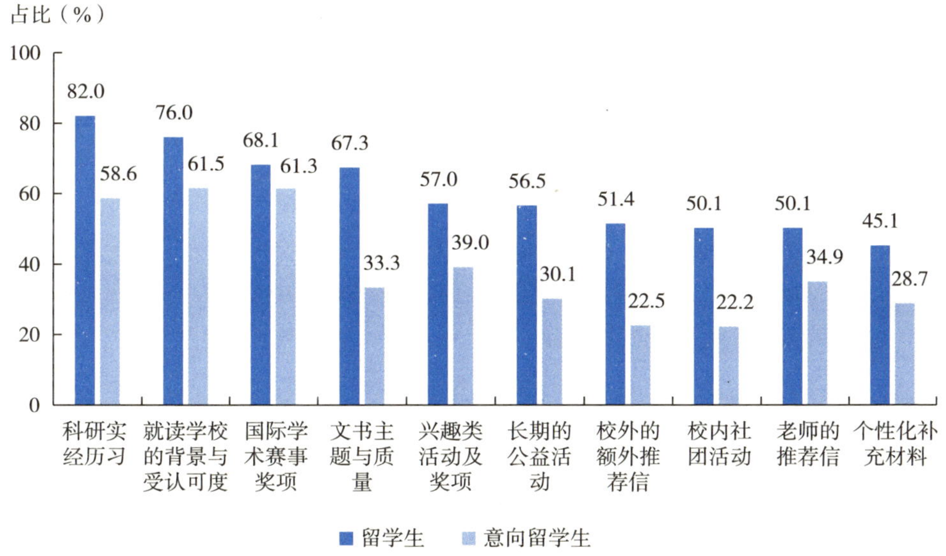

图 2-3　中国学生认为影响录取结果的因素

由此可见，学生就读高中的背景与声誉对录取结果有影响，是家长与学生的共识。过去几年的公开录取数据也印证了这一点。

二、美国常春藤大学在中国的录取区域分析

部分美国常春藤大学会公布大学的综合录取率，但并不会针对某个国家或地区公布。国际生的录取率会远低于大学的综合录取率，而中国由于申请者数量多，录取率还会低于国际生的平均录取率。一般来说，在精英私立美国大学的新一届学生中，国际生的人数占入学学生总人数的 8% ~ 13%。2022 年，美国常春藤大学的录取率创历史新低，普遍低于 7%，哈佛大学更是低到 3.19%。其实这些大学每年发放的录取数以及预计入学人数，多年来变化并不大，并非像今年加利福尼亚大学因政策性因素而出现断崖式下跌。所以，直观上给申请者造成录取率下降感受的主要原因是申请人数的暴增，尤其是近两年因多数学校采取 SAT 的可选择性标化提交政策，使许多申请者误以为这是一个巨大的机会（认为学校不再看 SAT 成绩），纷纷加入申请藤校的大军。

从 2022 年这些大学在中国的录取情况来看，这些大学的录取依旧延续了往年的风格，集中在北京、上海、广东和深圳，南京、西安、成都、武汉也取得了不错的成绩，重庆、山东、天津也颇具潜力。

在中国的录取人数，其实与这些学校近年来的总体录取趋势及录取率有着很大关系，据不完全统计（见表 2–6），八大常春藤学校在中国共招收了 209 名学生。除此之外，麻省理工学院在中国录取了 4 名学生，斯坦福大学在中国录取了 19 名学生。

表 2–6　2022 年八大常春藤学校中国学生录取统计表

学校名称	录取数（中国）	录取数（其他国家）	总计
普林斯顿大学	10	21	31
哈佛大学	6	11	17
哥伦比亚大学	16	39	54
耶鲁大学	15	17	32
宾夕法尼亚大学	19	45	64
达特茅斯学院	21	10	31
布朗大学	31	21	52
康奈尔大学	91	53	144

资料来源：根据各学校官方公开数据及翠鹿升学榜等公开数据整理。

从近几年的公开数据来看，英美名校有其录取习惯和录取逻辑。由于这些学校在中国录取的学生普遍较少，因此在选择申请学校时，学生不必执念于录取率极低的大学，无论是英国还是美国，都有更多适合自己的大学值得去读。

美国常春藤大学一向高冷，尤其是普林斯顿大学、哈佛大学、耶鲁大学这些东岸精英大学，以及不在藤校之列的麻省理工学院，它们在发榜的时候一向都比较谨慎，以个位数发榜是普遍情况。麻省理工学院 2018 年甚至在中国只发放了两个录取名额，这种录取率对庞大的中国留学生群体而言是微乎其微的。在这些学校中，只有康奈尔大学和布朗大学一向对中国学生比较慷慨，录取人数一直是最多的。

从过去几年的录取来看，无论是常春藤大学还是知名的综合性大学，都有自己的偏好。总体而言，能被这些学校录取的学生一定都是非常优秀的，因为招生官有着丰富的经验来判断这个学生是否适合自己所在的大学。但是在中国这样的人口体量下，符合名校录取标准的学生人数众多，但录取名额却极为有限。正如普林斯顿大学招生办主任所言，至少 90% 完全符合录取条件的申请者被拒之门外。美国大学体系的录取标准是非常灵活和多元的，我们很难用统一的标准来判断录取结果。下文就美国名校的录取习惯与录取逻辑进行解析。据不完全统计，2022 年八大常春藤学校在中国录取学生的地区分布如表 2–7 所示。

表 2–7　2022 年八大常春藤学校在中国录取学生的地区分布　　单位：人

地区	普林斯顿大学	哈佛大学	哥伦比亚大学	耶鲁大学	宾夕法尼亚大学	达特茅斯学院	布朗大学	康奈尔大学	总计
北京	6	2	3	6	7	9	12	26	71
上海		3	5	3	4	4	10	23	52
广东	2		6			3	1	6	18
深圳	1			2	3	2		10	18
江苏	1	1	2	2	2	3	3	9	23
武汉					1		1	1	3
四川							1	2	3
浙江				1					1
重庆					1			2	3
山东								2	2

（续表）

地区	普林斯顿大学	哈佛大学	哥伦比亚大学	耶鲁大学	宾夕法尼亚大学	达特茅斯学院	布朗大学	康奈尔大学	总计
天津				1	1				2
辽宁							1	1	2
陕西							2	5	7
湖南								2	2
福建								1	1
河南								1	1
总计	10	6	16	15	19	21	31	91	209

资料来源：根据各学校官方公开数据及翠鹿升学榜等公开数据整理。

这些超级大学的录取规律和习惯不能一概而论，因为几乎所有藤校都有自己的录取偏好。在招生过程中，如果一个国家和地区的录取名额只是个位数，那么招生官往往不会花太多时间去各地区的各学校进行筛选。

（一）普林斯顿大学

连续 12 年在全美本科中排名第一的普林斯顿大学，也是全美最难进入的大学之一。2021 年，普林斯顿大学共收到 37 601 份申请，录取 1 498 人，录取率为 3.98%，国际生数量更是少之又少。

普林斯顿大学校长克里斯托弗·伊斯格鲁布（Christopher L. Eisgruber）在给学校全体师生的一份年度总结邮件中解释了为什么未来学校本科生要进行扩招，他提及了招生办主任凯伦·理查德森（Karen Richardson）说的话："普林斯顿每年的新生班级指标是 1 300 人，要发放大约 1 800 份录取，但是符合普林斯顿严格学术课程要求的申请人大约有 18 000 人，招生官要对 90% 完全符合普林斯顿要求的学生说'不'。"但此扩招计划并未提及是否将扩招指标用于国际生的招生。

据不完全统计，普林斯顿大学 2020 年在中国录取了 9 名学生，2021 年在中国录取了 6 名学生，2022 年在中国录取了 10 名学生，地区分布为北京 6 名、广东（不含深圳）2 名、深圳 1 名、江苏 1 名。

（二）哈佛大学

哈佛大学的录取率连年走低。哈佛大学官方数据显示，其 2022 年秋季本科学生申请人数为 61 220 人，录取了 1 954 人，其中 740 人为早申请录取，录取率低至 3.19%，刷新了 2021 年的最低纪录 3.42%。虽然哈佛大学依旧实行标化可选择提交政策，但是基本上大部分申请者都会选择提交。从 2021 年的新生录取数据来看，被录取学生的平均 SAT 成绩为 1 494 分，ACT 成绩为 34 分。需要注意的是，平均分包括了特招体育生及美国少数族裔学生的分数，哈佛大学在亚洲地区的录取分数要远远高于官网公开的平均分或基准分。

据不完全统计，哈佛大学 2020 年在中国录取了 7 名学生，2021 年在中国录取了 8 名学生，2022 年在中国录取了 6 名学生，连续三年都未超过 10 名。2022 年共录取 6 人，地区分布为北京 2 名、上海 3 名、江苏 1 名。

（三）耶鲁大学

耶鲁大学官方数据显示，其 2022 年秋季本科学生录取人数为 2 234 人，其中 800 人为早申请录取，申请季综合录取率为 4.46%，为历史新低。与之相反，耶鲁大学 2022 年申请人数为 50 015 人，创历史新高，比 2021 年增长了 7%。耶鲁大学的录取率近几年一直保持下降趋势，在 2021 年的申请季，耶鲁大学共录取 2 169 人，综合录取率为 4.62%，2020 年的综合录取率则是 6.54%。

据不完全统计，耶鲁大学 2020 年在中国录取 15 名学生，2021 年在中国录取 11 名学生，2022 年在中国录取 15 人，地区分布为北京 6 人、上海 3 人、深圳 2 人、浙江 1 人、江苏 2 人、天津 1 人。

（四）布朗大学

布朗大学官方数据显示，其 2022 年秋季本科学生申请人数为 50 649 人，无论是早申请阶段还是常规申请阶段，布朗大学的申请人数相较于 2021 年都有所增加，增幅分别为 11% 和 9%，申请总人数达到历史最高。而布朗大学 2022 年录取人数为 2 546 人，录取率为 5%。2021 年则共有 46 568 人向布朗大学递交申请，布朗大学共录取 2 537 人，其中早申录取 885 人，常规录取 1 652 人，总体录取率仅为 5.4%。2020 年的综合录取率则为 6.8%，整体录取率呈现下滑趋势。布朗大学过去三年的早申录取率从 17.5% 下降至 15.7%，2022 年的早申录取率更是跌至 14.6%。

据不完全统计，布朗大学 2020 年录取了 19 名中国学生，2021 年录取 30 名；2021 年中国是布朗大学录取国际生数量最多的国家。2022 年布朗大学则录取了 31 名中国学生，地区分布为北京 12 人、上海 10 人、江苏 3 人、陕西 2 人、广东

1 人、武汉 1 人、辽宁 1 人、四川 1 人。

（五）宾夕法尼亚大学

宾夕法尼亚大学官网发布的常规申请录取信息显示，其 2022 年有近 55 000 名申请者，比 2020 年多出 15 000 人左右。在早申请阶段，宾夕法尼亚大学的录取率为 15.6%。在 2021 年申请季，宾夕法尼亚大学共收到 56 333 份申请，录取 3 202 人，录取率为 5.68%，其中国际学生占录取学生总数的 11%。2020 年宾夕法尼亚大学在中国录取了 23 名学生，2021 年录取 11 名。

据不完全统计，2022 年宾夕法尼亚大学录取了 19 名中国学生，地区分布为北京 7 人、上海 4 人、深圳 3 人、江苏 2 人、武汉 1 人、天津 1 人、重庆 1 人。

（六）哥伦比亚大学

哥伦比亚大学官方数据显示，其 2022 年秋季本科学生申请人数为 60 377 人，与 2021 年申请人数基本持平。其中录取人数为 2 253 人，录取率为 3.73%，比 2021 年的 3.66% 略有提高。在 2021 年的申请季，哥伦比亚大学共收到 60 551 份申请，比 2020 年增长 51%，共发放 2 218 份录取，录取率仅为 3.66%。

据不完全统计，哥伦比亚大学 2020 年共向中国发放了 15 个录取名额，2021 年发放了 7 个录取名额。2022 年哥伦比亚大学共在中国录取了 16 名学生，地区分布为北京 3 人、上海 5 人、广东 6 人、江苏 2 人。

（七）达特茅斯学院

达特茅斯学院官方数据显示，其 2022 年秋季本科学生申请人数为 28 336 人，与 2021 年申请人数基本持平，录取人数为 1 767 人，录取率为 6.23%，与 2021 年 6.17% 的录取率基本持平。在 2021 年的申请季，共有 28 357 名学生向达特茅斯学院递交申请，达特茅斯学院录取 1 749 人，其中国际学生占 14%，总体录取率为 6.17%，为学校历年以来最低。

达特茅斯学院宣布了将对国际本科生采取 Need-Blind（需求回避政策，即不考虑经济能力，只看学生能力的政策）录取政策，并且从这一届新生（2022 年入学的学生）开始实行，估计未来会有更多学生申请此校。

据不完全统计，达特茅斯学院 2020 年向中国发放 15 个录取名额，2021 年发放 17 个录取名额。达特茅斯学院 2022 年则在中国录取了 21 名学生，地区分布为北京 9 人、上海 4 人、广东 3 人、江苏 3 人、深圳 2 人。

（八）康奈尔大学

康奈尔大学自 2020 年开始就已停止公布数据，但该校招生副教务长乔恩·伯迪克（Jon Burdick）在接受美国全国广播公司新闻采访时透露，2022 年秋季康奈尔大学共收到了约 71 000 份本科申请，其中 4 908 名学生被录取。从这个数据来算，康奈尔大学 2022 年的新生录取率仅为 6.91%。2021 年共有 67 380 人申请了康奈尔大学，比前一年增加了近 16 000 人，而录取人数仅为 5 836 人，录取率为 8.7%，创下历史最低纪录。但与 2022 年相比，2021 年显然还不是历史最低点。2021 年，递交 SAT 成绩的申请人有 63.7%，递交 ACT 成绩的申请人有 55.9%。

康奈尔大学是对中国学生最为慷慨的藤校。据不完全统计，康奈尔大学 2020 年向中国发放了 80 个录取名额，2021 年发放了 85 个录取名额，2022 年则向中国发放了 91 个录取名额。近三年，康奈尔大学在中国的录取名额大体持平，略有回升。2022 年康奈尔大学在中国录取的学生共 91 人，地区分布为北京 26 人、上海 23 人、深圳 10 人、江苏 9 人、广东 6 人、重庆 2 人、山东 2 人、辽宁 1 人、陕西 5 人、湖南 2 人、福建 1 人、河南 1 人、武汉 1 人、四川 2 人。

从以上录取率、录取人数、录取趋势及在中国录取的人数来看，常春藤学校的录取率整体下降，申请人数则逐年增长。这是美国名校近几年录取的普遍趋势，说明竞争日趋激烈。所以，申请者只有真正地了解美国大学的录取逻辑，进行早规划，才能在激烈的竞争中脱颖而出。

另外，从被常春藤学校录取学生所在的地区来看，近几年的录取没有什么显著变化，被录取者几乎全部来自国内的知名学校，北京和上海两个地区占据了常春藤学校在中国的过半录取名额，江苏、广东、深圳呈不断上升趋势，西安、重庆、成都、武汉、长沙、天津也都有不俗的成绩。

除此之外，在此中肯地提醒申请者，除了以上学校，美国有许多非常优秀的大学，不要浪费宝贵的早申请指标去冲刺录取率过低的大学。

三、英国 G5 在中国的录取区域分析

作为英国院校的实力代表，G5 代表了英国高校最顶尖的科研实力、师生质量、经济实力等，是无数学生梦寐以求的大学。G5 包括剑桥大学、牛津大学、帝国理工学院、伦敦政治经济学院和伦敦大学学院，每年都吸引着无数中国学生申请。UCAS 公布的官方数据显示，在 2021—2022 学年申请季，中国学生申请英

国本科的人数为31 400人，比去年增加2 910人，同比增长约10%。从2014年起，中国学生申请英国本科人数已连续增长8年，这种趋势还将持续。UCAS官网数据显示，自2001年至今21年来，剑桥大学申请人数增长49%，牛津大学申请人数增长35%，与之相对的是几乎不变的录取人数和逐年下降的录取率。2022年，英国G5在中国录取的学生人数总计2 551人（见表2-8）。

表2-8　2022年英国G5预录取中国学生一览表

2022年《泰晤士报》排名	学校名称	预录取
2	牛津大学	205
3	剑桥大学	207
4	帝国理工学院	523
5	伦敦政治经济学院	174
7	伦敦大学学院	1 442

注：此为不完全统计，8月还会放出调剂指标。

资料来源：根据各学校官方数据及翠鹿升学榜等整理。

英国G5录取的习惯基本与美国常春藤学校一致，就是在自己的目标学校中录取。但不同的是，英国G5对A-Level体系更为青睐。据不完全统计（见表2-9），2022年英国G5向中国学生发放了2 551份预录取，覆盖了24个地区。除了传统的一线和准一线城市，甘肃、安徽、云南、海南、河南、河北、江西、福建等地区都有被录取学生。

表2-9　2022年英国G5录取中国学生的地区分布　单位：人

地区	牛津大学	剑桥大学	帝国理工学院	伦敦政治经济学院	伦敦大学学院	总计
上海	63	81	206	89	655	1 094
北京	32	24	96	5	188	345
广东（除深圳外）	23	15	21	24	91	174
深圳	14	26	72	33	195	340
江苏	18	15	45	4	120	202
湖北	9	13	52	13	122	209
四川	5	1	3		2	11

（续表）

地区	牛津大学	剑桥大学	帝国理工学院	伦敦政治经济学院	伦敦大学学院	总计
浙江	10	5	4	2	6	27
陕西	5	3	6		6	20
山东	7	9	2		13	31
重庆	6	3	6	3	28	46
天津	2	6	7		9	24
江西	4	1				5
河北	1					1
河南	1					1
黑龙江	1					1
吉林	1					1
辽宁	1	4	1			6
湖南	2	1	1			4
海南			1		1	2
福建				1		1
云南					3	3
安徽					1	1
甘肃					2	2
总计	205	207	523	174	1 442	2 551

资料来源：根据各学校公开数据整理。

因为英国大学的录取指标相对于美国大学较单一，所以其在录取中更易实现公平化的原则。从某种程度上看，英国大学的录取指标与中国、日本更为相近，就是以学术表现为绝对指标。英国 G5 录取更能体现这一点，因为其基本上是没有弹性指标加持的，这就让所有学生都在一个单一却相对公平的平台上进行学术比较。即便是面试，也非弹性面试，同样测试学术思维能力。可以说，英国 G5 的录取是一种硬核录取。

（一）牛津大学

牛津大学 2022 年发布的最新《年度录取数据报告》展示了牛津大学 2017—2021 年五年的本科招生统计数据，包含录取地区分布、录取专业、种族类别、性别比例、申请人数及入学人数等详细数据，并提供了分析的依据。牛津大学的报告显示，2017—2021 年，牛津大学申请人数增长了 22%。牛津大学表示，2020 年受 A-Level 分数偏高的影响，录取人数远高于正常水平，这是一种特殊的而非常规的录取表现。据牛津大学以往数据分析，牛津大学每年招生名额平均约为 3 300 人。表 2-10 显示，2021 年申请牛津大学的学生共计 24 338 人，牛津大学发放录取信 3 555 份，最终有 3 298 名学生注册入学。数据表明，每年申请牛津大学的人数在稳定增长。

表 2-10　2017—2021 年牛津大学申请人数一览表

年份	申请者数量（人）	发放录取信数量（份）	录取学生数量（人）
2021 年	24 338	3 555	3 298
2020 年	23 414	3 932	3 695
2019 年	23 026	3 895	3 286
2018 年	21 516	3 841	3 310
2017 年	19 953	3 786	3 285

资料来源：牛津大学官网，https://www.ox.ac.uk/about/facts-and-figures/admissions-statistics/undergraduate-students。

如表 2-11 所示，2019—2021 年，中国内地共有 5 915 名学生申请牛津大学，共有 459 人被录取，录取率为 7.8%，同比申请人数增长了 1 000 名左右；中国香港共有 1 324 名学生申请，共有 139 人被录取，录取率为 10.5%。中国已成为除英国本土外牛津大学最大的生源地。

表 2-11　2019—2021 年三年合计申请者和入学学生最多的国家或地区

国家或地区	申请者数量（人）	国家或地区	录取学生数量（人）
英国	42 384	英国	8 231
中国内地	5 915	中国内地	459
美国	2 648	新加坡	193
印度	1 634	美国	164
新加坡	1 623	中国香港	139
中国香港	1 324	波兰	102
德国	1 101	罗马尼亚	98

资料来源：牛津大学官网，https://www.ox.ac.uk/about/facts-and-figures/admissions-statistics/。

牛津大学的报告显示（见表 2-12），2019—2021 年申请人数最多的专业从高到低分别为：计算机科学、经济与管理、数学与计算机科学、医学、生物医学、数学、哲学政治和经济学、历史与政治、物理、法律。其中，计算机科学专业的录取难度最高，从每 18.6 个申请者中录取一个人。医学、生物医学、数学、哲学政治和经济学、历史与政治、物理、法律等专业也是竞争相当激烈的专业。牛津大学官网数据显示，最受中国学生欢迎的前五个专业分别是数学、化学、工程科学、物理、经济与管理。

表 2-12　申请人数最多的专业排名（2019—2021 年三年合计，不分国籍）

专业	申请者数量和录取人数比率	专业	申请者数量和录取人数比率
计算机科学	18.6	数学	9.7
经济与管理	18.1	哲学政治和经济学	9.4
数学与计算机科学	12.5	历史与政治	9.4
医学	11.8	物理	8.8
生物医学	10.9	法律	8.1

资料来源：牛津大学官网，https://www.ox.ac.uk/about/facts-and-figures/admissions-statistics/undergraduate-students。

牛津大学数学学院的录取率很低。报告数据显示（见表 2-13），2021 年共有 2 869 名学生向数学学院递交了申请，其中面邀率最高的是数学与哲学专业，最低的是数学与统计学专业。录取率最高和最低的专业与面邀率是一致的。所以，学生在申请专业时认真研究大学官网是有必要的。

表 2-13　数学学院各专业申请一览表

专业	申请者（人）	进入面试人数（人）	录取人数（人）
数学	1 877（1 848）	558（605）	187（189）
数学与统计学	205（261）	37（47）	8（10）
数学与哲学	151（158）	51（70）	19（20）
数学与计算机科学	636（603）	141（134）	65（60）
总计	2 869（2 870）	787（856）	279（279）

资料来源：牛津大学官网，https://www.ox.ac.uk/about/facts-and-figures/admissions-statistics/undergraduate-students。

另一个中国学生申请人数最多的是计算机科学系。2021 年共有 1 627 人申请计算机科学系，其中：计算机科学专业申请人数 869 人，145 人获得面邀，录取 47 人；计算机与哲学专业申请人数 121 人，38 人获得面邀，录取 16 人；数学与计算机科学专业申请人数 636 人，141 人获得面邀，录取 65 人。面邀率和录取率最高的专业为计算机与哲学，最低的为计算机科学。

据不完全统计，2022 年中国学生共拿到205份牛津大学预录取，北京、上海、广东三个地区拿下 132 份，占到全国的 64% 以上。上海拿到了至少 63 份牛津大学预录取，连续多年位居全国牛津大学录取榜第一名；其次是广东地区，拿到 37 份；北京排名第三，拿到 32 份。

从录取结果看，上海和广东地区一直名列前茅，这与上海地区开设 IB 和 A-Level 课程的国际学校比较多也有一定关系；紧随其后的是北京和江苏，浙江、山东、湖北也有很大潜力。

从区域来看，江浙沪地区几乎拿了中国一半的牛津大学预录取。从单个学校来看，上海领科教育、深圳国际交流学院、上海光华学院剑桥国际中心、武汉外国语英中学校、北京师范大学附属实验中学国际部、北京人大附中国际课程中心、上海市世界外国语中学是获得预录取最多的学校。

（二）剑桥大学

剑桥大学 2021 年发布的录取数据报告显示，2019 年，共有 1 184 名中国学生递交了申请，最终仅有 220 人拿到录取通知。在 2020 年申请季，剑桥大学的申请人数为 20 426 人，其中中国有 1 343 人申请，获得本科录取 285 份，录取率相对较高。最终中国学生共 208 人顺利入读，最终录取率约为 15.5%。2022 年，剑桥大学在中国录取了 207 个学生。

中国学生选择最多的是自然科学专业。剑桥大学官方数据显示，2021 年有 457 人申请自然科学专业，并有 82 名学生拿到录取；工程专业共有 290 人申请，有 62 名学生拿到录取；数学专业位居第三，共有 236 人申请，有 58 人拿到录取。比照剑桥大学四年的录取数据可知，自然科学、数学、工程、经济、计算机科学这五大专业是中国学生申请最多的热门专业。

申请剑桥大学需要“挑学院”，最青睐中国学生的学院分别是“Churchill”“Fitzwilliam”“Homerton”“Robinson”，而“Jesus”“St Edmund’s”是录取中国学生最少的两个学院。

据不完全统计，2022 年剑桥大学给 207 名中国学生发了预录取。值得一提的是，剑桥大学已经接受中国高考成绩。在 2022 年录取的 207 名学生中，地区分布为上海 81 人、广东（含深圳）41 人、北京 24 人、江苏 15 人、湖北 13 人、山东 9 人、天津 6 人、浙江 5 人、辽宁 4 人、陕西 3 人、重庆 3 人、湖南 1 人、四川 1 人、江西 1 人。从剑桥大学的录取来看，上海、广东和北京成绩显著，其次是江苏、湖北、山东、天津，浙江、辽宁、陕西、重庆也取得不俗的成绩，湖南、四川、江西等地亦有斩获，潜力很大。

（三）伦敦政治经济学院

伦敦政治经济学院是久负盛名的世界顶尖公立研究型大学，学生国际化是学院的特色之一。但此校的中国学生并不多。学校官网统计数据显示，2018—2019 学年，共有 1 482 名在校中国学生，其中本科生 489 名、研究生 993 名；2019—2020 学年，共有 1 650 名在校中国学生，其中本科生 317 名、研究生 1 333 名；2020—2021 学年，共有 2 074 名在校中国学生，其中本科生 685 名、研究生 1 389 名。2020 年申请季，伦敦政治经济学院收到了超过 22 000 份申请，但只录取了 1 700 名学生，整体录取率约为 7.7%。

据不完全统计，2022 年伦敦政治经济学院在中国共发放了 174 份录取，其中北京 5 份、上海 89 份、广东 57 份、湖北 13 份、江苏 4 份、重庆 3 份、浙江 2 份、福建 1 份。

（四）帝国理工学院

帝国理工学院全称为帝国科学、技术与医学学院，在各类权威榜单中排名稳居前十，研究水平处于英国大学的三甲之列，尤其以工程专业而著名。帝国理工学院官网分别公布了工程学院、医学院、自然科学学院下属不同专业的 2019—2020 学年的本科入学申请录取情况。学校现有中国学生 2 600 名，这是校内最大的国际生团体。帝国理工学院近些年的本科录取率达到 36%，录取率相对牛津大学和剑桥大学来说较高。

据不完全统计，2022 年帝国理工学院在中国录取 523 人，地区分布为北京 96 人、上海 206 人、广东 93 人（包括深圳的 72 人）、江苏 45 人、湖北 52 人、四川 3 人、浙江 4 人、重庆 6 人、天津 7 人、陕西 6 人、山东 2 人、湖南 1 人、辽宁 1 人、海南 1 人。

（五）伦敦大学学院

作为G5院校中规模最大、开设学科最多的大学，伦敦大学学院以其多元、尖端的学科设置著称。伦敦大学学院2019—2020学年的本科学生录取率达到了48%，是G5院校中学生最容易被录取的院校。伦敦大学学院官网公布的在校生数据显示，2020—2021学年，伦敦大学学院的在校生总人数为48 168人，其中亚洲学生占62.20%，有5 765名中国学生。作为一所世界著名的高等学府，其最近几年越发受到中国学生的青睐，而其招收的中国学生也是G5大学里最多的。

在该校所有专业中，本科课程竞争较小，录取率比较高的专业有：法语与德语、化学、环境地质学、德语与俄语、意大利语与西班牙语、地质学、自然科学、古典学、化学、德语与历史。

据不完全统计，2022年申请季，伦敦大学学院共向中国学生发出了1 442份录取，其中北京获得188份、上海655份、广东286份、江苏120份、武汉122份、重庆28份、山东13份、天津9份、浙江6份、陕西6份、四川2份、云南3份、甘肃2份、安徽1份、海南1份。

从以上的G5录取数据来看，开设A-Level和IB课程体系的学校在录取中优势很大。

第四节
中国国际教育体系区域优势与特点

从英美名校在中国的录取情况来看，各地区国际教育体系发展的特点与优势各不相同，英美名校对这些地区的录取偏好也各不相同，这与不同地区国际教育体系的发展目标与方向不同密切相关。

一、北京地区公立学校国际教育体系发展早、质量高

北京公立学校国际教育体系的质量很高。普林斯顿大学、麻省理工学院、哥伦比亚大学、哈佛大学这类学校在中国录取学生时，选择面非常窄。比如，普林

斯顿大学2022在中国只发放了10份录取，而北京师范大学附属实验中学国际部就收到了4份录取。

据不完全统计，2022年申请季，仅北京师范大学附属实验中学国际部就收到了16份美国常春藤学校录取，再加上U. S. News排名前十的学校，一共收获了35份录取。2022年该校国际部有161名学生，其中80名学生托福达到115分以上，全校学生托福平均分达到113.5分以上；另外，46%的学生SAT分数达到1 500分以上。常春藤学校在该校录取的学生托福平均分为116分，SAT平均分为1 530分。从这些全校平均成绩可以看出，该校学生的实力与其录取率是完全匹配的。

北京师范大学附属实验中学国际部多年来成绩稳定，紧随其后的当属北京十一学校国际部，2022年共获得13份常春藤校录取，包括哈佛大学、耶鲁大学、宾夕法尼亚大学、布朗大学、康奈尔大学。此外，该校还收获了芝加哥大学、斯坦福大学、杜克大学这些全美前十的大学的录取。

从2022年的常春藤学校录取情况来看，北京师范大学附属实验中学国际部、北京十一学校国际部、人大附中中外合作办学项目、北京四中国际校区的优势依旧明显。

北京一零一中学国际部这两年发展潜力比较大，是继北京十一学校国际部后的又一个获得哈佛大学录取的学校。该校还获得1份哥伦比亚大学的录取和2份康奈尔大学的录取，以总数4份的成绩同北大附中并列北京第五名。

从学校类型上看，公立学校国际部在2022年的学校榜单上占比66.7%，共斩获56份录取，占总录取数的93.3%。由此可见，北京地区公立学校国际教育体系的质量是经得起考验的。值得关注的是，北京许多民办国际学校近年来成绩也非常突出，比如北京鼎石国际学校、北京京西国际学校、北京顺义国际学校、北京二十一世纪国际学校等都有不俗成绩。

二、上海民办国际学校经验丰富，江浙地区公立学校依旧占主导

上海2022年总计获得52份美国常春藤学校的录取，上榜学校中超过60%为民办国际化特色学校。比如哈佛大学在上海录取的3名学生，其中有2名分别来自上海市建平中学和上海包玉刚实验学校。从录取总数来看，在录取数位列前5名的13所学校（上海并列第5名的学校共有7所）中，有10所是民办国际学校。

上海民办国际学校的教学成果经受住了考验。

江苏的国际教育体系较为成功，每年的录取成绩均不错。2022 年，江苏以 23 份录取的成绩名列前茅，其中南京外国语学校获得 10 份录取。另外，UWC（世界联合学院）常熟以总量 7 份位于江苏第二名，苏州外国语学校也有不俗成绩。在浙江，杭州外国语学校以 2 份耶鲁大学的录取保持一贯的好成绩。

三、广东公立学校质量过硬，民办国际学校平分秋色

2022 年广东（含深圳）以总量 36 份录取位列全国第三，与第二名的上海的差距逐步缩小。广东民办国际学校的录取名额和公立学校国际部的录取名额是 13 : 20。公立学校国际部的教育质量保证了录取结果，但同北京、上海相比，广东还没有形成哪一类学校占主导的格局。而 3 所贝赛思学校以总量 5 份录取在私立学校云集的大湾区备受关注。

四、各地区均有斩获，颇具潜力

成都、重庆、武汉、西安、长沙均表现不俗。成都外国语学校和成都树德中学保持稳定状态，陕西西安高新一中和西安市铁一中也继续拿到优秀成绩，这两所学校的成绩近年来在该地区是非常显著的。重庆收获了 3 份藤校录取，武汉外国语学校表现稳定。

在 2022 年录取中，山东、湖南、东北、福建、天津等地的公立学校国际教育体系是比较突出的。

从各藤校发榜的综合数据来看，康奈尔大学又是在中国录取学生最多的常春藤学校，布朗大学和达特茅斯学院分别以 31 份和 21 份录取位居第二名和第三名。哈佛大学和普林斯顿大学依旧以个位录取数保持往年的“高冷”形象。

五、不同地区，公立学校和民办学校的发展潜力不同

北京的公立学校国际部一直受到常春藤学校及美国名校的关注。这与北京公立学校扎实的教学管理以及优秀的教育质量是分不开的。当然，这些学校的生源也非常优秀，所以这是一个学生与学校双赢的局面。

上海国际学校总数为全国第一，民办学校国际教育体系尤为突出。上海包玉刚实验学校和上海外国语大学附属外国语学校齐头并进，但在 2022 年常春藤学

校录取中排名前五的13所学校，有10所是民办学校，这说明上海的民办学校无论是在数量还是在质量上，都具有很强竞争力。

广东民办国际学校的录取名额和公立学校国际部的录取名额是13∶20，公立学校国际部以略微优势胜出。深圳中学和华南师范大学附属中学领先地位明显，但民办国际学校已有超赶之势，尤其是贝赛思等教育集团的成绩颇为瞩目。

在江苏，南京外国语学校持续保持领先地位，UWC常熟的成绩也比较显著。江苏公立学校国际教育质量很高，南京外国语学校、南京金陵中学国际部、南京外国语学校仙林分校、南师大附属中学IB班一直以来都受到美国常春藤学校的关注。2022年，苏州也有两所学校备受关注。

武汉和成都依旧是公立学校具有先发优势，比如著名的武汉外国语英中学校，但民办学校有着很大的发展空间与潜力。

专家访谈

刘骁威

WLSA[①] 上海学校 A-Level 项目总监

问题：作为成果斐然的国际学校项目总监，在你看来，国际教育中最重要的是什么？

首先我们是一所非营利性民办学校，所有的资金都用于学校建设、课程研发、奖学金计划等。这是一所学校进入良性循环的基础。

其次是我们的奖学金机制，对于家境贫困的学生来说，加入我们学校或许是一次非比寻常的机会。他们获得的奖学金不仅可以帮助他们完成高中阶段学习，还可以支持他们完成海外大学的学习。这会让我们的校园非常多元化，学生之间潜移默化的影响会让他们学会多角度思考问题，并且能为不同群体发声。

最后是独一无二的课程体系。我们的外方校长、伊顿公学前任校长托

① WLSA，指世界名中学联盟。

尼·利特尔（Tony Little）先生总结了他一生的教育理念。他谈及当下人们对教育的争议主要源于对教育的两种理解：教育是应该通过向年轻人传授具体知识来开发他们的某些技能，还是应该根据每个人的潜能来培养他们的自然学习能力，比如想象力、创造力等。也就是说，天平的一端认为，只有教会了孩子知识、事实，然后考试，获得了一份可测评的分数，教育才算完成了任务，获得了成功。而天平另一端则着重于培养孩子的“能力”而非“知识”，更倾向于让孩子自己发挥创造力，去挖掘和创造自己的观点。如果你问我更倾向于天平的哪一端，我认为好的教育应该是处于两者之间，尽管这或许很难。但我一直想做的，就是找到方法来平衡这座天平。

因此我们在开设传统知识型课程以外，专门研发了 GIP（全球影响力）课程，作为除了知识的天平另一端的完美补充。这一跨学科课程体系，将不同的学科在一个统一的框架下联系在一起，并对以下五大要素进行专项培养：技能、策略、伦理、表达能力和多元文化意识。它的目标是培养学生的全球化视野和参与全球化竞争必备的核心技能，比如批判性和创新性思维能力、团队合作与领导力、英文演讲和写作能力等，这具有很强的独特性。

第三章

鹰击长空
——美国留学全攻略

美国一直是中国留学生的首选目标国，从 1978 年国家派出第一批（共 52 名）赴美学者，到 1979 年在李政道的主持下创办 CUSPEA（中美联合培养物理类研究生计划）并选送 18 名物理专业优秀学子赴美留学，40 多年弹指一挥间。如今，中国已经连续 12 年成为美国最大的国际学生来源地。美国国际教育学会（IIE）发布的《2021 美国门户开放报告》是一份基于全美约 2 800 所大学所做的国际生入学情况调查报告。其内容详细具体并具有权威性，对全美教育门户的数据进行了全面统计。数据显示，在美国所有地区的高等教育机构学习的国际生，在 2020—2021 学年超过 914 095 名。受新冠肺炎疫情影响，在美国学习的国际生人数同比下降了 15%。《2021 美国门户开放报告》显示，2020—2021 学年，中国的留美学生达 317 299 名，约占留美国际生总数的 34.7%。数据显示，中国留美学生人数大约是印度的 2 倍，约是韩国的 8 倍。中国和印度的留美学生总数超过了其他所有国家留美学生人数的总和。

去美国留学的原因有很多，但学生和家长所关注的因素是显而易见的：教育资源丰富，教育质量稳居世界第一；综合实力强，高科技创新与前沿科学发展位居世界前列；名校云集，教学方式多样化；专业选择自由度大，学生在学业上有更多的选择；美国学校不以标化成绩为唯一录取指标，重视课外活动，这有利于有特长的学生脱颖而出，等等。总而言之，美国学校的多样化、包容性以及学校和专业选择的自由度都是众多学子首选美国的理由。

第一节
美式精英教育的典范——私立高中

美国的高中设置与中国的不同，其整个高中阶段有四年，即 9 年级至 12 年级，相当于中国的初三到高三。美国高中分为公立与私立两种。截至 2020 年，美国公立高中共两万多所，私立高中共两千多所。总体而言，公立高中的财政资金有限，能获取的资源也不如私立高中。公立高中由政府投资办学，对教学设施、课程体系甚至老师的要求都相对统一。在公立高中工作的老师必须持有美国的教师资格证，而私立高中则没有这个限制。美国的公立高中是义务教育，学费全免，而且还会为贫困家庭学生提供午餐。基于这种现实情况，美国的公立教育属于平民教育，除了房价高昂的学区房地段的公立高中，大多数公立高中的教育质量都比较普通。学区房地段的公立高中的教学质量很高，但数量并不多，因为学区房已经天然地将学生家庭收入与社会阶层划分开来，从而形成了独特的学区房公校优势。虽然美国一流公立高中的优秀学生并不比一流私立高中的学生差，但私立高中的优势在于，学生的水平比较均匀，课程难度普遍较高，师生比例较高，学校非常重视学生的升学辅导，这些特点是公立高中没有的。所以，即使是一流的公立高中，其在整体教学质量及教学资源上也无法与私立高中相比。

出国留学的学子几乎都选择在一所优秀的私立高中就读，尽管私立高中有着各种各样的入学要求，甚至有些好学校的入学标准和面试要求很高。从某种意义上讲，进入一所排名靠前的私立高中与进入一所常春藤大学的难度是不相上下的，相信经历过层层选拔并最终进入这些学校的学子会深有感触。

一、私立高中精英制教育的优势与特点

在美国，只有私立学校才能长期接收国际生，私立学校是美国精英教育的代表。美国的私立高中大部分由教会或者私人财团建立，财政资金来自教会或者这些私人财团。美国的私立高中共两千多所，而私立寄宿制学校大约有 300 所，仅占美国中学总数的 1% 左右（2020 年《美国教育统计年鉴》数据）。美国的私立高中大多历史悠久，有着独特的传统，而且强调精英教育，注重学生的全面发展。美国最著名的私立高中是位于马萨诸塞州的菲利普斯安多佛中学。该校成立

于1778年，距今已有200多年历史。学校不仅强调学习成绩，还注重学生在非学术方面的发展，比如领导力、全球视野、创新精神、批判性思维等，学生在这些方面都能得到很好的训练与培养。这所学校素有“耶鲁大学预科班”之称，学校的教育目标是培养有可能改变世界的人。申请者不仅要拥有极其优秀的才能，还要有超强的独立自主能力和利用资源来发展自我的能力，同时能够适应高难度的挑战与快节奏的学习和生活。因此，这所学校的申请难度极高，托福分数达110分、SSAT（Secondary School Admission Test，美国中学入学考试，适用于美国、加拿大私立中学的入学申请）成绩达到总分的95%是基本门槛。美国排名前十的私立学校都属于超级学校，录取标准都非常高。菲利普斯安多佛中学的著名校友很多，美国前总统布什父子就是从这所学校毕业的。该校在中国每年仅招收个位数的学生。这类学校的录取受诸多因素的影响，不是简单地根据学术成绩就能决定的。

美国私立高中的优势与特点主要体现在以下五个方面。

（一）强大的师资力量

美国私立高中的一个显著优势就是师资力量强大。这些学校在选拔教师时非常严格，不仅考察教师的教育背景、学术能力、教学水平，还考察其在艺术、体育等方面的特长。因为寄宿制私立高中的老师经常会住在学校里，轮流值班，有的老师还会担任学校各种社团的辅导老师，所以多才多艺的老师自然会受到欢迎。顶级私立高中老师的教育背景颇为强大，以波士顿地区著名的康科德中学为例，拥有博士学位的老师比比皆是。私立高中提供的高额薪酬，特别是令人无法拒绝的教师子女免费上本校的巨大福利，是吸引众多高级人才进入私立高中的原因。有些学校还给老师提供免费食宿，并根据家庭成员人数来进行住房分配，住房就在校园内，以方便老师工作。在扣完税就难以存钱的美国，顶级私立高中的巨大福利吸引着许多来自名校的大学教授和讲师。

对于声誉良好的私立高中，其最核心的资源就是师资力量，许多优秀的私立高中还会聘请美国一流大学的教授来当老师。

（二）丰富的社会资源

私立高中的社会资源丰富，学生见多识广，不只是因为学生家长大多来自社会精英阶层，更重要的是，这些私立高中有着声名显赫的校友。这些校友包括美国总统、华尔街精英、诺贝尔奖获得者、扬基棒球队的教练以及白宫发言人等。因为学校经常请自己的校友来举办讲座，所以学生的阅历与经历是超出想象的。

从另一个角度看，这也极大地促使学生在青少年时代树立高远目标。

（三）先进的实验室设备

许多私立高中都拥有非常先进且昂贵的实验室设备。位于新罕布什尔州的全美顶级私立中学菲利普斯埃克塞特中学，每年都会吸引一大批对理工感兴趣的学生。这所学校拥有非常完备的实验室设施，这对学生在中学阶段进行科学实验有着非常深远的影响。一些私立高中甚至还拥有达到国际竞赛标准的游泳池、滑雪场。总之，私立高中的硬件设施远远超出了平均水准。

（四）深厚的人文底蕴

美国私立高中非常重视对学生综合素质的培养，尤其是精英教育中的领导力、人文教育等方面的内容，演讲和领导力方面的活动和训练也非常多。即便到了大学课堂，这种教育也在延续。私立高中在假期会有许多合作项目，国际化程度非常高，这给了学生极大的自由与空间。私立高中所设的 AP 课程也很多，除了 AP 课程，一些学校还可以让学生直接修大学课程。学校会与附近大学合作，让学生到大学上课拿学分，并在申请大学时将这些作为学分课程提交，以证明学生的学术潜力与能力以及学术兴趣。进入大学后，学生也可以用这些进行学分抵算，从而节约学费。

（五）严格的校园管理

私立高中的安全度通常很高。这些一流私校在校园管理上非常严格（从某个角度上看可能过于严苛），比如学生不得带手机上课，甚至老师在校期间也不得使用手机。寄宿制私立高中更为严格，老师还需要轮流带领学生在周末进行户外运动，一些私立高中在学生的安全管理方面做到了极致：学校有规定的外出时间，否则不能外出，即便有特殊需求，学生也必须到老师那里拿到签字并得到许可。因此，一流寄宿制私立高中的严谨管理和安全度也很具有吸引力。

二、寄宿制私立高中是留学生的首选

私立学校的种类很多，比如寄宿制学校、走读学校、寄宿—走读学校、军事学校、艺术学校等。但最常见的私立学校有两种：一种是广受国际生欢迎的寄宿制学校，一种是走读学校。当然，也有一些学校同时招收走读生和寄宿生。同时，美国私立学校也分男校、女校和混合学校。走读学校主要针对美国当地学生，不提供住宿。虽然走读学校不如寄宿制学校那么方便，但前者的优势是，学生在中学阶段能完整地参与寄宿家庭和社区的生活，而不是一直在象牙塔里。但走读也存在一定的风险，即寄宿家庭自身存在的不确定性。虽然大多数寄宿家庭都是经过筛选的，但其中也存在一些隐性风险，这给未成年学子带来很大的挑战。

对于未成年学子而言，寄宿制私立高中是最理想的，吃、住、学全部都在学校。寄宿制私立高中都有严格的管理制度并具有明显优势：第一，无论是在人身安全，还是在隐性安全上，寄宿制私立高中都是由学校行使部分监护人的职责，在管理制度上提供了很大的安全性；第二，寄宿制私立高中有利于学生与老师进行密切沟通，以及与其他同学建立紧密联系；第三，学生有更加充分且自由的时间投入紧张的学业，这有利于形成中学生应有的自律与学习习惯。从以上三个方面看，优秀的寄宿制私立高中颇具优势。

三、私立高中的录取标准与面试

优秀的美国私立高中会选择什么样的学生？除了过硬的标化成绩、完美的GPA，学生还要通过耀眼的课外活动来体现自身的综合能力与素质。面试环节是最后一关，也极为重要。总体而言，学校更愿意在看到申请材料或进行面试时，学生能体现以下特点：语言成绩优异，领导力突出，性格活泼开朗，对某个领域充满好奇心，有运动或音乐特长。

出国留学的一个重要原因是，学生想寻求更好的教育资源，实现更高的教育目标。就美国排名前30%的私立高中而言，录取非常严格，不亚于常春藤大学录取的难度，而申请者都很优秀并做了充足准备。顶级私立高中的基本录取条件是托福100分以上，但很多学生的成绩都是110分以上甚至更高，所以托福考到110分才有竞争力。 SSAT达到2 300分、GPA基本满分是很常见的。除了这些硬指标，录取条件中的软指标也非常关键。许多申请人从初中开始就与大学教授一起做项目，有些学生还有自己的专利和发明，他们大多都获得过国际性大奖。在课外活动上，申请人在艺术和体育领域都有突出的表现。同时，申请人在数学奥赛和化学奥赛上获得金奖也比较普遍。这就是顶尖学校的基本要求，如果申请其他学校，条件会有所降低。

（一）美国高中入学的标准化考试类型

1. SSAT。这是美国、加拿大等国私立高中的入学考试，学校可自行选用。该考试共167道题，分值范围为1 500～2 400分，考试时间共185分钟，内容包括数学、词汇和阅读三大部分。

2. ISEE（Independent School Entrance Exam，独立学校入学考试）。这是美国私立高中常用的入学考试。ISEE 由美国私立高中入学考试办公室和 ERB（美国教育档案局）主办，主要考查学生的语言、数学以及推理能力。美国私立走读学校，特别是 ERB 会员学校基本上都采用这个考试，尤其是马萨诸塞州、纽约州和加利福尼亚州的走读学校。

ISEE 分为四个级别，申请美国高中的学生应参加高级考试。ISEE 的分值范围为 760 ~ 940 分，考试时间是 140 ~ 160 分钟，考试内容包括文字推理、数量推理、阅读理解、数学和写作。

3. 托福考试。这是面向非英语国家留学生的英语考试。托福考试满分为 120 分，考试时间共 180 分钟，考试内容包括阅读、听力、口语和写作四个部分，每个部分 30 分。托福成绩的有效期为考试日后两年内。

4. 小托福考试，也叫初中托福。它是美国教育考试服务中心为全球 11 ~ 17 岁学生开发的权威英语能力测试，用于提高学生的英语能力或者为将来参加托福考试提供权威指导。小托福考试的分值范围为 600 ~ 900 分，考试时间为 110 分钟，考试内容包括听力、语法和词汇、阅读。

（二）美国高中录取中的面试环节与要点

除了标化成绩与课外活动，在美国私立高中的录取过程中，有一个非常重要的环节——面试。

面试通常有三种方式：第一，申请人到美国高中参加校园面试；第二，招生官来中国开展面试；第三，远程视频面试。校园面试通常是家长与学生参观校园 45 分钟，接着招生官面试学生 30 ~ 45 分钟，面试家长 30 ~ 45 分钟。第二种面试是招生官来中国面试学生，这种方式的效果也非常好。招生官来中国面试学生的时间通常会持续两三周，如果能面试到优秀学生，他们就非常有成就感。

面试家长是因为中学生是未成年人，学校希望从家长角度来观察学生的特点以及成长背景与环境，面试内容包括家长对孩子未来发展的意愿和规划。家长面试没有学生面试重要，后者是入学的决定性因素。

面试环节需要注意以下三点：

- 招生官最认可的面试效果是双方自然交流。其实，招生官可以明显感觉到学生是否在背诵提前准备的回答，因此，To be yourself（做真实的自己）是面试的第一原则。

- 一定要加强互动，这是交流的关键。面试不是回答问题，而是与招生官进行良性互动与交流。
- 家长和学生在面试过程中不要乱讲话、说错话，以免适得其反。有的家长为了证明孩子的优秀，列举了一些很不恰当的例子，这反而造成了不良影响。在面试前，家长应进行充分准备，要了解校园文化与学校诉求，了解学校是否与自己孩子的兴趣特长和发展目标吻合。

需要注意的是，许多中国家长很关心给学校捐款这个问题。想进入顶级学校，捐款只是影响因素，这个过程需要非常谨慎，并不是家长随便就能捐款或者达到目标的。也有家长在捐款过程中出现差错，从而导致不可挽回的损失。

四、申请美国高中需要准备的材料

申请美国高中需要在七个方面做好准备。

在校成绩。美国高中招生办要求申请者提供过去两年以及当前的成绩单，比如，目前 9 年级且即将升 10 年级的学生，需递交 7 年级、8 年级和 9 年级的官方成绩单。

标化成绩。标化成绩出得早有利于学生提前选择学校并早做准备。在校成绩是申请美国高中最重要的部分，其次就是标化成绩。标化成绩分为托福和 SSAT，托福可以体现学生的英语能力，学校以此来判断学生是否能够在美国高中学习和生活。SSAT 则可以体现学生在入读美国高中后，能否跟得上课程节奏。通常在托福成绩达到 90 分以后，学生才准备 SSAT。SSAT 需要学生集中学习、大量练习，一年可以多次考试。

特长及课外活动。课外活动能体现学生的软实力和兴趣目标，学校也非常希望了解学生除学业以外的特长与性格特点等。寒暑假要充分利用起来，以培养学生的特长，包括学术竞赛、体育运动、音乐、设计、公益慈善、创新类活动，申请人应早规划、早挖掘。通常，有体育特长的学生，尤其是在体育竞赛中获奖的学生会受到招生官的青睐。无论参加哪种课外活动，持续性都是一个重要的衡量指标。

面试。美国高中入学面试分为第三方面试和校园面试，其中，第三方面试又分为维立克面试（Vericant）和初鉴面试（Initial-View），中国多个城市都设有相关机构。新冠肺炎疫情暴发以来，这些面试都在线上进行。维立克面试是排名前五十的美国高中大都应用的面试形式，其流程是，学生现场进行 30 分钟的写作测试，然后面试官与学生进行 15 分钟的对话，面试的录像视频和写作测试卷都会提交给申请学校。初鉴面试和维立克面试的形式类似，只有少数美国高中要求采用初鉴面试，比如著名的北野山中学。所以申请人需要提前了解学校的需求，以确定用何种方式进行面试。这类面试可以重复多次，提交哪次面试的成绩由申请者自己决定，但每重复进行一次面试，面试难度就会增加一层。

经老师打分或评价的文章。这也是申请材料中的一项。申请人可准备一篇曾经写的英文作业或论文，前提是老师已经打分并写好评语。详细认真的打分或评语更好，比如说明题目和评分标准。申请人如果来自普通高中，那么可以写一篇文章并让自己的英语老师给出评价或打分。有些学校除了要求提交文章，还要求提交额外的 Graded Math（打过分的数学作业）或者 Graded Science（打过分的科学作业）。所以，申请人需要根据学校的不同要求来提交这些资料。

特色文书。美国高中的文书题目五花八门，申请系统不同，文书题目就不同。现在最流行的美国高中申请系统有 SAO（Standard Application Online，在线标准申请系统）、Gateway（目前使用 Gateway 的美国学校有 60 所，包括排名前十的很多学校）。除了 SAO 和 Gateway，有些学校还有独立网申系统。Gateway 和学校独立网申系统规定每个学校都有独立的文书题目。SAO 有统一的公共文书，但有些学校会要求提供补充文书。美国高中的申请文书相当复杂，申请人需要花费大量时间和精力来构思和写作。

与申请美国本科不同，美国高中的申请文书是需要家长参与的，每个申请系统都有需要家长自己完成的文书。此类文书的题目通常是，父母把孩子送到美国读高中的动机是什么，父母对孩子在美国高中发展的期待和目标是什么，孩子的性格特点、优势、特长以及需要提升的短板有哪些，家长可以为学校做哪些贡献，等等。所以，与其说是学生申请美国高中，不如说是一个家庭举全家之力为申请美国高中努力。

推荐信。在申请美国高中时，任课的指导顾问（Counselor）、数学老师和英语老师的推荐信是必要的。在国际体系中，指导顾问相当于国内普通高中的班主任。2021 年以来，申请人需要提交一封额外的推荐信——一位任课老师的推荐信，以便申请学校更全面地了解学生的综合能力。

美国高中申请时间轴（以 2023 年秋季入学为例）如图 3–1 所示。

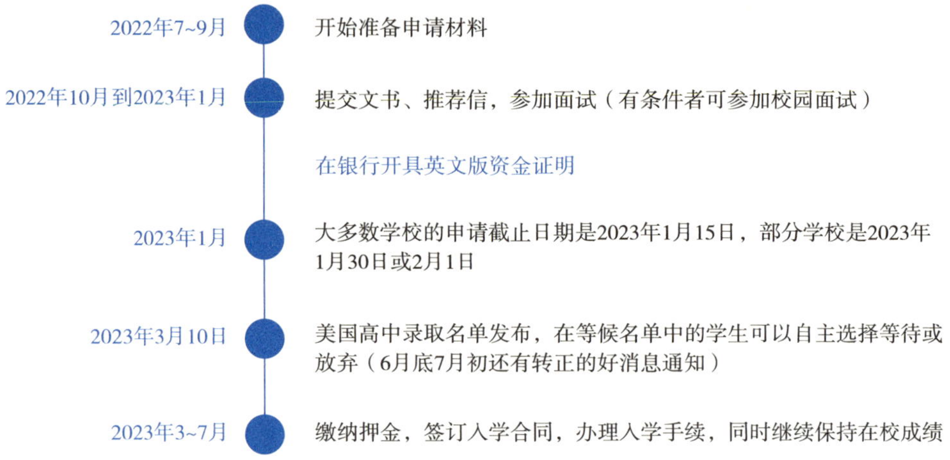

图 3–1　美国高中申请时间轴

五、美国私立高中的签证政策

就读美国公立高中的留学生只能持有短期 J1 签证或者为期 1 年的 F1 签证。J1 签证期满后不能续签；F1 签证期满后，申请人若选择转到私立高中就读，则需要回国办理签证续签。就读美国私立高中的留学生拿到的是 F1 签证，目前该签证的有效期为 5 年，签证期满后可续签，并且允许学生持该签证长期就读。

在申请和办理美国高中签证时，申请人需要提供资金证明材料。第一次资金证明应与申请材料一起提交，美国高中申请材料的提交截止日期大多是当年 1 月 15 日，因此，资金证明应于 1 月前开具。资金额度应达 40 万元，冻结半年即可。第二次资金证明于办理签证前开具，资金额度要考虑就读年限。假设一年的学费为 30 万元，计划留学四年则开具 120 万元的资金证明，两年则开具 60 万元的资金证明。第二次冻结是为办理签证做准备，资金冻结三个月即可。

专家访谈

冯宜勇

美国某私立高中招生办主任

问题：近年来，美国高中的录取标准有没有出现什么新的变化？

变化之一是，学校开始使用性格测试系统来考查学生。从 2017 年 9 月开始，SSAT 开始使用 CSS（Character Skills Snapshot，性格测试快照）。部分美国高中将测试结果作为考核学生的因素之一，这是美国高中录取标准的一个大的变革。这个性格测试不仅被用于高中录取，还被一些公司纳入招聘环节。

SSAT 官网显示，已经有 400 多所美国高中表示会采用 CSS 的测试结果，有些学校是强制性的，有些是强烈推荐，有些是建议。CSS 包含八个方面，分别测试了不同的性格特征及能力，它们分别是求知欲（intellectual curiosity）、自控力（self-control）、适应力（resilience）、开放性思维（open-mindedness）、责任心（responsibility）、主动性（initiative）、社会意识（social awareness）、团队协作能力（teamwork）。

实际上，很多来美国读书的中国孩子，在学习方面（尤其是数学和物理）通常没有太大问题，但是会在其他方面产生各种各样的问题。我们追根溯源发现，大多是性格方面的问题：求知欲、自控力、适应力、开放性思维、主动性、社会意识、团队精神、责任心等方面容易存在问题，这直接影响孩子在美国高中的学习。因此，CSS 越发显得重要。

第二节
迈向名校的高中四年规划之路

美国的高中是9～12年级，相当于中国的初三至高三。这四年是一个漫长且需要努力的时期，学生在学业、课外活动、竞赛、社区服务以及个人兴趣上的发展与努力，决定了其未来的大学申请结果。

一、完美的活动规划是申请名校的必经之路

规划这个概念对于深入了解美国大学申请的学生与家长而言并不陌生。从几年级开始规划以及高中四年到底需要做哪些准备才能满足美国名校的基本要求，是学生和家长面临的挑战。在有限的三个暑假中，学生要把大量时间分割给托福、SAT或ACT，IB体系的学生在11年级还要写大量的论文。因此，深入了解课外活动的类型及其投入时间，对学生而言是非常关键。

美国大学在录取学生时，除了考察标化成绩这一硬性指标，还会考察软性指标，即学生的课外活动，软性指标的比重会占到20%～40%。课外活动能够充分展示申请者的兴趣、实力和综合素质，它和能够展现申请者性格的文书结合在一起，形成了招生官对申请者的初步印象。招生官可以更加全面、立体、鲜活地了解一个学生的性格、兴趣和热情，以及学生在某方面的特长、领导力和创造力。

2022年的调研数据显示：分别有75.9%、71.9%、70.7%和70.4%的家长表示，其子女在出国留学前参加了公益活动、兴趣类活动、学生工作或社团工作、学术竞赛；分别有67.2%、62.0%、68.9%、60.0%的学生表示，他们在出国留学前参加了公益活动、兴趣类活动、学生工作或社团工作、学术竞赛（见图3-2）。相对而言，中国学生在出国留学前参加较少的课外活动分别是科研实习、海外交换生或短期国外交流活动、暑期实习。

此外，申请美国大学需要提交较多文书，除了主文书，还有各个学校额外要求的补充文书。文书内容涉及多个方面，如果学生没有参加足够的课外活动，写文书就会是一个巨大的挑战，因为细节及感受性的内容是无法编造出来的，必须亲身体验。如果说标化成绩与GPA是一个人的外表，那么课外活动则是一个人的气质，课外活动表现得好，气质会卓尔不群。

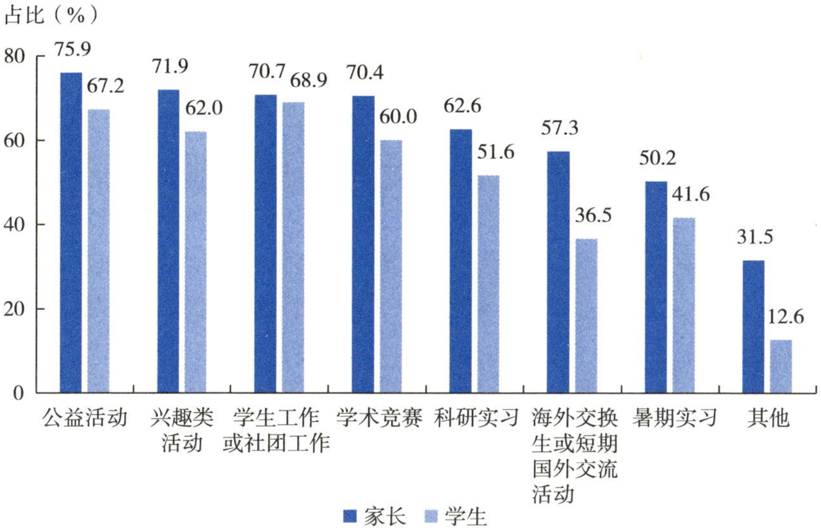

图 3–2　中国学生在出国留学前的课外活动情况

二、有竞争力的规划要从九年级开始

在每年申请季的早申请阶段，许多学生会面临令他们无比痛苦的事情：在ED（Early Decision，绑定式早申请）、EA（Early Action，非绑定式早申请）、REA（Restrictive Early Action，限制性提前申请）等提前申请中，学生必须填写活动列表，除了五项奖项，还要填写十项课外活动，而且课外活动是分类别的。这些都并非一日之功，学生从 9 年级开始就要积累。

因此，在中学阶段，学生需要从 GPA、标化成绩（语言测试和学术测试）、课外活动和文书四个方面来为本科申请做准备。良好的 GPA 和标化成绩可以互相印证，丰富的课外活动是打造出彩文书和塑造申请者立体形象的前提。从 9 年级到 12 年级，学生需要从宏观角度来整体规划这四个方面，从而为申请季的到来奠定坚实的基础。

根据大学申请系统的分类，常见的课外活动类型有学术类、公益类、领导力类和特长类。在选择课外活动时，学生经常会因为选择太多而眼花缭乱，不知如何取舍。那么，各类型活动到底包括什么？有竞争力的项目有哪些？花钱的就一定是优秀的课外活动吗？课外活动的关键是：长期性、持续性、活动中体现的领导力及带来的改变。

对 9 年级至 12 年级的完整规划是整个高中除了 GPA，最关键的内容，也是比较复杂和考验专业度的一个环节。

三、四类课外活动及高含金量项目

（一）学术类活动

学术类活动主要分为学术竞赛和学术研究两种。此外，一些以学术为核心内容的夏校[①]（Summer School）和暑期训练营也属于学术类活动的范畴。有竞争力的学术类活动需要学生花费大量时间。

学术竞赛主要指被多所海外大学认可的国际竞赛，其种类很多，每个竞赛设置的科目种类也很多（理科偏多）。优秀的竞赛奖项能体现学生出色的学术能力与敢于挑战的个人素养，从而为学生的申请增色不少。学术研究大多指国内外高校自身的研究项目，学生可以利用假期时间参与。学生在提高自身能力的同时，还可以在项目上取得一定成果。

根据项目录取率、项目知名度、项目成员本科录取率与项目质量四个因素，本书大致筛选了 31 个最有竞争力的学术类活动或奖项以供参考（见表 3–1）。需要注意的是，有些项目仅限美国公民、美国绿卡持有者或美国高中在读学生参与，学生在报名前应看清报名要求。

表 3–1　美国部分录取难度大、认可度高的学术类活动或奖项

项目	项目名称	限制条件
1	国际数学、物理、生物、化学、信息学奥林匹克竞赛奖牌获得者（International Mathematical，Physics，Biology，Chemistry，Informatics Olympiads medalists）	无
2	再生元学者（Regeneron Scholar，原英特尔天才奖）	必须是美国高中在读学生
3	英特尔科学与工程大赛（ISEF）大奖获得者（Intel Science and Engineering Fair grand prize winners）	无
4	数学奥林匹克夏令营（MOSP）参加者（Mathematical Olympiad Summer Program participants）	美国公民或美国绿卡持有者，有时也包括美国高中在读学生

① 夏校是指以学习为主的夏季暑期课程，分为无学分和有学分两种，有学分夏校的含金量比无学分的高。

（续表）

项目	项目名称	限制条件
5	可口可乐学者（Coca-Cola Scholar）	美国公民或美国绿卡持有者
6	英特尔科学与工程大赛22个分类学科最优奖（Intel Science and Engineering Fair Best of 22 Categories Award）	无
7	麻省理工科学研究暑期项目（RSI）入选者（MIT Research Science Institute participants）	无
8	斯坦福数学暑期营（SUMaC）入选者（Stanford University Mathematics Camp participants）	无
9	泰留瑞德基金会暑期项目（TASP）入选者（Telluride Association Summer Program participants）	无
10	暑期科学项目（SSP）入选者（Summer Science Program participants）	无
11	在*The Concord Review*（TCR，美国出版中学生学术历史论文的季刊）上发表历史研究文章	无
12	俄亥俄州立大学罗斯数学项目（Ross Program in Mathematics at Ohio State University）	无
13	谷歌科学竞赛高中组决赛入围者（Google Science Fair finalists of the high school）	无
14	得克萨斯理工大学克拉克学者项目入选者（TTU Clark Scholar Program participants）	无
15	丘成桐中学科学奖（数学奖、物理奖、生物奖、化学奖、计算机奖 、经济金融建模奖）	必须是9~12年级的全球华人学生，国籍不限
16	宾夕法尼亚大学工程暑期项目（The Engineering Summer Academy at UPenn）	无
17	耶鲁暑期天体物理项目（The Yale Summer Program in Astrophysics）	无
18	卡内基梅隆大学数学与科学暑期学院（CMU Summer Academy for Math & Science）	无
19	Kaggle（全球最大的数据科学社区和数据竞赛平台）数据挖掘竞赛	无
20	洛克菲勒大学暑期生物医学研究项目（Summer Science Research Program in Rockefeller University）	无

（续表）

项目	项目名称	限制条件
21	应用逻辑与认知暑期项目（Summer Program on Applied Rationality and Cognition，加利福尼亚大学伯克利分校）	无
22	麻省理工发射创业项目（MIT launch start-up program）	无
23	生物科学研究学徒项目（Research Apprenticeship in Biological Science，康奈尔大学）	无
24	沃顿商业领袖项目（Leadership in the Business World）	无
25	宾夕法尼亚大学科技管理夏校（Management & Technology Summer Institute at UPenn）	无
26	圣母大学领导力研讨会（Notre Dame Leadership Seminars）	无
27	爱荷华青年作家写作营（Iowa Young Writer's Studio，高中生写作类最高学术项目）	只向 10 年级、11 年级的学生开放，国籍不限
28	全美艺术与写作奖（Scholastic Art & Writing Awards）	面向 8～12 年级且就读于美国或加拿大的中学生以及美国教育部认证的海外中学生，国籍不限
29	Kenyon 青年作家项目（Kenyon Review Young Writers Workshop）	无
30	波士顿大学泰格林暑期音乐学院（Boston University Tanglewood Summer Institute）	无
31	Tisch 暑期高中课程（Tisch Summer High School Program，纽约大学）	无

资料来源：根据各项目官网公开数据整理。

除了这些项目，学生也可以参加目标学校的夏校或暑期深度科研，以此作为学术类活动的补充。带学分的夏校比不带学分的夏校的认可度高。学术类活动是学生了解感兴趣的学校或专业的好机会。学生可以在低年级多涉猎一些项目，在 11 年级暑假参加目标学校的夏校，以增强对学校的了解。有些大学夏校的师资配置较好，比如文理学院，如果你的表现给任课教师留下深刻印象，那么他会给你提供推荐信。

（二）公益类活动

公益类活动主要指志愿者活动、慈善活动以及社区服务活动。有强烈社区服务意识和公益意识的学生在申请中更受欢迎。学生需要找到真正愿意投入热情的事情，这样学生不仅有丰富的课外活动经历，为文书提供有用的素材，还能真正培养自己的综合能力以及社会责任感、同情心。例如，一名现就读于芝加哥大学的原人大附中国际部的学生，从初二起就在北京郊区一家民工子弟学校做义工，并坚持了五年，还为学校发起捐款以修缮房屋。在赴美读书前，他又在北京的几所中学组织了义工团队，以延续他多年来为民工子弟学校所做的事情。这个活动具有一个优秀公益活动应有的特点：持续性、热情、责任感、领导力，通过自己的行动推动社区进步并带来改变。

从某种意义上讲，参加公益活动要靠真正发自内心的同理心、同情心以及社会责任感。

（三）领导力类活动

领导力类活动是指能体现学生领袖精神和领导能力的课外活动。领导力包括但不限于组织协调能力、统筹规划能力、沟通调节能力。在大学生活中，团队合作的课程与项目居多，因此，领导力是大学招生官一贯重视的能力。领导力类活动的形式很多，校内活动包括学生会与社团管理，竞赛类活动包括模拟联合国、模拟法庭等。领导力类活动不是孤立的，当参加公益活动、学术兴趣小组时，学生所体现的组织管理能力等都属于领导力范畴。学生可以在学校创办各种社团，从而体现作为发起人的领导力，也可以参加美国大学的青少年领导力峰会，组织公益服务等，通过这些活动来体现自己的组织能力与领导能力。

原清华附中国际部的薛同学与几位同学在 10 年级时发起的 Free English（一个线上英语教学支教活动）被《中国教育报》报道。从在新冠肺炎疫情防控期间组织针对武汉小朋友的线上课程，到今天已联合全国各地以及美国、加拿大的“小老师们”共同加入的线上课程，对于每节支教课程，他们都认真备课。该活动覆盖中国十几个地区，是一个颇具影响力的支教项目。这个活动既是一个优秀的公益类活动，又因其奉献精神和组织能力，也是一个出色的领导力类活动。所以，一个优秀的课外活动的影响是多重的，它所体现的能力也是多样化的。

（四）特长类活动

前三类活动分别体现了学生的学术能力、服务意识和领袖精神。最后一类活动则回归学生个人兴趣，向招生官展示每个学生的爱好与特点。特长类活动包括但不限于艺术类、体育类活动，有时还可以是学生独特的“冷门”兴趣。比如：对书法字帖感兴趣，于是完成了几本字帖的翻译工作并最终出版；对游戏格外上心，于是学习 3D 模型，成功制作出了几个游戏角色和游戏物件。只要学生在活动中投入了热情与心血，这些不常见的兴趣爱好就都可以写到活动列表中，让招生官看到学生更真实有趣的一面。如果学生有体育、音乐方面的特长，那么这可以发展为优秀的课外活动。

需要注意的是，一些学生在高年级为了保证学习时间而放弃了自己的爱好与特长，这恰恰是最不应该的。尤其是体育类活动（加入校队或打比赛），只要时间允许，切勿放弃。这是因为在高中时期对体育类活动有长期投入并在校队有所表现，招生官才能看到一个学生的热情与特长。

校友观点

纳塔莉（Natalie）

普林斯顿大学公共与国际事务学院校友

我的高中时代因丰富的课外活动而熠熠发光

关于课外活动的问题让我立刻回到高中时代。我在高中的时候是一个非常积极的壁球运动员，每个周末都会参加锦标赛，还曾经拿过国际排名。壁球占据了我很大一部分时间，我当时还是校队队长。后来我就不打了，因为如果继续下去，我就需要请课外老师，这会花很多钱。另外，我觉得这有些像专门服务上流社会的运动，所以我对这项运动不太认同。不过在高中，这是我主要的课外活动。

七年级的时候，我就开始给自闭症儿童上课，每年夏天和每个周末都去。我很多关于初中的记忆都是在周五的晚上，我和这些孩子们待到很晚。周末我也会帮别人照看小孩，这些活动使我成长了很多。高中的时候，我的学校没有考试和评分标准，但我每天都待在学校，从早上 8 点到晚上 6 点。学校每天中午都有两个小时的小型研讨会，在这段时间，学生可以选择上一门一周只有一次的课。教授这些课的老师都是志愿者，没有薪水，他们教这门课只是因为喜欢，学生也是如此，全部都是自愿的。因此，我觉得这也算一项课外活动。我每周会上一节辩论课和一节哈利 · 波特研讨会，另外还有很多其他课程，每年都不一样。

高中的时候，我还在学校创办了名为绿社团的环保社团，致力于环境保护。我们负责修理学校的花园和菜地，学校食堂的菜都来自这里，全部都是有机蔬菜。我从绿社团里面选了一些人，我们一起参加了 2014 年的环境保护游行。最后有 200 多名学生和老师一起去纽约参加了活动，这是一段令我难忘的记忆。我们还发起了一项有关学校天然气利用的活动，这段经历让我对纽约各个学校的系统、官僚机制有了更多的认识。最重要的是，我还学到了很多有关环境的知识。另外，我在高中还参加了“朋友计划”，我在 PGYL（普林斯顿校友组织的青少年领袖峰会）介绍过很多次这个活动。高二的时候，我参加了哈佛大学学生领袖峰会，这个峰会致力于为高中生、本科生和研究生提供去中国交流的机会。这其实是希拉里（Hillary）的“十万强计划”，她希望让十万名美国学生到中国交流学习，不过现在，去中国交流学习的美国学生人数早就超过这个数字了。我参加了那个峰会，与其他人讨论中美关系等重大议题，这次活动对我来说很重要。

在放弃壁球运动后，我开始参加越野赛（我是这个社团的队长），同时还参加铁人三项比赛。此外，我还会给报社写文章，创办了自己的杂志并致力于环境保护问题。该杂志叫作《尘》，是半年刊。我在高中也是摄影师，同时吹了八年圆号。这些就是我中学时期参加过的课外活动。

四、切勿刻意追求“高大上”的课外活动

人们通常有这样的误区：活动需要高大上，最好有名人加持。大家往往习惯于“宏大叙事”，但这些恰恰是规划课外活动时需要避免的。

2020 年，哈佛大学等 315 所美国大学的招生办主任联合发布了 2021 年招生指引，这可能会成为以后的招生录取标准。其中的一些理念与原则从侧面反映了美国教育所重视的特质。在 2021 年招生指引中，招生办主任们提出了五大核心理念：公平（equity）、平衡（balance）、自我照顾（self-care）、照顾他人（care for others）、有意义的学习（meaningful learning）。

同时，他们提出了招生的五大标准：自我照顾、学术表现（academic work）、服务和对他人的贡献（service and contributions to others）、家庭贡献（family contributions）、课外活动和暑期活动（extracurricular and summer activities）。其中，涉及课外活动的标准有四条：自我照顾、服务和对他人的贡献、家庭贡献、课外活动和暑期活动。

习惯于“高大上”活动的家长可能很不理解为什么家庭贡献、服务和对他人的贡献、自我照顾会成为招生标准？我们从美国大学的价值观和招生逻辑上就能很清晰地了解这一点：在课外活动中，美国大学非常看重学生因自己的贡献而推动社区进步或给社区带来改变。在申请文书中，不同的大学都会问同一个问题，虽然提问的方式不同，但其内核是一样的，即请描述你在入学后如何丰富校园文化？你觉得你可以采取哪些措施来使校园更加多样化？这些问题考察的都是学生在课外活动方面的能力。

醉心于大人物、名人、大事件等课外活动，是一个非常大的活动设计误区。优秀的课外活动的逻辑更像是“一屋不扫，何以扫天下”，在中学校园、自己的社区、自己的城市，有许许多多需要年轻人投入其中并为之努力的地方。当忽略自己的社区，每年寒暑假花着昂贵的旅行费用，飞到国外去献爱心时，可能招生官看到的是一个家境优渥且有许多钱来支撑昂贵的旅行费用的申请人。山东省实验中学国际部的董同学曾向当地政协提案《关于济南泉水的保护与宣传的建议》并得到了济南市政协的采用，该提案基于董同学多年参加的当地泉水保护活动。关注自己的社区与文化，并致力于推动社区进步，这样的活动并不是什么“高大上”的活动，但却是一个能实实在在体现中学生社会责任感和研究兴趣的优秀活动。

五、课外活动的质量永远大于数量

以下是连续 12 年蝉联 U.S. News 排名第一的常春藤名校普林斯顿大学在学校官网上所写的对学生课外活动的期待，这可以很好地诠释何为优秀的课外活动：

- 特别关注一些具有领导才能、极高天赋和杰出成就的学生。
- 精通一两个体育项目比参加五六个社团好，前者更能展现学生的热情。
- 专注并深入一两种活动或者爱好，而不是同时参加许多一般性活动。
- 随着时间的推移，学生在活动中展现的领导才能才会有所提升。我们需要看到学生在教室外做些什么。

有些课外活动是有共性的，比如公益、特长与领导力类活动，无论申请什么学校，申请什么专业，这三大类活动都是有共性的。但学术类活动（含奖项）是一个极具个性化特征的课外活动，也是最令人头疼的一件事。总体而言，文科学生的学术背景提升并没有那么复杂。但对于理工科学生，学术背景提升的基础是先想清楚自己以后大致要学什么专业。如果实在找不到方向，建议先进行一些数学方面的积累，因为数学是一切理工科专业的基础。

一个优秀的申请者，能够在课外活动中体现领导力、创造力、服务意识、学术能力与潜力，以及给学校带来多元文化的潜力。特别需要强调的一点是，优秀的课外活动一定是长期坚持的活动，需要学生长期付出时间和精力。仅仅为了丰富活动列表，一蹴而就地完成一项活动，虽然增加了活动的广度，但是严重削减了活动的深度。学生不仅无法取得较好的成绩，本身的收获也有限。

六、9～12 年级四年的规划时间轴

学生无论处于哪个年级，都要满足一个共同的前提条件——必须保持良好的 GPA 和标化成绩，这是重中之重。课外活动应从 9 年级开始全程积极参与，学生如果是体育特长生，那么请勿中断校队练习，并积极参与比赛。

除了以上几点，12 年级的学生如果继续参加科研活动，有文章发表或者有兴趣爱好方面的成就，那么需要及时更新申请材料，将更新后的申请材料提交至大学。加利福尼亚大学等学校承认当年 1 月 1 日之前的标化成绩，所以托福、SAT 不理想的学生不要放弃，一直到 12 月份都还可以参加考试，并将新成绩提交给学校。

9～11 年级的规划时间轴如图 3-3 所示。

9年级

9年级上学期
- 关注在校成绩，保持良好 GPA
- 打好词汇基础，提高感兴趣方向的书籍阅读量，培养阅读习惯

9年级寒假
- 加强英语学习
- 深度探索自己感兴趣的领域，查漏补缺

9年级下学期
- 保持在校成绩，准备中考或高中升学
- 积累词汇量和阅读量，加强英语学习

9年级暑假
- 参加低龄夏校，了解国外授课模式和大学氛围，锻炼适应力，正式学习托福
- 参加课外活动，参加美国等国家面向10年级以下的竞赛

10年级

10年级上学期
- 保持优秀GPA，先报名两门五分率高的AP考试
- 选择性参加校内活动，理工科学生抓紧参加竞赛，文科学生要参加经济学竞赛，写作极好的学生考虑申请写作夏校，抓紧托福学习

10年级寒假
- 托福强化阶段
- 参加有质量的课外活动，准备托福考试和AP考试
- 托福90分以上的学生可以考虑学习AP课程

10年级下学期
- 托福考出基准分后开始SAT或ACT学习
- 准备5月份的AP考试

10年级暑假
- 参加探索型夏校
- 参加个人独立项目
- 参加学术实践课程、比赛、辩论等，准备小课题
- 继续进行托福学习并考出高分

11年级

11年级上学期
- 保持优秀GPA，11年级的GPA最重要，GPA永远是第一位
- 托福冲刺阶段学习，SAT或ACT强化阶段学习
- 多报几门AP考试，开始申请夏校，有些项目截止得很早

11年级寒假
- 准备SAT或ACT考试；准备申请梦校；拓展校外活动

11年级下学期
- 保持良好GPA，最重要的一次GPA切勿下滑
- 参加SAT或ACT考试，托福考试冲刺
- 准备5月份的AP考试
- 如前期未录取，继续申请夏校
- 继续校内活动，暑期补充缺少的活动，可参加学术提升活动

图 3–3　9～11 年级的规划时间轴

美国本科申请季（12 年级）的规划时间轴（以美国大学秋季入学为例）如图 3–4 所示。

5~6月
参加AP考试
参加托福或雅思考试
参加ACT或SAT考试

6~7月
继续冲刺托福或雅思考试（考到成绩满意为止）
暑期是最后的课外活动补充时间，如果还未去夏校，建议做深度背景提升，查漏补缺，深化活动。尤其是文科方向，比较容易补充
撰写主文书初稿

7~8月
专业背景提升（课外活动、夏校、实习等）
学校初选名单要最终确定下来，开始准备相关文书资料
确定推荐信老师并与老师保持沟通
冲刺SAT或ACT考试（如未出分，继续报名再考）

9月
托福成绩没有达到预期目标的学生，可以接着考试
定稿主文书，开始写补充文书
保持优秀的GPA成绩

10月
开始填写CA系统的内容，并认真打磨活动列表
修改、打磨补充文书
提交在此期间截止申请的学校的申请资料
注册面试，并提前进行第三方面试

10月15日前开具60万元存款证明，并冻结半年（份数为申请学校数量+3）

11月
通过CA系统或者学校独立的平台提交申请资料，联系学校
未参加第三方面试的同学，提交申请前需进行面试（部分学校需要）
11月1日部分早申请截止，开始准备加利福尼亚大学分校申请

12月
开始陆续收到早申请录取，积极准备相关面试和其他学校的补充材料
准备补充文书；定稿加利福尼亚大学分校文书并提交，12月1日加利福尼亚大学分校截止申请
准备好早申请阶段的所有文书和其他申请材料并提交
在此期间如有新的标化成绩，请提交申请学校

隔年1月
准备期末考试，必须保持良好GPA，甚至要提高GPA成绩
1月1日部分早申请材料提交截止
寒假可进行补充材料的准备，1月1日前可以向加利福尼亚大学申请系统补交标化成绩
提醒老师提交这学期成绩

1~3月
尽早提交推荐信，争取转正
提交视频、作品集等补充材料

3~4月
选定最终就读学校，接受学校录取，交付押金
在录取院校教学系统中注册学生账户及邮箱

4~5月份开具60万元存款证明，冻结3个月（2份）

准备申请签证材料，预约签证
接种疫苗，申请宿舍
提交毕业证、学位证、高三成绩单等

5~6月
5月份开具60万~100万元存款证明，冻结3个月（2份）

新生见面会、入学前考试等通知都会在学校注册的邮箱中接收到
开始选课
购买赴美机票
官网选课

7月
7~8月根据每个学校要求支付学费，支付方式多为电汇，请携带学校发送的银行账户信息到银行办理转账手续

图 3–4　美国本科申请季规划时间轴

校友观点

张同学

原人大附中国际部学生，现加利福尼亚大学伯克利分校大三学生

我在课外活动上的心得

其实我的申请背景并不算很好，但是我在高一的时候就明确了两个方向：一个是一定要参加一项动手的科研活动，真正参与科研内容；另一个是长期坚持体育活动。我自己的一个小小的拙见是：课外活动一般分为学术性的和非学术性的。学术性的活动可能包含夏校、竞赛、科研等，非学术性的活动包含体育类和公益类活动。夏校分两种，一种是带学分的，一种是不带学分的。在申请的时候，包括前期选择的时候，学生的侧重点是完全不一样的。带学分的夏校对高一的学生来说可能不是那么友好，因为这属于大学先修课程，相当于如果成功申请到上夏校的大学，那么相对应的学分是可以转到正式课程上的。其含金量的确很高，但是也请同学们慎选。第二种是不带学分的夏校，普通大学不带学分的夏校偏向于宣传这个学校，或者让学生来学校体验一下校园生活，其含金量也就不言而喻了。对于体育类活动，我坚持游泳十年并且参加了学校的游泳队，参加了两年的训练和比赛，然后又参加了北京市的比赛。我参加的另外一个体育项目是滑雪，我拿过北京市滑雪比赛第一名的成绩。机缘巧合下，我对这项运动也坚持了比较久，大概九年的时间。所以我给大家的建议是，千万不要轻易放弃自己坚持很久的一个东西，也不要觉得体育运动会耽误学习时间，美国的大学申请还是比较看重学生的综合素质的。

加利福尼亚大学的申请系统直接给了 20 个活动列表和 5 个奖项列表。虽然活动列表太多是一项挑战，但学生能展示自己的机会也随之增多，因此需要选择一些能真正打动心灵的活动，并将其展示给招生官。活动列表上的每一项都不是简单列举，活动的含金量对提升自我以及写文书都很重要。9 年级暑假的时候，波士顿莱克星顿高中的一个朋友推荐我去参加在普林斯顿的 PGYE 大师课项目（该校校友组织的学术项目），这可以说是我整个留学规划中最早接触的活动，让我对整个大学以及理想学校有了一个大概轮廓。在大师课上，很多知名的讲席教授和院士向我们分享各个领域、各个顶尖大学的不同学科中很尖端的一些东西。它的奇妙之处就在于它让我对每个学

科都产生了浓郁的兴趣，而且这个兴趣还维持了很长时间。这也是为什么我在高一就能比较快地投入学习，而没有特别懵懂和松散，这次经历真的给了我很大启发。在普林斯顿大学这样一个校园里，学术气息浓郁的氛围其实也让我对美国大学充满了向往。这真的是一个非常难得的机会，我觉得这让我的整个留学，包括最后申请学校、选择学校都有了一个很好的开端。我当时可能是项目中年龄偏小的学生，因为我是 9 年级暑假去的，而其他同学大多已经是高中生了。这次经历带给我很多震撼，因为当时我还没有接触过这些专业领域，所以这对我有种启发心智的作用。

第三节
美国大学的优势与特点

中国已连续十二年成为美国最大的国际生来源地。从早期的全奖出国读博士，到 2008 年以后美国全面放开本科及低龄留学市场，中国留学生源源不断地进入美国求学，并给美国带来了生机与活力。在美国，优秀的大学不仅代表学术前沿阵地，有着良好的学校声誉，还有巨大的影响力和衍生的新兴产业链，比如以斯坦福大学为中心的硅谷创新产业链和以麻省理工学院为中心的波士顿创新产业链。

此外，美国大学无论是选校还是选专业，自由度都非常大，许多前沿学科排名世界第一，这些都是美国大学热度不减、一直是中国留学生最大的留学目标国的原因。

一、美国大学的学术包容度与自由度

放眼全球，在大学选择、专业选择和学术自由度上，美国的大学都有着明显的优势。

（一）灵活的课程体系与教学模式

在美国读大学，学生只要有足够的能力与精力，就可以选择多门主修和辅修

课程。在选择课程时，学生的自由度更大，因为美国大学的专业课程占 1/3，而 2/3 的课程是通识课或非专业课。这对于兴趣广泛、勇于探索的学生而言，具有很大的吸引力。

但是这种灵活性也有一定的限制，学生必须完成一些规定课程的学习才可以毕业。这些课程通常包括通识课，比如科学、数学、英语、第二现代语言等，以确保毕业生全面掌握各种技能和基础知识。除了这些基础课程，现在许多美国大学还要求学生完成批判性思维和伦理学等课程的学习。

（二）尊重个性，专业选择自由度大

美国大学有个很特别的地方，即专业选择会在大二下学期结束时完成。这个政策让学生有足够的时间去探索他们的兴趣与专长。事实上，许多学生在进入大学时并不清楚自己要读什么专业，当然也有学生从一开始就很清楚自己的兴趣。美国大学在大一、大二安排的都是通识课，有许多类型的课程供学生选择，绝大多数大学都有 P/F（合格或不合格，成绩不计入绩点）政策。因此，即便一两门课程失利，这也不会导致大学期间的 GPA 降低。

（三）强大的学术支持

美国的大学生有数名联络人来督导他们的学业情况。比如，在斯坦福大学，所有新生都配有一名与其将要选择的专业有关的指导咨询老师，老师会帮助学生明确学习目标和最终感兴趣的学习领域，并提议哪些实习和课外兴趣爱好会对之后的职业发展有长远的帮助。学生在整个大学的学习过程中都会有这类指导咨询老师的陪伴。除了指导咨询老师，新生在大学第一年还有一位 peer advisor（同辈顾问），这通常由高年级的学长担任，以帮助新生处理大学一年级遇到的各种问题，学长们有过同样的经历，对新生遇到的问题有同感。与学校教职人员相比，他们更容易接触与沟通。

（四）有试错空间，一切皆有可能

并非所有学生在申请季都能进入理想学校，但美国学校不仅允许学生换专业，还允许转学，学生在大一或大二可以转学至心仪的学校。这样的试错机会给了年轻学子更多选择。学生只要踏入大学门槛，抓住学习机会，努力提高学习成绩，就有可能转入当年没有申请到的学校，而且大一、大二有多次机会。这种包容度与自由度，以及在青春时代给予年轻人的试错机会，都是美国大学体制中非常亮眼的优势。

（五）就读名校的机会多，教育质量名列前茅

全美拥有 4 000 多所大学，其中有相当数量的私立与公立（州立）大学，有综合性大学，也有小班精英制的文理学院。每一个学生都可以找到最适合自己的大学，享受四年的美好时光。美国拥有世界上最多的一流大学，并给予了学生选校的高度自由。

作为移民国家，美国整体社会环境是包容和多元化的，虽然有不少极端个案影响了这一长期形象，但就目前而言，美国依旧是未来五到十年的留学热门地区。

二、综合性大学和文理学院的差异比较

在国际形势风云变幻的今天，对安全需求日益增长的家长开始把目光投向文理学院，这个变化是明显的。到底是选择综合性大学，还是选择文理学院，这是困扰中国家长与学生的一个难题。

美国大学传统上分为两大类：综合性大学和文理学院。其中，文理学院是美国本科精英制教学的典范。很多文理学院有着上百年的历史、优秀的师资团队、出色的本科教育，其名气在美国本土也并不逊色于常春藤名校等综合性大学。可以说，综合性大学大而全，文理学院则小而美。

（一）综合性大学和文理学院的七大差别

从定义上看，综合性大学与文理学院最大的不同是，综合性大学有自己的硕士、博士教育，而文理学院只有本科教育。这一区别也导致两者在地理位置、学生群体、课堂氛围、专业设置、校园文化、学术机会和经济资源等方面都有所不同，下面将逐一介绍。

地理位置。大部分综合性大学坐落于城市之中，一小部分学校会建立在城市附近比较偏僻的地方，形成设施齐全的小城市般的大学城，比如号称全美最安全的大学城之一的密歇根大学安娜堡分校，那里简直就是理想中的“独立王国”。其面积比纽约的曼哈顿岛还大 25%，包括山地、湖泊、沼泽、剧院、音乐厅、商场、常年举办赛事的大型体育场、免费的公交系统。当然也有一些很小的大学城，比如位于新泽西州的普林斯顿大学，麻雀虽小，但五脏俱全。文理学院大都处于乡村地带。由于规模较小，文理学院不需要大量的城市公共资源。同时为了追求安静、私密的学术环境，文理学院通常会选择乡村为建校地点。

学生群体。综合性大学的学生规模远远大于文理学院的。官网数据显示，截至 2019 年，哈佛大学学生注册总人数为 36 012 人，而同在马萨诸塞州的威廉姆斯学院只有 2 000 人左右。因此，综合性大学的学生群体更多元化。来自不同地区、不同种族的学生，都可以在校园里找到和自己背景类似的同伴。文理学院的学生群体则相对单一，以白人学生为主。

课堂氛围。综合性大学因为人数较多，教授也经常忙于研究，所以基础课程大多是 100 人以上的大班课，有时还会由助理教师代替上课。而文理学院的学生较少，大部分学校的师生比都在 1∶8 左右，课堂也都是小班教学，因此，每一个学生都有充足的时间与机会跟教授进行交流。

专业设置。综合性大学的学科设置一般较广，从人文、社科到理科、工科，学生都能找到想要学习的课程，而文理学院的学科设置则会集中在某一方面。包括阿默斯特学院、史密斯学院在内的大多数文理学院都不设置工科课程，其提供的课程大都围绕理论性学科（人文、社科、纯理科）展开，而哈维穆德学院则只注重 STEM（科学、技术、工程、数学）学科，这在文理学院中也是少见的，这所学校就不适合想学习人文学科的学生。

校园文化。与专业设置类似，文理学院通常有自己独特的校园文化，学生群体的特质也更突出。史密斯学院重视学生的“积极、决心和好奇心”，而韦尔斯利学院则喜欢“接受自己的局限性、有立场但也能倾听他人立场、有目标但也接受改变、敢于冒险但也接受失败的更具开放性思维”的学生。不同特质的学生在选择文理学院时往往能一眼看出自己是否适合这所学校。独特的校园文化也增强了文理学院的凝聚力，促使其形成较强的校友文化。而综合性大学的校园文化往往更为丰富，每个专业、每个学院甚至每个宿舍都有所不同。

学术机会。由于综合性大学要培养本科、硕士、博士等不同层级的人才，学生通常会有更多机会参加一些前沿研究项目。因为地处城市，学生在其他公司、机构参与实习的机会也更多。而文理学院也有其独特的优势，由于规模小，每位学生在项目中的参与度会更高，与教授的互动机会也更多。文理学院通常也会和其他学校有较多的合作项目，可利用的资源不局限于本校。比如，阿默斯特学院、罕布什尔学院、史密斯学院、蒙特霍利约克学院和马萨诸塞大学阿默斯特分校组成了五校联盟，学生可以在其他学校上课，参加其他学校的项目。这类联盟弥补了文理学院在规模上的不足，为学生提供了更多的机会。

经济资源。由于文理学院有着较强的校友文化，校友捐款通常会比普通综合性大学的多。因此，文理学院的奖学金、助学金会比较容易拿到。

校友观点

胡同学

康涅狄格学院校友

在文理学院，学生永远可以找到老师

在文理学院，学生有条件获得特别细致的训练。我在康涅狄格学院上的最多的是数学课，主要是多元微积分和线性代数之类的基础课。经过对比，我发现这里的数学课教学速度往往比综合性大学慢一些，但我觉得它的质量非常好。因为美国大学的数学课非常难，文理学院的这种教学方法特别适合中国留学生。而且老师在出题时非常用心，很多题目都是探索式的。比如，他们有时候会给一些很难的问题加些提示，然后出成作业题。

文理学院的最大优势就是，学生永远可以找到老师，老师对学生的关照与细心程度有点像中国老师。每当有什么问题的时候，我可以轻松找到老师，不管是发电子邮件，还是去办公室。老师如果心情愉悦，那么还会和我讲很多问题以外的知识，这令我受益匪浅。文理学院大多是没有工科课程的，但现在每一所文理学院应该都有计算机系，不过我觉得文理学院的计算机基础课程的教学方式和综合性大学的相比，还是有很大区别的。前者更注重理论知识，后者更注重实践，而且通常会让学生尝试很有挑战性的项目。从我的个人经历来看，如果你想成为一名优秀的工程师，那么综合性大学更适合。但是如果你想扎扎实实地学理论，也不喜欢大课，那么文理学院是最好的选择。

总结一下文理学院的优点：由于规模小，学生很容易出类拔萃，也更容易得到教授的重点关注，在申请研究生院的时候更容易拿到好的推荐信。这一点是非常重要的，尤其是在申请博士生项目的时候。我在康涅狄格学院的很多同学都申请到了很好的研究生院。

而文理学院的缺点也在于规模小，这导致我找不到一些自己想上的高阶课程。另

外，因为教授的人数比较少，学校也没有我感兴趣的研究领域的老师，所以最后我想要转学。

（二）综合性大学优劣势分析

美国的综合性大学与中国的类似，学校规模大，除了提供本科教育，还设有研究生院以及商学院、法学院、医学院等职业性学院。综合性大学是以培养研究人才为目的的高等教育机构，设有硕士、博士项目。

综合性大学的五大显著优势如下。

规模大、学生多（几万人甚至更多），设置研究生院和职业性学院。学位包括文科、工科、专业学位（主要针对研究生），学科非常齐全。学生的选课自由度大，学校偏重学术研究。

对学术研究非常重视。先进的教学设备和优秀的师资力量使得学校的教学质量得到保证。学生在这里不但可以接受本科教育，还可以接触研究生院的课程，这对学生未来的学习和就业都有很大的帮助。由于综合性大学的师资力量强大、前沿学科众多，学生有许多机会参与实验与科研项目，比如，密歇根大学安娜堡分校的 120 多个研究所和 400 多个实验室全部向学生开放。

综合性大学由不同的学院组成，专业分类很细。常见的学院有文理学院、工程学院、建筑学院、医学院、商学院、法学院以及音乐、戏剧和舞蹈学院等，纽约大学还单独设立了教育学院。

国际知名度高，校友云集。诺贝尔奖、菲尔兹奖、图灵奖获奖者多，颇有声望。

大学城就是一个大社区，学生更容易感受到大学的氛围和文化。比如，波士顿大学有个外号叫大都会大学，这是因为其地处波士顿市中心，绿线地铁穿过整个校园，而且位于查尔斯河畔的波士顿大学校园风景怡人。在此读书，一边是河岸，一边是市中心，学生坐上校车或地铁就能体验到一个城市的文化与生活气息。丰富多彩的校园活动、众多的社团组织、各种类型的研究和实习活动，是综合性大学的一个显著特征。这是小而美的文理学院所无法企及的。

相较而言，综合性大学有四点不及文理学院。

教授们更关注学术研究。有些教授没有时间关注教学，从而导致有些学校的很多本科课程都是由博士生作为助教进行指导的，这与文理学院形成鲜明对比。

学生人数过多，并不是每个学生都能得到特别的关怀和照顾，学生需要有极高的自律性和时间管理能力。由于综合性大学多为大班课，每个学生得到的关注较少，在申请博士和硕士时，也较难拿到高质量的推荐信。比如，加利福尼亚大学伯克利分校因学生众多、大班课程规模过大，导致学生很大程度上依赖自学。

获得奖学金的概率小。与文理学院乐于向学生发放奖学金不同，综合性大学的奖学金指标是极少的，所以学生获得奖学金的概率颇低。

安全度不及文理学院。除了康奈尔大学这类在遥远的“村子”里的大学，许多大学位于城市郊区或靠近城市中心。比如：纽约大学、哥伦比亚大学就在纽约市中心；波士顿大学、波士顿学院、东北大学就在波士顿绿线地铁沿线；而哈佛大学、麻省理工学院就在一河之隔的剑桥市；芝加哥大学、西北大学就在芝加哥市中心；斯坦福大学和加利福尼亚大学伯克利分校则在旧金山市中心。这些大学因在美国著名的大城市而颇受艳羡，但有些城市的安全度并不理想。

校友观点

萧同学

密歇根大学安娜堡分校大四学生

我喜欢密歇根大学的探究式教学

选择密歇根大学安娜堡分校是一个正确的决定。我转学到密歇根大学后，上的课大多是高阶课程，而这些课程的人数比较少，因此上课体验也比较好。但是仍然会出现学生特别多的情况，所以可想而知入门课程的学生人数。当然，最大的好处是有上不完的有趣的高阶课程。密歇根大学数学系的教学风格是，鼓励学生进行探究式学习，也就是大家自行看书，然后上课时老师也不讲课，而是将学生分成几组，学生自行讨论自己所学的知识。这样做的好处当然是可以培养学生的自学能力。自学能力对于学生将来的学术研究和工作都有很重要的作用。在学术研究中，我们不可能在把自己需要的所有知识全部都学懂了后再展开研究，有些时候我们需要边做研究边学习。在工作中，可能你的上司会叫你阅读并且总结一篇文章，将其主旨具象化。这种教学风格的特点是，对于在学习上感到困难或者性格害羞的学生来说，他们可能不想暴露自己的无知，因此假装自己懂了。所以我经常告诉自己，要勇于暴露自己的无知，这样别人才知道如何帮助你。

我学的是认知科学，这是一个比较年轻的学科，也是一个交叉学科。一些学校没有认知科学系，而密歇根大学安娜堡分校的认知科学专业的课程是由不同院系的课程交叉组合构成的，包括计算机心理和语言学。我之所以最终选择这个专业，是因为曾经上过这个专业的入门课程，那是我上过的最好的入门课。虽然有几百人，但是课程深入浅出，非常有趣。这所学校的基础计算机课更注重培养学生的动手能力。如果你想成为一名优秀的软件工程师，那么这所学校一定适合你。此外，大量课程有先修课程的要求，也就是在注册某门课程之前，学生必须要完成其他的一些课程，这会导致学生的专业课进度受影响。在这种情况下，我建议大家提早完成这些先修课程。相比之下，我还是更喜欢我们学校数学系的教学方式——每一门数学课，即使是高阶的课程也都是建议选修，也就是说学生不一定要先上完先修课程。

一些前沿领域，比如自然语言处理、病毒处理，是人工智能的一个分支。这些最先进领域的技术更新得非常快，可能是以月为单位更新的。这就需要有一个专业的人来指导学生阅读文献和思考问题。幸运的是，在一些研究生课程中，密歇根大学正好有这样的机会，大家每周会阅读两三篇论文，然后开研讨会，还有机会做报告。在做报告的过程中，学生也可以深刻理解某些论文，因为大家要在自己理解后再去展示报告。但是像数学、物理这类的基础学科就不一样，因为本科生一般很难做出非常好的研究成果，所以建议还是要先打好基础，不用急于做研究。

（三）文理学院的优劣势分析

文理学院有六大显著优势。

师生比高，师生互动多。文理学院的师生比通常为 1∶8，有些课程虽然是大班授课，但也只有三四十人。小班制教学意味着老师与学生的互动多，学生受到的关注多。老师和学生彼此了解，师生关系比较亲密。在申请硕士和博士时，学生也易获得推荐信。

学校规模小，学生受关注程度高。文理学院的人数非常少，也就几千人。文理学院没有研究生院，学位以文科学士学位为主，可定位为教学型大学。

重视教学，教育质量高。由于没有研究生院，文理学院非常注重教学，也以教学质量高取胜。所以文理学院毕业生的研究生录取率很高。文理学院只提供本科教育，但这有利于它将最大的精力花在本科教育上。学校要求学生接受各个方面的教育，注重对学生思维和写作能力的培养。

远离都市的喧嚣，校园安全不用担心。文理学院的地理位置较偏，只有极少数在城市，大多都远离城市，其安全度也相对较高。

发放奖学金力度大，经济压力小。文理学院的奖学金申请机会要比综合性大学的多，而且竞争也没有综合性大学激烈。

工程专业可拿双学位。许多学校的工科是“3+2”项目，即前三年在文理学院读，后两年在综合性大学读，学生最后拿到两个学校的毕业证书和学位证书。设有工科专业的文理学院基本都采用这种模式，通常后两年学生都是在美国名校就读，毕业后可以拿到两所学校的毕业证书和学位证书，这种“3+2”项目在美国具有很高的信誉度，在职场上也非常受欢迎。

相较而言，文理学院也有不如综合性大学的地方，主要体现在五个方面：学校多为远离城市的“象牙塔”，学生缺少真实的社会体验；地处偏僻，学生缺乏丰富多彩的文化生活；文理学院都是私立学校，学费比较昂贵；文理学院不上各种排行榜，知名度在中国没有综合性大学的高。

在专业设置方面，文理学院只有一个学院，即除了文理学院，没有其他学院。学校提供的课程有人文、社会科学、自然科学、外语、英语写作、数学以及种族、性别和道德科学等。学校有文科也有理科，但学生的选择度小。

无论是文理学院，还是综合性大学，在认真分析后，学生找到适合自己的学校就是最好的，切勿盲从。

三、美国大学的纠偏体系与探索自由度

美国大学具有强大的包容度与自由度，这是吸引学生赴美就读的重要因素之一。在美国大学体系中，大一、大二是通识课程，学生除了选择规定的文科和理科通识课程，还可以选择自己感兴趣的专业课程，以充分了解自己的真实兴趣。大二下学期期末考试后，学生才最终确定专业，除了部分热门专业的门槛很高，其他专业都较易选择。在申请美国大学时，学生填的是倾向性专业，而非最终决定的专业，学校会给学生两年时间来纠偏与纠错。这种体系给予了学生很大的自由度与包容度，让学生能真正选择自己喜欢的专业。

不仅专业可以换，学校也可以换。美国所有学校都允许学生转学，只是名额有限。除了加利福尼亚大学等几所大学需要学生有足够的学分才允许其转入，即大二才可转学，其他学校基本上都允许学生在大一转入。所以，即便在高中申请本科阶段未申请到理想大学，学生也有两年的时间进行积累并展现一个更好的自己，从而进入更好的大学。

大学的魅力在很大程度上来自学生的就读体验，学生与大学是彼此成就的关系，而美国的大学在包容度与自由度上，无疑给予了学生很好的体验。

校友观点

董同学

康奈尔大学大三学生，原复旦国际高中课程班学生

康奈尔大学的选课非常自由

我特别喜欢康奈尔大学的教育体系，康奈尔大学的选课非常自由，几乎没有选课限制。这让我在大学感到特别的自由，而且能涉猎非常多的课程，学到许多交叉学科内容，我感觉自己的能力提升了许多。

康奈尔大学最突出的特点是包含在校训中的“Any person，any study”（跟孔子的“有教无类、因材施教”基本同义），整个教育体系就是为了培养一个全面的高等教育人才。康奈尔大学几乎没有选课限制，理论上，学生可以选择任何学院的任何专业。即使你在文理学院的计算机系，你仍然可以选择商学院的金融课、酒店管理专业的品酒课、工院的材料工程课，还可以去农学院和教授一起养小羊、小鹿。

此外，康奈尔大学的本科生需要在大一完成两门写作课，其目的是培养学生的基本写作能力。在写作主题上，学校提供了很多话题，涵盖历史、科技、数学、社会、女权等，学生可以根据喜好进行选择。

康奈尔大学还有很多有趣的课程，比如滑雪、帆船、爬树等，这些都使本科生的学习丰富而愉悦。

小贴士

1. 如果你是个自律并喜欢安静氛围、珍惜四年学习时光、希望得到老师更多关注与帮助、对安全度要求较高的人，那么建议你选择文理学院。
2. 你如果喜欢社交，热衷于参加各种活动，时间管理能力强，自学能力强，那么可以选择综合性大学。
3. 即便选错，转校、转专业都来得及。

第四节 美国大学申请：软硬指标一个也不能少

可以说，无论是美国大学的本科申请，还是研究生申请，学生都要通过全世界最复杂的申请系统。与英联邦体系着重考查学生学术水平不同的是，美国大学除了要求学生有很强的学术能力，还会考查学生的课外活动，且课外活动分类繁多，本书已在本章第二节进行了非常详细的阐述。美国大学的录取指标由硬性与软性指标共同构成，在申请的过程中，学生不仅需要通过保持平时成绩、准备各种大型考试来满足硬性指标，还需要通过参加能充分展示学生特点与优势的各种课外活动、创作个性化的申请文书来达到软性指标的要求。而不同类型的大学在录取过程中对同样的指标也有不同的侧重。

一、申请美国大学的三大要素

美国大学重点考察以下三个方面，缺一不可。

高中平均绩点，即 GPA。GPA 是最重要的大学录取硬性指标。如果学生想申请美国排名前三十的大学，保守地说，GPA 就要保持在 3.5 以上。其实在录取中，大多数学生的 GPA 都在 3.8 以上，甚至有许多高中四年成绩全 A 的学生。如果申请美国排名前五十的大学，那么GPA 至少要达到3.0，一般情况下，需要达到3.5。尤其是近两年，美国大学录取进入了“GPA 为王”的时代，GPA 是一切录取指标的基础，也是第一块敲门砖。越来越多的学生把拥有完美的 GPA 当作目标。

标化成绩。标化考试包括两大方面：一是语言能力水平测试，即托福、雅思等英语水平测试；二是美国大学入学考试，即 SAT（满分 1 600 分）、ACT（满分 36 分）。语言能力水平测试是重要性仅次于 GPA 的大学申请硬性指标。大部分美国排名前三十的学校对托福成绩的最低要求都是 100 分以上（必须注意的是，美国大学官网所列的基准要求都是最低要求），但真实情况是，110 分以上的托福成绩是申请美国排名前三十大学的标配。学生如果想要申请美国排名前十五的学校，那么可能需要取得更高的分数，在中国学生中，托福成绩在 115 分以上的情况并不少见。比如，北师大附属实验中学国际部 2022 年申请季所有学生的平均托福分数高达 113.5 分。若申请美国排名前三十的大学，则 SAT 成绩通常要在 1 500 分以上，ACT 成绩需要在 34 分以上。

课外活动。课外活动包括竞赛及兴趣类活动、公益类活动、社区服务、领导力类活动等，本章第二节已详细阐述各类课外活动。课外活动的作用是，在申请者用 GPA 和标化成绩打开学校大门后，向招生官展示多面、立体、丰富的个人形象。因此，课外活动是展现申请者独特性的重要因素。

二、硬性指标是大学申请敲门砖

美国大学录取过程中的硬性指标包括学生的平时成绩和标化成绩。学生需要在保持平时成绩的同时参加各类考试，以达到目标学校的基本要求。美国本科院校录取的主要硬性指标包括：GPA、语言能力水平测试成绩、学术测试成绩和大学预科课程成绩（AP、IB、A-Level）等。由于考试种类繁多，学生可能会觉得这些考试的准备过程漫长而烦琐。同时，由于需要兼顾多项指标，学生可能会找不到重点，无从下手。

（一）这是一个 GPA 为王的时代

GPA 指学生的平均学分绩点，用更通俗的语言来说，就是学生的平时成绩。GPA 制是大多数国外中学以及大学采用的记录平时成绩的方法。学生在学校每修一门课程，都会获得相应的绩点。在每学期或每学年末，学校会通过一定的计算方法，把学生每门课获得的成绩转化为本学期或本学年的最终 GPA。在申请本科时，美国大学通常会要求学生填报 9～12 年级的 GPA，并附上成绩单作为依据。

1. GPA 是重中之重

GPA 是美国大学申请中的硬性指标。近年来，随着有选择性地提交标化成绩的政策开始执行，GPA 成为最重要的指标。GPA 的重要性超过其他硬性指标，因为它体现了一个学生大学四年的学术表现与潜力。GPA 在申请美国本科中的作用是明显的。美国大学通常会要求学生上报 9～12 年级的所选课程和对应的 GPA，以此来了解学生的学习能力以及在所在高中同级生中的大致排名。

耶鲁大学在其官网上公布，优秀的 GPA 可以弥补语言能力水平成绩的不足，但好的语言能力水平成绩却无法弥补 GPA 的不足。因此，GPA 是录取过程中的核心指标，对录取结果有重要的影响。

2. GPA 应该保持稳定上升的趋势

在美国大学的录取中，招生官会查看学生从 9 年级到申请时的所有成绩。除了保持良好的 GPA，学生还必须保证 GPA 稳定上升的趋势，以展示自身的长期发展潜力，特别是 11 年级的 GPA，这是重中之重。有的学生因 9 年级不是全 A 而感到焦虑，担心这会影响大学申请。实际上，四年全 A 固然非常重要，但如果在 10～11 年级，学生能够保持 GPA 不断上升，那么这在很大程度上能弥补 9 年级在 GPA 上的瑕疵。

招生官通过学生四年 GPA 的变化趋势，可以全面地了解学生高中时期的学习状态，并以此预估学生进入大学后的发展潜力。芝加哥大学的招生官曾在招生说明会上明确表示，四年 GPA 呈上升趋势的学生往往比 GPA 呈下降趋势的学生更容易被录取。前者虽然可能在刚进入高中时因不适应学习节奏而没有获得理想的成绩，但是通过不断调整与适应，最终提升了自己的成绩。

3. 美国排名前五十的大学的 GPA 门槛

如果学生想要申请美国排名前五十的大学，那么其 GPA 至少要达到 3.0，一般情况下，需要达到 3.5，而且这只是最低标准。很多美国大学在官网公示了被录取学生的平均 GPA，以供未来的申请者参考。比如，南加利福尼亚大学 2019—2020 学年申请季录取的学生，高中平均 GPA 高达 3.76。这需要学生的大部分课程成绩保持在 A，极少部分课程可以得 B。因此，学生需要高度重视自己在学校的学术表现，保持有竞争力的 GPA。全 A 是进入美国名校的基本标配。通过 GPA，招生官了解的绝不仅仅是学生的学术水平，更是学生的学习兴趣与认真程度。保持稳定且呈上升趋势的 GPA，对申请美国大学至关重要。

（二）多种语言能力水平测试

语言能力水平测试的重要性仅次于 GPA。语言能力水平测试有很多种，美国大学多以托福为主，英国、澳大利亚、加拿大等国的大学则多以雅思为主。近年来，一些新型语言能力水平测试也崭露头角，被很多大学列为认可的测试类型，比如多邻国英语测试（Duolingo English Test）。

英语语言能力是留学生顺利完成学业的基础。因此，在大学录取的硬性指标中，语言能力水平测试的重要性仅次于 GPA。大部分美国排名前三十的大学对托福成绩的最低要求是 100 分以上，一般情况下，110 分以上的托福成绩更有竞争力。学生如果想要申请美国排名前十五的学校，那么可能需要取得 115 分以上的托福成绩。有些大学还对托福单项成绩有要求。比如，约翰斯·霍普金斯大学要求学生的口语成绩至少达到 26 分。因此，学生在备考时，应充分了解学校要求，有目标地进行准备。

（三）SAT 或 ACT 等学术测试应在托福考试之后准备

美国大学接受的学术测试有 SAT 和 ACT 两种，这类考试要求学生有一定的阅读分析能力和逻辑推理能力。

SAT 分为阅读（65 分钟）、文法（35 分钟）和数学（80 分钟）三部分，其中，数学又分为无计算器和有计算器两部分。另外，学生可以选考写作（50 分钟）。SAT 的阅读和文法部分满分都是 400 分，数学部分满分是 800 分，共 1 600 分。写作部分单独计分，满分为 24 分。

ACT 分为英语（45 分钟）、数学（60 分钟）、阅读（35 分钟）和科学推理（35 分钟）四部分，学生可以选考写作（30 分钟）。ACT 必考的四部分，每部分满分都是 36 分，最终成绩为四部分的平均分，写作部分单独计分，满分为 12 分。尽管很多海外院校已明确表示不强制要求学生提交写作部分的分数，但是对于留学生而言，参加写作考试无疑是更保险的选择。达标的写作考试成绩，可以向招生官证明留学生具备用英文进行学术写作的能力，从而提高申请的竞争力。

虽然这两年受疫情影响，大部分大学将 SAT 或 ACT 成绩当作可选择提交分数，但随着疫情的常态化，此类测试成绩的重要性将很快恢复。事实上，即便作为可选择提交的分数，这两年仍有不少学生在提交时对申请材料进行了补充。参加学术测试的学生要做到以下两点：第一，了解 SAT 和 ACT 的特点，扬长避短，选择最适合自己的学术测试；第二，了解学校政策与目标分数，做好充分准备。

近年来，美国教育界关于 SAT 和 ACT 的争议越来越多。包括芝加哥大学在内的很多学校已经将 SAT 和 ACT 成绩从强制提交改为选择性提交。加利福尼亚大学更是提出了“Test-Blind”（不看测试成绩）政策——学校不会将 SAT 或 ACT 成绩作为录取指标，只会用其来决定学生被录取后的奖学金以及选课等事宜，该政策将于 2023—2024 学年实施。随着时间的推移，每所大学针对学术测试的政策也在不断发生变化。

三、软性指标让申请者脱颖而出

软性指标使学生不再以单一的标化成绩为标准，能够在高中四年的课外活动能力提升以及个性化发展等方面得到回报与认可。

在本科申请中，软性指标主要指文书、课外活动、推荐信、面试和其他附加材料，这些能够反映学生综合素质的指标都可称为软性指标。软性指标在学生通过硬性指标这块敲门砖进入大学后，让学生脱颖而出，能“被看到”。如果硬性指标代表一个人的身高、体重，软性指标就是一个人的外貌、气质和性格特征。这些软性指标的作用有哪些？

- 文书可以体现申请者的英文写作能力以及其性格特点、价值取向和哲学思考。
- 课外活动则可以体现学生在某方面投入的热情和兴趣、服务社区和社会的能力、关注的社会问题以及在某个领域的潜质与创造力。
- 推荐信来自第三方证明，以补充说明学生的能力、潜力和特点。美国本科申请中的必要推荐信必须由高中的指导顾问和两名任课老师来写。补充推荐信并不是必需的，但如果有有力的补充推荐人和推荐信，那么这会对申请起到较好效果。另外，补充推荐人没有职业限制。
- 面试则是招生部门与学生的面对面直接交流。在这一环节，学校会对学生产生直观印象。面试官通常希望在交流中看到学生与其所提交资料相吻合，并进一步挖掘学生的闪光点。
- 补充材料用以补充学生在申请系统中所不能完全展现的内容。补充材料的形式非常多样化，可以是论文摘要，也可以是作品集，还可以是短视频。其形式多种多样，只要能有效补充学生希望被招生官看到的特点即可。

软性指标没有统一评价体系。每个学生都可以根据自身的特点，个性化地向招生官展示自己的特长、潜力以及个性。

四、申请季中的硬骨头——文书

在申请大学的过程中，文书无疑是非常重要的。通过适用于所有学校的主文书和每所学校要求的独特的补充文书，学生可以从多方面展示自身的个性与特长，以及对目标学校的向往与展望。招生官将通过这些文书，把一份份的申请资料还原成有血、有肉、有个性的申请人，从而更加真实立体地了解学生。

大部分学校的申请是在通用申请系统上进行的，常见的申请系统有 CA 系统（Common Application）、联合申请系统（Coalition Application，此申请系统于 2018 年上线，是以“准入、承受及成功”为名建立的一个新网申系统），以及加利福尼亚大学独立的申请系统。

（一）CA 系统主文书

文书通常分为两部分：主文书和补充文书。其中，CA 系统主文书和加利福尼亚大学主文书被视为最主要且最具代表性的两类文书。主文书是申请文书中的核心项，其内容通常比较宽泛。学生可以从几个问题里选一个作答，写一篇不少于 650 字的作文。

CA 系统 2022—2023 学年的主文书题目依旧是“7 选 1”，申请人从 7 个主文书题目中选择 1 个题目。这次的主文书题目全部沿用了上一个申请季的主文书题目，申请人可以就这些题目对自己、社区、个人身份以及理想展开思考与讨论。

另外，与 2021 年一样，很多大学依旧规定提供一份选择性提交文书，即学生可选择有关新冠肺炎疫情的问题，说明新冠肺炎疫情对个人和学术的影响。这篇文书不是必须提交的，学生可选择性提交。学生如果认为个人和学术研究因新冠肺炎疫情而受到了一些影响，那么可以叙述相关情况并提交。

CA 系统 2022—2023 学年的 7 个主文书题目如下。

1. Some students have a background, identity, interest, or talent that is so meaningful they believe their application would be incomplete without it. If this sounds like you, then please share your story.（一些学生认为自己的背景、身份、兴趣或才能非常有意义，他们认为如果不将这些经历进行分享，自己的申请就是不完整的。如果这跟你的情况类似，那么请分享你的故事。）

本题考察的是学生独特的个人背景、兴趣和才华。

2. The lessons we take from obstacles we encounter can be fundamental to later success. Recount a time when you faced a challenge, setback, or failure. How did it affect you, and what did you learn from the experience?（我们从遇

到的困难中学到的经验和教训是未来成功的基础。请讲述你面对挑战、挫折或者失败的经历，以及这个经历是如何影响你的，你从中学到了什么？）

本题表面上写“失败”经历，实则展现“成长”。

3. Reflect on a time when you questioned or challenged a belief or idea. What prompted your thinking? What was the outcome?（你是否曾经对某种观念或者想法提出质疑？是什么促使你有了这种想法？你这么做的结果是什么？）

本题考查学生的辩证思考能力。希望学生描述质疑或挑战某种观念和想法的经历，以及思考的过程与结果。重点是质疑和思考的过程以及自身的成长变化。

4. Reflect on something that someone has done for you that has made you happy or thankful in a surprising way. How has this gratitude affected or motivated you?（反思某人为你所做的事情，这些事情以一种令人惊讶的方式让你感到快乐或感激。这种感激是如何影响或激励你的？）

本题表面写他人，重点仍是自己，即这件事对自己产生了什么影响。

5. Discuss an accomplishment, event, or realization that sparked a period of personal growth and a new understanding of yourself or others.（在你的过往经历中，如果有某个成就、事件或者认知激发了你的个人成长或者让你对自己以及其他人有了新的认识，那么请分享。）

本题所述事件可大可小，但要体现自己的思想变得更加成熟，对自己、他人和外部世界有更深层的认知和感悟。

6. Describe a topic, idea, or concept you find so engaging that it makes you lose all track of time. Why does it captivate you? What or who do you turn to when you want to learn more?（如果你对某个话题、思想或者概念特别感兴趣，以至于在研究这些东西的时候都忘记了时间，那么你可以描述一下这个话题、思想或者概念，以及为什么你对它如此痴迷。如果想在这方面继续做深入研究，那么你会去哪里或者向谁寻求帮助？）

本题考察申请者的学习动力和学习能力，申请者可以展现自己的专注力和思维开放性。这是一个容易出彩但也容易翻车的题目。

7. Share an essay on any topic of your choice. It can be one you've already written, one that responds to a different prompt, or one of your own design.（分享一篇关于你的选择的文章。这篇文章可以是你已经写过的，或者是针对另外一个文书题目写的，或者是自己设计的。）

本题自由度大，但容易跑题。申请者需要慎重思考后再写。

CA 系统主文书题目是“7 选 1”，数据显示，过去两年 24.1% 的学生选择了第 7 题（自选题目），23.7% 的学生选择了第 3 题，21.1% 的学生选择了第 1 题。

（二）补充文书（小文书）

每个学校补充文书的具体问题与字数要求都不一样。常见的补充文书类型有择校原因类文书和择专业原因类文书。有些学校有着非常独特的小文书题目，这需要学生发挥想象力与创造力才能完成。例如，芝加哥大学的小文书题目向来以新奇、有趣著称，比如要求学生随意选择一个人或一个物品并为其写一封信，或者描述一张可以代表自己的画。

（三）加利福尼亚大学独立的申请系统和文书体系

加利福尼亚大学要求学生从 8 个题目中选择 4 个进行作答，写四篇各 350 字的补充文书；麻省理工学院则要求学生完成五篇各 250 字的补充文书。加利福尼亚大学的补充文书要求具体且明确，并独树一帜，这可以让学校更好地了解申请者。虽然每篇只有 350 字，但需要构思并写出四篇文章。“你是谁？你认为什么是重要的？你想和加利福尼亚大学分享些什么？”这三点是加利福尼亚大学希望在学生的补充文书中看到的。

加利福尼亚大学在申请阶段是不需要提交推荐信的，这也是为什么申请者需要提交四篇补充文书。加利福尼亚大学在申请阶段也不会进行面试，所以补充文书是展示学生性格特点和能力的机会。补充文书的内容都是围绕申请者本人的，学校想通过补充文书来了解是什么塑造了这个学生。加利福尼亚大学对于“公民责任”非常重视，鼓励学生通过补充文书来展现课外活动、自己所经历的挑战与困难，但最重要的是通过补充文书来看到学生解决问题的方法和能力。学校需要在多个层面了解“你是谁”，因此加利福尼亚大学的补充文书更侧重个人的经历和成长。

加利福尼亚大学补充文书的写作是需要一些技巧的，即如何选出四个可以全方位展现自身特点的文书，如何全方位地通过四篇文书的关联性，打造出一个加利福尼亚大学学子形象。加利福尼亚大学的补充文书题目通常也很少改变，下面就看看这 8 个补充文书题目到底在问什么。

1. Describe an example of your leadership experience in which you have positively influenced others, helped resolve disputes or contributed to group efforts over time.（描述一次可以表现你领导能力的经历，当时你如何正面影响别人，如何帮助他人解决问题或为团队做出贡献。）

2. Every person has a creative side, and it can be expressed in many ways: problem solving, original and innovative thinking, and artistically, to name a few. Describe how you express your creative side.（每个人都有创造力，它能通过很多方面表现出来：解决问题、原创精神、创新思维以及在艺术上的创作等。请描述你具有创造力的那一面。）

3. What would you say is your greatest talent or skill? How have you developed and demonstrated that talent over time?（你最突出的才能或技能是什么？随着时间的推移，你是如何培养、发展和展示这种才能的？）
4. Describe how you have taken advantage of a significant educational opportunity or worked to overcome an educational barrier you have faced.（描述你是如何利用重要的教育机会或努力克服你所面临的教育障碍的。）
5. Describe the most significant challenge you have faced and the steps you have taken to overcome this challenge. How has this challenge affected your academic achievement?（描述你面临过的最大挑战和你克服挑战所采取的步骤。这项挑战如何影响你在学术方面的成就？）
6. Think about an academic subject that inspires you. Describe how you have furthered this interest inside and/or outside of the classroom.（思考一门启发你的学科。描述你如何在课内和课外发展这方面的兴趣。）
7. What have you done to make your school or your community a better place?（你做过哪些让你的学校或社区变得更好的事情？）
8. Beyond what has already been shared in your application, what do you believe makes you stand out as a strong candidate for admissions to the University of California?（除了申请表中已经分享的内容，你认为是什么让你成为加利福尼亚大学有竞争力的候选人？）

虽然补充文书题目是 8 个，但这其实是四大类。其中，题目 1 和题目 7 是一类，题目 2 和题目 6 是一类，题目 3、4、5 是一类，题目 8 是一类。

校友观点

陆同学

韦尔斯利学院校友，原北京四中国际校区学生，现任职于美国某律所

写主文书就是讲一个自己最想讲的故事

我的主文书写的是我为什么放弃弹钢琴，这是我在申请季之前就想好的，但是一开始我写不出来。我的主文书灵感来自自己最想讲的一个故事，所以我建议小伙伴们在想不出来写什么的时候，问问自己，把最想讲的故事讲出来就行了，不用害怕自我剖析。

韦尔斯利学院的补充文书就是从学校的众多专业里选择两个，写一份选择原因类文书，这两点写下来也不是很长，也就 400 多个字。我写的是体育和历史。在选择原因类文书上，你可以写得详细一些。我很喜欢在学校官网看一些教师名单和课程列表，然后寻找一些有意思的教授和角度新颖的课程。例如，我在文书里提到了历史系的“中世纪的异端和大众宗教”等课程，提及前者是因为我想学欧洲历史，提及后者是因为我在看了很多该学院的课程列表后，觉得这门课填补了我的很多空缺。

（四）文书写作的误区分析

每个学生都拥有独一无二的个性与经历，仅凭单调的分数，招生官是无法全面了解学生的。因此，招生官想通过文书来了解学生作为一个真实的人所经历的逆境与成长。

1. 文书写作应表现真实自我，而非随意美化

诸多大学都在官网上反复强调文书的真实性。韦尔斯利学院在招生首页强调，大学申请的过程是“A Moment of Realness”（展现真实的时刻）。它鼓励学生展现最真实的自我，而非弄虚作假，随意美化。麻省理工学院则更直白地指出，“如果你在文书写作的过程中花了大把时间想使自己看起来更厉害，你的方向就错了”。

招生官每年要读的文书数以万计，他们对文书的真实性有着精准的判断。弄虚作假只会使招生官对学生的诚信产生疑问，从而影响其整体申请。

2. 文书选材应从细节入手、以小见大，避免宏大叙事

很多学生在写文书时喜欢罗列自己的经历，从各方面展示自己的才艺，把文书当成活动列表的补充项，从而使文书沦为陈列荣誉的“光荣榜”。这样的做法无疑使文书失去了其本身的意义。

因此，文书选材应从细节入手，写一件自己真正有感触的事情，表现真实的自我。哈佛大学在官网上强调，想要让招生官对文书感兴趣，学生需要写一件真正与自己相关的事情并表达自己的态度，而非试图成为一个看起来成功的人。任何一件小事都属于这些细节范畴：与父母的一次谈心、运动场上的一次失误、从小到大一直珍惜的一个物件、生命中的一次挫折……这些来自学生生活的细节，才有着最强的感染力，才能打造出一份独一无二的申请文书。文书素材来自学生的日常生活，只有用心观察、不断思考，文书才能言之有物。因此，想要写出一份有吸引力、能打动人的文书，学生需要先成为一个充满好奇、善于观察、热爱生活的人。

需要强调的是，文书从来没有什么套路和模式，任何人都无法感知你的真实思想，文书必须源于内心最真实的感动与反思。

3. 文书语言应逻辑清晰、叙事明了，切忌堆砌辞藻、故作高深

文书字数有限，因此学生要会讲故事：一是逻辑清楚；二是语言凝练；三是立意高远。有了真实而细致的内容，学生就该考虑文书的结构和语言了。学生对文书的常见误解是，招生官偏爱辞藻华丽、结构复杂的文书。尽管语言优美的确能为文书加分，但如果逻辑不通顺，事件没有交代明白，那么文书也只能说是金玉其表，失去了展示真实自我的作用。

因此，在语言方面，学生首先需要注意的是，把事情交代清楚，把逻辑梳理清晰，给招生官提供一个良好的阅读体验。如果在看完一篇文书后，招生官连最基本的事件和文章主旨都没有办法顺利了解，这篇文书自然就不可能为学生的申请加分。

综上所述，学生在写文书时不要本末倒置，一味追逐语言上的华丽，而应该先把事情写明白，之后再进行适当修饰，最终使文书锦上添花。学生可以重新选材，寻找一件简单明了的小事，用更细致的手法去描写，这可能反而会有更好的效果。

总之，一篇优秀的主文书有三大特点：真实、有细节、打动人。

4. 择校原因类和择专业原因类文书需要申请者深入研究大学官网

最常见的补充文书是择校原因类和择专业原因类文书。面对这类文书，学生需要结合自身经历，阐述选择意向学校和意向专业的原因。耶鲁大学在官网上强调，这类文书的目的往往是希望学生分享该学校和该专业吸引自己的原因，招生官会以此来评估学生与学校的匹配度。

想要写好这类文书，最重要的就是对申请学校进行全面研究。学生可以在学校官网上搜集信息，对学校和意向专业做深入研究，而不是泛泛而谈。学生必须写出细节，写出意向学校和意向专业吸引自己的真实原因。这个原因有可能是学校所在的城市（因为自己是个博物馆迷或歌剧迷），也有可能是学校某位教授是自己的偶像，还有可能是这个城市的地理位置或这所学校的体育项目吸引自己。

但最重要的是，当你被一所大学或者一个专业吸引时，不要忘了你将在这里度过四年大学时光，因此，学校的校园文化、价值观、教授、教学体系、选课自由度等都是选择这所学校、这个专业非常重要的因素。在写补充文书时，学生一定要做充分的研究分析并进行自我反思。学生可以了解学校或专业的特色项目，再将这些项目与自己的兴趣进行匹配，最终写出一篇完整的补充文书。如此一来，学生既能向招生官表明自己对学校有充分的兴趣与了解，也能再一次展示自己的优势与特长。

在写这类文书时，需要强调的是：细节！细节！细节！

值得一提的是，这一切都建立在完成择校、择专业的基础上。学生如果对学校和自己的匹配程度还有疑虑，就需要进一步加深对学校、专业的了解，之后再做选择。如果在了解的过程中发现学校与自己不匹配，那么学生可以立即改变目标，寻找更适合自己的学校或专业，不必强迫自己完成某个学校的文书写作。

校友观点

Z同学

美国罗切斯特大学大三学生，原美国某高中学生

我认为招生官在补充文书中看到了我对音乐的热爱

其实我最初并未想到自己会被罗切斯特大学录取，因为上一届师兄的标化成绩比我高很多，但被该校拒绝了。在分析我的个人背景时，招生官发现我有个突出优势，即我一直是学校交响乐团的主力，并在高中阶段保持了很好的 GPA，也获得了 NHS（National Honor Society，美国国家高中荣誉生会）表彰，这说明我平时的学习能力还是很不错的。我长期在校交响乐团服务，并多次参加波士顿和马里兰的中学生音乐节，我校的交响乐团还在波士顿音乐节上获得了一等奖。罗切斯特大学最特别的地方是，虽然它是一个在理工方面很强的学校，但它有世界顶级的音乐学院。这样的大学正是我要找的学校。

所以在文书写作中，除了学校要求的统一文书，我还特意准备了一篇以音乐为主题的小文书，阐述音乐在我生命中的意义以及音乐在生活方式和哲学思考方面给我带

来的改变。为了让学校全面地了解我，我妈妈也写了一封来自父母的补充推荐信，从父母的角度来阐述和推荐我，也重点阐述了我对音乐的热爱。

小贴士

1. 学生必须自己上官网认真研究，包括学校的课程设置、校园文化、学校教授等方面，这是不能替代的工作，必须自己完成。
2. 优秀的主文书有三大特点：真实、有细节、打动人。
3. 择校原因类和择专业原因类文书的写作原则：细节完胜一切。

五、推荐信是有力的第三方证明与补充依据

多数美国大学会在申请系统上要求学生提交两封以上的推荐信，推荐信制度源于欧美国家流行的信用体系，它是来自第三方的客观的证明和补充依据，在关键时刻会起到意想不到的作用。在美国大学的申请体系中，推荐信的种类包括教师推荐信、同学推荐信和补充推荐信，下面逐一介绍。

（一）教师推荐信（必要的推荐信）

麻省理工学院在官网上指出，最好的推荐信往往来自最熟悉学生的老师。通常，美国大学要求学生提交两封来自任课教师的推荐信，包括主要任课老师和指导顾问。一般来说，学生必须有指导顾问的推荐信。主要任课老师的推荐信往往来自人文社会学科或自然科学学科的任课教师，通常文理科没有硬性要求。如果指导顾问不是任课老师，那么学生还需要提交指导顾问的推荐信，也就是三封推荐信。通过这些推荐信，学校可以从教师的视角对学生在不同课堂上的表现有综合了解，同时从侧面了解学生与教师的相处模式，从而对学生的自主性、积极性有所判断。

（二）同学推荐信

有些学校也会要求学生提交同学推荐信，以便从同学的视角来了解学生的社交能力和团队协作能力。比如，在达特茅斯学院的申请中，同学推荐信就是必不可少的一项。

（三）补充推荐信

在 CA 系统上，学生在提交必要的推荐信后，可以再提交其他推荐信进行补

充。有特长或申请特殊专业（艺术类、体育类）的学生也可以请专业老师来为自己写推荐信，以凸显自身特点，提高申请的竞争力。此外，学生如果有一些对自己有特殊意义的活动经历，并且想要更加详细地将其分享给招生官，那么可以请相关人员来为自己写一封推荐信。

补充推荐信并不是必要的，可选择性提交。除非有必要，学生可以不提交补充推荐信。亚洲家长常常会动用自己的人脉关系给孩子找一些“高大上”的人物来写推荐信。

小贴士

1. 最了解学生的老师是最合适的推荐人。
2. 推荐信切勿面面俱到，只需要体现申请材料中未说明的优点与特点。
3. 推荐信要有细节。

六、轻松应对各种面试

在申请大学的过程中，常见的面试类型有两种：一种是校方组织，由毕业校友担任面试官的校友面试；另一种则是第三方机构承办，可以提交给多所大学的第三方面试。校友面试的针对性较强，内容主要集中在与学校有关的话题上；第三方面试的话题则比较广泛，更侧重学生自身。

（一）校友面试

很多学校会给学生提供校友面试，以此加深对学生本人的了解。事实上，大多数校友面试都不会在前期进行任何筛选，它面向所有学生。达特茅斯学院在官网上明确指出，学校会尽可能给所有学生安排面试，如果学生没有收到面试通知，那么这可能是因为学生所在地区没有合适的面试官，这不会对学生的最终录取结果产生任何负面影响。

一般情况下，学生有很大的概率会收到校友面试通知。宾夕法尼亚大学在官网上表明，尽管校友资源有限，但 90% 以上的学生都有面试机会。学生如果非常想通过面试的方式与学校取得联系，却暂时没有收到面试通知，那么可以给学校发送邮件，主动表示自己想参加面试的意愿，同时说明自己在时间、地点上的可协调性，比如可以前往所在地附近有较多面试官的城市参加面试。一般情况下，如果学生意愿强烈，那么学校大多会帮助学生协调，给学生提供线下展示自我的机会。

对于面试，学生只需轻松面对即可，不必过于纠结。对于本科生录取而言，这不是最重要的。

（二）第三方面试

近几年，受新冠肺炎疫情影响，绝大多数学校都采取第三方面试。有一些大学（比如南加利福尼亚大学）则决定通过面试来对学生的语言能力再次进行考察。常见的第三方面试有两种：初鉴面试和维立克面试，另外，少数学校采取多邻国面试。我已在前文详细阐述第三方面试的形式，相关内容不再赘述。

因为第三方面试可以多次参加，参加后也可以选择是否将面试结果提交给学校，所以学生可以选择将自己最满意的面试结果提交给学校。需要注意的是，每增加一次面试，面试的难度也会随之增加。

七、通过附加材料展现更立体的自我

除了申请系统上要求提交的材料，有些学校或专业也会要求学生额外提供一些附加材料。然而，即使没有要求，学生也可以自行上传一些附加材料，从而更充分地展示自己多方面的能力。一般情况下，学校都会接受并将这部分材料作为参考来综合考量学生。常见的附加材料有简历、视频、研究资料和作品集等。

小贴士

1. 附加材料不是必要的。
2. 非必要无需提交，以免画蛇添足。
3. 附加材料是为了补充未展示的优势与特点。

第五节
扬长避短，选校三段论策略

在申请季，一个非常关键的环节就是选校。美国大学并不过多限制学生申请学校的数量，这与英国只允许学生申请五个学校是不同的。近年来，中国学生已进入海量选校时代，从某种意义上说，海量选校其实反映了学生对申请大学不确定的焦虑，整个留学生群体都同时申请多国多校多专业。

CA 系统数据显示，从账户数量、申请人数以及人均申请学校的数量来看，2021—2022 学年申请季的数据比 2019—2020 学年申请季（疫情前）有明显增长，主要体现在以下几个方面：首次申请人数超过 110 万人（1 106 777 人），比 2019—2020 学年申请季的 977 914 人增长 13.2%；CA 系统的账户数量首次高达 1 843 803 个，比 2019—2020 学年申请季的 1 637 022 个增长 12.6%，其中包含不少放弃申请或者重复申请的“僵尸账号”；人均申请学校的数量为 5.48 所，比 2019—2020 学年申请季明显增加。在申请策略上，人均申请学校的数量增加，大家都在争取最大的录取可能性，以确保在冲高的同时还有保底学校。因此，刚刚过去的 2021—2022 学年申请季是历年挑战最大、名校申请竞争最激烈的一年。估计今明两年，这个趋势会持续下去。

选校作为申请大学的重要环节，在很大程度上决定着申请的结果。如果选校不当，那么即使申请流程中的文书、课外活动以及推荐信再亮眼，错误的选择也会直接导致错误的结果。

为了保证最终能够进入一所相对满意的学校，学生通常需要申请位于不同水平段的多所学校。按照理想程度和录取概率，学校可以大致分为三类：高段学校、中段学校和低段学校，即冲刺学校、匹配学校和保底学校，这三者缺一不可。在择校时，学生应确保这三类学校都在自己的学校清单内，且每一类都不止一所学校，从而保证最终获得比较满意的录取结果。毕竟，美国大学申请没有统一的标准，充满各种不确定性，这与英联邦体系和东亚体系是完全不同的。

一、大学申请阶段详解

美国本科申请按时间分为三个阶段，按申请类别分为两个阶段（早申请阶段和常规申请阶段），加利福尼亚大学有独立的体系，本书按时间划分将加利福尼亚大学列为第二个阶段。

早申请阶段常见的申请方案有 EA（录取了可以不去）、ED（录取了必须去，分为 ED1 和 ED2）、REA（录取了可以不去，但是在早申请阶段，只要申请了 REA 学校，就不能再申请其他 ED 学校，但可以申请其他 EA 学校）和 SCEA（Single-Choice EA，提前单选，录取了可以不去，耶鲁大学采取此方案）。常规申请阶段的申请方案通常是 RD（Regular Decision，常规申请），有的学校会称其为 RA（Rolling Admission，滚动式录取），常规申请没有明确的申请或录取截止日期，只要学生的申请材料全部提交完毕，招生办就会开始对学生的申请进行评估并通知学生录取结果，直到录满为止。

针对以上几大申请方案，学生需要认真对比（见表 3–2），制定合理的申请策略，只有这样才有可能真正进入理想的学校。

表 3–2 美国大学六种申请方案

项目	截止日期	限制条件	放榜时间	结果	特点
EA	11 月 1 日左右	无	部分学校在 12 月中旬，部分学校在 1 月份或以后	录取、拒收或延迟到常规申请	非绑定性早申请，录取了可以不去；建议申请
ED1/SCEA	11 月 1 日左右	学生一旦被录取，就必须在该学校就读	12 月中旬	录取、拒收或延迟到常规申请	绑定性早申请，录取了必须去；建议在出分后申请；录取率大于 RD 和 ED2
加利福尼亚大学体系	12 月 1 日左右	无	3 月中旬到 4 月初	录取、拒收或加入等待名单	多校使用同一文书及申请材料；建议多申请
REA	11 月 1 日左右	学生在早申请阶段不能申请除该学校以外的其他大学	12 月中旬	录取、拒收或延迟到常规申请	申请后不允许申请其他 ED 学校，但可申请 EA 学校；录取了可以不去；建议有特别心仪的学校时申请，只有名校采取此政策
ED2	1 月 1 日左右（部分学校较晚）	学生一旦被录取，就必须在该学校就读	2 月中旬	录取、拒收或延迟到常规申请	如果 ED1 失利或刚出分数，那么建议申请；录取了必须去
RD/RA	1 月 1 日左右（部分学校较晚）	无	3 月中旬到 4 月初	录取、拒收或加入等待名单	录取了可以不去；建议此阶段参照 EA 录取结果选校

数据来源：根据美国大学理事会公开信息及加利福尼亚大学官网公开信息整理。

值得一提的是，如果学生认为自己在早申请阶段还没有准备好申请材料，比如标化成绩不满意，文书没有准备好，那么不必强求自己提早进行申请。早申请只是给学生提供一个后续补充和完善申请材料的机会。

二、冲刺、匹配与保底三段选校，保证申请无忧

学生在选校时一定要遵循三段论原则，即冲刺、匹配和保底学校相结合，缺一不可。

（一）选好三类学校

冲刺学校是指相关要求超出学生实力的理想学校，录取概率相对较低，通常指学生的梦校。有些学生虽然各项指标都基本达到这些学校的要求，但被录取的不确定性很大。这类学校只能作为冲刺学校，学生可以努力申请一下。择校原则是，申请要求不能与学生实际实力相差太大，否则就会浪费了宝贵的申请指标。

匹配学校是指与学生实力相匹配，学生相对满意的学校，录取概率相对高一些。学生的各方面指标均达到或稍微超过此类学校的要求，就算没有被梦校录取，学生也相对愿意进入这类学校完成学业。

保底学校是指学生实力超出该校要求的学校，录取概率很高。学生的各项指标均超出学校要求，学生有较大的把握能被录取。

对于保底学校，学生与家长经常有这样的误区：只要申请保底学校，就会被录取。但事实并非如此，因为保底学校也会寻找最适合自己的学生。学生有可能被保底学校直接拒绝，却被匹配学校或冲刺学校录取。这在美国大学录取体系中是非常正常且普遍的事情。

（二）三个申请阶段的选校策略

美国本科申请按时间分为三个阶段，按申请类别分为两个阶段。本书将加利福尼亚大学体系放在第二个阶段。

1. 早申请阶段（ED1、REA、EA）

这个阶段适合已拿到托福、SAT 等标化成绩的学生，ED1 与 REA 都只允许学生选择一所学校，而且是绑定性录取，学生被录取后必须要入学。在申请时，学校也会与学生、家长签订协议，所以不得违约。本阶段选校有一个重要原则，即选择非常喜欢的心仪梦校，而且应是冲刺学校。由于 EA 是非绑定性录取，学生可选多所大学。EA 选校通常会选三所左右，有保底学校，也有匹配学校和冲刺学校。在此阶段申请这些学校，一是可以提高录取率，二是可以检验申请材料。如果 EA 阶段没有被任何学校录取，那么这可以侧面说明申请材料有缺陷，

学生可做适当调整。

2. 第二阶段为加利福尼亚大学体系申请

此阶段在 12 月 1 日前截止申请。加利福尼亚大学比较特殊，有十所分校，它自成体系，有自己的申请系统。因为加利福尼亚大学各个分校是共享申请材料的，所以学生在申请时只用勾选自己喜欢的分校，提交一套文书和成绩即可。此阶段不存在选校困难，学生可以多选。因为加利福尼亚大学十所分校的档次差别较大，所以在该阶段，学生完全可以多选择一些学校。

需要注意的是，加利福尼亚大学接受 1 月 1 日前的所有标化成绩，即便在申请时，标化成绩不理想，学生也可以在 1 月 1 日前提交新的成绩。

3. 第三阶段（RD、ED2）

大多数学校会在此阶段接受申请，绝大多数学校的截止日期是 1 月 1 日，也有个别大学的截止日期在 1 月 1 日之后。

此阶段，如果 ED1 没有录取，ED2 就是一个很难得的机会，学生要慎重选择。此阶段的原则依旧是冲刺梦校。如果 EA 录取了保底学校，RD 就可以多选些匹配学校和冲刺学校，不再选择保底学校。

录取是一个复杂的过程，就读学校的信用度、近年来录取学生在大学的表现以及学生近年来是否存在 ED 违约的情况，都会影响学生的录取结果。因此，在很大程度上，无论是学生还是学校，无论是在读学生还是已留学的学生，重视自己的信用度都是一件非常重要的事情。

三、扬长避短，择校优化

（一）深入研究自己与学校的匹配度

择校的过程是深入分析学校特点的过程，学生需要挖掘自己的优势，避开不利因素，找到自己与学校匹配度高的地方。因此，学生必须亲自通过学校官网进行研究，切勿犯懒，更不能让家长代劳。家长在此过程中要学会放手，让学生在申请中不断成长，不断了解与认知自我，这是家长与学生共同面对的一个人生课题。

以罗切斯特大学为例，作为一所理工名校，它却有着全美最好的音乐学院之一。这所大学的物理学科优势明显，又地处寒冷地带，学校在运动方面以滑雪等项目为重点。如果在申请这所大学时，学生能突出展示音乐才华以及对音乐的热爱，那么这会起到意想不到的效果。同时，该校有一篇可选择性提交的补充文书，学生可以积极地写下音乐对自己的影响，以增强申请印象。许多家长与同学也许并不知道，罗切斯特大学还允许家长为孩子写推荐信，一封好的推荐信非常有利于孩子的升学。而这几项内容往往会被申请人忽略。罗切斯特大学还是很早就实行选择性提交成绩政策的大学。

所以，如果你是一个有音乐特长的理工学生，又热爱滑雪等运动，那么罗切斯特这样的大学一定会看到你在文书及申请材料中体现的这些特点。美国大学录取学生是双向奔赴，即找到符合本校特点的学生，同时希望学生能在大学成长，发挥自己的优势和潜能。

（二）专业选择影响学校选择

在了解学校的专业录取倾向和政策时，除了关注自己感兴趣的专业，学生还应注意各专业在录取标准和录取率上的区别，这些都对录取结果有一定程度的影响。

众所周知，计算机专业和工程类专业是录取难度最高的专业。其次是数学、物理、生物、化学等理工科专业，环境科学在理工科中是录取率较高的学科。在文科专业中，心理学和传媒是录取难度较大的专业，而人类学、考古、艺术史等专业是比较容易录取的专业。

同一学校不同专业的录取标准可能是完全不同的，其差别之大，往往会超出家长与学生的想象。比如，申请约翰斯·霍普金斯大学的生物学等理科专业与社会学等文科专业，二者的标化成绩要求有着明显差别。所以，专业选择会影响学校选择。华盛顿大学将本校的专业分为三类：开放专业（Open Majors）、最低要求专业（Majors with Minimum Requirements）和容量限制专业（Capacity-Constrained Majors）。开放专业对学生没有特殊要求，无论是初次申请还是被录取后想转入这些专业，学生都不受任何限制；最低要求专业则要求学生在被录取后还要达到一定标准才能入学；容量限制专业除了要求学生达到一定标准，还要用另一套筛选体系挑选学生。华盛顿大学明确指出，由于专业要求和容量不同，学生在申请时所列出的第一、第二志愿专业会对录取结果产生影响。因此，学生申请同一所大学的不同专业，被录取的可能性也不同。

四、课外活动列表的填写方式直接影响招生官的印象

关于学生课外活动的类型及合理规划，本章第二节已做详细阐述，现对如何

填写活动列表进行说明，因为课外活动列表的填写方式会直接影响招生官对学生的印象。

（一）奖项分开，单独填写

CA 系统除了提供十个课外活动列表让学生填写，还提供了五个奖项列表，所以共有十五项可填写。学生可以按获奖优先级填写五个奖项，尤其是理工科学生，奖项非常重要。其他课外活动填写在课外活动列表中，有一些竞赛不仅可以放在奖项列表，也非常适合放在课外活动列表，比如科创类竞赛和以论文研究形式参与的竞赛。它们都是有具体研究内容和课题的项目，学生可以在课外活动描述里对此进行说明，从而体现自己的学术兴趣和能力。

（二）主次要筛选，按优先级排序

课外活动列表排序的两个最重要的标准是：活动含金量以及是否充分表现个人特质。比如，你举办了一场活动或加入了一个组织，而你的身份是创始人、组织者或领导者，且这个活动的规模比较大，参与人数比较多，那这个活动的含金量就很高，你可以把它放在课外活动列表的前排，以体现你的领导能力和组织能力等。

学生如果在学术活动中获奖并取得了荣誉，那么可以直接将其填在奖项列表中。有些竞赛同时还可以放入课外活动列表以体现学生的学术兴趣。比如，参加丘成桐奖要经过至少半年的研究活动才能够写出提纲并报名。如果最后获了奖，那么这个奖项要先写在奖项列表，同时写入课外活动列表，而且其优先级高，要写在前列，因为这是一个花了很长时间并取得成果的学术活动。

（三）描述有技巧，细节要到位

比起“高大上”的活动名称与职位头衔，招生官更感兴趣的是学生在活动中具体做了些什么。因此，在描述活动经历时，学生应具体细致地描述自己负责的工作，包括具体工作任务与工作频率，尽量用数字表述。

因为字数有限，所以在描述活动经历前，学生先要想清楚自己想通过这个活动向招生官传达什么信息，并将最重要的信息提取出来。比如，学生如果想通过“担任篮球社团社长”的经历来展现自己的领导力，就应侧重描述自己作为社长的职务，如“安排训练计划、组织跨社团训练赛”，而不是“作为队伍的得分后卫，在某场比赛投进多个三分球”。反之，如果学生是为了向招生官展示自己的体育特长，后者就更合适。因此，在一项活动中，哪些经历为主，哪些经历为辅，还需视学生撰写文书的目标而定。在动笔前，学生需要充分思考，分清主次，从而提升课外活动列表的逻辑性。

（四）课外活动列表切勿面面俱到

虽然 CA 系统提供了多个课外活动列表，但这并非是让学生面面俱到。如果十个活动是十个不同类型，那么这只能让招生官眼花缭乱，不得要领，看不出学生的特点与热情，这种面面俱到的填写方式和活动设计显然是非常失败的。所以描述课外活动要聚焦，着重三四个方面即可，能体现学生的特长、兴趣、社会服务意识、领导力和创造力。

五、申请失利的补救方案——转学

每年都有大批申请失利的学生，但失利也意味着新的机会，因为美国体系的一个巨大优势就是有纠偏空间。美国本科院校的转学录取率并不低，有时甚至高于常规申请的录取率。一般而言，公立学校体系释放出来的转学名额要远远高于私立大学的，转学录取率是比较高的。比如，密歇根大学安娜堡分校在本科申请阶段，是著名的"高冷"公立名校，以标化成绩要求高著称。所以真正能通过申请进入该校的学生都是极优秀的学生。但是由于公立学校的性质，其每年都会释放很多转学名额。这种"曲线救国"的方式给许多学子带来惊喜，也给申请失利的学生提供了纠偏空间，这是美国教育体系的一个突出优点。

（一）大一和大二有四次转学机会

学生可以选择在大一或大二转学，有的大学规定学分达到要求才可转学。比如，加利福尼亚大学的学生基本上只能在大二转学，因为学生在大一积累的学分基本上无法达到要求。但绝大多数大学并不要求满足一定学分，学生可以在大一转学。总体而言，学生在大一转学需要重新提交申请大学的全套材料，所以如果高中的标化成绩不佳，那么不建议学生在大一转学，而是在大一积累更好的 GPA，提高标化成绩，然后再转学，这样成功率会高很多。

（二）转学考量指标与流程

转学申请的指标和流程同本科申请相近，具体细节因学校而异。需要注意的是，GPA 在转学申请中至关重要。由于本科入学学术测试在转学时不能完整地反映学生的学术能力，因此，GPA 便成了学校评估学生学术水准的极重要指标。优秀的 GPA 能大大提高转学成功率。同时，每所大学所认可的课程不同，GPA 的转换算法和学分的转移政策也不同。学生在申请转学前应充分了解这些信息，提前规划转学后的学习生活。加利福尼亚大学甚至为学生提供了一个转学计划工具，以帮助学生查询可转换的学分，制订更全面的转学规划。总体而言，大二转学的成功率要高于大一转学的，而且现在越来越多的学生开始用科研实习背景来提高转学的竞争力，转学也越来越“卷”。

转学时，不同大学、不同专业有不同的要求，学生需要提前做好研究工作。

校友观点

尹同学

宾夕法尼亚大学校友，现任职于英国某建筑事务所

一定要明确自己为什么要转学

转学需要提前准备很多东西，首先是前期信息收集。收集信息并不像很多人想象的那么难，你需要的所有知识和信息，一般都公布在学校官网上。想了解转学信息，官网永远是最有用的，其次就是学生论坛。虽然中国学生不是很熟悉外网的排版方式，但是你务必在转学前，仔细阅读每一个申请要求，包括所选专业的网站。如果跟校友或者该校的在读同学有联系，那么找他们咨询也是很有帮助的。给学校发邮件一般也很快会有回复。

关于择校，因为每个人转学的目的不同，有些人像我一样是为了学术追求，有些人是出于校园氛围、地域条件或经济等原因，我没有办法一概而论。但是在转学之前，一定要明确自己想要的是什么，为什么要转学？否则，哪怕转学成功，之后也会踏入同样的盲区，所以择校一定要慎重。

转学材料怎么准备？ 首先是文书，这非常重要，因为转学申请与大一新生申请相比，更有针对性。学校考察的重点不再是综合能力，而是对转学目标进行考察。所以一定要想明白为什么转学，为什么是这个专业，为什么是这个学校。

转学文书的重点是要展现对这个专业的兴趣，你在这个专业领域有什么样的潜能，能做出什么样的成绩。你的现有技能和实力反而是其次的，所以我觉得这是大家在准备转学文书时应注意的一点。

其次是作品集，这一项并不适用于所有专业，但对设计类的学生来说肯定是必要的。在准备作品集之前，一定要查看目标学校的要求，包括内容、大小、页数，很多学校都会有限制。最重要的是，作品集一定要清晰直观。我的建议是，以最好的作品开场，以第二或者第三好的作品结束。在网上查一下目标学校的主要风格，也会有很大帮助。而且很多达到录取分数线的学生都会把自己的作品发到网上，这也很有帮助。

最后，推荐信对转学申请也很重要。这几项材料其实比申请大学的材料更重要，它们能从侧面反映个人能力和品格。

小贴士

1. GPA 在转学申请中是重中之重。
2. 弄清楚自己为什么要转学。
3. 申请失利不可怕，可怕的是把入学当终点。

第六节
美国研究生申请竞争激烈

在竞争日益激烈的大趋势下，硕士研究生申请的硬性和软性指标的要求越来越高，竞争越来越激烈。学生该如何应对这种严峻的形势呢？

一、美国研究生申请进入早规划时代

与申请美国本科一样，本科生申请硕士研究生的硬性指标是大学的 GPA，而且大学的 GPA 不仅包括大学的平均绩点，还包括大学专业课程和高阶课程的平均绩点。软性指标则指在申请硕士研究生时所提交的简历中的内容，这也与申请美国本科不同。在申请硕士研究生时，简历需包括申请者在大学参加过的与专业密切相关的科研以及实习活动。大学四年，学生只有三个暑假可利用，所以学生如

果想进入一个优秀的研究生项目，大一就要开始进行完整的课程规划和科研实习规划。

（一）课程规划是重中之重

课程规划主要是对课程结构及内容进行补充和完善。由于本科课程体系的复杂性和多样性，不同学校同一专业或同一学校不同专业所呈现的课程体系、课程结构以及基本要求都有很大的区别。

特别是一些热门专业的申请，单一的课程体系远远达不到其要求，没有竞争力。所以学生需要很早就进行课程结构的补充，课程结构的补充形式有以下几种：以辅修或多专业形式学习，这需要建立在学生能轻松保持当前学业 GPA 的基础上；暑期参加本校或外校的带学分夏校；进行专业化学习并考证，以提升相应的专业技能。

课程规划是一个非常专业的内容，学生要对所申请专业进行深入了解，同时对目前所就读专业的课程体系有充分认识。这样才能为自己打造强大的课程体系。课程规划建议从大一就开始。

（二）科研与实习规划必须提早开始

美国研究生申请需要提交学生简历，这个简历的重点是展示学生在所申请专业领域的能力与潜力，这需要学生至少用三段与专业密切相关的科研或者实习经历来证明。在简历上体现的科研与实习经历不能是泛泛无内容的，而应与专业密切相关并有具体细致的工作内容，每一段的时长至少两个月，许多有竞争力的科研或实习在三个月以上。一般而言，校内的科研多在半年以上。

科研与实习规划的逻辑很清楚，即从大一到大三，逐步加深专业能力。由于大一受课程基础的限制，学生在这个阶段只需要涉猎感兴趣的与专业相关的基础实习与科研，做小而具体的事情。大二可以寻找一些校内机会。大三的高阶课程学完后，寻找专业机会，硕士研究生申请前的最重要的实习和科研应放在大三暑假。大四开学后就要开始正式申请，但有些科研和实习在这个阶段还是要继续的，不能中断。因为在申请过程中，学生可以不断更新自己的简历，积累专业知识与技能，以便在面试中崭露头角。

（三）标化考试时间早规划

许多学校对 GRE（Graduate Record Examination，研究生入学考试）、GMAT（Graduate Management Admission Test，研究生管理科学入学考试）等美国研究生

入学考试有硬性要求。GRE、GMAT 等学科测试在硕士、博士录取中的作用与 SAT、ACT 在本科录取中的类似，其标准化测试的目的是为招生官提供关于学生学术能力的、有参考性的信息。GRE 考试成绩的有效期是五年。

美国研究生入学考试通常指 GRE，它分为 GRE 普通测试（GRE General Test）和 GRE 学科测试（GRE Subject Test）两种。GRE 成绩是美国硕士、博士录取过程中的重要参考指标之一，不同学校、不同专业对 GRE 成绩的要求不同，对学生参加的学科测试要求也不同。如果学生想申请美国排名前三十的学校，那么其 GRE 成绩通常要在 325 分以上。

某些专业的硕士、博士申请需提交其他学科的考试成绩，其中最常见的是针对商业、经济和管理类学科的 GMAT 成绩。除了美国，英国、澳大利亚等国家的很多高校都将 GMAT 成绩当作考查学生商业、经济和管理类学科能力的重要指标。

申请法学院则需参加 LSAT（Law School Admission Test，法学院入学考试）。

二、研究生申请全规划：每一个学年都要踩对点

只要把每一年的课程规划和时间安排做好，每一学年都踩对点，大四时拿到目标学校的硕士研究生录取就是水到渠成的事情了。

大一开始做全方位规划。一切规划的前提是保持优秀的 GPA，也就是说，GPA 是“1”，其他各种考试及软性指标是后面的“0”。由于美国大学本科体系的复杂性，不同大学同一专业或同一大学不同专业的课程规划千差万别，学生应多做调研，或者找专业背景极强的顾问进行充分了解。课程规划每学期都要做，GPA 每学期都要保持好。

大一暑假补充相关课程。有机会的话，学生可以参加基础实习或科研，不怕所做的事情小，但要有具体内容。因为大一的专业课程较少，所以学生只能做最基础的工作。

大一、大二利用假期时间参加 GRE，此后就不再花时间准备 GRE。大二暑假必须参加与专业方向强相关的实习或科研，至少 2 ~ 3 个月，做具体的事情，不要“打酱油”。“打酱油”的实习或科研是毫无意义的，在研究生申请简历上和面试环节会露底。

大三、大四进入高阶课程，选课时注意选择与即将申请的研究生专业高度相

关的课程。这需要学生在学校官网进行认真调研，勿将一切工作交给家长或者留学顾问，家长应该在学生进入大学阶段时撤出，让学生自我成长。这项工作必须由学生亲自做，并且要认真、详细地做。在做研究的过程中，学生会对学科与自我有更深的认知，从而不断成长。

在高阶课程中，尤其是理工科专业，学生会有许多大作业，也就是我们所说的校内项目。学生必须对这类项目高度重视，在某种程度上，这可以弥补科研与实习不足的状况。

大三暑假是最重要的一个暑假。因为学生已学完高阶课程，所以无论是实习还是科研，都进入了大学四年最深入、与专业最相关的研究阶段，此阶段也是学生拿到校外推荐信的重要阶段。

大三的特殊任务。大三对于申请研究生的学生来说尤为关键，学生应在认真研究各校导师的基础上，选择与自己兴趣专业相关的学校与教授，并通过参加学术会议、申请实习机会等方式与教授建立联系，并充分展现自我。这是一个很重要的环节，也是我们通常所说的建立人脉和关系，可以让未来的导师充分了解学生。

大四进入申请季。在此阶段，除了开始进行文书等申请资料的准备，重要的是，继续保持 GPA。同时，科研和实习还要继续，这些都会为学生的申请加分。

做到以上七点，大四就更容易拿到理想学校的录取，一切都是水到渠成！

小贴士

1. 保持优秀的 GPA。
2. 保持有竞争力的课程体系。
3. 脱颖而出的课程结构与内容。
4. 漂亮扎实的科研和实习经历。
5. 顺利拿到有竞争力的推荐信。

三、研究生申请时间轴

美国研究生申请较为复杂，想要申请到一个理想的研究生项目，学生需要提早做准备，尽早开始全面的课程规划和科研实习规划（如图 3-5）。

大一学年

- **9月到次年6月**：了解各国留学的相关资讯，明确个人意愿和兴趣，对留学申请有大致的概念和初步的认识，并为各类标化考试做好心理准备，同步增加词汇量，重视在校成绩；已明确申请方向的同学，可以启动留学规划
- **7~8月（大一暑假）**：与专业老师沟通，整理留学相关信息，制订初步留学方案；利用暑假进行托福、雅思或GRE的基础学习

大二学年

- **9月到次年1月（大二上学期）**：根据初步方案，明确留学目标，了解各目标学校的申请条件；重视自己各方面素质及能力的提升，重视在校成绩，积极参加学校各类竞赛及课外活动，有意识地做与专业相关的研究或实验项目，同时加强英语口语和听力锻炼
- **2~4月（大二下学期）**：结合自身背景、个人兴趣爱好和职业倾向，大致确定申请方向；进入托福、雅思或GRE等考试的强化备考阶段；参加第一次语言考试
- **5~6月（大二下学期）**：根据语言考试首考成绩，制订下一步学习方案，进入第二个备考阶段；深入了解学校专业课程设置和选修课程设置及其要求，结合自身背景、申请方向，制订背景提升方案和整体申请规划
- **7~8月（大二暑期）**：参加与专业相关的实习、研究或活动，提升申请竞争力；参加第二次托福、雅思或GRE考试，进一步提升成绩；参加暑期科研、实习或国际交流等背景提升项目

大三学年

- **9月到次年3月**：继续保持在校成绩，申请者需注意与申请专业相关的先修课程或专业课程的成绩
- **3~5月**：确定留学方案（国家、院校和专业）中文书素材的收集；根据申请专业，参加更深度的相关活动、科研或实习；申请博士或研究型硕士的申请人，根据申请方向筛选教授，建立联系
- **6~8月**：申请材料准备、文书修改润色；开始准备推荐信

大四学年

- **9~12月**：递交院校网申材料

  极少数院校在网申时需要提供资产证明，根据个别学校要求，10月份可开具
- **次年1~2月**：跟进院校申请状态，补充申请材料；完成申请的收尾工作，寄出材料并开始准备面试
- **3~4月**：收到大学录取通知，确认入学院校

  开具资产证明，大部分学校对冻结时间不做要求，甚至有些学校会说明这笔钱不用冻结，所以申请资产证明可以选择开时点证明（截止到当前时间的存款金额）；金额要覆盖第一学年学费和生活费，建议准备70万元
- **5~7月**：办理留学签证；出国前准备
- **8月**：**根据学校要求支付学费，支付方式多为电汇，请携带学校发送的银行账户信息到银行办理**

图 3–5　美国研究生申请规划时间轴

四、留学后的签证政策

在国外，最首要的问题就是身份问题。在美国，刚毕业的留学生通常会申请OPT（Optional Practical Training，可选择实习培训），这是美国移民局授予F-1学生（学术学生）的校外工作许可，是一种临时工作许可而非签证。申请这一许可首先要获得学校批准，然后再获得美国国土安全局批准，最终获得OPT资格。持有OPT的学生有工作许可，可以在任何公司工作，但工作内容必须与所学专业相关。在持有OPT期间，学生可以在美国停留。学生如果在毕业后60天内仍未申请到OPT，就必须离开美国。持F-1签证的学生不可以在美国申请全职工作，学生只有获得OPT资格并拿到移民局发放的EAD（Employment Authorization Document，美国就业工卡），才可以全职工作。申请EAD的时间一般为两个月，越早申请越好。在持有OPT期间，学生仍然保留F-1学生身份，如果实习期间学生与单位签订了正式的劳动合同，那么其F-1学生身份就转换为H-1B（临时工作签证）工作身份。

持有F-1签证的学生可以申请两种类型的OPT：学业完成前的OPT和学业完成后的OPT。学业完成前的OPT允许国际学生在学习期间找兼职工作，在假期等休息时间做全职工作。而学业完成后的OPT允许学生参加实习或者全职工作，而这也是大多数国际学生的选择。OPT的时长有限，如果时长在上学期间用完了，学生在毕业后就必须立即离开美国。这显然不是一个最合理的选择，所以建议学生不要在上学期间申请并使用OPT。

OPT阶段是从学生身份到工作身份的过渡阶段，也就是说，国际学生可以在这个缓冲期间合法留在美国，找工作并积累工作经验。OPT并不是一种签证类型，留学生的学生身份也并没有改变。所以就读期间，学生应随时与就读学校的国际生办公室工作人员保持联系，及时了解政策变化。

第四章

又见康桥
——英国留学全攻略

近年来，英国的留学申请热度持续不减，短短几年，英国就成为除美国以外最热门的留学目标国。英国官方本科申请系统 UCAS 公布的 2022 年申请数据报告显示（牛津大学、剑桥大学及英国大部分医学院的申请截止日期为 10 月 15 日，这份数据包括 2022 年英国本科的申请人数、成绩、热门专业、各大高校录取人数等），2022 年一共有 683 650 名学生在 UCAS 官网提交了英国本科申请，比去年同期增长 1 640 人。2021 年和 2022 年申请英国大学的人数有明显增长，疫情下不降反增，体现了英国留学的申请热度。

其中，中国学生申请人数再创新高。2022 年，通过 UCAS 申请英国本科的中国学生共 31 400 人，比上个申请季增加 2 910 人，增长约 10%，申请人数是 2018 年的两倍。自 2017 年中国留学人数跳跃式增长以来，近两年的留学人数都保持着惊人的涨幅。相信未来几年这个势头还将持续下去。

UCAS 官网数据显示，过去十年，中国学生申请人数翻了两番。这充分说明了中国学生对英国高等教育的强劲需求。近年来，受美国社会治安和政治因素的影响，原本申请美国的学生更多地选择了英美同申，这使英国留学的竞争越来越激烈。

前几年，G5 中的帝国理工学院和伦敦大学学院并没有这么难申请。录取标准不断提高是显而易见的。由于申请人数多，优秀学子也多，这造成了人为的成绩膨胀，每个学生都是成绩膨胀的受害者，而且这个趋势会持续下去。因此，顶尖名校的申请难度激增。通过今年牛津大学和剑桥大学的预录取就能看出，不少成绩全 A、获得各种学术竞赛金奖的申请者也未被录取。全国各地知名国际学校和国际部今年的被录取人数也并无明显增加，甚至较往年还有下降趋势，反而一些名不见经传的中学成为“黑马”。这是一个利好现象，说明英国名校开始注重生源的多样性和个性化，在未来的申请中，学生的软实力也将被看到。由于竞争加剧，在硕士、博士的申请中，英美的趋同趋势也在增强。

第一节
英式精英教育的典范——英国公学

许多家长选择将孩子送到英国接受英式贵族教育，主要原因是：第一，其社会环境相对安全，社会秩序相对稳定；第二，英国私立学校的校风较为保守，学校对中学生的监管比较严格，对学生的手机使用时间、学习与休息时间、社交礼仪等都有严格的规定，这对于在时间管理与自律性方面需加强的未成年人来说，可以起到一定的监督作用；第三，小班制教学，一个班级只有 8 ~ 9 人，就算是所谓的大班，最多也只有 20 人左右，师生关系更为紧密，学生可以得到更多的关注与照顾；第四，进入英国名校的概率相对较大。目前学生考取名校的竞争越来越激烈，尤其是牛津大学、剑桥大学这类顶级名校，而这类名校较为看重学生的 GCSE（General Certificate of Secondary Education，英国普通初级中学毕业文凭）和 A-Level 成绩，因此，学生在以 GCSE 和 A-Level 为考试体系的英国中学就读，会有更多的机会进入英国名校。

英国的私立学校共 2 700 多所，其中大部分都是 ISC（Independent Schools Council，英国私立学校协会）的成员。ISC 会对其管辖的学校定期进行监管和评审，以确保学校教育质量的稳步提升。因此，家长与学生可以通过 ISC 官方网站获取安全可靠的信息。

一、英国公学学生申请名校更有优势

英国公学显然是英式精英教育的典范。在英国的私立学校中，英国公学因其悠久的历史、高质量的教学以及引以为傲的成就被视为英国精英教育的典范。公学是专门为名门贵族服务的私立学校，目前英国有一百多所公学。“保持自己的

个性”是每一个公学学生遵守并引以为傲的信条。因此，公学一直保持着与众不同的传统，以彰显自己“高贵”的地位。

在众多公学中，最能代表英式精英教育的是英国九大公学。这九大公学是由英国皇家授权、克拉伦登委员会（Clarendon Commission）指定的（见表 4–1）。

表 4–1　英国九大公学

序号	学校名称	英文名称	学校性质	学校类型	成绩得 A 比例（%）	牛津大学、剑桥大学录取率（%）
1	威斯敏斯特公学	Westminster School	寄宿学校	混校	46.7	49.9
2	圣保罗女子中学	St Paul’s Girls’ School	走读学校	女校	64.6	49.0
3	温切斯特公学	Winchester College	寄宿学校	男校	52.5	36.0
4	伊顿公学	Eton College	寄宿学校	男校	45.5	32.4
5	麦钱特泰勒斯公学	Merchant Taylors’ School	走读学校	男校	58.7	14.4
6	切特豪斯公学	Charterhouse School	寄宿学校	混校	34.0	16.0
7	什鲁斯伯里中学	Shrewsbury School	寄宿学校	混校	38.3	14.7
8	哈罗公学	Harrow School	寄宿学校	男校	40.0	14.1
9	拉格比公学	Rugby School	寄宿学校	混校	53.1	10.4

资料来源：《卫报》学校指南，https://ukguardianship.com/independent-school-a-level-rankings/。

这九所公学各有特点，它们的教育模式多样化、多元化，学校会充分挖掘学生的特长与潜质。比如，切特豪斯公学的学生在音乐方面的成就极为突出，相较牛津大学、剑桥大学，该校学生选择去英国皇家音乐学院的比例更大一些。

英国公学的寄宿制也是其另一大特点。英国人认为寄宿制学校管理严格且规则多，这有利于学生的人格培养、贵族风度养成以及品格塑造。在英国，学术界、政界、体育界、经济界、演艺界等各个领域均不乏公学背景的名人。当年，英国著名首相“铁娘子”撒切尔（Thatcher）夫人的内阁共有 22 位成员，其中 17

位曾就读于公学。英国前首相鲍里斯·约翰逊（Boris Johnson）、戴维·卡梅伦（David Cameron）都毕业于九大公学，英国王室成员也大多都在九大公学接受教育。

英国私校学生申请顶尖名校更有优势，这是留学圈里众所周知的事实，这些学生进入罗素大学集团的可能性是其他学校学生的两倍多，其牛津大学、剑桥大学的录取率更是后者的 7 倍，因此，越来越多的学生去英国私校留学。全英排名前 20 的私立中学，有 8 所位于伦敦，可以说，全英最顶尖的私校集中在伦敦。

英国《泰晤士报》每年都会公布英国最佳私校榜单，这是英国教育界一年一度最具影响力的排名之一。与以往不同的是，2022 年的排名结合了 1 600 所学校在 2017—2019 年三年的学术成绩数据，而非过去几年疫情下的学术成绩数据，也就是说直接跳过了疫情阶段，这样排名的目的是希望以正常、真实的状态来给出排名信息。这些顶尖私校学生的 A-Level 和 GCSE 成绩非常优秀，每年都有许多学生被牛津大学、剑桥大学录取。

二、英国的中学教育体系很完备

英国的中学教育体系非常完备，分为五个阶段，其中初中阶段是第三阶段（KS3），GCSE 处于第四阶段（KS4），A-Level 处于第五阶段（KS5）。

（一）初中阶段

初中阶段指的是英国 7 ~ 9 年级，学生年龄介于 11 岁到 14 岁，相当于我国的初中。学生在初中阶段学习的课程包括英文、数学、科学、音乐、电脑、历史、地理、经济、设计、宗教。大多数学校会开设 20 门左右的课程，学生需要在这些课程中选择 7 ~ 10 门课程进行学习。其中，英文、数学、科学是必修课。初中阶段的课程种类多，学生可以在优秀老师的引导下发散思维、开启智慧，尽情探索不同学科的学习方式，这个阶段可以说是向第四阶段的过渡。

（二）GCSE 阶段

GCSE 证书是英国学生在通过中等教育第一阶段会考后获得的证书，也可称作英国普通初级中学毕业文凭，但实际上，GCSE 的考试内容是英国中学 10 年级和 11 年级的课程，难度和要求都比国内初中的高。从理论上说，国内的高一学生申请 GCSE 较为合适。经过两年 GCSE 的学习，学生方可进入 A-Level 阶段。学生的 GCSE 成绩是进入 A-Level 阶段甚至获得大学录取的参考指标。GCSE 阶段有一年制和两年制之分。

在 GCSE 阶段，学生通常用两年时间来学习 8 ~ 12 门课程。大多数学生都会学习学校规定的必修课，包括英文、数学、设计与技术、语言、自然科学、宗教、通信技术及体育等。选修课包括艺术与设计、商务、戏剧、经济学、工程学、卫生与社会护理、休闲与旅游、音乐与物理等。GCSE 阶段的学习结束后，学生需参加统一考试，学生的成绩主要取决于考试，只有少数科目的成绩根据学生全年的学习情况进行评估，GCSE 成绩等级从最高的 A* 一直到 G，还包括 U 与 X，U 是指不合格，X 是指缺考。

（三）A-Level 阶段

英国高中课程是英国普通中等教育证书考试的高级水平课程，也是英国学生的大学入学考试课程。A-Level 证书几乎被所有英语授课大学当作招收新生的入学标准。A-Level 成绩分为 A*、A、B、C、D、E、U 7 个等级，A 以上为优秀，E 为及格，U 为不及格。如果某门课程成绩不理想，那么学生可以选择重考。

A-Level 阶段的学制为两年。第一年称为 AS 阶段，学生通常选择自己最擅长、最感兴趣以及与未来所选专业有一定关联的 3 ~ 4 门课程，在通过考试后获得 AS 证书。第二年称为 A2 阶段，学生可继续攻读 AS 阶段成绩优异的 3 门课程，在通过考试后获得 A-Level 证书。

A-Level 阶段包含 70 多门可供学生选择的课程，在 AS 阶段，学生一般会选修 3 ~ 4 门课程。A-Level 阶段的考试相对灵活，学生可以分阶段参加考试。比如，AS 阶段的学生可同时报考该课程的 A-Level 考试，A2 阶段的学生也可选修 AS 阶段的课程。每一门课程都可以进行多次考试，最终成绩按照最优异的一次计入。但是在同等水平下，重考同一考试的难度会根据不同科目的情况而有所增加。大部分大学更看好第一次就获得优异成绩的学生。

三、英国的中学申请步骤及申请时间轴

家长与学生可以通过自己的调研和分析找到最适合自己的学校。申请学校是双向的，在申请高中的过程中，学生可以分以下几个步骤进行。

（一）研究学校官网，做到知己知彼

所有申请的第一步，也是最关键的一步就是选校。学生可以阅读英国教育标准局发布的报告，查看各学校的考试成绩要求、区域地图信息，以及各项独立评估信息等。如果想更具体地了解某一所学校，那么学生可以访问学校官网，学校

官网对于学校的课程设置、硬件设施和课外活动等都有详细介绍。通过研究官网上的信息，学生大体可以了解自己更适合什么样的学校。

（二）研究课程体系，选择学校

在选校过程中，学生应尽量避免申请名额过少的学校，并认真查看学校背景及录取习惯。例如，有些学校会为特长生开放特别通道，有些宗教背景的学校更青睐来自有宗教信仰家庭的学生，而大部分学校都比较重视校友后代申请。同时，学生需要知道自己应选择 GCSE 和 A-Level 阶段的哪些课程，自己的优势潜能能否在这所学校得到充分发挥，自己是否喜欢该校的校园文化，学校的课外活动能否满足和发挥自己的特长与兴趣。最后，学校的地理位置、周边环境等，都是学生需要考量的因素。整体而言，选校是对综合因素进行考量的结果。

（三）准备好充足材料并提交申请

英国中学通常要求学生提供的申请材料包括：近两年的在校成绩单、雅思成绩单、学校推荐信、个人陈述等。其中，语言成绩很关键，是最基本的录取条件。另外值得注意的是，在填写申请表时，学生应尽量填写翔实，同时准备好充足材料，切勿填写过少或过于简单的内容，以避免留下不重视申请的印象。提交前务必力求严谨，认真检查，切勿出现笔误。

英国中学的申请时间轴如图 4–1 所示。

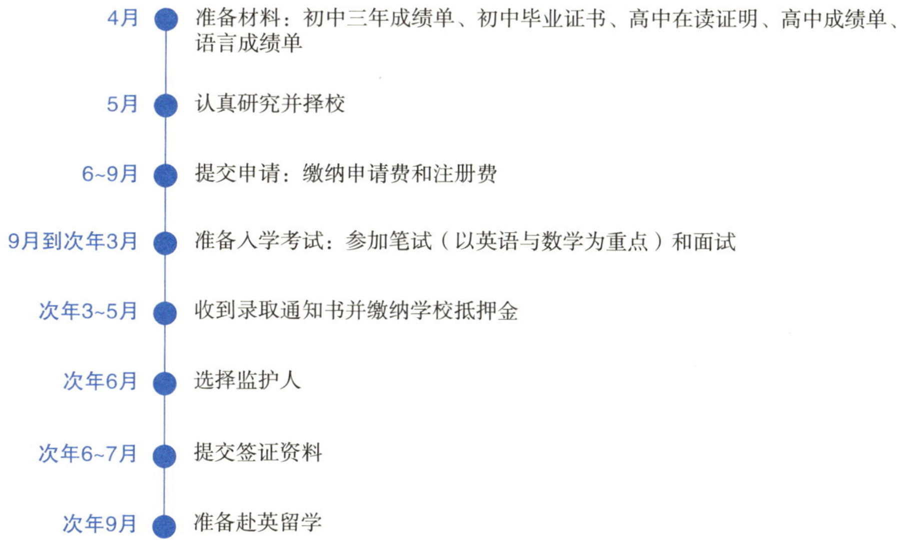

图 4–1　英国中学申请时间轴

校友观点

邵同学

就读于伦敦国王学院音乐系

在英国高中，学生常常会见到一些古板却很负责的老师。我就读的公学，其音乐教育非常有名。我如果不转学，也许就不会学音乐，但转学给我带来更多的可能性。虽然我们学校的牛津大学、剑桥大学录取率不是很高，但毕业生申请到的普遍都是好学校。在我们学校，大部分学生都是家庭经济条件特别好或政客、金融家的孩子，在上经济方面的课程时，他们的发言让我大开眼界。我们学校共 800 多人，我这一届有 75 名女生、200 多名男生。在英国公学中，这算是学生人数很多的一所学校了，学校包括 9～13 年级。

我如果不出国，就不可能学音乐。在英国的这些年，我感觉自己成长得比较快。跟国内同学相比，我觉得自己稍成熟一些。还有一点就是，在国外，人际关系更复杂，国内不可能体验到的一些困难我都体验过了。当然，留学生涯使我的能力提升很多。比如，我以前不爱说话，现在家人认为我开朗了很多。而且我也学了一些技能，学了许多乐器。无论你想做什么，学校都会真的帮你找资源。现在的我更自立，更敢做决定。

平心而论，我觉得学术能力很强的同学可以留在中国，你如果没有特长，就不要来英国，心理脆弱的学生也不建议来。你如果在体育、音乐方面有特长，就会有更多录取机会，反之，机会很少。而且没有特长的话，你跟老师的关系也没有那么亲近。让老师了解你，在英国是件非常重要的事情。

第二节
英国优秀大学全分析及其录取标准

UCAS 的最新数据显示，中国申请英国本科的人数再创新高。中国学生选择在英国读本科的主要原因有三点。第一，英国的教育质量相对较高。英国的教育制度历经数百年发展，很多学府都有百年历史。英国实行精英教育，学校注重个性化培养。第二，学制较短，本科阶段大多是 3 年，许多大学都有四年本硕连读课程。相比澳大利亚和美国，在英国留学更经济、实惠。第三，在国际形势风云变幻的今天，英国的安全系数较高。

一、英美大学的差别明显

英美两个国家在教育体系、教学方式、学制和人才培养体系上，都有很大的区别，这种区别是非常明显的。所以学生需要静下心来研究两国在教育模式上的不同，找到更合适自己的留学国家。切勿从众和盲目比照他人，因为适合他人的并不一定适合自己。

对于家长和学生而言，英美是两个最重要的留学目标国，那么该如何取舍，它们的差别在哪里？

总体而言，英美两国的大学各有千秋，适合自己的就是最好的。美国学校的主要优势体现为选择多，换言之，好学校的容量与体量大。同时，学生在专业和学校上的选择自由度大，既可转专业，又可换学校，这给予学生极大的探索自由。另外，美国大学的前沿学科多，博士生项目基本都有奖学金。英国学校的优势在于本科和硕士阶段的学制短，学费相对便宜，且本科教育扎实。另外，英国学校更重视学术表现，而对课外活动设置了较低权重，在某种程度上，这有利于在课外活动方面不出彩而学术水平良好的学生。尤其是现在，有些理工专业也受到影响，因此理工科学生在选择留学国家时可以考虑这一因素。

表 4–2 对英美大学的申请与录取政策、教学体系、学制、工作机会等方面进行了比较。

表 4-2 英美大学差异对比

项目	美国大学	英国大学
申请与录取	申请专业可暂定，可以换专业	专业基本固定，申请需要定夺
	申请学校限制少，可以多申请	申请学校受限制，只能填写五所学校
	考察硬性条件和软性条件，课外活动很重要	硬性条件最关键，学术背景很重要
	申请资格很灵活，大多无硬性条件要求	申请资格卡得严，硬性条件需达标
	本科录取基本上是直录	本科录取基本上是有条件录取
	优秀大学多，学校容量大、数量多，可选择面广	G5 非常强，学校数量与容量有限
教学体系	大一和大二可转学，自由度大	很难转学
	通识课程多	大一就开始上专业课
	选课自由度大，可自由探索	选课自由度小
	教学重理解与应用	教学重逻辑推理
学制	本科四年	本科三年（绝大多数）
	硕士两年	硕士一年
	博士四到八年	博士三年
工作机会	读书期间工作受限制	读书期间可工作
	就业机会多，岗位容量大	就业机会少，岗位容量小

资料来源：根据英美各大学官网公开信息整理。

什么样的学生适合去英国留学？从表 4-2 可以看出，高中阶段就已经明确自己未来专业目标的学生可以申请英国大学，而没有明确专业目标，需要进入大学后经过探索决定专业的学生，可直接申请美国大学。

从学生自身性格特征来看，如果学生更喜欢沉浸于知识的海洋，埋头钻研，享受安静的学习氛围，那么英国的大学更为合适。而对于喜欢不断探索、喜欢热闹的氛围，以及喜欢参加课外活动和社交活动的学生来说，美国的综合性大学更合适。

从专业角度来看，由于美国政治因素的影响，越来越多的理工科学生意识到，英国是他们的首选。从牛津大学、剑桥大学在中国的录取情况来看，理工科学生占绝大多数，这与美国正好相反，所以未来想致力于理工科研究的学生，本科阶段更适合在英国读书。

从教学模式与体系来看，英国大学重逻辑推理，而美国大学重理解与应用。这两种教学模式其实会给学生带来不同的思维方式。另外，美国大学有两年的通识教育，而英国以及中国等东亚国家的大学在大一就开始专业教育，这是很不同的。

从发展规划来看，如果学生想快速步入职场，那么四年本硕连读的英国大学非常合适。如果学生想花更多时间打磨自我，那么六年本硕连读的美国大学更合适。

从经济角度权衡，留学英国的花费比留学美国的花费至少节约一百万元。

无论是英国大学还是美国大学，学生都需要基于自身性格特征和优势，全面权衡两者的利弊，以做出更适合自己的选择。在这一点上，学生需要自主研究和思考，家长也要学会放手，让学生在此阶段形成自己对事物的判断，跟从内心的召唤，并独立寻找解决方案，切勿剥夺孩子在此阶段的成长机会，替孩子思考或替孩子做决定。

除了中国家长与学生熟知的 G5，其实英国还有很多优秀的学校，罗素大学集团旗下的优秀学校都各有特色与优势。罗素大学集团盟校包括六所金三角名校（剑桥大学、牛津大学、帝国理工学院、伦敦大学学院、伦敦政治经济学院这五所 G5 学校以及伦敦国王学院）、六所红砖大学（曼彻斯特大学、布里斯托大学、伯明翰大学、利兹大学、利物浦大学和谢菲尔德大学）、两所苏格兰大学（爱丁堡大学和格拉斯哥大学）、威尔士的卡迪夫大学、北爱尔兰的贝尔法斯特女王大学以及八所英格兰大学（伦敦玛丽女王大学、诺丁汉大学、南安普顿大学、纽卡斯尔大学、华威大学、杜伦大学、埃克塞特大学、约克大学）。

二、英国独特的前置考试

牛津大学、剑桥大学等名校的前置考试政策很复杂，这些名校对学生的筛选也很严格。所有学生必须参加面试，但取得面试资格的前提条件是通过前置考试。学校根据考试成绩给予学生面试邀请，没有收到面试邀请说明学生在前置考试中未达标，也意味着学生提前被拒录了。

大部分前置考试于每年秋季举办，但也有个别考试在夏季，所以学生需要了解清楚每年的考试时间。该考试的专业性很强，许多内容超出高中课程范围，因此学生最好参加专门的培训以提高通过率。目前在英国通用的前置考试主要有以下 15 类：数学入学考试（MAT，Mathematics Admissions Test）、第六学期考试（STEP，Sixth Term Examination Paper）、剑桥计算机入学考试（CTMUA，Cambridge Test of Mathematics for University Admissions）、思维能力入学考试（TSA，

Thinking Skills Assessment）、经济学入学考试（ECAA，Economics Admissions Assessment ）、工程入学考试（ENGAA，Engineering Admissions Assessment）、物理入学考试（PAT，Physics Aptitude Test）、自然科学入学考试（NSAA，Natural Sciences Admissions Assessment）、地理入学考试（GAT，Geography Admissions Test）、历史入学考试（HAT，History Aptitude Test ）、语言入学考试（MLAT，Modern Languages Admissions Test）、英国文学入学考试（ELAT，English Literature Admissions Test）、生物医学入学测试（BMAT，Biomedical Admissions Test）、法律入学考试（LNAT，National Admissions Test for Law）、哲学入学考试（Philosophy Test）。

牛津大学、剑桥大学、帝国理工学院、华威大学、伦敦政治经济学院的一些专业要求学生参加前述 15 项考试中的一项或多项，所以在申请英国学校时，学生需提前在学校官网上认真查看所需参加的前置考试。

三、英国 G5 大学的申请与面试

相对美国大学而言，英国大学的申请从准备到提交，流程上简单了许多，但限制性因素也相对多一些。在 UCAS 系统中，学生只能填写五个空，这意味着学生在申请季最多只能申请五所英国大学。学生如果想多申请一所，就只能在 2 月份再申请。本节重点介绍英国大学的申请流程与所需材料，特别是中国家长和学生青睐的 G5 大学的录取标准与条件（见表 4–3）。

（一）中国学生最爱的 G5 学校录取标准

英国作为历史悠久的欧洲国家，孕育出了许多富有文化底蕴的百年名校。其中，最优秀的学校有五所，就是并称为“G5 超级精英大学”的牛津大学、剑桥大学、伦敦大学学院、帝国理工学院、伦敦政治经济学院，这五所学校是我国留学生的主要目标学校。但在申请时，牛津大学和剑桥大学只能申请一所，不能同时申请。而且这两所大学的申请截止日期要比其他学校早三个月左右，每年 10 月 15 号就截止了。更重要的是，申请这两所学校的学生必须参加面试。在 G5 大学申请中，实际上学生最多只能申请四所大学。如果再划分理科和文科，那么大多数学生在 G5 中只能申请三所大学。

相比大部分美国大学，英国大学更注重学生的学术表现。因此，每所大学对学生的语言测试和学术测试都有着明确的分数要求。

表 4-3 G5 大学录取标准与条件

学校	雅思或托福基本要求	A-Level 基本要求	AP 基本要求	IB 基本要求	SAT 或 ACT 基本要求
牛津大学	**雅思** 计算机科学、数学、数学与计算机科学、数学与统计学专业：总分 7 分以上，单科 6.5 分以上；其他专业：总分 7.5 分以上，单科 7 分以上 **托福** 计算机科学、数学、数学与计算机科学、数学与统计学专业：总分 100 分以上，听力 22 分以上，阅读 24 分以上，口语 25 分以上，写作 24 分以上；其他专业：总分 110 分以上，听力 22 分以上，阅读 24 分以上，口语 25 分以上，写作 24 分以上	AAA ~ A*A*A	至少 3 门课程达 5 分	最低分 38 分、39 分或 40 分，具体取决于各专业；3 门 HL 课程单科达 6 ~ 7 分	**SAT** 1 470 分以上，不接受拼分 **SAT2** 3 门专业相关学科 700 分以上 **ACT** 32 分以上
剑桥大学	**雅思** 总分 7.5 分以上，单科 7 分以上 **托福** 总分 110 分以上，单科 25 分以上	A*AA ~ A*A*A	5 门课程达 5 分	40 ~ 42分；3 门 HL 课程分别达 7 分、7 分、6 分	**SAT** 理科或经济学专业：1 500 分以上（阅读 750 分，数学 750 分，不接受拼分）；其他专业：1 460 分以上（阅读 730 分，数学 730 分，不接受拼分） **ACT** 人文艺术专业：32 分以上；理科专业：33 分以上

（续表）

学校	雅思或托福基本要求	A-Level基本要求	AP基本要求	IB基本要求	SAT或ACT基本要求
伦敦大学学院	不同专业的要求不同，分为Standard、Good、Advanced（普通、良、优）三个等级 **雅思** Standard：总分6.5分以上，单科6分以上；Good：总分7分以上，单科6.5分以上；Advanced：总分7.5分以上，单科6.5分以上 **托福** Standard：总分92分以上，阅读和写作最低24分，听力和口语最低20分；Good：总分100分以上，阅读和写作最低24分，听力和口语最低20分；Advanced：总分109分以上，阅读和写作最低24分，听力和口语最低20分	ABB～A*A*A	5门课程达5分或3门课程达5分且SAT成绩达到1380分、ACT成绩达到29分（ACT写作成绩应达到10分）	34分以上；3门HL课程总分17分以上，单科最低5分	**SAT** 1380分以上，且3门AP课程达到5分 **ACT** 29分以上，写作10分以上，且3门AP课程达到5分（注：如学生有5门以上的AP课程达到5分，则SAT或ACT成绩不作要求）
帝国理工学院	不同专业的要求不同，分为Standard、Higher（标准、高阶）两个等级 **雅思** Standard：总分6.5分以上，单科6分以上；Higher：总分7分以上，单科6.5分以上 **托福** Standard：总分92分以上，单科20分以上；Higher：总分100分以上，单科22分以上	AAA～A*A*A	3～4门课程达5分	38～42分；3门HL课程单科6～7分	无明确要求，不推荐用SAT或ACT成绩申请该学校

（续表）

学校	雅思或托福基本要求	A-Level 基本要求	AP 基本要求	IB 基本要求	SAT 或 ACT 基本要求
伦敦政治经济学院	**雅思** 总分 7 分以上，单科 7 分以上，不接受拼分 **托福** 总分 100 分以上，阅读 25 分以上，听力 24 分以上，口语 24 分以上，写作 27 分以上，不接受拼分	AAB～A*AA	5 门课程达 5 分	37～38分；3 门 HL 课程单科 6～7 分	无明确要求，不推荐用 SAT 或 ACT 成绩申请该学校

资料来源：根据各学校官网公开数据整理。

以上是申请 G5 大学的基本要求。其他英国大学也都在学校官网上明确列出了对学生的要求，学生可以自行查询。需要注意的是，同一所学校的不同专业对学生的要求也会有所不同。有些学校还要求学生参加与专业相关的学科测试或提交相关学术论文，比如牛津大学和剑桥大学。在申请前，学生应了解清楚自己意向专业的要求，做足准备。牛津大学、剑桥大学和帝国理工学院等学校通常会有面试环节。所有学校的面试类型一样，都是学术型面试。

（二）牛津大学和剑桥大学的面试不亚于再次考试

牛津大学和剑桥大学的面试极为关键，是录取学生的最后一轮筛选，堪称“人才淬金石”，只有真金才能经得起火炼。

1. 牛津大学的面试与问题

✧ 面试比例

牛津大学的面试比例为 50%，通过前置考试来筛选学生。近年，牛津大学每年约有 2 万名申请者，其中约 1 万人会收到面试通知。最后被录取的学生有 3 300 名左右，即有 33% 左右的面试者会被录取。其中录取人数最少的是生物学专业，录取率仅为 20% 左右。而申请人数最少的是宗教与东方研究专业，录取率超过 50%。

✧ 面试形式

美国大学的本科录取通常由招生办的工作人员进行面试，如果是国际生，那么是线上远程面试或校友面试。同时，英美大学最大的不同不是面试形式，而是面试内容。美国大学的面试多为闲聊式，并不对学生的学科水平再次进行深入测试。而英国大学的面试与之相比，可谓是难上加难，面试内容完全不同。牛津大学会邀请学生进行校园面试，而面试官就是学生所申请学院的教授或讲师，每场面试会有两名面试官，有些专业还会有附加面试。牛津大学的面试通常在 12 月上旬进行，不同专业会有不同的时间安排。

✧ 面试内容

牛津大学的面试分为两部分。第一部分是让学生进行个人陈述，并讨论为什么申请这所学校和这个专业。第二部分是难点，也是英国大学面试的重点。根据申请专业的不同，由教授或讲师组成的面试官团队会给学生一篇文章、一张图表、一首诗歌或者一个公式，要求学生当场回答问题并进行评论，理工科学生有时需要当场进行推导和演算。值得注意的是，面试题目也许与学生目前所学科目有关，也许是其课程大纲之外的知识。这些专业问题是对学生学术水平的再次测评。

2. 剑桥大学的面试与问题

✧ 面试比例

近年来，剑桥大学每年约有 1.7 万名申请者，其中约有 75% 的申请者能收到面试邀请，即约 1.3 万名申请者能参加面试，最后录取 3 400 名学生，也就是说，26% 左右的面试者会被录取。

✧ 面试形式

剑桥大学的面试有两种，一种是校园面试，另一种是海外面试。在中国，海外面试的地点通常在上海。在校园面试中，面试官同样是学生所申请学院的教授或讲师，而海外面试则无法保证面试官是剑桥大学的老师，大多数面试官是剑桥大学委托的具有专业水平的学术专家。剑桥大学的面试时间通常在 11 月底到 12 月初。与牛津大学一样，剑桥大学的面试难度也不小，有些专业除了需要口头回答问题，还要进行 20 ~ 60 分钟的书面测试。

✧ 面试内容

剑桥大学的面试主要考查学生的学术水平，这是英国大学的统一风格，即以学术水平为第一评价指标。以热门的工程专业为例，第一场面试主要讨论个人兴趣以及学生申请文书中所写的内容，同时口头解答数学题。第二场面试则主要讨论力学相关问题，解答物理问题。这些问题大都涉及英国物理奥赛中的题目。

除了牛津大学和剑桥大学，帝国理工学院也非常重视面试。所以，收到面试邀请是进入这些学校的第一步。英国大学严格认真的面试流程及内容，会给所有学子留下极为深刻的印象，也正因如此，这些学校的本科教育以严谨扎实名扬世界。

四、英国其他优秀大学

除了著名的 G5，英国还有许多各具特色、非常优秀的大学。虽然学生在选择大学时，不能只看大学排名，而是要深入了解、研究一所学校，但大学排名也为学生提供了一定的参考（见表 4–4）。

最负盛名的学校排名是 QS 世界大学排名，它的评选指标很多，例如毕业生满意度、研究质量和毕业生就业前景等。

表 4–4 QS2022 世界大学排名前 100 名中的英国大学及其优势专业

QS 排名	大学名称	得分	优势专业（后面数字为排名）
2	牛津大学	99.5	计算机 1、经济学 2、会计金融 1、艺术设计 6、商学院 3、临床与健康、医学、地理、历史与政治学、考古、英语语言与文学
3	剑桥大学	98.7	计算机 2、经济学 4、会计金融 2、建筑专业 3、商学院 2、人类学、考古、化学、解剖学、生理学、英语语言与文学、地理、历史、生物科学、机械工程、临床医学
7	帝国理工学院	97.3	计算机 3、经济学 8、会计金融 6、艺术设计 10、土木工程、机械工程、化学工程、数学、生命科学、临床与健康
8	伦敦大学学院	95.4	计算机 4、经济学 9、会计金融 9、建筑专业 1、艺术设计 7、传媒学院 4、医学、法律、机械工程、教育研究
16	爱丁堡大学	89.9	计算机 5、经济学 6、会计金融 8、建筑专业 7、传媒学院 9、旅游与酒店管理
27	曼彻斯特大学	84	计算机 7、经济学 15、会计金融 5、商学院 7、物理、医学、数学
35	伦敦国王学院	82	医学、牙科、药剂学、法律、心理学
49	伦敦政治经济学院	75.8	计算机 9、经济学 1、会计金融 3、商学院 4、传媒学院 1、法律、国际关系、政治学、人类学、社会学、社会政策与管理、社会心理学

（续表）

QS 排名	大学名称	得分	优势专业（后面数字为排名）
61	华威大学	71.2	计算机 8、经济学 5、会计金融 7、商学院 5、数学、工程、物理
62	布里斯托大学	71	物理、牙科、数学、经济学、航空航天工程
73	格拉斯哥大学	66.8	会计金融 10、法学、化学、计算机、物理
77	南安普顿大学	65.7	计算与信息科学类、工程类
82	杜伦大学	65.2	物理、化学、法律、社会学、心理学
90	伯明翰大学	62.9	物理和天文、化学工程、计算机、会计与金融
91	圣安德鲁斯大学	62.8	考古、天体物理、地球环境科学、心理学、管理学、文学
92	利兹大学	62.6	商学院 10、传媒学院 4、制药与药理学、医学、语言学、艺术与设计
95	谢菲尔德大学	61.6	建筑专业 4、传媒学院 10、图书馆与信息管理、考古、地理

资料来源：根据 QS 世界大学排名公开数据整理。

第三节
英国大学的申请全流程

大部分英国大学的申请都是通过 UCAS 系统完成的，UCAS 系统通常在每年 8 月初开放（牛津大学、剑桥大学以及医学、牙科学、兽医科学、B 类艺术专业除外）。在每一轮的申请中，学生一共可以申请五所大学，但牛津大学与剑桥大学不可同时申请，专业要求一般是同一方向，因为 UCAS 系统只能提交一篇文书，这篇文书必须是五所学校通用的，所以专业方向必须有很强的相关性。学生在系统上填写好申请材料后，这一份材料会同时递交给其申请的五所大学，每所大学收到的材料都是一样的。

一、UCAS 申请步骤与流程

（一）选择学校与专业

学生可以浏览学校信息，从而确定自己想申请的学校及专业。

（二）提交申请资料

不同大学、不同专业的申请截止日期不同。牛津大学、剑桥大学以及其他大学医学相关专业的申请截止日期为 10 月 15 日，而剩余学校及专业的申请截止日期则在 1 月 15 日。需要注意的是，因为学生的申请材料会同时提交给五所大学，所以申请截止日期应以最早日期为准。剑桥大学与牛津大学都是学院制，所以在申请环节，选择学院很重要。学生要在 UCAS 官网填写个人信息、学术成绩、个人陈述并缴纳申请费，同时向各申请院校提交学校成绩单、英语标化成绩单、老师推荐信、高质量获奖证书等学术背景材料。英国院校非常看重学生个人陈述的严谨性，学生需要对申请的院校、专业以及个人优势做出精准分析和表述。部分学校会在录取前要求学生参加笔试及面试，比如牛津大学、剑桥大学、帝国理工学院、伦敦政治经济学院、杜伦大学等。

学生如果想额外多申请一所学校，那么可以通过 UCAS 系统在 2 月中旬提交申请。

（三）查看结果

大部分学校的录取结果大约在 3 月份发布，部分学校的录取结果发布得早，比如牛津大学和剑桥大学，大约在 1 月份。因为学生最后一学年平时成绩的出分时间通常在录取结果公布之后，所以英国大学通常为有条件录取，并要求学生达到预期分数。如果学生的预估分数与最终成绩差距较大，那么英国大学会取消之前发放的预录取。

（四）补录机会

如果学生的实际考试成绩比预估的好，同时想到更好的大学就读，且已经持有无条件录取，那么学生可以将原先的录取拒掉，将自己的相关信息录入补录系统。补录系统的开放时间是每年的 6 月底到 7 月初或 8 月中旬，7 月初相当于提前批，适用于 IB 和 AP 应届生，以及已有最终成绩的往届生。8 月中旬适合 A-Level 学生，应届生此时正式进入补录阶段。

（五）确认入学

学生在 12 年级最后一学期成绩（A-Level 和 IB）出分后，确认录取结果，并通知学校自己是否就读。若确认入学，则进入签证办理与准备阶段。如果申请的几所大学都未录取，那么学生进入补录阶段，在 7 月初再次进行申请。

二、申请英国大学需提交的材料

UCAS 系统要求学生提交的申请材料主要有个人陈述、学术成绩和推荐信三项，国际生还需要提交语言能力水平测试成绩。

（一）个人陈述

与美国大学的主文书不同，英国本科申请需要学生在 4 000 个字母或 47 行以内全面地介绍自己。学生需要阐述自己的申请原因、学术特长、意向专业选择原因、活动经历、获奖经历等多方面的信息。英国大学的申请文书与美国大学的完全不同，美国大学申请文书需要讲故事，写感人文章。而英国大学的申请文书强调为什么申请这个专业，学生为这个专业做了哪些准备与积累，取得了哪些成绩，它更像是一篇专业文书。

UCAS 系统还要求学生在个人陈述部分提及课外活动的内容。因此，申请英国大学的学生在填写个人陈述时，不仅要写一篇完整的文章，还要系统地说明自己的课外活动与其他经历，从而使学校全面了解自己。UCAS 系统在官网上为学生提供了个人陈述的参考文件，也为学生提出了一些建议，以帮助学生更好地完成个人陈述。

- 行文简洁自然，不要过于复杂。
- 追求独特，但需注意幽默、引用或其他特殊用语的使用，有时招生官的幽默感可能与你不同。
- 重点描述与大学看重的品质有关的个人信息，可以参考课程简介。
- 注意字数限制，4 000 个字母或 47 行以内。
- 注意检查字词，邀请老师、家人、朋友复查，再根据意见进行调整，避免出现拼写和语法错误等问题。

（二）学术成绩

英国大学一般对学生的学术成绩有着非常明确的要求。在申请时，学生需要在 UCAS 系统上提交这些成绩。英国常见的课程体系为 A-Level 体系和 IB 体系，英国大学一般接受的学术成绩也是这两种课程体系的成绩。学生需要自行将分数汇报给学校，并提供成绩单。同时，因为申请季开始于最后一学年的第一学期，所以学生需要预估第二学期的分数，将其一并汇报给学校。如果学生所在的学校没有开设这两种课程，那么学生除了提交平时成绩，还需要提供其他学术测试成绩，以满足申请要求。大部分英国大学接受 SAT、ACT、AP 等美国本科申请常用的学术测试成绩，近年来，中国高考成绩也逐渐被包括剑桥大学在内的部分英国院校接受。上一节简单列出了 G5 大学的部分学术要求，以及其他英国大学各个专业的具体成绩要求，学生可以在各学校官网上找到。

（三）推荐信和补充材料

英国大学只要求学生提交一封推荐信。推荐信可以来自任课教师、升学指导老师或其他对学生的学术水平有一定了解的专业人士。需要提醒的是，英国大学要求学生先提交一封老师推荐信，之后才能提交申请材料。

英国大学的推荐信内容与美国大学的有一定区别，申请英国大学的学生一定要注意这一点。关于英国大学的推荐信怎么写，UCAS 官网上有详细说明。

- 英国大学只需要一封推荐信。
- 字符要求：4 000 字符以内（加空格）。
- 不管推荐人是谁，都应该以高中的角度（类似高中的指导顾问）去推荐学生。也就是说，如果推荐人是任课老师，那么推荐信的内容不能限制在学生在此学科上的学习表现，而是要整体评价学生，比如学生所学课程的难度、学生的整体学术水平等。
- 说明为什么该学生适合学习他所选择的大学专业，并说明为什么认为学生可以在该专业领域成功。如果有可能，最好看一下学生的个人陈述，从而使推荐信内容跟学生的申请材料相匹配。
- 推荐信中不要重复学生个人陈述中的内容，除非老师是对其加以评价。

除了以上材料，包括 G5 在内的一些学校要求学生额外提供针对本校的补充材料。例如，学生在 UCAS 系统提交申请材料后，剑桥大学会通过电子邮件向学生发送补充问卷。同时，剑桥大学还针对不同专业的学生设立了不同科目的入学考试，学生的成绩会影响录取结果。

小贴士

1. 英国大学普遍采取“先到先得”的滚动录取原则。如果确定自身条件达到学校的录取标准，并且自己也具备足够的附加优势，那么学生应尽早申请。

2. 学生申请 G5 院校必须满足其硬性条件。如果自身成绩不太理想，那么学生应适当延后申请时间。

三、中国高考成绩被广泛接受

越来越多的英国大学开始认可中国高考成绩，学生可以免去读国际预科，而直接就读本科课程。部分英国大学及其录取要求如表 4–5 所示。

表 4–5 认可中国高考成绩的部分大学一览

学校	录取要求
剑桥大学	1. 高考成绩排名达到省内前 0.1%；2. 雅思要求：视专业而定，通常情况下雅思成绩要达到 7 分；3. 从奥赛、SAT 以及大学先修课程等方面考查学生
伯明翰大学	1. 高考总成绩占总分的 80% 及以上；2. 高中三年平均分达到总分的 85% 以上；3. 达到所申请本科课程的英语语言要求（注：个别本科课程对高考数学分数有特殊要求）
斯特灵大学	按高考成绩直接入读大一：全国大部分地区 425 分（总分 750 分），上海 375 分（总分 660 分），江苏 275 分（总分 480 分），海南 525 分（总分 900 分）；按高考成绩直接入读大二：全国大部分地区 500 分（总分 750 分），上海 435 分（总分 660 分），江苏 316 分（总分 480 分），海南 594 分（总分 900 分）
利兹大学	高考总成绩占总分的 75%~85% 或者江苏省排名前 20%~50% 的学生；高考总成绩占总分的 75%~82% 且会考成绩占总分的 85%（部分专业还要求学生递交 A-Level 数学科目成绩）
莱斯特大学	1. 有高中毕业证书；2. 高中三年平均分达总分的 75% 及以上；3. 高考成绩达到 500 分（上海、江苏等地学生会特殊处理）；4. 达到所申请本科课程的英语语言要求；5. 医学专业不接受高考成绩
思克莱德大学	1. 会考成绩达到总分的 80%，单项成绩不低于单科总分的 80%；2. 无会考省份的学生的高中毕业成绩应达到总分的 80%，其中至少 6 门相关课程都达到要求；3. 高考总成绩占总分的 70%（可申请就读大二）；4. 达到所申请本科课程的英语语言要求
邓迪大学	1. 高中成绩均分达到总分的 75% 或会考成绩达到总分的 75%，可以就读大一；2. 高考成绩达 525 分，可以就读大二（上海、江苏等地学生会特殊处理）；3. 达到所申请本科课程的英语语言要求；4. 高考不分文理科，接受往届高考成绩；5. 医学和牙医专业暂不接受高考成绩

（续表）

学校	录取要求
贝尔法斯特女王大学	1. 高考总成绩占总分的 75% 及以上；2. 达到所申请本科课程的英语语言要求；3. 医学和牙医专业不接受高考成绩（注：个别本科课程对高考单科、会考、物理及数学分数有特殊要求）
卡迪夫大学	1. 高考总成绩占总分的 80% 及以上；2. 获得高中毕业证书，高二总成绩达到该学年总分的 85%，高三总成绩达到该学年总分的 85%；3. 达到所申请本科课程的英语语言要求（注：个别本科课程对高考数学分数有特殊要求）
伦敦玛丽女王大学	1. 高考总成绩占总分的 80% 及以上，其中数学高考成绩要达到该科总分的 80% 及以上；2. 高中平均成绩占平均总分的 85%，11 年级或 12 年级的物理、化学和生物成绩要达该科总分的 80%；3. 目前只有五个学院接受高考成绩：生物化学学院（仅限化学或化学科学专业）、工程与材料科学学院（仅限材料科学专业）、经济金融学院、物理与天文学院、数学科学学院
伦敦大学皇家霍洛威学院	1. 高考总成绩占总分的 75% 及以上；2. 雅思总分达 6.5 分，单项成绩达 6.0 分
埃克塞特大学	1. 高考总成绩达到总分的 75% 及以上；2. 如果申请的专业有 A-Level 数学科目要求，那么高考数学成绩需达到 80% 及以上；3. 高中成绩均分需达到 85% 及以上（高二和高三），若申请的专业对 A-Level 相关科目有要求，高中对应的相关科目成绩需达到 85%；4. 满足国际学生直读本科课程的标准英语语言入学要求；5. 医学专业不接受高考成绩
卡迪夫城市大学	1. 高考成绩达 450 分及以上；2. 雅思达到 6.0 分；3. 达到内测要求
亚伯大学	1. 社会科学领域的专业要求高考总成绩占总分的 75% 及以上；2. 自然科学领域的专业要求高考总成绩占总分的 70% 及以上
布莱顿大学	1. 高考总成绩占总分的 75% 及以上，根据申请专业不同，有些单科成绩也需要达到单科总分的 75% 及以上；2. 部分专业要求高考总成绩占总分的 80%

注：此表为不完全统计，接受中国高考成绩的英国大学会越来越多，申请条件也会随之改变，请以各大学官网的信息为准。

资料来源：根据各学校官网公开数据整理。

四、英国大学申请时间轴

英国大学的申请流程相对简单，学生只需提交一次申请，需关注的是补录开放时间。

英国本科申请时间轴（以 2023 年英国大学秋季入学为例）如图 4–2 所示。

2022年5月17日　UCAS系统正式开放，意味着2023年申请季正式开始

2022年9月6日　2023年UCAS本科申请正式开放，学生可以递交申请

2022年10月15日　2023年牛津大学、剑桥大学及医学、兽医、牙医专业截止申请

2023年1月25日　大部分英国大学本科专业截止申请（除了申请截止日期为10月15日的专业）

2023年2月23日　UCAS系统补申、额外申请开放

2023年7月5日　UCAS系统补录申请开放

2023年9月21日　2023年本科入学申请截止（不管是什么申请，这都是最后期限）

2023年10月17日　UCAS系统补录申请与录取最终截止（至此，2023年英国本科申请全部结束）

注：英国大学与美国大学不同的是，大部分英国大学要求学生接受录取后在 6 ~ 8 周内缴纳 500 ~ 2 000 英镑的押金，此押金可在入学后抵扣学费；英国常见的学费支付方式是电汇和汇票。

图 4-2　英国本科申请时间轴

第四节
英国研究生的天然优势突出

由于英国硕士研究生的学制较短，因此学费相对较低，这对有早毕业、早工作的意向的学生有较大的吸引力。英国有 160 所大学，学校在硕士研究生期间非常强调专业的重要性。英国大学的研究生申请及录取与美国大学也有所差别，特别是在学时、学制及录取条件上。

一、英国的本硕连读项目吸引众多留学生

在绝大多数的英国大学中，学生取得本科学位只需三年，因为英国注重基础学科教育，所以学生在大一就开始上专业课，而三年的时间足以打造坚实的学科知识基础，这是英国大学教育体系的一大特色。而一些学校的语言系本科学位由于需要学生参加为期一年的海外交换项目，是四年制。

除了较短的本科学制，英国大学还因其独特的本硕连读项目而闻名。本硕连读项目受到学生的喜爱，因为本科生只需再读一年便可拿到硕士研究生学位，所以在英国，学生四年就可以拿到本硕两个学位，比中国和美国都缩短了至少两年时间。常见的本硕连读项目大多是工程类、商科类和教育类专业。开设本硕连读项目的热门大学包括曼彻斯特大学、爱丁堡大学、利兹大学等学校，学生只要达到学校对本科 GPA 的要求，就可以直升至本校的硕士研究生项目。

本硕连读项目的申请流程与普通本科大致相同，学生都需要通过 UCAS 系统提交学术成绩、个人陈述和推荐信，以及学校要求的其他补充材料。每所大学也都会在官网上公示录取标准，有的专业还会明确要求学生提交相关学科的成绩单。比如，曼彻斯特大学机械工程专业的本硕连读项目对 A-Level 课程的学生的成绩要求为数学、物理和另一门学科要拿到 AAA 的成绩，而对 IB 课程的学生的要求是必须选择 HL 课程的数学和物理，且三门 HL 课程成绩均在 6 分以上。

英国大学的本硕连读项目能帮助专业方向较为明确的学生尽快完成学业。然而，对于专业方向不确定的学生而言，它有时也是一种约束。如果学生在进入本硕连读项目后，发现专业不适合自己，或者想要进入其他学校读硕士学位，那么他需要通过一系列手续来取消已就读的硕士项目，这也会对签证产生影响。因此，学生在决定是否选择本硕连读项目时，需要结合自身情况，慎重考虑，不要盲目跟风，以免给自己带来不必要的麻烦。

二、英国名校研究生录取要求为至少二等一学位

英国本科是学位等级制度，这也是英国本科生申请硕士最重要的录取指标。英国本科学位分为一等、二等一、二等二和三等四个等级，相对应的本科均分成绩为 70+、60 ~ 69、50 ~ 59 和 40 ~ 49。不过，对于本科的均分成绩，各学校的算法略有不同。因此，想要申请英国名校，通常至少需要二等一学位。而想要申请到 G5 等顶尖大学，则需要一等学位。因此，英国本科的毕业成绩至关重要，可

能一分之差，就会导致学生因学位等级不够而不被录取。

与美国一样，学生只要在英国读了本科，申请硕士学位时就不再有语言成绩的要求。除了个别学校的项目要求提交 GMAT 成绩，大学并不要求学生参加 GRE、GMAT 之类的研究生入学考试。所以对于准备晚，或者很难考出高分的学生而言，申请英国的硕士学位是一个较好的选择。

三、申请研究生需提交的资料

申请研究生所需提交的资料主要有六项。

在校成绩（体现学习能力）。英国研究生院非常重视学生的学习能力与学术背景，会考核其是否与所申请专业匹配。而且英国大学非常关注中国大学的排名，对 985/211 大学、“双非”院校学生有不同录取要求，部分院校的部分专业也有不同的录取标准。

个人陈述（体现专业兴趣与潜力）。个人陈述是学生展示为什么申请该校及该专业，自己的学习能力、研究能力和潜力，个人职业规划等信息的文书，用以充分显示个人的能力与优势。

个人简历（体现专业积累）。个人简历一般包括学生的基本教育背景、实习经历、学术奖项等内容，用以全面展示学生的综合素质。

推荐信（证实学术背景）。一般要求由两位学术老师撰写两封推荐信。

其他申请材料（辅助研究生申请）。大学本科阶段的中英文成绩单（盖章的原件的扫描件）、学位证书或在读证明、雅思成绩（现在许多大学也接受托福成绩）、GMAT 或 GRE 成绩（部分院校要求提供）、护照扫描件。部分学校的设计类专业会要求申请者提供作品集，一般以在满足学校要求的情况下展现个人水平和特色为佳。

科研或实习经历。与专业相关的科研及实习经历是为申请者加分的一个重要内容。这是因为与专业相关的实习与科研旁证了学生在该领域的兴趣与积累，甚至潜力与成就（比如发表了相关论文）。

四、英国大学研究生录取标准

表 4-6 为 QS2023 世界大学排名中前 20 的英国大学对中国大学本科生的录取成绩要求，以供参考，QS 世界大学排名包含全球 1 000 所著名大学。排名主要依

据六大指标：学术声誉、雇主评价、师生比例、教职工论文引用次数、国际教师占比、国际学生占比。

需要说明的是，中国教育部界定的985/211高校分类标准在英国等国家的研究生录取中依旧是一个权重指标，因此，表4–6延用这一分类标准，其他国家的大学可依照此标准进行GPA分数换算。

表4–6 QS2023世界大学排名中前20的英国大学硕士研究生入学成绩要求

序号	学校	QS2023世界大学排名	成绩要求（中国大学，学科分数占满分的比重）
1	牛津大学	4	985/211大学85%+，普通大学90%+
2	剑桥大学	2	985/211大学85%+，普通大学90%+
3	帝国理工学院	6	985/211大学80%+，普通大学85%+
4	伦敦大学学院	8	985/211大学80%+，普通大学85%+
5	爱丁堡大学	15	80%+
6	曼彻斯特大学	28	80%+
7	伦敦国王学院	37	985/211大学80%+，普通大学85%+
8	伦敦政治经济学院	56	985/211大学85%+，普通大学90%+
9	布里斯托大学	61	80%+
10	华威大学	64	78%+
11	南安普顿大学	78	985/211大学75%+，普通大学80%+
12	格拉斯哥大学	81	985/211大学75%+，普通大学80%+
13	利兹大学	86	985/211大学75%+，普通大学80%+
14	伯明翰大学	91	985/211大学75%+，普通大学80%+
15	杜伦大学	92	80%+
16	谢菲尔德大学	96	985/211大学75%+
17	圣安德鲁斯大学	96	985/211大学85%+
18	诺丁汉大学	114	985/211大学75%+，普通大学80%+
19	伦敦玛丽女王学院	125	985/211大学78%+，普通大学73%+
20	约克大学	162	985/211大学78%+，普通大学83%+

资料来源：根据各学校官网公开数据整理。

表4–7为英国排名前50的大学对硕士研究生录取的考试成绩要求。

表 4-7　英国排名前 50 的大学对硕士研究生录取的考试成绩要求

考试成绩要求	985/211 院校		普通院校	
	GPA（%）	雅思（分）	GPA（%）	雅思（分）
TOP5	85+	7.0～7.5	90+	7.0～7.5
TOP10	80～85	6.5～7.0	85+	6.5～7.0
TOP30	75～80+	6.5+	80+	6.5+
TOP50	70～75+	6.0～6.5	75+	6.0～6.5

注：各院校会经常对录取标准进行调整，学生应在申请季查阅学校官网，以官网信息为准。
资料来源：根据各学校官网公开数据整理。

校友观点

朱同学

英国帝国理工学院校友，现从事文化创意创业工作

英国的学习情况跟中国相似，考试制度都非常严格。我读硕士时，考场非常严肃，卷子是倒扣的，考生翻开卷子后老师开始数秒计时，学生要分排坐，跟国内的期末考试一样。说实话，我在去英国前是在美国读本科的，因此很多年没见过这个阵仗了。考卷到点就收，考场有监考老师。英国考试真的与中国考试没什么区别，前者甚至更严格。

我感觉英美两国的考生对考试的预期也非常不同。在美国，考 90 分大家都觉得好，级别是 A-，考到 93 分得 A。在英国，70 分以上就是 A，65 分就是非常好的成绩了。我比较了英美两国的教学理念，以经济学为例，美国的经济学老师通常会教一个原理，然后考试的时候出一道应用题，考生答题时运用原理和公式就能答上来，考到 90 分以上比较容易，这是因为学生只要记住原理和公式就能考过。美国教学更关注学生能不能学明白，懂了就可以了。英国教学就不一样，这也是学生考试分数特别低的原因。我第一次在英国考试，看到卷子后，一时间竟怀疑自己是不是坐错教室或老师发错卷子了！对于同样的经济学课程，英国老师在教原理和公式时，会教推导过程。考试的时候，他会考一个相似的问题，让学生用推导的方式推导出新的问题。美国大学考的是应用，英国大学考的是原因背后的分析推导，后者在考试时出另一个题

目，让学生用之前推导的方式推导出一个新的东西，难度比较大。所以，英美大学对学生的培养方向不同，美国偏应用，英国偏研究。

帝国理工学院的期中、期末考试成绩各占期末总成绩的 40%，光两个考试就占了 80%，由此可见考试比重非常高，这与中国和日本的大学是非常像的。而美国大学把 100 分的分值分成多个板块，比如考勤、平时作业、平时小考、课堂参与度、期中考试成绩和期末考试成绩。通常每周都有小考试，所以期中、期末考试成绩在美国考试体系中占不到太大比重。

第五节 英国的校园机会与新签证政策

在英国，许多学校实行的是学院制。比如牛津大学和剑桥大学就是老牌学院制大学，学生在申请入学前就要选定具体的学院。英国的大学有着浓郁的学院文化，这种大学文化也影响了美国的一些老牌名校。

一、英国大学校园内的科研与实习机会

（一）英国大学内部的研究机会通常在暑期开放

学校公布的研究项目有限，很多时候需要学生主动与教授联系。帝国理工学院在官网上特别强调，本科生的研究项目是基于指导教授的意愿的，学生应给予教授充分的尊重。在认真思考、确定自己想参与的研究项目后，学生需要积极主动地与教授沟通，表达自己的意愿，并展示自己的能力，以在课题研究中获得一席之地。

（二）实习是提升自我的有效途径

除了研究项目，很多学生选择以实习的方式来提高自己的学术水平与实际应用能力。英国大学通常与不同公司都有合作，可以为学生提供丰富的实习资源。帝国理工学院的职业规划服务就为学生提供了多样化的实习服务，学校会发邮件

推送实习信息，举办实习讲座等。学生也可以在官网上下载关于简历写作、面试准备的指导文件，为争取实习机会做准备。此外，学生还可以与职业规划服务的工作人员预约面谈，进行一对一的关于职业规划的会谈，以便选择最适合自己的工作机会，而工作人员也会帮助学生准备申请实习的材料，为学生提供有针对性的指导。

综上所述，学生需要充分了解自己学校的研究项目与实习资源，以及职业规划指导的渠道，并积极主动申请，认真准备，以便找到最适合自己的研究项目和实习机会。

二、改革后的签证政策利好中国留学生

研究生如果需要打工，可以去学校的职业办公室寻找工作信息，在那里会得到很多帮助。但现在英国不断推出新的工作签证政策，这为英国留学生提供了更为广阔的工作空间。

（一）新实施的高潜力人才签证

英国政府于 2022 年 5 月 30 日推出一种新的工作签证。这是一种备受关注的新签证类型——高潜力人才签证（High Potential Individual Visa）。这一全新推出的签证类型允许全球顶尖大学的毕业生，在没有提前拿到工作邀约的情况下，直接获得来英国生活、工作的机会。该签证面向的是英国以外的顶尖大学的毕业生，包括学士、硕士和博士。

值得一提的是，申请人拿到的海外学位必须是在申请日期前 5 年内获得的，而且所就读的大学需要在 QS、THE（《泰晤士高等教育》）和 U.S. News 三大世界大学排名榜单中的两个榜单中排名前 50，英文水平至少达到 B1（等同于雅思成绩 4.0），并能够在不依赖公共福利的情况下，有足够的资金保障，还要提供肺结核检测报告。申请人如果曾在英国合法居住了 12 月，则不需要提交资金证明，如果不符合这一情况，申请人需要提交一份 28 天持有 1 270 欧元的资金证明。此外，该签证要求申请者之前没有作为毕业生或高潜力人才在博士生延期计划下获得过该签证。

这种签证对申请者无国籍要求，也无需英国雇主担保。一旦申请成功，有本科或硕士学位的申请者将获得具有两年有效期的英国工作签证，博士学位申请者的工作签证有效期为三年。若达到特定要求，这种工作签证持有者今后可申请其

他长期工作签证。

（二）签证有效期长

英国政府官网显示，博士学位的签证有效期为三年，本科或硕士学位的签证有效期为两年。如果申请者有伴侣或受抚养子女，那么这些人也可以通过此途径申请陪伴签证。持有签证的人可以继续在英国进修学习或者从事其他合法工作，包括自雇和志愿者，但是专业运动员和教练除外。另外，在该签证有效期内，申请人也可以学习符合学生签证要求的课程，但不允许使用公共资金。

（三）新签证与 PSW 签证及 Scale-up Visa 的区别

高潜力人才签证和 PSW 签证（毕业生工作签证）的主要区别在于，PSW 签证针对在英国大学就读的毕业生，并给予其具有两年有效期的签证（博士三年），而高潜力人才签证则针对非英国高校的毕业生。凡毕业于英国内政部认可的全球前 50 所名校的学士或硕士学位获得者，均可获得为期两年的工作签证，并被允许携带家属。博士学位申请人可申请为期三年的签证，未来若符合条件，该签证还可以转为其他长期就业签证。

英国政府即将推出 Scale-up Visa（增长型企业签证），这个签证有利于申请人在英国找工作，申请人可以到快速增长型公司应聘，以顺利拿到该签证。通过英国政府的新创新战略支持，我们相信未来留在英国工作的留学生会越来越多。

校友观点

田同学

牛津大学校友，定居伦敦，于某金融机构工作

我是在牛津大学读研究生的，进入学校后充分感受到的是，对这个学校的认知与我入学前的相匹配，包括授课模式。教学方法大多是一对一教学，学校注重批判与质疑精神，对于一些固定的学术理论，老师依然希望学生能推翻固有思维。牛津大学注重学术标准，对于“非正规引用”几乎是零容忍，会引导学生建立自己的研究方法。

比较有挑战性的是，文科比较注重理论根基，因此每周的课外阅读量是非常大的，学生一周内要完成十几到二十几篇的研究性论文的阅读。但是创新源于吸收，学

生能通过对先前大量理论的研究来培养思辨能力，从而探寻新的符合时代发展的理论，这也是做研究的目的。而理工科注重实际应用价值，导师有一定的实习资源，会推荐学生去争取合适的机会，从而积累实际应用经验。

教育体系最看重的就是师生配比，以兴趣引导为研究形式。不过，学生一定要对自己所研究的领域有一定的认知，也要听取不同的声音，即针对不同的观点进行深入求证与融合。总体而言，英国的大学学术要求比想象的严格，对每个学生的学习进度及学习能力都提出要求。学校还增加了很多社交、文化、礼仪等方面的学习机会，这会对学生所研究的领域有所渗透，因为一个国家的文化对社会发展必然影响颇深。学校对学生的要求很全面，不仅有学术上的深度挖掘，还涉及社交礼仪甚至餐桌文化。这让我完成了从“外国人”到适应本土生活方式的转变及融合。

学校最独特的地方就是为学生提供了很多选择和思考的空间，因为资源极其丰富，学生能进行深度思考，从而提高思辨能力。但这也比较考验学生的辨识能力，学生要不断地进行反思、自我否定、自我建立，这也是促进学生快速成长的一种方式。牛津大学、剑桥大学基本上都是这样的学校，只是各自擅长的学科不同，比如牛津大学的哲学、经济学、政治学等专业突出，而剑桥大学在工科的实践方面会给学生提供很多机会。

第五章

留学欧洲
——性价比最高的留学方案

欧洲[1]以其深厚的历史文化底蕴、世界一流的高等教育水平、低学费、低生活成本等优势，已逐渐成为留学热门目的地。欧洲大部分国家的高校秋季申请于 8 月拉开序幕，截止于 10 月，采取滚动式录取，先申请先得，择优录取。因此，有意留学欧洲的中国学生规划得越早，获得名校录取和奖学金的概率就越高。

第一节
欧洲留学的优势

欧洲历史文化悠远深厚、风景秀丽、经济发达，很多国家都属于高福利国家。为鼓励国际学生赴欧留学，欧洲各国政府为留学生提供了多项福利补贴，例如，法国政府向留学生发放社会保险、住房、交通等优惠补助，意大利政府会给予留学生医疗保险方面的补助，丹麦有全民公共医疗健康体系等，这些都为留学生在欧洲的基本生活提供了强有力的保障。

① 因前一章已经专门讲了英国留学，故本章所说的欧洲指的是英国之外的欧洲国家。

一、一流的教育，低廉的学费

欧洲的高等教育实力傲视全球，教学质量和学术水平都很高，不输英美。世界排名前 100 的大学中不乏欧洲名校。根据 2023QS 世界大学排名，全球前 200 名大学中，欧洲的大学占四成以上。在全球教育网站发布的 2021 年全球十大最佳留学国家排行榜上，有 7 个欧洲国家上榜：德国、英国、瑞士、荷兰、法国、西班牙和丹麦。德国名列欧洲第 1、世界第 3，超过美国和英国。

教育在很多欧洲国家仍然是一项福利，它们没有像英、美、澳等国家那样将高等教育过度产业化。欧洲有很多国家仍实行免学费或低学费的高等教育政策。目前欧洲发达国家中，德国、法国、瑞士、比利时、挪威、意大利、西班牙、奥地利、卢森堡、冰岛 10 个国家的公立大学对非欧盟国家学生仍实行低学费或免学费的高等教育政策。爱尔兰、荷兰、丹麦、瑞典、芬兰 5 个国家的大学对非欧盟国家学生收取学费，但学费要比传统的留学国家，如美国、英国、澳大利亚低一至两倍。

二、多样化的欧洲院校和专业选择

欧洲各国院校除了有传统的强项专业，还有自己的特色专业，其教学质量和成效在世界范围内被广泛认可，例如，法国的艺术、商科（比如奢侈品管理、葡萄酒管理等）、工科、人文社科类专业，西班牙的建筑、旅游、贸易、体育管理等专业，德国的机械工程类专业，瑞士的酒店管理专业，以及荷兰的物流管理、经济和金融等专业都位居世界前列。

欧洲的美术、歌剧、交响乐、西洋乐器、设计等艺术专业的学术地位也举足轻重，意大利、法国、德国等欧洲国家的艺术院校是艺术类留学生的理想去处。欧洲各国的设计专业实力很强且风格各异，例如：以丹麦为首的北欧“极简主义”和人性化设计；荷兰设计重视概念及想法，极具自由表现性；德国设计具有明快、严谨、高品质、功能性强的特点。

三、友好的签证和就业政策

欧洲经济发达，拥有众多国际知名企业和机构，但随着人口老龄化的加剧，欧洲各国急需有跨文化教育背景和国际视野的高端人才。目前，在欧盟国家中，荷兰、德国、瑞典、芬兰、爱尔兰、比利时等国给在本国取得学位的外国学生 9

个月到2年的工作签证，甚至允许3至5年内毕业的学生申请签证回流就业，这一举措大大增加了学生毕业后留在欧洲的就业概率。

此外，为吸引和留住高端人才，欧盟推出了就业的“蓝卡”计划。这一工作和居留许可政策给予技术移民以许多优惠条件，而且在工作满一定期限后，他们还可以选择到其他欧盟国家工作，并能够享受与“蓝卡”签发国公民同等的社会保障和劳动条件等。而在有些国家，比如德国，工作满两年即可申请永久居住权。这一系列利好政策，促使近些年赴欧洲留学的学生人数大幅增长，欧洲已经成为继美国、英国、澳大利亚之后，中国学生留学的重要选择地之一。

第二节
德国留学——严谨的学术训练与培养

德国在全球最适宜留学的目的地国家排行榜中位居第三。《科学大都会 2021》报告显示，赴德的中国留学生人数从2013年的25 564人增长到2021年的43 525人，且在德国国际学生中占比最高，达到10%以上。德国为什么如此受中国学生的欢迎呢？这得益于其发达的经济条件、一流的教育水平、低廉的留学费用和优质的就业机会。

德国教育以治学严谨、文凭含金量高而著称，如“德国制造”是“高品质”的代名词一样。德国的高等教育水平世界领先，德国有427所国家承认的高校，提供约19 000门课程，英语教学的国际课程（以硕士课程居多）也在不断增加，尤其在工程科学和自然科学领域，这为不同教育程度的人提供多样化的选择，留学生也将在德国的那些名校学习中获益良多。德国高校有超过14%的国际学生，国际化氛围良好。

德国教育资源虽多，但留学费用低，性价比很高。德国大部分公立高校都免收学费，只有巴登-符腾堡州（非欧盟学生每学期1 500欧元）和某些国际课程及硕士课程收费，留学生只需付一笔很低学杂费（100 ~ 350欧元）即可。此外，德国物价处于欧盟平均水平，相对较低。德国大学生月均开销为900欧元左右，还能凭借学生卡享受很多文化、运动、娱乐和交通等公共服务方面的优惠。此外，注册的学生每年可以有 120 个全天或 240 个半天的打工时间，这也可以作为生活费的补充。此外，德国学术交流中心（DAAD）是世界上最大的奖学金机构之一，为优秀国际学生提供金额不低的奖学金补助。

一、德国的教育体制和院校分类

德国的小学是 4 年制，德国中学分为三类：文理中学（9 年制）、实科中学（6 年制）和职业预校（5 年制）。文理中学学生取得高中毕业证书（Abitur）后可直入高等院校。实科中学学生通过进一步的职业培训（2～3 年）或进入技术学校（2～3 年）学习，在这之后可申请应用技术类大学以及黑森州的综合类大学。职业预校学生只可申请高等职业院校。

德国有公立大学（约 60%）、私立大学（120 所，约 30%）和教会资助高校（约 10%），大部分学生选择就读免学费的公立大学，约 7% 学生选择学费较高的私立大学（多为应用科学大学），但这两类高校的教学质量并无差异。私立大学凭借小班授课、国际化课程设置以及与经济界的紧密合作受到学生们的欢迎。

德国的高等教育院校按其任务性质分为三种类型。表 5–1 为综合大学和应用科学大学的对比情况。

表 5–1　德国综合大学和应用科学大学对照表

大学	综合大学	应用科学大学
课程设置	学科较多、专业齐全，包括工科、理科、文科、法学、经济学、社会学、神学、医学、农林学等专业	开设专业有限，集中在技术、经济、农林、设计、社会福利、护理、传媒等专业。教学实习几个月到半年不等
毕业学位	学士（学制 3 年，180 学分，个别 4 年，240 学分） 硕士（学制 2 年，120 学分） 法律、教育、医学、药学等专业学生需通过国家统一考试	学士（学制 3～4 年） 硕士（学制 2 年） 学分要求同综合大学一样，30 个学时算 1 学分，每学期要求 30 个学分
攻读博士	毕业生可以申请读博（学制 2～5 年）	优秀毕业生可申请进入综合大学读博
科学研究	科研与教学并重，强调基础研究和理论知识系统化	除了掌握必要的基础理论外，学生要从事一定的应用性研究

（续表）

大学	综合大学	应用科学大学
学校规模（学生人数）	15 000 人左右	4 000 人左右
课程选择	各专业的学习条例规定了学习内容和需要完成的教学模块，每个教学模块会开设不同类型和主题的课程，学生可以自行选择课程，每成功完成一个教学模块的课程任务就会获得一定的学分，达到总学分后即可毕业	
上课形式	研讨课、练习、实习或实践、讲座	
学分评级	1～5 分（从高到低），4 分及格	
考试形式	笔试、课堂报告、书面家庭作业、口试	

注：表格里的学制是推荐学制，仅供参考。很多学生并不能在推荐学制内完成学业。

资料来源：根据德国各学校官网公开数据整理。

（一）综合大学

综合大学属于以科研为导向的大学，专业设置最为广泛，教授专业理论知识以及具体的学习和研究方法，其毕业生通常都有较强的独立工作能力和科研能力。在德国，只有综合大学有博士授予权。综合大学不仅有慕尼黑大学、海德堡大学和柏林自由大学之类的“精英大学”（13 所），还有德国理工大学联盟（TU9），包括亚琛工业大学、汉诺威大学、斯图加特大学等 9 所大学。此外，综合大学还有师范类、体育类、医学院、行政管理类和国防类等专业类大学，例如汉诺威医学院、科隆德国体育学院。

（二）应用科学大学

应用科学大学属于以应用为导向的大学，伴随着现代工业经济的飞速发展应运而生，相对于理论知识，这一类型的大学更侧重于传授符合具体职业需求的实践经验。其教学密切联系实际，毕业生除了掌握必要的专业理论知识，还要有很强的实践能力，因此应用科学大学的毕业生备受企业的欢迎。代表性大学有亚琛应用科技大学、安哈尔特应用技术大学等高校。

（三）艺术学院和音乐学院

艺术学院和音乐学院致力于培养艺术人才以及艺术领域的学者和教育工作者。被艺术学院和音乐学院录取的前提是学生通过专业能力测试，证明自己具有艺术才能。学历不够但通过“天赋测试”的学生也会被破格录取。艺术学院和音乐学院通常只提供德语授课的课程。代表性大学有富特旺根艺术大学、柏林艺术大学等高校。

二、德国留学申请的不同阶段

（一）德国高中申请

中国学生最早国内初二后就可以申请德国中学的9年级（12年制）或10年级（13年制），最晚初三毕业或高一后申请入读德国中学的10年级（12年制）或11年级（13年制）。中国学生可申请公立或私立的寄宿制中学，德国中学一年的各项费用（包括学费）总计约20万～40万元，公立学校免学费，一年总开支在20万元以下。

德国中学的留学规划一般需要提前一到两年准备，因为国际学生比例有限，所以学校需要及早确定学位。德国中学以德语授课为主，仅少部分国际学校有英语授课课程，录取时会发放标有语言要求的录取通知，通常学生报到时德语需达到德语歌德（歌德等级考试是由德国对外文化机构之一的歌德学院举办的德语等级考试）或欧标B2（约33周全日制学习课程）水平。

（二）德国本科申请

中国学生进入德国本科读大学，通常有三个渠道。

1. 中国高中毕业生直接申请赴德留学。不过，这需要满足一些条件。

（1）高中毕业证书（12年制）。

（2）普通高中会考和高考成绩单。申请人高考分数至少达到高考满分的70%，而申请热门专业如医学、药学、兽医、牙医和法律等专业，高考分数至少达到高考总分的80%。

（3）高考科目中有两门语言（语文和一门外语）、一门数学和理科或文科综合中的两个科目。

（4）来自中国国际学校或DSD（德语语言证书，德语全称为Deutsches Sprach-Diplom）学校的中学毕业生：若通过了DSD二级考试，且高考分数达到高考满分的70%，则具备德国大学直接入学的资格；若通过了DSD一级考试且高考分数达到高考满分的70%，则可以申请德国大学的预科。成功获得IB、A-Level、AP等课程的国际中学毕业证书的学生也有可能具备德国大学的入学资格。

2. 在国内大学读完1～3学期，再申请德国本科。

（1）国内重点大学学生完成一个学期的课程即可；普通高校学生则需完成三个学期的课程。

（2）TestDaF（德福，一种考查学生大学生活环境中语言表达能力的标准化中、高级考试）考试成绩 16 分以上（满分 20）。

（3）通过德适考试（TeatAS）或 APS（德国使馆文化处留德人员审核部）面谈。申请者拿到审核证书后，才可以申请德国学校与专业。

3. 一年德国预科，再申请德国本科。

（1）高考成绩达到本科线。

（2）参加 7 月的中国预科选拔考试（即大学入学资格鉴定考试）。

（3）10 月进入预科学习。

（4）第二年 6 月进入德国大学本科。

综合大学与应用科学大学分别有各自的预科，或几所大学共有一所预科，申请者向希望就读的综合大学或应用科学大学提出申请即可。

（三）德国硕士申请

学术要求为：申请者要有相关专业的本科背景，四年制本科毕业或已完成 6 个学期的学习，申请前需通过 APS 面试，国内本科成绩均分不低于 80 分（合巴伐利亚绩点 2.5），德国知名大学要求本科成绩均分高于 85 分。

语言要求为：德语授课课程一般要求学生达到 TestDaF 4*4 或歌德 C1（或 C2，个别 B2）或 DSH2 的水平；英语授课课程一般要求雅思 6.5 分或托福 90 分以上，经济系的部分专业要求 GMAT 600 分以上。专业不同，语言成绩要求不同，这类要求以各学校官网公示信息为准。

（四）德国艺术专业申请

申请艺术、设计、音乐和体育等专业的学生最好提前一年给意向大学写信索要有关申请专业的背景材料，然后根据要求及时寄去本人的作品集等资料。一旦作品通过预选并收到学校的考试通知书后，申请者应立即办理有效签证赴德参加专业能力考试，考试通过后将获得专业入学资格，持合格的语言证书即可正式入学。德国音乐艺术类院校授课语言多为德语，一般要求申请者达到 TestDaF 4*3 或 4*4 的水平。

三、提早规划德国留学申请

（一）赴德留学的语言要求

德国学校一般要求申请者有扎实的德语基础知识和较高的听、说、读、写能力，申请者入学前须通过德语语言考试。目前，有多种考试及语言证书得到德国大学的承认。

（1）TestDaF，即德福考试，由德福考试院统一命题，每年在全球范围内多次举行。德国大学一般要求申请人在听、说、读、写四个方面都达到 TDN4 的水平（个别专业除外）。

（2）DSH，德国高校外国申请者入学德语考试，即外国学生申请大学时的入学前德语考试，由各个德国大学自主命题，每年举行两次。德国大学一般要求申请人达到 DSH2 的水平（个别专业除外）。

（3）DSD，是德国大学提供给开设德语课程，并将其作为第一外语或者第二外语相关课程的学校（DSD 学校）的学生的考试。

此外，通过了由德国的业余大学以及私立的语言学校举办的 Telc Deutsch C1 Hochschule 德语考试，或者获得歌德 C2 证书的申请者，无需提供其他的德语语言证明。很多德国高校也接受歌德 C1 证书，个别学校会接受 B2 作为语言证明，具体要求以德国大学官网公示信息为准。

许多德国院校开设了国际课程，目前有超过 2 000 门此类课程。授课语言为英语或英德双语，涉及学士（Bachelor）、硕士（Master）和博士（Doktor）课程。除了个别文科专业，英语授课的课程一般不需要申请者提供德语语言证明。双语课程通常设置为第一年用英语授课，第二年用德语授课，学生申请时通常需要提供英语成绩（托福或者雅思）。

（二）德国留学申请时间

留学生申请德国留学至少需要提前半年到一年做准备，因为除了准备文书材料，背景提升也需要一定的时间。留学生申请德国大学还需要提交 APS 审核证书，而 APS 审核周期一般为 3～4 个月甚至半年。德国大部分院校是冬季学期入学（10 月开学），少部分是夏季学期入学（4 月开学）。申请冬季学期入学的网申开通时间一般在年初，截止申请时间是 4 月至 7 月，非欧盟国家的申请者建议在 3 月 15 日前提交资料。申请夏季学期入学的时间为每年 10 月至次年 1 月。

（三）确定申请专业和意向大学

国内高校在读生或本科毕业生申请就读的德国大学一般要求，申请原专业或相关专业，除非申请者选择全新的专业从零开始。申请者如果对自己专业的课程设置是否符合德国大学的专业要求有疑问，可以直接将成绩单或者课程设置信息发给所申请的德国大学进行询问。德国的一些热门专业有名额限制，如医学、药学、牙医学、兽医学等；地区性入学限制（部分高校入学限制）专业有心理学、生物学、法学、建筑学、企业经济学或管理学、食品化工、营养学等。申请者可以通过各学校官网发送邮件，来了解具体情况。

申请者可通过 DAAD 官网查阅德国的大学和专业，或通过德国联邦教育和科研部的门户网站（www.study-in-germany.de），来了解各专业在德国高校的开设情况，还可以通过课程检索数据库（www.myguide.de）来搜索专业和课程的信息，从而确定想就读的专业和大学。

（四）赴德留学的材料准备

赴德留学的绝大部分申请材料都需要经过 APS 审核。一般情况下，国内申请人须递交学历原件的盖章签字复印件和翻译公证等材料以供审核，并参加审核面谈或德适考试，通过审核后可以获得 APS 证书。该证书是德国高校录取中国学生的前提条件之一，拥有证书即表明该申请人所提交的申请材料是真实有效的，并且在中国大学取得了足够的学习成绩，具备申请德国大学的条件。在获得 APS 证书和德国大学的录取通知书后，申请者可通过 APS 递交签证申请材料。

申请材料准备齐全后，申请者应在受理截止日期前的两三个月寄出。申请材料按学院官网要求，有的是直接寄给学校外事处，有的则须寄给 uni-assist（外国学生申请大学服务处，网址 www.uni-assist.de），后者的主要工作是对所有外国学生的申请材料进行核实，对其入学资格进行认证，以规范国际学生申请大学的程序。经审核认证，符合条件者的材料由 uni-assist 转给申请者的意向院校，各院校再根据申请者的情况及本校实际情况决定是否接收，录取通知书一般由校方发放。

四、德国大学优势专业

在 QS2023 世界大学排名中，德国有 10 所大学位列前 200 名。在 THE 公布的 2022 年世界大学排名中，22 所德国大学位列前 200 名，数量仅次于英国。

但是，德国大学的世界排名与其高端的教育品质和德国企业优异的创新表现并不相符，因为德国致力于平均化的均衡教育发展，德国的大学没有官方排名，也没有重点大学与普通大学之分，但是各所大学都有自己的特点和高品质的专业（见表 5–2），因此，留学生无需迷信大学排名，选择专业时应当综合衡量。

表 5–2　德国知名大学的优势专业

德国大学	优势专业
慕尼黑工业大学（Technische Universität München）	工程技术、计算机科学与信息工程、电子电器工程、自然科学
慕尼黑大学（Ludwig-Maximilians-Universität München）	政治学、艺术及人文科学、物理学、生命科学与医学、临床医学与健康科学、商学及经济学
海德堡大学（Ruprecht-Karls-Universität Heidelberg）	生命科学与医学、生物科学、自然科学、人文艺术
柏林自由大学（Freie Universität Berlin）	考古学、政治学与国际研究、社会学、人类学、英语语言文学、现代语言学、历史学、动物医学、药学、语言学、地理学、媒体和传播学
柏林洪堡大学（Humboldt-Universität zu Berlin）	文学、神经科学、哲学、社会学、法学、自然科学
卡尔斯鲁厄理工学院（Karlsruher Institut für Technologie）	电气专业、自然科学、工程技术
亚琛工业大学（Rheinisch-Westfälische Technische Hochschule Aachen）	电子电气工程、工程技术、自然科学、建筑学、计算机科学、信息工程专业
柏林工业大学（Technische Universität Berlin）	机械、电气、工程技术、计算机、自然科学
蒂宾根大学（Eberhard-Karls-Universität Tübingen）	神学、宗教学、人文科学、自然科学、医学
弗莱堡大学（Albert-Ludwigs-Universität Freiburg）	以人文学科为重点项目，法学、医学、哲学、林学、经济学（有经济学界著名的弗莱堡学派）
德累斯顿工业大学（Technische Universität Dresden）	微电子、电气工程、材料科学、工程技术（在电子信息、纳米技术、再生治疗医学领域有很强的科研创新能力）
波恩大学（Rheinische Friedrich-Wilhelms-Universität Bonn）	数学、社会科学（政治学、法学、哲学、经济学、历史）、医学、地理、物理、天文
汉堡大学（Universität Hamburg）	语言学、法学、物理学与天文、政治学、哲学、医学、经济学、社会学

资料来源：根据各学校官网公开数据整理。

五、签证和就业

（一）德国留学签证申请

获得 APS 证书的申请者需要通过 APS 递签，纯艺术类专业的学生在通过 APS 审核后，可直接向德国大使馆或领馆递签。除了留学签证比较容易，工作签证也比较容易。留学生在德国的大学毕业后可以获得为期 18 个月的签证用于找工作，但是职位必须与所学专业相关，工作两年后可以申请长居，在德国合法居住 8 年后，满足德语水平等条件要求即可申请入籍。此外，在任何一所德国大学或者被承认的外国大学毕业，且签署了一份税前年薪不低于 56 400 欧元的工作合同的留学生［对特定职业（自然科学、数学、工程学专业的工作者、牙科医生等专业人士）要求年薪达到 43 992 欧元（自 2022 年起，工资限额每年会有所调整）］，均可以申请欧盟蓝卡，申请网址是 www.bamf.de/blauekarte。欧盟蓝卡是为非欧盟国家国籍的人设立的，高素质人才可凭此卡获得在德国工作的资格。

（二）就业前景广阔的专业

德国缺乏的是高学历的劳动力。德国经济研究所的统计数据显示，在所谓的 MINT 行业（包括数学、信息学、自然科学、技术等行业），尤其缺乏受过高等教育的专业型人才。此外，德国大学毕业生薪酬最高的专业有医学、法学、经济工程学、工程技术科学、经济信息学和数学与信息科学（来自德国招聘网 StepStone 2021 年的数据），在符合个人兴趣和能力的前提下，这些都是很有前景的专业选择。德国高校还提供双元制学习机会（Duales Studium，网址为 www.duales-studium.de），这种学习形式将课程学习和职业培训或者在公司的实习结合起来。对于希望能够在实践中学习并尽早开启职业生涯的人来说，这是一种不错的选择。

第三节
法国留学——在艺术熏陶中探求新知

法国凭借悠久的历史文化、浪漫优美的生活环境、卓越的高等教育体系、低廉的留学费用和良好的社会保障制度，成为全球第五大留学生输入国。在法国高校就读的国际学生占法国大学生总数的 10%，中国留学生人数位居第二且呈逐年递增的趋势，每年都有超过 1.1 万名中国留学生赴法国留学。

法国的高等教育历史悠久、系统完善、资源丰富、教育和科研水平颇高。此外，法国还拥有 14 名菲尔兹奖获得者和 65 名诺贝尔奖获得者。法国的大学在诸多世界大学排名中名列前茅，这些都是法国高等教育被世界认可的最好证明。

一、法国教育体系满足各种教育需求

法国的小学是 5 年制，初中是 4 年制，高中是 3 年制，申请者通过业士文凭考试（BAC，相当于美国的 SAT 和 ACT）后，即可申请进入大学或大学预备班，也可以高中毕业后直接就业。法国大学颁发的国家文凭全球认可，其完善的教育体系满足各种教育需求，有科研水平颇高的公立综合性大学，有以工科见长的工程师学院，有培养商业精英的高级商学院，更有培养美术、设计、音乐、厨艺等各行业专业人才的一流院校，每个学生都能在这里找到适合自己的教育模式。

法国拥有 78 所公立综合性大学（含法属领地）、近 250 所工程师学院、220 所高等商学院、120 所艺术学院、20 所建筑学院及 273 所博士生学院和 2 500 所其他类院校，提供近 1 600 个英语授课项目，遍及所有学科和各个层级。每年在法国留学的学生人数有 4 万人左右，其中 40% 以上的学生选择公立大学，30% 以上选择商学院（根据法国高等教育、研究与创新部数据所得）。

（一）公立综合性大学

在法国的公立综合性大学中，学士学制通常为 3 年（180 学分），硕士学制 2 年（120 学分），博士学制 3 年（180 学分）。大学主要提供 9 个学科门类：艺术、文学、语言、人文科学、法律与政治学、科学、经济与管理、体育科技与运动学、医学。大部分公立大学免收学费，学生每年只需要交两三千欧元的注册费用。公立大学的 LMD 文凭［本科（Licence）、硕士（Master）、博士（Doctorat）］制度是大多数欧盟国家一致实行的学制。

（二）高等商学院

法国高等商学院是“法国大学校”（Grandes Ecoles，又称作法国高等专业学院），也称作“精英院校”，是法国教育机制的一大特色，因其培养了大批高级商业精英，非常有“前途”，而颇受法国本土和国际学生的欢迎。大部分高等商学院设有本科和硕士课程，而法国排名第一的巴黎高等商学院（HEC Pairs）仅有硕士课程，授课语言有英语、法语和英法双语。法国高等商学院文凭有 GE（Master of Management）文凭、Msc（Master of Science）文凭、MBA（Master of Business Administration）文凭，都可被认证为硕士文凭。

（三）工程师院校

法国工程师院校涵盖多个工程师专业，既有国立大学深厚的学术背景，又兼具工程师教育的灵活性。法国社会各界对工程师院校的教育质量高度认可，工程师学院的毕业生有很高的就业率和社会地位。其重要的原因在于此教育体制培养了既掌握尖端技术，又精通管理的高素质人才。工程师院校的工程师文凭（MS文凭）可被认证为硕士文凭。

（四）艺术院校

艺术院校的定义非常宽泛，包括建筑学校、应用艺术学校、平面设计学校、服装学校、设计学校、电影学院等。这些院校的特点就是非常注重艺术操作和实践，而公立综合性大学的艺术教学则侧重于艺术的理论知识。

学生获得高中会考文凭后，可通过考试或材料审核进入该类院校就读，该类院校颁发的文凭覆盖各个层次。公立艺术院校文凭包括 DNAP 法国国家造型艺术文凭（学士）、DNSEP 国家高等造型艺术表现文凭（硕士）。私立艺术院校文凭包括 BTS 高级技术文凭（Bac+2，大专）、DMA 艺术行业文凭（Bac+2，大专）、DSAA 高等实用艺术文凭（Bac+5，硕士）。

二、法国留学申请类型和条件要求

（一）法国留学申请的主要类型

1. 学习语言

想去法国学习语言的学生可以直接申请语言学校，法国语言学习留学签证包括 3 个月以下的短期签证和 3 ~ 18 个月的长期签证。

2. 专业预录取

（1）语言加专业预录取。法语初学者（法语 A2 或 B1 水平）到法国后可先学一年法语，用以提高法语成绩，为进入法国大学学习专业课做准备。

（2）预科加专业预录取。国际预科主要针对国际学生，比如普瓦提大学和雷恩第一大学的经济管理专业，圣埃蒂安美术学院或南特美术学院的艺术专业等，都提供预科项目。申请者可以在学习法语的同时学习一些专业课程，比如经济管理预科会教授数学、宏观经济学、微观经济学等课程，艺术设计预科会教授艺术史、作品集辅导、艺术实践等课程。还有一些预科直接对口大学，比如格勒诺布尔大学预科就直接对口该大学。无论第一学期就读的是语言学校还是预科，申请者如果想在第二学期进入大学学习的话，就需要在通过考试后再次提出申请。预科会有一定的风险，比如学生因无法通过考试而无法转正，这都是不可控的因素。

3. 直入专业项目

申请者在语言达到要求后，可以根据申请的意向专业，申请法国公立大学本科一年级及以上、法国高等商学院 SAI 项目、法国工程师院校（IP 工程师联盟、巴黎高科、IMT 工程师联盟、N+i 项目）等。

法国的高等教育可供选择非常广泛，申请者可以通过法国各大学的网站去了解学校与专业，也可以参加法国高教署组织的高校招生宣传会，向招生官面对面咨询。

（二）国内高中生赴法留学申请途径

部分法国学校设有未成年学生项目，例如 Ecole Saint Martin de France、Ecole des Roches，还有一些开设中文课程的学校也接收中国的高中生。另外，AFS 国际文化交流组织也会选拔、资助未成年国际学生赴法交流学习。

根据中法两国签订的教育领域学历互认协议，所有学习项目均不强制要求申请者提供高考成绩。已获得普通高中毕业证书或中等职业学校毕业证书的中国学生可以申请进入法国高等院校就读。

就读于国际学校或中外合作办学学校（或国际班）、中国高中的中外班的学生，无须提供高考成绩，就可以直接申请赴法留学签证。学生只需要提供其修习高中课程的毕业证书或类似材料。

（三）法国高校的申请要求及流程

申请法国大学并没有我们原先设想的那么复杂，以下是基本的申请要求及流程：

教育背景：有高中及以上毕业文凭的申请者一般只需要提供高考成绩（达到二本分数线）；大专、本科及以上学历的申请者，英语成绩优异可直接申请攻读硕士或博士，高中毕业生需要提供高中毕业证和大学录取通知书，大学在读学生需要提供大学成绩单，本科毕业生需要提供学位证书及大学学习期间完整的成绩单。

年龄限制：有些法国学校对应届生有年龄限制，比如申请法国本科的要求为 18 岁以上、22 岁以下。个别艺术院校要求年龄不超过 26 岁。

GPA：一般要求 GPA 为 2.5（满分为 4）以上，GPA 越高，申请学校时越有利。

专业匹配：法国公立院校一般要求学生有相关的专业背景，高等商学院 GE 项目可以不要求专业背景。

语言条件：不同类型的院校对语言的要求也不一样，以公立大学的研究生课程为例，文科类专业至少要达到 C1，理科类专业一般要求达到 B2 水平。法语考试主要有 TCF 或 TEF 考试（两种法语水平考试）、DELF（法语学习文凭考试）或 DALF（高级法语文凭考试）、SIM（管理类研究生需参加的考试）等，英语考试有雅思、GMAT 考试等，英语授课的硕士课程要求英语雅思成绩不低于 6.5 或 7.0 分。

申请材料：提前准备可以证明自己能力的重要申请材料至关重要，包括个人简历、个人陈述、相关证书、三封相关学科的推荐信，以及成绩单。

资金要求：银行活期存款流水余额 6 万元以上。

申请时间：不同专业的截止时间也不同，公立综合性大学是秋季入学，所以一般截止申请时间为 3 ~ 6 月，一些工程师院校联盟和高等商学院的 MBA 专业每年分批次申请。

表 5-3 为法国公立大学的申请要求及流程。

表 5-3　法国公立大学申请要求及流程

申请法国公立大学	直入本科一年级或医学专业	公立大学学士 2 年级及以上、职业学士、硕士、博士；IUT：法国大学科技学院；DEUST：两年制科学与技术大学学业文凭；CUPGE：公立大学中的高等专业学院预科阶段文凭的工程师院校（法国国立工程师学院联盟除外）
申请系统	DAP Blanche 申请系统	HORS DAP 申请系统
申请要求	已获得或即将获得高中文凭，提交 TCF DAP 或 DELF 或 DALF 的法语成绩单	应届或往届大专生、本科生、硕士生，提交 TCF DAP 或 DELF 或 DALF 的法语成绩单

（续表）

申请材料	护照、个人照片、高中毕业证或在读证明、高中三年成绩单、高考成绩单（如有）、标化考试（TCF DAP 或 DELF 或 DALF）成绩单、简历、动机信等	护照、个人照片、毕业证、学位证或在读证明、在校成绩单、高考成绩单、标化考试（TCF 或 TEF 或 DELF 或 DALF）成绩单、简历、动机信等
申请流程	材料准备—递交申请—材料审核—（面试）—最终结果公布	
另一种常见的申请系统	E-Candidate 是法国公立大学中最常见的申请系统，主要针对在法申请本科二年级及以上的学生，申请的流程都在系统内操作，申请者一次最多可申请五个专业。有些学校有特殊要求，需要申请者邮寄纸质材料	

资料来源：根据各学校官网公开数据整理。

法国高等商学院的申请要求和流程与公立大学不同（见表 5–4），管理学等专业的申请者需要提交 GMAT 成绩单。

表 5–4　法国高等商学院申请要求及流程

申请法国高等商学院	本科项目	硕士项目（英语课程）		
		GE	MSc	MBA
申请要求	高中学历，良好的英语成绩（雅思 6.0 分以上，个别学生要求 GMAT 600 分以上）； 法语课程或英法双语课程要求法语 B2 以上	应届生或往届本科生，年龄 30 岁以下	应届生或往届本科生，专业不限，部分专业要求有相关专业背景或实习工作经历	应届生或往届本科生，一般要求三年以上工作经验，至少一年以上管理经验
申请材料	护照、个人照片、毕业证、学位证或预毕业证明、成绩单、标化考试成绩单（雅思或托福或托业等，GE 管理学和 MBA 需要 GMAT 成绩单）、简历、动机信、推荐信（MBA 需要两封企业推荐信）			
申请流程	材料准备—递交申请—材料审核—面试（现场或线上）—录取结果；对于在读学生，会考察课外实践活动情况			

资料来源：根据各学校官网公开数据整理。

法国工程师学院的申请要求及流程，相对而言不算复杂（见表 5–5），申请者通过工程师联盟申请即可。

表 5–5 法国工程师学院申请要求及流程

申请法国工程师学院	申请工程师联盟	申请单个工程师学院
代表院校	巴黎高科、N+i 项目（由 50 所法国工程师学校组成，成员均属于法国大学校）、IMT 联盟（法国国立高等矿业—电信学校联盟）等	巴黎中央理工学院、巴黎综合理工学院等
申请方式	通过联盟申请平台，以 N+i 为例，申请者通过 N+i 平台，可以申请五年制工程师文凭和两年制硕士文凭	通过学校的网申平台递交申请材料，不同学校的不同专业的申请时间、申请要求略有差别，以学院官网为准
申请时间	N+i 每年 4 批：11 月、12 月、次年 3 月、次年 5 月	截止时间一般在 3 月，6 月考试
申请条件	大学本科往届生或应届生，法语 B1 或 B2 水平	数学、生物、物理、机械相关专业或工程师文凭的大三学生或本科毕业生，要求法语 C1 水平、英语雅思 6.0 分以上
申请材料	申请表、护照、个人简历、动机信、学历材料、法语成绩单、推荐信等	申请表、护照、个人简历、动机信、学历材料、法语成绩单或英语成绩单、推荐信、高考成绩单等

资料来源：根据各学校官网公开信息整理。

如表 5–6 所示，法国艺术院校的申请有时需要面试，申请材料与其他院校差别不大，但对语言成绩没有太多要求。

表 5–6 法国艺术院校申请要求及流程

申请法国艺术院校	公立艺术学院与美术学院	私立艺术设计类院校	公立大学（指艺术相关专业）
开设专业	艺术类：国画、油画、版画、雕塑；设计类：平面、空间、产品设计等	时装设计、视觉传达、建筑景观设计、室内设计、工业设计、电影、摄像、产品设计、游戏设计、动漫设计	造型艺术、视觉设计、产品设计、多媒体、艺术管理、艺术理论研究、遗产文物修复（偏理论学习和研究）
学制	本科 3 年，硕士 2 年	本科 3 年，硕士 1～2 年	本科 3 年，硕士 2 年
文凭	DNAP 法国国家造型艺术文凭、DNSEP 国家高等造型表现文凭（硕士）	BTS 高级技术文凭、DMA 艺术行业文聘、DSAA 高等实用艺术文凭、DU 大学文凭	Licence（普通学士）、Licence Professionnel（职业学士文凭）、Master（普通硕士）

（续表）

申请法国艺术院校	公立艺术学院与美术学院	私立艺术设计类院校	公立大学（指艺术相关专业）
申请方式	Campus art（校园艺术）平台申请或院校直接申请，可能要求面试		
申请材料	简历、动机信、学历材料、作品集（有具体要求）、护照及电子照、法语成绩单		

资料来源：根据各学校官网公开信息整理。

三、法国大学优势专业与申请要求

在 QS2023 世界大学排名中，法国有 4 所高校跻身世界排名前 100：巴黎文理研究大学（26 名）、巴黎综合理工大学（48 名）、索邦大学（60 名）和巴黎萨克雷大学（69 名）。法国大学在世界排名中的卓越表现，得益于法国政府的卓越战略计划，这使得最好的院校能够逐年进步，并在越来越多的领域与世界其他顶尖院校进行平等竞争。

目前，法国大学的英语授课课程的数量超过 1 600 门，其中近 1 333 门为全英语授课项目。具体的院校及专业会在法国高等教育署（Campus France）的官网上公布，以商科院校居多。在法国留学的中国学生中，有 46% 选择了英语授课课程。如表 5–7 所示，不同类型的院校都有相应的英语授课项目，公立大学中的英语授课的热门专业有法律、经济类、管理类、计算机、数学等专业。

表 5–7　法国名校优势专业和申请要求

法国名校	优势专业	申请要求
巴黎文理研究大学	工学、文学、理学、经济学、医学	部分专业要求推荐信、实习证明，需要面试或考试； 申请截止时间为 3～6 月
巴黎综合理工大学（“X”）	国际关系、生物信息学、创业、综合化学、电机工程、能源、计算机科学、科技创新、数学、机械、物理、宇宙空间科学、材料科学、环境科学	申请工程师文凭的学生要求至少两年的科学、工程学或经济与计量金融学的学习背景，以及扎实的数学和物理学基础知识； 中国学生入学当年不超过 26 岁；申请流程包含四个笔试、三个口试和一个面试； 工程师项目秋季入学，申请截止时间为上一年 9 月
索邦大学（2018 年由巴黎四大和巴黎六大合并而成）	人文、历史、艺术、数学、科学、医学，文理科强强联合	竞争激烈，国内高年级学生可以同时申请本科最后一年和硕士第一年； 直入 HORS DAP 程序申请即可； 截止时间为 4 月 5 日

（续表）

法国名校	优势专业	申请要求
巴黎萨克雷大学（联盟）	数学、物理、农业、电信工程、临床医学、自动化控制、统计学、生物工程、电气电子工程、机械工程	部分专业要求两封推荐信； 提交课程描述及专业排名证明； 重视专业匹配度及是否修过相关课程； 通过 E-Candidate 系统申请，不同专业的申请截止日期不同
巴黎高等师范学院	数学、哲学、文学、物理、化学	每年只招200多名学生，文理科各招10名国际生； 要求专业对口且成绩非常好，文科需提交研究计划，通过笔试、口试前至少完成大二学业； 截止时间为12月
巴黎高科	土木工程、环境工程、交通运输工程、城市规划、机械工程、材料科学、工业工程、经济学、金融管理、应用数学和计算机科学、生物、计算生物学、生命科学、食品工程、农业科学、林业工程、化学、核能、机器人、自动化、地球科学	对学生的本科成绩、学历背景、语言水平要求较高，需参加笔试和面试； 中国大学本科毕业或至少已完成6学期本科学习（科学、工程学或经济学相关专业）； 要求很强的数学和物理学专业背景，均分80以上，班级排名前20%； 截止时间一般在9月底
巴黎高等商学院	管理学、国际金融硕士、全职 MBA、战略管理、市场学（排名世界第一或欧洲第一）	雅思7.0分，GMAT 700分以上； 一年四批次入学（1月、3月、4月、10月）； HEC 对本科院校、均分、标化考试成绩及其他软势力都有很高的要求
巴黎大学（2019年由巴黎五大、巴黎七大和巴黎地球物理研究所合并而成）	地球与行星科学、医学、生命与健康科学、语言学、人文社科学	一年预科，本硕连续，要求高中毕业生和大学在读生； 高考分数550以上
法国巴黎政治学院	政治学（欧洲第一、全球第三）、国际关系、社会政策和管理、社会学 “法国社会精英摇篮”，至今培养了29位总统及总理	在校生13 000人，国际生占46%，录取率较低； 申请材料要求高，面试难度大，重视社会实践活动和综合素质
巴黎国立高等美术学院	美术、艺术	线上提交材料并进行绘画及专业通识测试、面试； 法语C1，英语C1； 申请预科年龄为17~23岁，需提交作品集； 秋季入学申请截止时间为2月

资料来源：根据各学校官网公开信息整理。

四、法国留学签证办理

在法国政府承认的高等教育院校就读的留学生可以通过 Études en France 系统申请，一次申请最多可以填写 7 个志愿（300 多个登录院校）。申请长期居留学生签证（3 个月以上）或者考试签证，至少需要提前两个月着手办理法国高等教育署的预签证流程，参见官网网址：https://chine.campusfrance.org/zh-hans/france-student-visa。

针对将于 2022—2023 学年赴法留学的中国学生，凡满足最新的学术及语言要求（例如，世界一流大学，一本院校平均分 80 分以上，法语 B2 以上等），法国驻华大使馆可以提供额外的支持：免除部分学费；预签证评估表标注“成绩优异”；申请材料将在 Études en France 系统中被优先处理；免除预签证程序中的面试评估；仅支付部分预签证程序费。

专家访谈

Mandy博士

CHEER Foundation 负责人

问题 1：近年来，留学目标国呈现多样化趋势，尤其是欧洲国家受到广大学生与家长的关注，作为专业人士，您可否谈谈近年来除英国外的欧洲留学新趋势？

近年来，欧洲很多国家，比如荷兰、爱尔兰、比利时、瑞典、丹麦和德国开始增设英语授课的本科和硕士项目，学生只需要凭借雅思或托福成绩即可申请，不需要学习小语种。再加上相对低廉的留学费用，使得越来越多原本倾向于英美留学的学生，开始把留学目标国家投向这些欧洲国家。以荷兰为例，据统计，荷兰留学人数近三年已经增长了 11.9%。同时，荷兰、德国、比利时、瑞典等汇集了众多世界 100 强名校的欧洲国家，也成为很多条件优秀的学生的留学申请的首选。

问题 2：据我所知，许多高考生也在寻求欧洲留学的机会，可否谈下您所了解的留学渠道和方式？这些国家是否认可高考成绩？高考生需要做哪些方面的准备？

欧洲国家不仅承认高考成绩，很多国家还把高考成绩作为录取的重要标准。比如，根据德国的最新规定，高考成绩不低于 525 分即可直接升读德国的本科。荷兰的研究型大学也规定高考成绩不低于本科线即可申请。同时，很多欧洲国家还要求中国学生需要在国内读几学期的本科才可以申请他们国家的三年制本科。因此，对于高考生，如果成绩优异，高考分数达到一本线，就可以选择先在国内读一年本科，并在此期间提交申请，准备语言考试。国内大一结束后直接升读荷兰、瑞典、丹麦等国的顶级名校。如果成绩一般，达不到本科线的话，那么，学生可以选择要求相对较低的本科预科，荷兰、德国、瑞典等国的很多名校也都有开设预科，学生可以在一年的预科学习后，升读欧洲名校的本科。

问题 3：您作为荷兰居民，又从事国际教育方面的工作，您觉得欧洲这些国家尤其是荷兰有哪些突出优势？

荷兰虽然国土面积不大，只有两个半北京的大小，但却是一个高度发达的资本主义国家，也是居民幸福感指数最高的国家之一。荷兰是世界第 17 大经济体，拥有世界著名的跨国企业，如飞利浦、喜力啤酒、荷兰皇家航空公司、壳牌、荷兰国际集团等。此外，荷兰在很多领域都处于世界领先水平，如农业、水务管理、艺术与设计、物流和可持续能源等。从 17 世纪的海上马车夫，到现如今的经济大国，始终不变的是荷兰人友好、热情、积极向上、喜欢冒险的精神和高质量的教育水平。中荷建交以来，中国始终保持与荷兰的友好外交关系。随着中荷贸易往来的频繁，尤其 2020 年突如其来的疫情对政治局势的影响，越来越多的学子把目光转向了拥有高质量教育的宝藏王国——荷兰。

问题 4：您为什么要创建 CHEER Foundation？

CHEER Foundation 成立于 1995 年，总部位于荷兰的阿姆斯特尔芬，其使命是为了促进中西方的国际教育交流与合作。CHEER Foundation 在中国与欧盟乃至世界其他各国的高水准教育交流、考试认证及职业资格培训认证等方面获得了飞速的发展，并取得了非常不错的成绩，受到中国、欧盟乃至世界各国教育界的普遍认同与赞赏。发展至今，CHEER Foundation 已成为中欧乃至世界教育交流的领跑者。

问题 5：在您看来，作为一个国际化的人才，应具备哪些素质？

在我看来，国际化人才应该具备的最重要的三个素质是：第一，超强的适应能力，在任何环境，都能马上适应，如鱼得水，能梳理清楚工作职责和未来规划；第二，超强的解决问题的思维，能够抽丝剥茧，一步一步地找到工作中遇到的问题的核心；第三，超强的学习能力，能够在面临新问题时主动学习相关知识，保持一颗学习的心，让自己能够适应日常工作中可能出现的新变化。

第六章

新留学热点国家与地区

世界格局与国际形势的变化以及疫情下不确定因素的增加，使得越来越多的学生和家长将安全因素视为选择留学目标地的重要指标。海外留学呈现出多样化趋势，其中，新加坡重回留学热点国家，无论是本科申请还是研究生申请，热度都颇高。近年新加坡的两所著名大学的本科录取条件甚至超过了美国排名前三十的一些大学，其热度可见一斑。而中国香港的大学因近两年“爱国者治港”春风的影响，重新恢复热度与活力，成为内地学生热选的学校。澳大利亚因其气候环境优越、生活成本低和生活节奏慢，也成为留学的理想选择。而日本更因其地理位置、舒适生活、优质教育及同属东亚文化圈等优势，越来越受到留学生的青睐。

第一节
留学新加坡——花园城市中的知识之旅

近两年，越来越多的学生把目光投向新加坡。早在 2012 年，在新加坡学习的中国留学生就已达到新加坡全体学生的 18%。尤其是近几年，出于对安全因素及疫情因素的考虑，越来越多的学生选择到新加坡留学。自 2020 年起，新加坡留学生的数量猛增，现在已经超过 5 万人。新加坡以其优秀的大学教育水平和稳定的社会环境为走出国门、就近留学的学子们提供了一个选择方向。

一、新加坡具有独特的教育体系

新加坡的教育体系有其独特性，这与其地理位置受限、国土面积小、资源有限有一定的关系。

（一）新加坡的分流式教育体系

新加坡的基础教育在东南亚处于领先地位。它呈现出东西合璧的特点，既有严格的应试教育，以夯实学生的学科知识基础教育，又有灵活的教学方法以培养兴趣、发展个性，是比较理想的教育生态。

新加坡的教育体系采用的是“分流”的方式，这在世界其他发达国家中是比较罕见的，从某种意义上说，也是比较“残酷”的一种教育模式。新加坡小学是六年制，小学生在毕业后都会参加会考。会考后，根据成绩分层，学生会被不同的中学录取。根据小学会考成绩，所有学生会进入三类学校学习不同的课程。5%的成绩优秀的学生会进入六年制的直通车课程，跳过O水准考试（O水准考试相当于国内的中考，学生凭借优异成绩可以申请新加坡初级学院，也就是高中以及理工学院），并直接通过A水准考试（A水准考试的级别比O水准考试高，主要用于申请新加坡的公立大学，比如新加坡国立大学、南洋理工大学、新加坡管理大学和新加坡科技设计大学等高校）考取大学，类似中国某些学校开设的少年班。成绩稍微差一些的学生则会学习四年制的特别课程或快捷课程（相当于国内的初中）并参加O水准考试，在这之后可以决定是进入理工学院修得大专文凭，还是进入2～3年制的高中继续学习，并在参加A水准考试后进入大学。剩下的学生则会学习4～5年制的普通学术或工艺源流课程，随后再通过N水准考试（新加坡水准考试中最容易的考试，通常情况下，学习成绩不理想的学生参加N水准考试，用以申请工学院）进入预科以获得技术文凭，或者继续学习并参加O水准考试。新加坡采用的分流制度看起来很残酷，因为它过早地对学生的人生道路进行分级。

（二）新加坡大学的类型

与中国和日本一样，新加坡设置的也是公立大学最优秀的高校教育体系。新加坡有六所公立大学，分别为新加坡国立大学、南洋理工大学、新加坡管理大学、新加坡科技设计大学、新加坡理工大学和新跃社科大学。其中，前两所为综合性研究大学，后四所为专业研究型大学。

除了南洋理工大学，新加坡还有四所政府理工类院校，分别是新加坡理工学院、义安理工学院 、共和理工学院 、淡马锡理工学院。新加坡理工类院校和人们通常认为的“大专”不同，新加坡理工类院校的文凭在全球范围内都广受认可。理工类院校的申请成功率和就业率也较高，因此选择就读理工类院校的学生数量也在稳步增长。在这五所政府理工类院校中，南洋理工大学是新加坡申请难度最大的大学。

新加坡的私立大学相对于公立大学来说，门槛较低。私立大学制度灵活，大部分学校都受中国教育部的认可。在私立大学，中学生可以修得没有学位的文凭或者学习有学位的课程。相较于公立大学，学生在新加坡私立大学更容易申请到热门专业，如商科、金融学等专业。留学生在申请前应先在中国教育部官网查验被认证的海外学校名单。

（三）新加坡留学是“黄金跳板”

相较于美国和欧洲，中国留学生更容易融入新加坡社会。首先，新加坡有良好的治安。严厉的法律使得犯罪率一直维持在较低水平，这保证了学生的安全。此外，作为拥有双语学习环境的国家，新加坡有着深厚的华人文化，是同属儒家文化圈的国家，这也方便了中国留学生的交流和融入。

新加坡留学拥有很高的性价比。作为一个对教育投入大量精力的国家，新加坡大学学位的认可度非常高，有“黄金跳板”之称。在新加坡读书的学生在结束一到两年的学习后，有 30% 的学生会选择前往英国、澳大利亚等国家继续学业。而相比于其他国家高昂的学费，新加坡大学的学费较为低廉。除了学校设立的多种奖学金助学金项目，政府还对留学生设有补贴政策。

强大的学术能力与良好的社会环境使新加坡成为许多中国留学生的首选，因此，近年来，新加坡国立大学与南洋理工大学的申请条件也水涨船高，录取标准有所提升，远超美国排名前三十的一些大学。

二、享誉全球的新加坡顶尖名校

（一）亚洲的顶尖学府——新加坡国立大学

在新加坡大学排名中，名列前茅的是新加坡国立大学，作为一所综合性公立大学，它在 QS2023 世界大学排名中位列第 11 名，并连续 3 年蝉联亚洲第一。新加坡国立大学设有 60 多个专业和 130 多个联合或双学位项目。其中生物科学、社会政策与行政管理、计算机科学与信息系统、建筑学、通信媒体以及化学工程专业较强。新加坡国立大学遵循新加坡教育体系里东西合璧的观念，既培养学生的国际化视野，又强调亚洲视角，发挥本国优势。新加坡国立大学共有 17 所学院，不仅提供多门跨学院的课程，与许多海外大学开展交换生计划和实习项目，还有与世界顶尖大学联办的双学位计划等，为学生提供探索与挑战自我的平台。新加坡国立大学拥有 30 个研究中心，其强大的科研团队对城市治理、流行疾病的治疗与防范、生物多样性等问题展开研究。

新加坡国立大学采取学年制，每学年有两个学期。同时，它还融合了英式教育的严格和美式教育的灵活，通过学分和成绩加总来计算学生的 CAP（Cumulative Average Point，加权平均分），并根据学生成绩发放荣誉证书。在新加坡国立大学，学生可以选择攻读一个本科学位和一个辅修学位，也可以同时攻读两个本科学位，还可以同时攻读一个本科学位和一个研究生学位。为了方便学生探索、发现自己的兴趣专业，新加坡国立大学给大一新生开设不记分的选修课。学生最多可以选择八门不记分的选修课，并随心所欲地探究各个领域。学校设有通识课程来帮助学生实现全面发展，学生也可以自主选择和设计两门课程。

（二）久负盛名的理工学府——南洋理工大学

南洋理工大学也是一所优秀的大学。它在 QS2023 世界大学排名中位列第 19 名，并在世界最优秀的年轻大学排名中连续 7 年位列第 1 名。作为一所理工大学，它在科研领域的研究成果被广泛认可。其中，材料科学、高分子材料、能量与能源等专业皆位于世界前列，化学、计算机等专业在亚洲的排名也非常靠前。机械、航空与制造、传播学与媒体研究、图书馆信息管理等专业也处于亚洲领先地位。

作为一所科研密集型的综合性大学，南洋理工大学有超过 3 万名的在校生，分别就读于工学院、理学院、文学院、教育学院、商学院和与英国帝国理工学院共同创办的李光前医学院。

南洋理工大学的工学院是世界顶尖的研究机构，它由六所侧重点不同的二级学院组成，各所学院都非常重视技术创新。六所二级学院分别为电气与电子工程学院、化学与生物工程学院、土木与环境工程学院、材料科学与工程学院、计算机科学与工程学院、机械与宇航工程学院。南洋理工大学的工学院在 QS2023 世界大学工学院排名中位列第四，仅次于麻省理工学院、斯坦福大学和剑桥大学的工学院，而在亚洲位列榜首。

南洋理工大学的理学院以生物、化学、数学以及环境科学四个专业为主，下面设有三所二级学院，研究多种跨专业的社会、科学问题。三所二级学院分别为亚洲环境学院、生物科学学院、物理与数学科学学院。三所学院提供的科目多样，并致力于跨学科合作，以帮助学生全面提升发现与研究难题的能力。

南洋理工大学的人文、艺术与社会科学学院（又称“文学院”）拥有四所二级学院和两个学术中心。文学院不仅拥有亚洲顶尖的新闻传播学院，迅猛发展的社会科学学院，传播文化与锻炼学生思辨能力的人文学院，还有一所重视学生在多种艺术领域发展的艺术媒体学院。

南洋理工大学的商学院是第三所同时获得欧洲质量发展认证体系和美国国际商学院联合会认证的商学院，是亚太地区商科和管理学教育方面最为全面且成熟的机构之一。商学院致力于创新，力求将学术与实践相结合，通过南洋理工大学的科研优势和多种跨专业学习机会来培养未来的商界领袖。商学院的校友们也成立了校友联络平台，为商学院的学生提供持续学习的机会和就业帮助。

南洋理工大学的教育学院名为新加坡国立教育学院，是新加坡唯一一所教师教育学院。教育学院利用新加坡教育部及各个大学的合作资源培养出既有严谨的理论知识，又有丰富的实践经验的教师。

总而言之，南洋理工大学有着丰富的学术资源，供学生探索与研究实际科技问题。学校不仅坚持多学科结合的可持续发展理念，还在校园建设和社区文化中践行这一理念，是一所科技与人文并重的大学。

（三）新加坡国立大学与南洋理工大学的本科录取条件

作为新加坡的两所顶级学校，新加坡国立大学和南洋理工大学在中国有着很高的声誉。尤其是近两年，申请这两所名校的中国优秀学生非常多，其录取标准也已超过美国排名前 30 的一些大学，更有学生在拿到美国名校录取通知后转而进入这两所学校就读。表 6–1，为两所学校在优势学科、申请要求等方面的对比情况。

表 6-1 新加坡国立大学与南洋理工大学的情况比较

项目	新加坡国立大学	南洋理工大学
QS2023 世界大学排名	世界排名第 11 名，亚洲排名第 1 名	世界排名第 19 名，亚洲排名第 4 名
录取率	16%	36%
国际生比例	19.5%	23.9%
优势学科	生物科学、社会政策与行政管理、计算机科学与信息系统、建筑学、通信媒体、化学工程	材料科学、高分子材料、能量与能源、化学、计算机、机械、航空与制造、传播学与媒体研究、图书馆信息管理
IB 课程体系申请要求	满足专业学科要求	3 门高级水平课程和 3 门标准水平课程的成绩均大于 5 分（含知识理论和拓展论文）
中国高考生申请要求	超过一本线 80~100 分，并符合专业学科要求，语言考试成绩合格；语言成绩要求：托福 ≥ 92 分或托福纸质版 ≥ 580，PTE（培生学术英语考试）线上考试 ≥ 62 分，雅思 ≥ 6.5 分且阅读与写作部分 ≥ 6.5 分	超过一本线 60~100 分，并符合专业学科要求，语言考试成绩合格；语言成绩要求：托福 >90 分或 PTE>55 分或雅思考试 >6 分且阅读与写作部分 >6 分
A-Level 课程体系申请要求	3 门 A 或预测 A，并符合专业要求	3 门 A（不接受预测成绩），并符合专业要求
美国国际课程体系申请要求	完成语言考试：ACT>29 分且写作 >8 分或 SAT>1 260 分且阅读与写作 >600 分、数学 >650 分；提交 3 门 AP 或 3 门 SAT 科目考试成绩 AP：一门微积分 BC 和其他任选的两门考试（不包含微积分 AB、研究与研讨会），SAT 科目考试：一门 2 级数学和其他两门科目考试（不包含 1 级数学），这三门考试都必须在 12 个月内完成，并且不允许混合分数；申请文书和推荐信	完成语言考试：ACT>30 分（含写作）或 SAT>1 250 分（任意一科的成绩 >680 分）；提交 3 门 AP 或 3 门 SAT 科目考试成绩，且成绩需要符合专业要求（2 级数学是大部分工程和科学专业入学前的必修课）；申请文书和推荐信
预估费用（每年）	约 16 万 ~20 万元（无奖学金）	约 16 万 ~20 万元（无奖学金）

资料来源：根据各学校官网公开资料整理。

三、高考成绩和国际课程体系皆可申请新加坡大学

新加坡大学的本科阶段接受多种不同课程体系的文凭，中国留学生可以选取以下四种方式中的一种进行报考。

（一）参加高考的学生可以直接报考新加坡大学

新加坡的大学接受学生用中国高考成绩来申请入学，这有两种申请方式：一种是在高考成绩公布后进行申请；一种则是在高考之前进行申请。

新加坡的大部分大学在 10 月中旬开放面向中国高考学生的申请通道。高三在读的学生此时可以通过大学主页的申请入口进行申请，不过申请时需要提交高一、高二的成绩单和语言考试成绩单，并在高考成绩公布后的 3 天内提交成绩。这类申请者的专业选择会受到一定限制，比如不可报考法学、药学、护理等专业。已经完成高考的申请者则可以提交高考成绩和语言考试成绩进行申请。因为新加坡大学的申请截止日期大多在 2 月底或 3 月初，已经参加过高考的学生需要延迟一年申请并进入大学，所以申请者需要提前规划自己的学业。

报考新加坡国立大学或南洋理工大学的学生需要达到一本线，超过一本线 80 ~ 100 分最佳，至少要达到国内一般 985 院校的录取分数线。个别专业对单科成绩也有具体要求，申请者需要仔细对照学校给出的信息，例如：一些工程专业要求学生的数学成绩达到总分的 80%；而一些特定的专业要求学生在通过初审后，还需要通过面试才能入学。

新加坡的大学对参加高考的学生有语言要求，语言考试成绩单需要和其他申请材料一起提交给学校，以供审查。大部分学科（文学等高语言要求的专业除外）的要求如下（可任选其一提交）：

（1）托福成绩 92 分及以上；

（2）托福纸质版成绩 580 分及以上；

（3）PTE 线上考试成绩 62 分及以上，且阅读与写作部分不低于 62 分；

（4）雅思成绩 6.5 分及以上，且阅读与写作部分不低于 6.5 分。

（二）IB 课程体系学生申请新加坡大学的条件

新加坡的大学也接受 IB 课程体系学生的申请，但是因为新加坡大学会优先录取本国国籍的学生，所以 IB 课程体系的中国籍申请者需要凭借非常优异的成绩才能脱颖而出。

IB 课程体系的申请通道会在 10 月中旬开放，并在 2 月底或 3 月初结束。学

生可以提交已有的IB课程成绩或者预测成绩。有一些专业也会要求学生以母语语言入学。新加坡国立大学和南洋理工大学都会根据申请者的专业选择而提出不同的课程要求。虽然新加坡国立大学没有给出明确的课程要求，但竞争是非常激烈的，学生的总分至少应该达到37分。南洋理工大学则要求考生至少完成3门高级水平课程和3门标准水平课程，并且分数都要超过5分。这6门课程应包含知识理论和拓展论文。在此基础上，学生还要满足所选专业的课程要求。尽管IB课程体系并不需要学生提供语言成绩单，但是提交了的学生可以更好地证明自己的语言能力，以提高竞争力。与其他体系一样，南洋理工大学也不允许基于预测成绩的有条件录取，所以学生们需要尽早规划自己的申请道路。

（三）A-Level学生申请入学的基本条件

新加坡的大学入学考试为A-Level，也可以叫作A水准考试，与其他地区的不同，它是新加坡教育部和剑桥大学考试局共同举办的考试。对于申请新加坡大学的学生来说，这是含金量最高的考试。英国A-Level的成绩也可用于新加坡大学的申请。

年龄17岁以上并且已经在国内读完高二的学生可以参加新加坡的A-Level考试，在新加坡读完高一的学生也可以用A-Level成绩进行大学申请，但是建议在国内读完高中或者高考分数达到二本线的同学采取这种方式。

申请通道会在A-Level成绩公布三天后开启并于3月初结束。申请者同样分为两类：一类是在申请截止日期前已经取得成绩的学生；一类是在申请截止日期前没有取得成绩的学生。新加坡国立大学要求后者在同年7月前提交3门预测成绩，并且提交语言考试成绩单。而南洋理工大学则不再接受同年8月份公布的成绩，因此，申请者的所有考试都需要在入学前一年完成。同样，南洋理工大学不允许基于预测成绩的有条件录取。公立大学要求申请者至少提交3门达A的成绩，一般4门以上最佳。考生可以提交12个月内的2次考试中所有科目的考试成绩，这不需要经过考试局的同意。

虽然新加坡大学只要求学生提交三门A-Level成绩，但能用国际A-Level成绩申请到新加坡两所顶级高校的学生至少会提交4门达A甚至A+的成绩，雅思也要达到7分以上。因为南洋理工大学不接受预测成绩，所以所有考试都需要在高二毕业前完成。再加上新加坡本土的大部分学生都学习新加坡的A-Level课程，因此，用A-Level成绩申请新加坡大学是竞争最激烈的。

（四）美国国际课程体系学生的申请条件

新加坡的大学也接受其他国际课程体系的文凭，比如美国课程体系下的 AP、SAT、ACT 等。持有国际文凭的申请者可以在 10 月中旬通过申请通道进行申请。这个通道会在 2 月底或 3 月初关闭。与别的体系不同的是，学校还会要求学生完成一篇申请文书，并提交由授课老师撰写的推荐信。

新加坡国立大学要求学生必须通过 ACT（含写作）或者 SAT，并选择提交 SAT 科目考试成绩单或者 AP 成绩单。ACT 的分数必须达到 29 分，且写作部分不得低于 8 分。SAT 分数则不得低于 1 260 分，阅读与写作部分不得低于 600 分，数学不得低于 650 分。提交 AP 成绩单的学生必须提交一门微积分 BC 和其他任选的两门考试的成绩单，这两门考试不得包含微积分 AB、研究与研讨会。提交 SAT 科目考试成绩单的学生则需要提交一门 2 级数学和其他两门科目考试（不包含 1 级数学）的成绩单。这三门考试都必须在 12 个月内完成，并且不允许混合分数。

南洋理工大学也提出了同样的成绩要求，但是在分数上的要求与新加坡国立大学有所不同。学校要求申请者的 ACT 分数不得低于 30 分，或 SAT 分数不得低于 1 250 分且任意一科的成绩不得低于 680 分。南洋理工大学同样要求申请者至少提供 3 门优秀的 AP 成绩单，并且必须满足所选专业的课程要求，或者申请者可以提供 3 门 SAT 科目考试的成绩单，其中 2 级数学是大部分工程和科学专业入学前的必修课。

虽然基本要求看似简单，但是大部分能录取到新加坡这两所高校的学生都提交了 5 门及以上的 5 分 AP 成绩单和超过 110 分的托福成绩单。ACT 成绩至少达到 33 分，SAT 则达到 1 450 分。因此，任何国家的任何大学在官网上公示的参考分都是该校的一个最低录取标准。

虽然新加坡大学面向不同课程体系的学生提出了不同的标准，但是新加坡大学的本科录取遵循择优原则，会优先考虑持有本国国籍的学生。因此，想要被新加坡的大学录取，仅达到录取的基本要求是远远不够的。申请表格里包含荣誉与活动的部分，学生可提交国际奥林匹克竞赛成绩、国家体育比赛成绩等，参与社区贡献和志愿者活动或者组织校内外的团体活动也可以为申请者提高录取概率。在提供优秀成绩单的同时，学生也可以在 2 000 字以内的信中简述自己参与或组织的各项活动，以及完成的研究与竞赛成绩，以完善自己的信息。这些材料都可以向招生官展示学生的不同兴趣和能力，从而让他们更好地做出决定。

（五）新加坡本科申请时间轴

与英国一样，标化成绩是新加坡的大学申请中最重要的内容。图 6–1 是新加坡的大学本科申请时间轴。

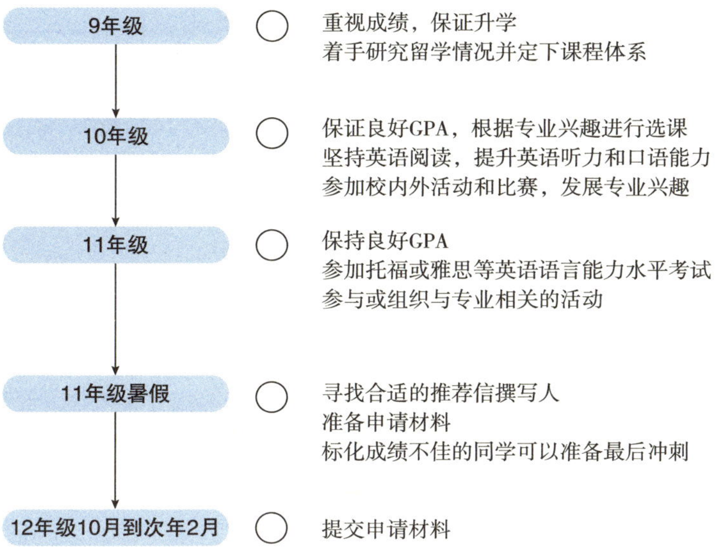

图 6–1　新加坡的大学本科申请时间轴

四、新加坡大学的研究生含金量高

（一）新加坡大学研究生分两种项目类型

新加坡大学的研究生项目主要有两种类型：一类为授课型，一类为研究型。其中，授课型研究生项目偏向实用和未来就业，学生以上课和完成项目为主要学习活动，只有在撰写毕业论文时学校才会安排导师指导，但是学校对学生论文的学术要求也相对低一些。授课型研究生的学制较短，为 1 年至 1 年半，费用自理，学校对申请者的要求也相对较低。研究型硕士生项目相较于授课型申请难度更大，学制也更长（2 年），但有更高的含金量。研究型硕士生入学后就会跟随导师，并根据导师提出的建议进行选课。这类研究生的课程较少，并且会一直由导师监督和指导。这类研究生最重要的任务是独立撰写研究论文。完成论文后，学校还会对论文进行评分。在递交申请时，两种项目对申请者的要求不同，学生应当根据自身情况和未来发展规划进行选择。

（二）申请材料与时间

新加坡大学的研究生项目通常需要学生提供以下材料：大学成绩、语言成绩、标化考试成绩、科研或实习经历证明、工作经历证明、推荐信。有些项目还会要求学生提交一篇申请文书。文书一般根据学生的专业兴趣和项目选择来设置相应的题目，但是也有个别文学类项目会有不同的文书题目。申请者发表过的论文和研究报告也可以作为辅助材料提交给学校。

新加坡国立大学的研究生项目多在每年7月到9月开放申请，不同学科的申请开放时间不同。也有一些项目比较固定，比如管理学硕士、人力资本管理与分析理学硕士等项目会在11月开放申请，而食品科学与人类营养理学硕士和数理硕士则在6月开放申请。学生可通过官网提交申请资料。

南洋理工大学硕士项目的申请时间分为三个时间段。大部分项目申请都会在5月中旬开放，少数会在7月中旬开放，有的则在3月初开放。各专业的申请开放时间皆不同，这需要学生密切关注官网（https://nusgs.nus.edu.sg/admissions/）的动态。

（三）不同专业带来不同的录取结果

虽然新加坡各大学的官网上没有对申请者条件明确提出具体要求，但都要求学生有优异的大学成绩，而且对来自985/211院校的学生和“双非”院校的学生有不同要求。985/211院校的学生的最低要求是在校平均分高于总分的80%，“双非”则更高。南洋理工大学的一些硕士项目会要求申请者有相关的工作经历（这里的工作不是指实习性质的工作）。许多项目还要求申请者提交85分以上的托福成绩（写作部分应高于22分）或6分以上的雅思成绩。通过官网的申请通道提交这些标化成绩后，申请者还需要完成所申请项目要求的文书和面试。

数据显示，申请到新加坡国立大学商科类专业的学生基本上都来自985/211院校或者海外本科学校，“双非”大学的毕业生很少。大部分学生的成绩都高于85%，雅思成绩也都高于7分。而且，虽然学校没有要求，但大部分学生都提交了GRE或者GMAT成绩以供学校参考，且大部分同学的GRE成绩都在320分以上，GMAT成绩则在680分以上。

相较而言，新加坡国立大学的理工科硕士项目对学生的语言成绩没有过高的要求，达标即可，但较为看重学生是否就读过相关专业，或是否有过相关实习或工作经验。来自985院校的学生的平均分在80%左右，来自211院校的学生的平均分则在85%左右，来自“双非”院校的学生的平均分则达到了90%，甚至更高。

其他被新加坡人文社科类专业（如新加坡国立大学法学院和中国文化与语言专业）录取的学生的平均分在85%左右，雅思成绩也达到7分。此外，法学专业对来自“五院四系”（中国政法大学、西南政法大学、西北政法大学、中南财经政法大学、华东政法大学以及北京大学、中国人民大学、吉林大学、武汉大学的法律系）的毕业生更加偏爱，而中国文化与语言专业则录取了很多来自国内985/211院校的汉语语言文化专业的毕业生。

数据显示，新加坡这两所大学的研究生项目申请者的水平相近，但南洋理工大学更偏爱有实习或科研经历的学生。南洋理工大学的商科类硕士项目下面一共设有9个专业，其中，资产与财富管理理学硕士要求申请者至少有两年的工作经验。南洋理工大学商科类硕士项目中比较热门的专业有金融学、应用经济学和金融工程等专业，而收到这些专业录取的学生大多来自985/211等财经高校，平均分在85%以上，雅思高于7分。绝大多数申请者都提交了GRE或GMAT成绩，并拥有丰富的实习经验。其余较为冷门的专业，比如科技创业与创新、管理经济学等，则对来自“双非”院校的学生更为友好，而对来自985/211院校的学生的要求为高于基本分数即可。

其实，新加坡大学的研究生申请并不容易。申请新加坡大学的研究生项目需要学生提前规划好学业，以避免在大四的申请季手忙脚乱。学生应对课外活动、科研项目和实习进行合理安排，并保证有充足时间来准备标化考试和文书。

（四）新加坡研究生申请规划时间轴

新加坡大学的研究生申请由于需要推荐信和科研或实习经历，其规划路径与美国基本一致。因此，大学四年的规划路径请参照第三章的美国研究生申请部分，规划重点与路径是完全一样的。图6–2是新加坡大学的研究生申请时间轴。

（五）留学生如何申请签证

在收到新加坡大学的录取信后，学校会协助学生填写IPA（入境批准函）申请信息。学生先登陆新加坡移民局网站，然后填写学生签证申请表Form 16，这时需要仔细核对表格里的个人信息，并支付30元新加坡元的申请费。等移民局通过申请后，学生会收到带有条形码的电子版IPA。学生凭借纸质版IPA便可以入境新加坡，但是需要在30天内预约STP（学生准证），并前往新加坡移民局申请办理正式的学生签证。在面试前，学生需要在学校完成入学手续和体检。以下是签证要求的材料：

（1）新加坡护照大小的证件照 2 张；

（2）护照或护照复印件一份；

（3）带有学校盖章的 IPA 信件；

（4）STP 的缴费证明与预约页；

（5）Form16 电子版打印件；

（6）体检报告；

（7）入境卡（飞机落地时会发放）。

学生应该携带最高学历证明的学历证、成绩单，以及至少 20 万元的存款证明。学生也可以携带留学计划书、父母的工作证明和收入证明等材料。新加坡在学生签证的发放上较为宽松。

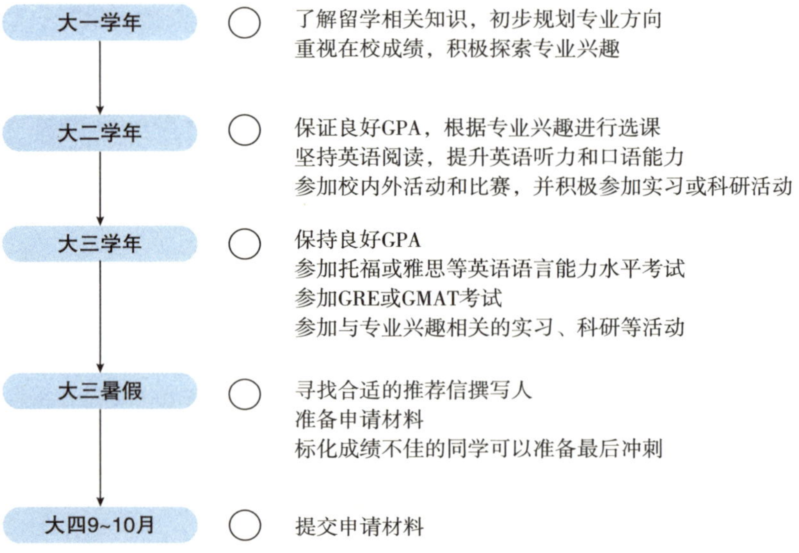

图 6–2　新加坡大学的研究生申请时间轴

第二节
求学中国香港——不出国门的求学

近两年，中国香港与新加坡一样，重回求学热点目的地。香港教育局的报告显示，2021 年香港八大名校的内地学生占比都有所提升。其中比例最高的是香港大学，内地学生占学生总数的 16.7%，香港中文大学是 14.8%，两所学校的内地学生都在 3 000 人以上。2021 年，在香港各大高校的内地学生已创纪录地达到 32 332 人。

出于历史原因，香港早期采用的是英国的教育体制，把大学本科设置为三年制，硕士则是一年或两年制。1997 年以后，为了与内地的四年学制接轨，香港开始逐渐改变原来的教育体制。现在香港大学的本科是四年制，硕士则分两种：授课型硕士，一年制；研究型硕士，两年制。

香港的大学教育非常优秀，有多所被全世界认可的优质大学。相比于欧美大学每年几十万元的学费，香港高校一年的平均费用大概为 10 万港元，也就是不到 10 万元。如果学生还得到来自香港特区政府或学校所颁发的奖学金，那么其经济压力会更低。

一、香港八校各显神通

（一）“明德格物”——香港大学

香港大学是香港地区排名第一的公立研究型大学，以优秀的学术水平享誉世界，有“亚洲常春藤”之称。香港大学有 10 多所学院，其中，法律、工商管理、新闻学、金融、语言和政治学都是优秀学科。学校也非常重视国际化教育，与多所外国大学开展交换生和合作办学项目，以推进中国以及亚洲顶级学校与世界的交流。

（二）“博文约礼”——香港中文大学

香港中文大学是香港地区唯一一所有诺贝尔奖获得者任教的大学，也是全香港唯一一所设有书院的大学。学校共设有 9 所书院。书院是大学内一个更小型的团体，有着各自的文化和活动场所。学生可以选择进入任意一所书院，并在书院获得很多非正式的教育机会。香港中文大学共设有 8 所学院，其中，人类学、工商管理、中国语言和文学、哲学、社会学、法律、中文教育以及政治与公共行政学最优秀。

（三）“求进、求新”——香港科技大学

香港科技大学创立于 1991 年，是香港地区最为顶尖的公立研究型大学之一。香港科技大学有 4 所学院、一间跨学科课程事务处和两所研究院。香港科技大学重视科研，其科研能力排香港地区本地大学第一。其优势学科有电子工程、土木工程、计算机科学和统计学。

（四）“敬业乐群”——香港城市大学

香港城市大学简称城大，是一所公立研究型综合大学。学校共设有 9 所学院和 1 所研究院，其优势专业有银行学、金融学、法律、传播与媒体、专业会计与企业管治等。

（五）“励学利民”——香港理工大学

香港理工大学是一所知名的公立研究型大学，也是香港地区历史最悠久的大学之一，共设有 8 所学院。其优势专业有酒店管理、工程学、专业会计学、咨询科学、设计学等。该校鼓励学生脚踏实地，将所学与实践相结合。

（六）“笃信力行”——香港浸会大学

香港浸会大学是一所亚洲顶尖的国际化研究型博雅大学，与世界其他国家的 350 多所学校联系密切，并定期开展交流项目。学校共设有 8 所学院和 40 多个专业，国际新闻学、大众传媒、信息管理学、多媒体管理、计算机为其金牌专业。

（七）“作育英才”——香港岭南大学

香港岭南大学于 1888 年在广州创立，是亚洲著名的十大博雅大学之一。学校不仅重视学生的学术能力，还着眼于培养学生独立的人格和良好的素质。80% 的本科生都会参与香港岭南大学的海外交流学习项目，以丰富自己的见识，拓宽国际视野。其优势专业有工商管理、会计、文学等。

（八）“教育为本”——香港教育大学

香港教育大学成立于 1994 年，其前身为香港教育学院，是一所公立师范大学。因为它并非一所综合性大学，所以香港教育大学并不参与 QS 世界大学排名，但其教育专业非常优秀，在香港地区的排名仅次于香港大学。学校开设了 30 多门教育类课程，涉及多个学科。

表 6–2 对这 8 所大学的世界排名、优势学科以及相关信息进行了对比分析。

我们可以看出，在香港读书的性价比很高，所需费用较低。

表 6–2　香港八大名校的基本信息对照表

大学名称	QS2023 世界大学排名	优势学科	学费
香港大学	21	法律、工商管理、新闻学、金融、语言和政治学	14 万～17 万元
香港中文大学	38	人类学、工商管理、中国语言和文学、哲学、社会学、法律、中文教育以及政治与公共行政学	10 万～14 万元
香港科技大学	40	电子工程、土木工程、计算机科学和统计学	13 万～17 万元
香港城市大学	54	银行学、金融学、法律、传播与媒体、专业会计与企业管治等	12 万～17 万元
香港理工大学	65	酒店管理、工程学、专业会计学、咨询科学、设计学等	10 万～14 万元
香港浸会大学	281	国际新闻学、大众传媒、信息管理学、多媒体管理、计算机	10 万～12 万元
香港岭南大学	581～590	工商管理、会计、文学等	约 15 万元
香港教育大学	教育专业在亚洲排名第 3	教育学	10 万～13 万元

资料来源：根据各学校官网公开资料整理。

二、本科申请早准备，国际体系与高考皆可行

学生可以选择通过高考系统或凭借国际学校的各类文凭来申请香港的大学。

（一）高考后申请香港的大学

参加高考的学生如果想去香港求学，主要有三种方式：填报志愿、参加大学自主招生和考取副学位。

1. 通过填报志愿可直接报考香港学校

参加高考统招计划的大学有香港中文大学和香港城市大学，学生可以通过填报志愿来申请这两所大学。学生只需要在提前批次填写志愿即可，不需要再向大学提交申请。学校不会给该类学生安排面试。即使未获得录取资格，学生的本科录取也不会受到影响。

想要被香港的大学顺利录取，学生的成绩必须达到一本线，原则上所有科目

都要及格，并且报考的外语考试必须是英语考试（成绩在120分以上）。香港的大学择优录取，在分数相同的情况下，会选择英语成绩更高的学生。因此，香港城市大学和香港中文大学两所学校的录取分数并不比大部分985院校低。想要报考这两所学校的学生的分数需要超过一本线130分以上，英语成绩达到120分甚至130分最佳。有些人文学科或法律学科的专业甚至要求135分以上的英语成绩。一些学校的一些专业会对学生所选择的高考科目提出具体要求，这需要学生关注学校发布的通知。

2. 用高考成绩参加大学自主招生

除了香港中文大学和香港城市大学，其他大学都采取自主招生的方式。对于该类大学，学生需要上学校官网进行网申，填写表格并提交高考成绩。网申通常会在6月末或7月初截止。对于通过初步审查的学生，学校会发放面试通知书。面试包括个人陈述、小组面试和单人面试三个环节。面试题目涉及社会、经济、环境等方面，考查的是学生的英语表达能力、逻辑思维能力和团队沟通能力。

一些学校还会额外设置考前面试环节，在高考前对学生进行面试并根据结果进行适度的降分或者为学生减免学费。比如，香港大学的“多元卓越入学计划”要求学生在高三的10月左右开始提交申请，并在次年1月份对学生进行分批次面试。“多元卓越入学计划”的申请截止日期为3月中旬，学校在6月公布录取结果。对于该类学生，学校会要求他们提交平日的考试成绩和所获的学科竞赛奖项以及各种课外活动证明，以此进行筛查。参加香港大学“多元卓越入学计划”的学生不仅可以选择香港大学的所有本科专业，还可以参与香港大学和剑桥大学、加利福尼亚大学伯克利分校等国外名校联办的双学位课程。因此，学生如果想要参加此类项目，就应紧密关注学校官网的信息并早做准备。

尽管大部分学校官网公示的录取要求是高考分数超过本科分数线即可，但是参照往年录取数据，香港各大高校的录取分数线并不比内地的高校低。想要申请香港大学、香港科技大学、香港中文大学等知名大学，高考分数至少要超过一本线130分，英语成绩在120分以上。这个录取标准可以参照浙江大学或南京大学的录取标准，有时甚至会达到上海交通大学录取分数线的水平。对于香港理工大学和香港城市大学，其录取分数在超过一本线80分到100分之间，英语成绩则在120分以上，这个录取标准可参考中山大学或华南理工大学的录取标准。报考香港浸会大学、香港岭南大学和香港教育大学的学生的高考分数则需要超过一本线 30 分到 50 分，英语成绩则需要在 110 分以上。同时，面试表现也是香港高校决定是否录取一名学生的重要标准。由于大学课堂会采取全英文教学，学生的表达能力非常重要。报考香港高校自主招生的学生需要在高考后抓紧时间准备面试。

3. 高考成绩不理想，考取副学位

如果学生的高考成绩并未达到香港高校的本科录取要求，那么学生可以考虑考取香港高校的副学位。副学位是一种源于美国的初级学位，一般学制为两年，分为文科副学位和理科副学位。在获得副学位后，学生可以直接报考香港或海外的大学本科大三来继续学业。如果成绩不理想，学生就不能升学进入大三。这有一定的风险，虽然美国等国家接受转学生，但是排名较高的一些学校的转学名额都是有限的，而且竞争激烈。当然，也有不少与海外大学合作的项目，比如在副学位结束后前往海外读本科的衔接课程。除了香港科技大学和香港教育大学，八大港校的其他院校都设有副学位课程，学生可以关注学校官网，了解更多信息。考取副学位的学生可以使用校内的各种设施与资源，也会与本科生修习类似的课程，包括各种项目、展示、小考和小组合作作业等。学生可以凭借优异的 GPA 成绩和良好的雅思成绩申请升读（即转正），并获得与本科毕业证书同等效力的毕业证书。

但是，想要升读的学生必须在修习副学位的两年里勤勉学习，保证 3.5 以上的 GPA 成绩和高于 6 分的雅思成绩，这样才有可能升读成功。学生需要做好努力学习的准备，并且付出与本科生相同甚至更多的努力。

2021 年香港理工大学毕业生升学调查结果显示，共有 2 922 名毕业生升读学士学位课程，升学率高达 90.7%，其中有 62.9% 的学生（1 837 人）升读政府资助学士学位课程，49.0% 的学生（1 431 人）升读教资会资助的高年级课程，77.0% 的学生（2 250 人）升读本地八大院校颁授的学士学位课程。

一般来说，高考失利的同学可以报考副学士课程。学生的高考分数只需高于三本分数线，而对一些排名更靠前的学生来说，超过二本分数线，英语成绩超过 100 分，并通过学校的面试就可以入学。申请开始时间是每年的 12 月，并持续到次年 7 月左右，学生可以通过学校官网申请。在通过学校安排的面试后，学生便可以入学。大部分副学位课程都采取滚动录取制，达到录取人数后学校便停止招生。因此，学生需要合理规划自己的时间，并根据自己高三的模拟考试成绩和最终的高考分数决定何时报名。

（二）通过国际文凭申请

除了高考成绩，香港高校也接受各种国际文凭，比如 A-Level、AP、SAT、ACT 和 IB 等。拥有国际文凭的学生可以于每年 9 月至 10 月，在学校开放申请窗口的时候上官网进行申请。除了标化成绩，学生还需要额外提供一篇个人陈述，以说明自己选择该专业的原因和专业兴趣。高中老师的推荐信、活动列表和个人简历也可以作为辅助材料一并提交。一些学校采取滚动录取制，因此，提前报名会增加录取概率。

1. A-Level 学生录取条件

如表 6–3 所示，对于 A-Level 课程体系的申请者来说，大部分学校都要求申请者至少提交 3 门考试的成绩单（不包含英语或中文等语言考试成绩单）。

表 6–3　A-Level 学生的录取条件

学校名称	基础要求	成绩要求
香港大学	2A*1A ~ 2A1B，考试科目符合专业要求	3A* ~ 4A*
香港科技大学	1A*2A ~ 3A*，考试科目符合专业要求	1A*2A ~ 3A*
香港中文大学	3AL 或 2AL+2AS，成绩高于 C，考试科目符合专业要求	3A
香港理工大学	3AL 或 2AL+2AS，考试科目符合专业要求	2A1B ~ 3A，分数换算为 136 ~ 160 分之间
香港城市大学	3 门 AL，成绩高于 E（两门 AS 可换算为一门 AL），考试科目符合专业要求	2A1B ~ 3A
香港浸会大学	3 门 AL 成绩，考试科目符合专业要求	2A1B，分数换算为 112 ~ 144 分之间
香港教育大学	3 门 AL 成绩，成绩高于 D，考试科目符合专业要求	2B1C
香港岭南大学	3AL 或 2AL+2AS，考试科目符合专业要求	2B1C ~ 1A2B，分数换算为 80 ~ 152 分之间

资料来源：根据各学校官网公开资料整理。

2. IB 学生的录取条件

除了 A-Level，香港高校也接受 IB 体系的文凭。如表 6–4 所示，虽然各高校的基础要求相近，但不同专业的要求略有差别，个别专业差别挺大。

表 6-4　IB 学生录取条件

学校名称	基础要求	成绩要求
香港大学	有包含 EE 和 TOK 成绩在内的 IBDP 文凭；基础要求为 31 分以上（工科 33 分以上、商科和理科 37 分以上、牙医 41 分以上、医学 43 分以上，满分为 45 分），考试科目符合专业要求	总成绩建议在 40 分以上，医学专业建议更高
香港科技大学	有包含 EE 和 TOK 成绩在内的 IBDP 文凭；考试科目符合专业要求	总成绩为 37～42 分
香港中文大学	有包含 EE 和 TOK 成绩在内的 IBDP 文凭；基础要求 30 分以上（满分为 45 分），考试科目符合专业要求	总成绩为 37～42 分
香港理工大学	总分 24 分以上，2 门 HL 成绩不低于 4 分	总成绩为 31～36 分，健康科学等科目成绩为 36 分以上
香港城市大学	具备 IB 文凭；总分 30 分以上（满分为 45 分）	总分为 31～39 分
香港浸会大学	具备 IB 文凭	总分为 30～36 分
香港教育大学	具备 IB 文凭，无具体要求	总分为 29～35 分
香港岭南大学	有包含 EE 和 TOK 成绩在内的 IBDP 文凭	总分为 29～34 分

资料来源：根据各学校官网公开资料整理。

3. 美国课程体系学生的录取条件

美国课程体系含金量高，认可度也比较高，因此，香港高校非常欢迎学生通过此体系申请本科。如表 6-5 所示，各大学的基础要求都不算高，但实际录取分数线并不低。

表 6-5　ACT、SAT 和 AP 等美国课程体系学生的申请要求

学校名称	基础要求	成绩要求	语言成绩
香港大学	SAT：1 350 分以上，理科学院 1 450 分以上，法学院 1 500 分以上 SAT 科目考试：至少 3 门课的考试成绩满足专业要求 AP：3 门成绩符合专业要求 ACT：29 分以上	至少 3 门 AP 成绩为 5 分，SAT 成绩为 1 500 分以上，ACT 成绩为 33 分以上	雅思 7 分以上或托福 93 分以上

（续表）

学校名称	基础要求	成绩要求	语言成绩
香港科技大学	SAT：1 290分以上 ACT：27分以上 AP：3门成绩3分以上 SAT科目考试：3门成绩600分以上 符合专业要求	至少3门AP成绩为5分，SAT成绩为1 420~1 490分，ACT成绩为32分以上	雅思6分以上
香港中文大学	SAT：1 190分以上 ACT：24分以上 AP：2门成绩3分以上 SAT科目考试：2门成绩600分以上 符合专业要求	至少3门AP成绩为5分，SAT成绩为1 450分以上，ACT成绩为32分以上	雅思6分以上或托福80分以上
香港理工大学	SAT：1 190分以上 ACT：24分以上 AP：2门成绩3分以上 SAT科目考试：2门成绩600分以上 符合专业要求	至少3门AP成绩为4分，SAT成绩为1 360分以上，ACT成绩为30分以上	雅思6分以上或托福80分以上
香港城市大学	SAT：1 190分以上 ACT：24分以上 AP：2门成绩4分以上 SAT科目考试：2门成绩600分以上 符合专业要求	至少2门AP成绩为4分和1门AP成绩为5分，SAT成绩为1 360分以上，ACT成绩为30分以上	雅思6.5分以上或托福79分以上
香港浸会大学	SAT：1 190分以上 AP：3门成绩3分以上 ACT：23分以上	至少2门AP成绩为4分和1门AP成绩为3分，SAT成绩为1 330分以上，ACT成绩为28分以上	雅思6分以上
香港教育大学	SAT：1 900分以上	至少1门AP成绩为4分和2门AP成绩为3分，SAT成绩为1 300分以上，ACT成绩为28分以上	雅思6分以上或托福80分以上
香港岭南大学	SAT：1 190分以上	至少1门AP成绩为4分和2门AP成绩为3分，SAT成绩为1 280~1 330分，ACT成绩为28分以上	雅思6.5分以上或托福79分以上

资料来源：根据各学校官网公开资料整理。

（三）香港高校的本科申请（国际体系）时间轴

申请香港的大学本科与英国类似，二者都强调学生的硬指标，即标化成绩与GPA，在活动背景方面，要求相对较少。图 6-3 为香港的大学本科申请时间轴。

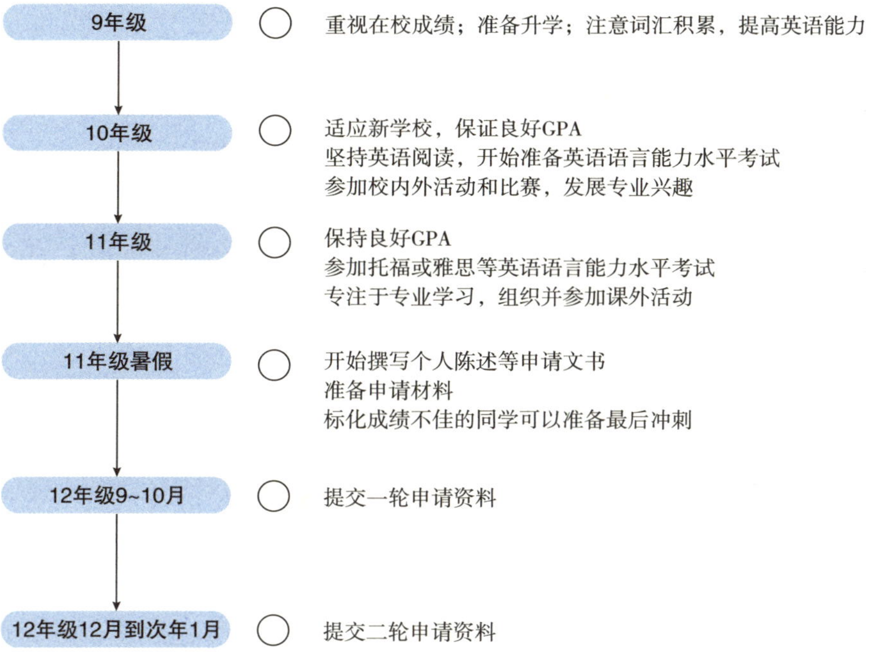

图 6-3　香港的大学本科申请时间轴

三、香港各大学的研究生申请要求及流程

（一）香港的研究生项目分为两种

香港的研究生学制是一年或两年，这取决于学生申请的项目是授课型还是研究型。前者更适合想在研究生毕业后立刻工作的学生，后者则更适合想继续深入挖掘学术兴趣并且未来以学术研究为职业发展方向的学生。香港的研究生申请较自由，并不限制学生申请的学校和专业数量。

香港各大学基本上会在每年 9 月开放研究生申请通道，采用滚动录取的方式。学校根据学生提交材料的时间来安排审阅和面试，一旦招满学生，学校就会停止录取。因此，越早申请，录取概率越大。越往后，录取名额越少，学校会提高标准，对学生的要求也越高。

（二）申请香港研究生需要的资料

学校一般会要求学生提供以下几种材料：在校成绩单、毕业证书（如有）、一份学术简历、语言考试标化成绩、一篇申请文书、任何已发表的论文（不得超过 20 页）以及两封推荐信。

学生可以在学术简历里简单陈述参与过的科研活动或实习项目。学生应在申请文书中写明为什么要申请该学校的该专业，以及日后想要研究的大致方向。有些项目会额外要求学生写一些补充文书。推荐信由就读学校的大学教授或者实习公司的负责人撰写，对方应当是足够了解学生的能力与水平的人。这些都与申请英美高校研究生的要求是一样的。香港的大学也非常看重学生的学校背景，而优异的 GPA、GRE 或 GMAT 成绩也会为申请加分。

（三）从专业分类的角度做到脱颖而出

商学院硕士研究生项目一直都是竞争最激烈的，尤其是香港大学、香港中文大学和香港科技大学的商学院。来自 985 院校、海外本科、中国香港的大学本科或合作办学项目的学生无疑是最具优势的。大部分被录取的学生的 GPA 都在 3.2 以上，并拥有至少 1 段实习经历。其托福的分数大都在 100 分以上，雅思分数则高于 7 分，同时大部分学生都通过了 GRE 或 GMAT。来自 211 或者“双非”院校的学生则需要更高的 GPA 和其他各种成绩，这类学生的 GPA 至少要达到 3.5，并保证自己有丰富的实习和学术研究经历，GRE 或 GMAT 考试成绩也是不可或缺的。

理工科硕士研究生项目的申请难度比商学院低一些。对于 985/211 院校的学生来说，只要 GPA 达到总分的 85%，托福成绩达到 100 分或雅思达到 6.5 分，并有着不错的实习或学术经历，就会比较有竞争力。香港中文大学的理工科院校是香港本地大学中竞争最激烈的，其热门的计算机专业要求学生有更高的成绩。对于来自“双非”院校的学生，香港理工大学的理工科可能是个不错的选择，但它的信息技术专业似乎对有工作经验的申请者有所偏爱。

传媒类专业在香港各大学中也是热门专业。香港城市大学的传媒类专业就非常火爆，其传播与新媒体以及整合营销传播专业最难申请。这两个专业的学生基本上都毕业于 985 院校或者海外的大学，均分在 85% 以上。来自 211 或者“双非”院校的学生可以考虑这所学校的创意传媒专业。

仅三所大学设有法学院，即香港大学、香港中文大学和香港城市大学。考取法学院的学生都非常优秀，基本上都来自 985/211 高校，或者来自“五院四系”，均分也在 85% 左右。

人文社科专业的申请难度会相对小一些。不少来自“双非”院校的学生也有机会被录取。大部分学生的均分高于 80%，雅思成绩在 6.5 分以上，托福成绩在 100 分以上。

申请研究生的面试通常需要全英文作答，面试问题不仅包括申请人选择专业和学校的动机，还会涉及一些学术问题。

香港高校的研究生申请不仅需要学生有优秀的在校成绩和英语标化成绩，还需要学生有丰富的科研或实习经验。因此，学生需提前进行求学规划。

（四）香港高校的研究生申请时间轴

香港高校的研究生申请规划与美国类似，可以参照第三章内容，图 6–4 为香港高校的研究生申请时间轴。

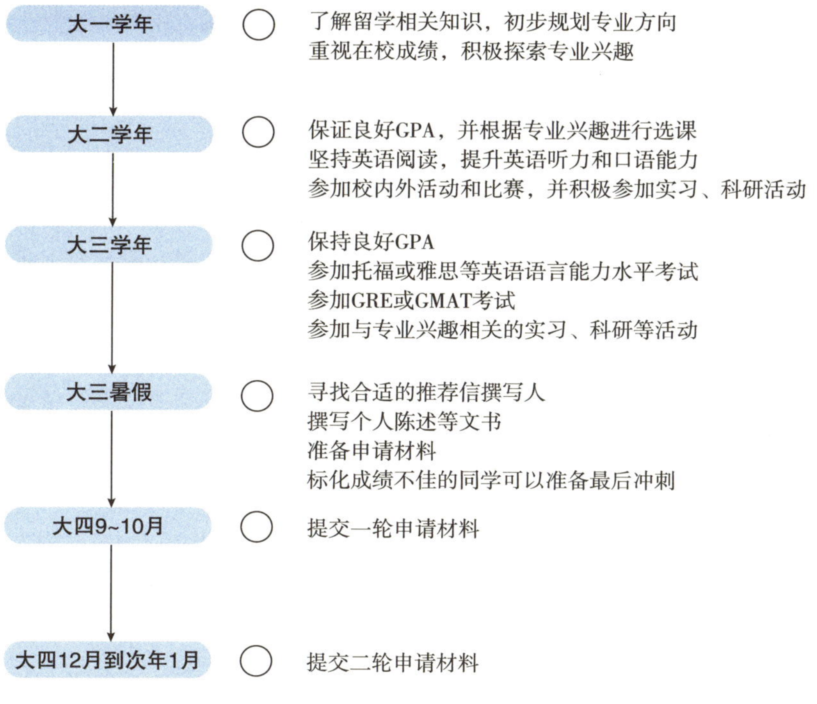

图 6–4　香港高校的研究生申请时间轴

第三节
留学澳大利亚——黄金海岸的青春畅想

澳大利亚一直是中国学生的理想留学国家。全球教育网发布的 2022 年全球十大最佳留学国家排行榜显示，澳大利亚力压 2021 年冠军加拿大，占据榜首。中国也连续 22 年成为澳大利亚国际学生的最大生源国。澳大利亚联邦教育部数据显示，澳大利亚八大高校在 2022 年 1 月和 2 月一共录取了 26 681 名国际学生，其中有 16 109 名中国留学生，比 2021 年同期增长 80%。数据显示，中国在澳留学生总数大约是印度的 2 倍，是巴西的 8 倍。中国和印度的在澳留学生总数，超过其他所有国家在澳留学人数的总和。

一、澳大利亚教育体系的五大优势

提起澳大利亚，大部分人会想到阳光海岸、美丽的度假胜地、自由舒适的生活。但澳大利亚能吸引众多留学生，与其完备的教育体系、相对宽松的教育氛围是分不开的。

（一）澳大利亚教育体系的构成

澳大利亚教育体系由五部分组成（见图 6–5）：大学；由职业技术教育学院构成的职业培训系统；为海外留学生提供英语补习课程的英语补习学校；开设商业、酒店管理、航空学课程的私立学校；小学、中学和高中。澳大利亚的教育体制大致承袭英国的教育系统，小学 6 年，中学 6 年，专科 2～3 年，大学 3 年。依据科系的不同，其学制年限也有所差异，比如，文科、商科、理科 3 年，工科 4 年，法律 4 年或 5 年，医科 6 年。澳大利亚全国共有 42 所大学及 230 多所专科技术学院，学历资格被世界各国承认，已先后有 13 位科学家获得诺贝尔奖，教育质量有目共睹。澳大利亚大学教育根据学生个人的能力与兴趣而设，每个学生都能发挥其全方位的潜能，并将所学运用于各行各业。

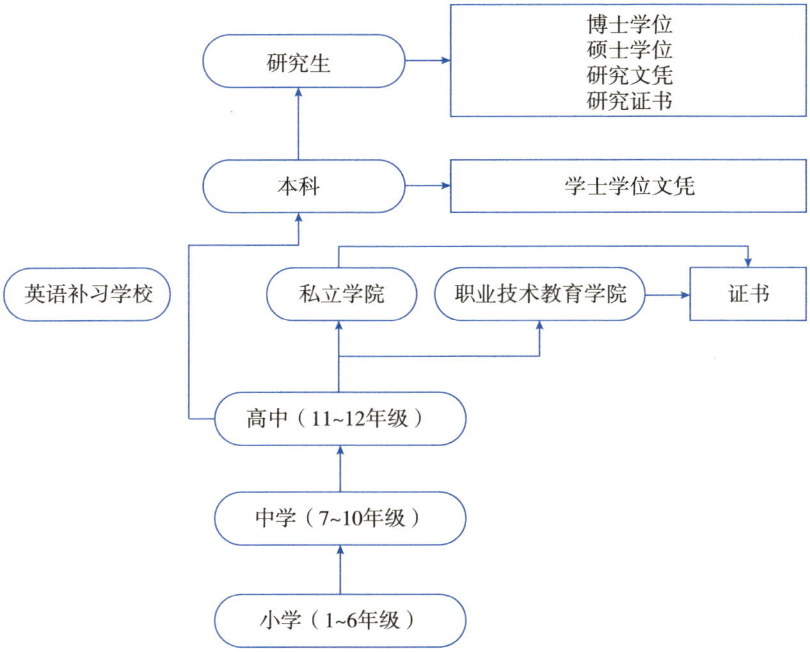

图 6–5　澳大利亚教育体系简图

（二）澳大利亚教育体系的五大优势

由英士国际商学院、新加坡人力资本领导能力研究院和德科集团联合发布的“全球人才竞争力指数”（Global Talent Competitiveness Index）报告显示，澳大利亚的人才竞争力排名世界第 9，教育实力更是达到世界一流水平。

优势一：澳大利亚教育质量高。

澳大利亚全国共有 42 所大学，在各类世界大学排名中都表现不俗。在 QS2023 世界大学排名中，澳大利亚有 38 所高校上榜，排名第一的是澳大利亚国立大学，世界排名第 30 位，得分 82.1 分。有一半以上的澳大利亚大学跻身世界大学 500 强的行列，其中有 26 所大学进入前 200 名，7 所大学进入前 100 名。澳大利亚接受国际学生入澳就读已有 60 多年的历史。目前，有来自全球 200 多个国家和地区，共 50 多万的国际学生在澳学习、生活。

优势二：澳大利亚教育制度严谨。

澳大利亚政府 1986 年便开始落实招收自费学生的政策，在此政策的基础上，澳大利亚政府对国际留学生给予更多的照顾。澳大利亚的教育制度一直非常严谨，澳大利亚政府要求所有教育机构提供给留学生的课程都要向有关部门登记、注册，并接受监管。学生如果遇到以上问题，可直接向澳大利亚政府有关部门反映、投诉。

优势三：澳大利亚教育制度弹性大 。

留学生有权根据自己的需要选择申请日期、入学时间以及就读课程年期的长短，比如，澳大利亚的本科生和研究生于每年的 2 月和 7 月入学，个别大学还允许在 3 月入学。难以适应新学习环境的学生，也可以相应地延长课程的学习时间。非英语国家的学生可以选择先就读英语课程，然后再上专业课，而学习能力较强的学生则可选择多修课程，比如修双学位课程。学生如果想早一点毕业，则可选择夏校，以提前修完学分，提前毕业。

优势四：澳大利亚录取条件人性化。

澳大利亚虽然名校众多，但是录取条件却非常人性化，以申请澳大利亚的研究生为例，同样的国内大学成绩可以入读澳大利亚的世界排名前 50 的大学，但却难以入读英美的世界排名前 100 的大学。在语言要求方面，澳大利亚不仅承认雅思成绩，还认可托福、培生等考试成绩，且申请者无需参加其他考试，比如 GRE、GMAT 等美国研究生入学考试。澳大利亚八大名校的入学条件也不高，申请周期相对较短，十分适合想进入名校的中国学生。但是需要注意的是，虽然入学门槛低于英美等名校，但是申请者仍然需要付出很多努力，因为名校往往都遵循“宽进严出”的规则。

优势五：澳大利亚学生签证门槛低。

澳大利亚政府对海外留学生没有配额限制，而且学生签证无需面试，相较于美国的面签以及加拿大和新西兰的材料签，澳大利亚的签证政策审理流程极其简单。其政策宽松，还允许申请者走电子签证流程，所以澳大利亚的签证成功率极高。

二、澳大利亚高中入学轻松

澳大利亚的公立学校和私立学校均对国际生开放申请。私立学校在学生的管理上更为严格，这使得学生取得更好的高考成绩，在大学录取上也表现得更为优秀。2021 年，澳大利亚高考满分的学生大多毕业于私立学校。同时，私立学校拥有更多的课外活动项目和更好的硬件设施。丰富的课外活动可以帮助学生扩展视野，掌握专长，提升社交能力，明确个人的职业发展目标。因此，私立学校也受到越来越多的家长和学生的青睐。

（一）澳大利亚私立中学入学条件与申请

从申请方面来看，国际学生在申请私立学校时，除了提供学术成绩，还需要提供可以证明其语言能力的考试成绩，比如 AEAS（Australian Education Assessment Service，这是应用较广的语言测试项目，是澳大利亚教育评估服务机构根据在校中学生的英语水平，为希望到澳大利亚中学就读的中国学生专门设立的综合考试项目）、雅思，部分学校还会要求参加面试并提供推荐信，还要求有额外的体育或者艺术特长。优秀的私立学校的竞争比较激烈，建议申请私立学校的学生提早进入规划阶段，以提升竞争优势。

澳大利亚的留学目的地主要集中在维多利亚州（简称“维州”）、新南威尔士州（简称“新州”）和昆士兰州（简称“昆州”）。维州和新州拥有墨尔本、悉尼两个国际城市，可供学生选择的学校数量多，所以维州和新州是大部分家庭择校的第一选择。

（二）澳大利亚公立中学和私立中学皆招收国际学生

在澳大利亚，国际学生在 6 岁就可以入读一年级。澳大利亚的学年设置与国内略有不同，中国是当年 9 月到次年 6 月为一个学年，而澳大利亚是当年 1 月到 12 月为一个学年。澳大利亚一个学年有 4 个学期，分别在 1 月、4 月、7 月、10 月开学，学生可以选择任意时间插读（11 和 12 年级除外）。

澳大利亚的公立中学和私立中学均招收海外学生。公立学校的师资和设施是由政府资助，州教育局统一管理的，当地学生按照学区就近入学，而国际学生申请则不受学区限制（个别学校除外），学费统一且性价比高。私立学校则由学校独立运营，部分资金来自州政府和联邦政府拨款。无论是本地学生还是国际学生，都不受学区限制，学校采用择优录取的方式录取学生。

至于私立学校，一类是独立学校，学校通过自身优秀的教学声誉吸引生源，部分学校已经有超过百年的历史，早已形成一套独特的教学模式；另一类是教会学校，学校秉承英国传统教会学校的教学方式，除了非常注重学生学业，也十分重视对学生礼仪、行为举止的培养，这是西方教育体系中独具特色的模式。

需要注意的是，学校必须有 CRICOS（澳大利亚联邦政府招收海外学生的院校及课程登记簿）代码，这样学生才能登记注册和获得学位认证。公立学校统一使用州政府的 CRICOS 代码，私立学校则拥有各自的 CRICOS 代码。不同学校对招收的海外学生的年级要求也不相同，部分学校招收 1 ~ 12 年级或 7 ~ 12 年级的海外学生，有些学校则只招收 10 ~ 12 年级的海外学生。

（三）高中申请流程和材料

澳大利亚中学主要从学术能力、英语能力、面试表现三个方面来综合考查申请人。

申请公立学校需要准备在读证明、过往两年的成绩单，申请者如果有不错的 AEAS 成绩，那么可以提交学校，以给自己的背景加分。澳大利亚的公立学校由各个州的教育部统一管理，申请材料也发往州教育部国际处，由其进行统一递交和处理。州教育部收到完整材料后，会跟学生确认面试的时间和方式。学生如果顺利通过，则会收到一份语言课程和主课打包在一起的录取证明。公立学校对学生的英文水平没有做出明确的录取规定，但在学生正式入学开始主课学习之前，学校基本上会为学生安排 20 ~ 30 周的语言课程。一些私立学校在录取海外学生时还会考查学生在体育、艺术方面的潜力和能力，并安排额外的入学测试。因此，申请私立学校的学生需要准备在读证明、过往两年的成绩单、AEAS 成绩报告。申请者如果有各类竞赛活动的参与证书或获奖证书、体育和艺术方面的证书，也可以提供。私立学校均为自主招生，入学申请直接递交给学校，学生被顺利录取后，会收到主课的录取证明。如果学生的语言成绩不满足直接入读条件，那么学生需要在主课前上一定时间段的语言课程。私立学校一般使用 AEAS 成绩报告来考查学生的英语水平，并根据成绩决定学生需要入读语言课程的周数。

需要注意的是，学生入读的主课是有年龄限制的。比如，入读 11 年级主课的学生不能超过 19 周岁，入读 10 年级主课的学生不能超过 18 周岁。同时，学生不能直接入读 12 年级。由于参加澳大利亚高考的学生申请澳大利亚大学要提供 ATAR（Australian Tertiary Admission Rank，澳大利亚高等教育录取排名）成绩（由 11 和 12 年级两年的成绩转化而来），所以国际学生可以直接入读的最高年级为 11 年级，而且入读主课的时间不能少于 16 个月。

（四）高中申请规划时间轴

澳大利亚学校招收的海外学生均有限额，很多学校在开始招收的前一年的学位就已经很少了。有赴澳留学意向的中学生，需要尽早地进行英文、学术、背景提升的规划，以保证自己在激烈竞争中脱颖而出。图 6–6 是澳大利亚的高中申请时间轴。

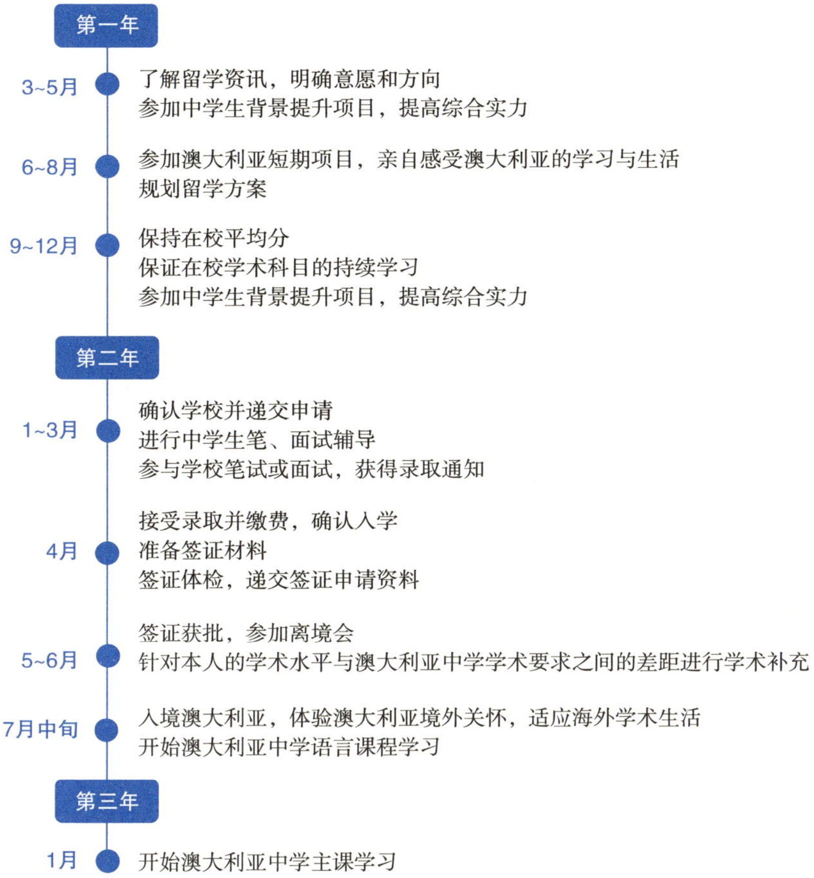

图 6–6　澳大利亚的高中申请时间轴（以 3 月入学为例）

三、澳大利亚八校联盟打造优秀本科教育

澳大利亚共有 42 所大学，其中 40 所是公立大学，2 所是私立大学。从综合排名来看，有 8 所大学是教研类大学，另外 34 所是教学类大学。从学制来看，澳大利亚大学的大部分本科专业是 3 年学制（比如商科、文科、理科和计算机专业等），少部分本科专业是 4 年学制（比如工程、法律、教育专业等），建筑学专业是 5 年学制，医学专业一般是 6 年学制。

（一）澳大利亚八校联盟是澳大利亚大学教育的典范

澳大利亚八校联盟又称澳大利亚八大名校或澳大利亚八校集团，是澳大利亚的一个著名的高校联盟，包括澳大利亚国立大学、墨尔本大学、悉尼大学、新南威尔士大学、昆士兰大学、蒙纳士大学、西澳大学、阿德莱德大学。

除了八校联盟的大学，澳大利亚还有其他许多不错的大学，为学生提供更多选择。但总体而言，中国学生去澳大利亚留学，基本上都选择这八大名校。这些学校各有优势专业（见表 6-6），申请者在选择学校与专业时需要认真比较。

表 6-6　澳大利亚排名前 10 名的大学及其优势专业

澳大利亚大学排名	QS2023 世界大学排名	大学名称	大学英文名称	优势专业
1	30	澳大利亚国立大学	The Australian National University	哲学（QS 学科排名第 3） 人类学（QS 学科排名第 6） 地理学（QS 学科排名第 7） 政治与国际研究（QS 学科排名第 11） 历史学（QS 学科排名第 12）
2	33	墨尔本大学	The University of Melbourne	法律（QS 学科排名第 12） 教育学（QS 学科排名第 12） 心理学（QS 学科排名第 17） 医学（QS 学科排名第 20） 会计与金融学（QS 学科排名第 21）
3	41	悉尼大学	The University of Sydney	体育类学科（QS 学科排名第 4） 护理学（QS 学科排名第 12） 解剖与生理学（QS 学科排名第 12） 药剂学与药理学（QS 学科排名第 14） 法律（QS 学科排名第 16）
4	45	新南威尔士大学	The University of New South Wales	土木工程（QS 学科排名第 13） 法律（QS 学科排名第 14） 石油工程学（QS 学科排名第 17） 会计与金融学（QS 学科排名第 20）
5	50	昆士兰大学	The University of Queensland	体育类学科（QS 学科排名第 2） 矿物与采矿工程（QS 学科排名第 4） 农业与林业（QS 学科排名第 16） 环境科学（QS 学科排名第 19）

（续表）

澳大利亚大学排名	QS2023世界大学排名	大学名称	大学英文名称	优势专业
6	57	蒙纳士大学	Monash University	药剂与药理学（QS 学科排名第 1） 教育学（QS 学科排名第 13） 护理学（QS 学科排名第 14） 矿物与采矿工程（QS 学科排名第 22）
7	90	西澳大学	The University of Western Australia	矿物与采矿工程（QS 学科排名第 5） 体育相关学科（QS 学科排名第 23） 解剖与生理学（QS 学科排名第 24） 地球和海洋科学（QS 学科排名第 30）
8	109	阿德莱德大学	The University of Adelaide	石油工程学（QS 学科排名第 10） 矿物与采矿工程（QS 学科排名第 19） 牙科学（QS 学科排名第 25）
9	137	悉尼科技大学	University of Technology Sydney	网络安全
10	185	伍伦贡大学	University of Wollongong	工程、商科、计算机、体育

资料来源：根据各学校官网公开资料和 QS 学科排名等整理。

（二）澳大利亚本科入学要求并不高

澳大利亚本科课程是由专业课以及选修课组成的，某些院校还会进行独特的专业课程和学科单元设计。因此，学生在报考院校和选择专业前，做充分调查和对比是十分有必要的。

学生在完成本科课程后，还可以继续修读澳大利亚的荣誉学位课程。荣誉学位课程通常是学生在本科学习中可以获得的最高级别的教育和培训资源，其将课程内容与基于实践或者基于论文的研究项目相结合，能够为学生接下来的研究生就读做准备，一般需要一年的学习周期。

澳大利亚院校的本科录取，主要审查的是学生的学术背景及语言水平。高中生在申请澳大利亚本科时，只要 GPA 达到申请大学的要求，就可以向该大学提交申请（见表 6-7）。若托福、雅思等语言成绩未达到该学校的直接录取标准，学生可以在入读前先进行一段时间的语言课程学习。当然，许多澳大利亚院校也开设了语言直升班，通过该班所有考试的学生，无需提交托福、雅思等语言考试成绩，可以直接进行正式课程的学习。

表 6–7 澳大利亚本科院校类型及基本信息

类别	特点	学费（澳元）	开学时间
大学教育	学术水平高； 由联邦政府控制、管理，教育质量相对平均	每年 2 万 ~ 3 万	一般为每年 2 月、7 月
职业教育	相当于国内的职业学校、技校、中专和高等专科学校； 以就业为导向； 学成后可获得大专文凭； 学制多为两年	每年 1 万 ~ 1.4 万	一般为每年 2 月、7 月，少数为 10 月
私立商业专业学校	提供长、短期的广泛的职业培训课程，分为证书课程和文凭课程（包括电脑、商业、秘书、美容、美发及飞行员训练等专业）； 文凭课程一般是 40 周以上的课堂教学，科目广泛，主要以学习专业技能为主； 开设证书课程的项目和院系少；短期项目多；学生可以取得专业科目的证书文凭，以方便求职	视专业难度和授课时长而定	没有固定日期

资料来源：根据各学校官网公开资料整理。

（三）澳大利亚本科申请要求及流程

澳大利亚大学遵循早申请、早录取的滚动式录取原则，有些热门专业会因为申请人数过多而提前结束。因此，有意向申请的同学要尽早准备。本科申请的基本条件有四个方面。

学历要求。至少高中毕业或者大专毕业，所读的院校是经过国内教育部门认证的全日制院校。

年龄要求。年龄要与学生实际情况相符合，不能太大或者太小，毕业年龄区间为 18 岁至 30 岁，超出年龄或者毕业太久的申请都是无效的。

语言要求。直接就读本科的语言要求为雅思 6 分以上，托福 80 分以上，如果没有达到这个基本要求，学生后面的日常生活和学习就会感到力不从心。

资金要求。在 60 万元左右。

（四）国内普通高中课程体系学生的申请途径

申请澳大利亚的学校，学生不仅可以用国际高中课程体系的成绩申请，也可以用国内普通高中的成绩或高考成绩申请。对于国内普通高中课程体系的学生而言，就读澳大利亚本科，主要有四种申请途径。

途径一：用高考成绩直申大一。

途径二：用高中三年的成绩申请国际大一文凭课程。

途径三：用高中三年成绩直申大一。

途径四：用高中两年或三年成绩申请预科。

1. 用高考成绩直申大一

在澳大利亚八大院校中，除了墨尔本大学不承认中国高考成绩，其他盟校全都承认中国高考成绩，其他的澳大利亚大学也都承认中国高考成绩（见表 6-8）。因此，应届高考生可凭高考成绩和雅思、托福等标化语言考试成绩，直接申请入读澳大利亚大学，然后用 3～4 年的时间完成本科学习。当年的高考分数一般可用于申请当年下半年的入学（7～8 月或 9～10 月的开学季），也可以用于申请次年上半年的入学（2～3 月）。由于国内高考成绩是在 6 月底公布，因此学生基本上都是用当年高考成绩申请次年上半年的入学。

表 6-8　澳大利亚部分大学高考成绩要求

学校	专业或学院	高考成绩要求（分数或分数在满分中的占比）
新南威尔士大学	人文、设计和建筑	70%～75%
	商科	72%～80%
	工程	75%
	法律和司法	70%～84%
	医学和健康	70%～92%
	理学	70%～84%
悉尼大学	建筑、设计和规划	70%～75%
	人文和社会科学	70%～80%
	商科	75%～80%
	教育和社会工作	65%～70%
	工程和计算机科学	70%～80%
	法律	75%
	医学和健康	70%～75%

（续表）

学校	专业或学院	高考成绩要求 （分数或分数在满分中的占比）
悉尼大学	音乐	50%
	理学	65%~80%
澳洲国立大学	人文和社会科学	525~615 分（满分为 750 分）
	商科与经济学	525 分（满分为 750 分）
	工程和计算机科学	525~675 分（满分为 750 分）
	法律	660 分（满分为 750 分）
	理学	525~675 分（满分为 750 分）
蒙纳士大学	艺术、设计和建筑学院	60%~65%
	人文社科学院	60%~70%
	商学院	60%~80%
	教育学院	65%
	工程学院	75%~80%
	IT 信息技术学院	65%~75%
	法学院	80%
	医学、护理与健康科学学院	60%~80%
	药剂学与制药科学学院	65%~70%
	理科学院	65%~80%
阿德莱德大学	商科	65%
	工程	70%
	信息技术	55%
阿德莱德大学	教育类	70%
	理学	60%~85%
	音乐	55%~85%
昆士兰大学	农业与环境	70%~75%
	建筑、规划与设计	70%~75%
	人文与社会科学	70%
	商科、经济与法学	70%~75%
	教育	70%
	工程与计算机	75%
	健康、行为科学与医学	70%~75%
	理学	70%

（续表）

学校	专业或学院	高考成绩要求（分数或分数在满分中的占比）
西澳大学	人文、商科、环境设计、音乐、理学	507 分（满分为 750 分）
	农业科学、生物医学、工程、环境科学、心理学	525 分（满分为 750 分）
	经济学	544 分（满分为 750 分）
	计算机科学	585 分（满分为 750 分）

资料来源：根据各学校官网公开资料整理。

2. 用高中三年成绩申请国际大一文凭课程

大一文凭课程可以说是入读澳大利亚大学本科的捷径，即学生不用读预科，也不需要提供高考成绩就可以申请。学生在高三毕业后进入大学学习国际大一课程，时间一般为 8 个月到 1 年。在成功完成课程并通过考试后，学生就可以直接进入大二学习。如果本科学制是 3 年，则选择此途径来完成本科课程的总体时间依然是 3 年。对于就读国际大一文凭课程，各校的要求均不同，总体而言，雅思成绩要在 5.5 ~ 6.5 分，根据学校排名，高中三年均分在满分中的占比为 65% ~ 85%。而各学科专业的要求也有所不同，比如新南威尔士大学要求高三均分在满分中的占比不低于 85%，商科要求雅思成绩不低于 6.5 分。而悉尼科技大学则要求高三均分在满分中的占比只需要不低于 68.5% 即可，雅思成绩根据专业不同在 5.5 到 6 分之间。该入学渠道有一定的前提条件，即学生需要完成国际大一文凭课程并通过考试。

开设这种渠道的大学有新南威尔士大学、蒙纳士大学、阿德莱德大学、埃斯博利学院、泰勒学院、悉尼科技大学、麦考瑞大学、迪肯大学和格里菲斯大学等院校。

3. 用高中三年成绩直申大一

澳大利亚有几所大学接受学生用国内高中三年均分申请本科，均分要求为 70% ~ 80%，雅思成绩要求为 6 ~ 6.5 分，而个别学校对雅思没有要求。这是没有参加高考或高考成绩不理想的学生直接入读本科的一个选择。

开设这个入学渠道的大学有伍伦贡大学、皇家墨尔本理工大学、斯威本科技大学、西悉尼大学、邦德大学、塔斯马尼亚大学等学校，它们同样接受学生用国内高中三年的成绩来申请本科。

4. 用高二或高三成绩申请预科

学生申请预科只需要完成高二学业即可。申请时，学生提供高一、高二成绩单，一般要求均分为 70% ~ 90%。英文要求为雅思成绩不低于 5.5 分或同等托福或其他语言测试成绩，部分大学也接受语言内测。申请大学本科时，学生只需满足申请学校的 GPA 要求，不过，GPA 的要求视所申请的学校和专业而定，难度略有差异。

接受预科申请的有墨尔本大学、悉尼大学的泰斯学院、新南威尔士大学、蒙纳士大学、阿德莱德大学、悉尼科技大学、麦考瑞大学、迪肯大学等大学的部分学院和专业，中国学生通常不以此为主要选择。本节不做详细介绍，感兴趣的读者可在各学校官网查询。

（五）国际课程体系学生的入学标准与要求

除了用高考成绩申请澳大利亚的大学，也有国际课程体系的学生对澳大利亚大学感兴趣，下面对几大课程体系的申请标准和要求进行一一解读。

1. 使用 A-Level 与 IBDP 成绩申请澳大利亚大学的入学要求

澳大利亚大学对 A-Level 科目按照特定算法进行量化评判，其中接受度较广的为 A2 科目，少量学校允许学生提交 AS 科目进行折算，不同专业对 A-Level 成绩的要求不同。因此，在申请这些学校时，学生需要了解它们对 A-Level 成绩的计分算法（见表 6–9）。

表 6–9　澳大利亚八大盟校的 A-Level 成绩计分算法

学校	科目	计分算法
墨尔本大学	计算最好的 3 门 A2 科目成绩，先修课科目成绩至少为 C	A*=5，A=5，B=4，C=3，D=2
澳大利亚国立大学	计算最好的 3 ~ 4 门 A2 科目成绩，可包括 1 门前一年或后一年的 A2 科目成绩	A*=6，A=5，B=4，C=3，D=2，E=1
新南威尔士大学	计算同一学年内的 2 ~ 4 门 A2 科目成绩，可包括 1 门前一年或后一年的 A2 科目成绩	A*=6，A=5，B=4，C=3，D=2，E=1
西澳大学	计算 2 ~ 3 门 A2 科目成绩	A*=6，A=5，B=4，C=3，D=2，E=1
悉尼大学	计算 3 ~ 4 门 A2 科目成绩	A*=6，A=5，B=4，C=3，D=2，E=1

（续表）

学校	科目	计分算法
蒙纳士大学	最多计算 3 门 A2 科目成绩；2 门 AS 科目成绩可以算作 1 门 A2 科目成绩，前提是 A2 阶段没有修过相同科目	A2：A*=5，A=5，B=4，C=3，D=2，E=1，U=0 AS：A=2.5，B=2，C=1.5，D=1，E=0.5，U=0
昆士兰大学	计算最好的 2～3 门 A2 或 AS 科目成绩	A2：A*=5，A=5，B=4，C=3，D=2，E=1，U=0 AS：A=2.5，B=2，C=1.5，D=1，E=0.5，U=0
阿德莱德大学	计算 3 门 A2 科目成绩或 2 门 A2 科目 +2 门 AS 科目成绩（中文不算有效科目）	A2：A*=5，A=5，B=4，C=3，D=2，E=1，U=0 AS：A=2.5，B=2，C=1.5，D=1，E=0.5，U=0

资料来源：根据各学校官网公开资料整理。

澳大利亚采用的多为英联邦的教学体系，所以无论是 A-Level 成绩还是 IBDP 成绩，在澳大利亚的认可度都很高。以下是持这两种成绩申请澳大利亚八大盟校的基本成绩要求（见表 6–10），也是最低入学标准。

表 6–10　使用 A-Level 和 IBDP 课程体系成绩申请八大盟校热门专业的入学成绩要求　（单位：分）

学校	类别	商科	工程	计算机科学	艺术	科学
澳大利亚国立大学	A-Level	12	14	14	12	12
	IBDP	29	31	31	29	29
墨尔本大学	A-Level	13	N/A①	10	10	10
	IBDP	36	N/A	31	31	31
悉尼大学	A-Level	16	14	15	13	13
	IBDP	36	31	34	29	29
新南威尔士大学	A-Level	12	11	11	10	10
	IBDP	34	32	32	27	29
蒙纳士大学	A-Level	12	11	9	9	9
	IBDP	33	31	28	28	28

① N/A，指的是“未参加排名”。

（续表）

学校	类别	商科	工程	计算机科学	艺术	科学
昆士兰大学	A-Level	10	10	10	6	8
	IBDP	31	31	31	26	28
西澳大学	A-Level	9	N/A	8	8	8
	IBDP	26	N/A	27	25	27
阿德莱德大学	A-Level	7	9	6	6	6
	IBDP	27	29	25	25	25

资料来源：根据各学校官网公开资料整理。

2. 使用 SAT、ACT 或 AP 成绩申请入学的成绩要求

除了 A-Level 和 IBDP 这两种国际课程，也有不少学生用 SAT、ACT 或者 AP 成绩来申请澳大利亚的大学，尽管这些成绩都被澳大利亚的大学广为接受，但不同的大学有着不同的要求（见表 6–11）。

表 6–11　使用 SAT、ACT 或 AP 成绩申请八大盟校的具体要求

学校	SAT 或 ACT 直申本科	AP 直申本科
澳大利亚国立大学	需要有认证过的美国高中毕业证以及美国高中认证过的 GPA3.2（ATAR 要求为 90 分以下的课程）或 3.5（ATAR 为要求 90 分以上的课程）	N/A
墨尔本大学	美国高中毕业证 + 美国高中 GPA 3.0~3.7+ 至少两门 AP 科目成绩	美国高中毕业证 + 平时成绩 + 三门或四门 AP 国际科目成绩
悉尼大学	无需美国高中毕业证，中国高中毕业证即可；SAT 要求 optional essay（可选作文）在 12 分以上，ACT 要求有 50% 以上的 optional writing（可选写作）成绩；但 2021—2022 年取消这项规定，但语言成绩不可免	最好提供三门或四门 AP 科目成绩，有毕业证即可；仅适用于 2022 年收到的所有国际申请
新南威尔士大学	无需美国高中毕业证，中国高中毕业证即可（有 AP 科目 4 或 5 分的成绩可弥补 SAT 或 ACT 成绩的问题）	最好提供三门或四门 AP 科目成绩，有毕业证即可
蒙纳士大学	无需美国高中毕业证，中国高中毕业证即可，对 SAT 和 ACT 成绩的要求不太一样	最好提供 2 门 AP 科目成绩，有毕业证即可

（续表）

学校	SAT 或 ACT 直申本科	AP 直申本科
昆士兰大学	需要有美国高中毕业证（如果毕业证无认证，则进行个案评估）	最好提供三门或四门 AP 科目成绩，有毕业证即可
西澳大学	无需美国高中毕业证，有中国高中毕业证即可	至少提供 2 门 AP 科目成绩，有高中毕业证即可
阿德莱德大学	需要有美国高中毕业证	仅适用于 2022 年收到的所有国际申请

资料来源：根据各学校官网公开资料整理。

需要注意的是，学生在申请时要注意学校是否要求有美国高中学历认证机构的认证。

有认证且有 SAT1 或 ACT 成绩的申请者，只要成绩符合所申请专业的总分要求和先修课程要求，澳大利亚所有大学都可以申请，不过，对于特殊专业，学生还需满足该专业的其他额外要求，比如提交作品集或参加面试等。

项目有认证但未考试或无良好的 SAT1 或 ACT 成绩，只有 2～4 门 AP 科目成绩的申请者，可考虑蒙纳士大学、昆士兰大学、西澳大学、阿德莱德大学、新南威尔士大学、悉尼科技大学、悉尼大学、墨尔本大学等。

项目无认证，但有 SAT1 或 ACT 成绩的申请者，可考虑新南威尔士大学、悉尼大学、蒙纳士大学、西澳大学、悉尼科技大学、麦考瑞大学、纽卡斯尔大学等。

项目无认证也未考试或无良好的 SAT1 或 ACT 成绩，只有 2～4 门 AP 科目成绩的申请者，可考虑蒙纳士大学、昆士兰大学、西澳大学、新南威尔士大学、悉尼科技大学、悉尼大学等。

项目有认证但无 SAT1、ACT 或 AP 成绩，只有 GPA 成绩单和高中毕业证，这类毕业生在正常情况下基本上不太有机会被澳大利亚大学本科直录。但疫情下，蒙纳士大学（2022 年及 2023 年开学季）和皇家墨尔本理工大学（2023 年开学季）这两所澳大利亚名校临时接受学生用美国高中 GPA 进行申请。

3. 使用加拿大高中课程文凭申请入学的成绩要求

中国有不少国际高中采用 OSSD（安大略省高中文凭）和 BC（英属哥伦比亚省高中文凭）课程体系，作为国际课程文凭，两者在申请澳大利亚大学时也有一定优势。各大学对这两种加拿大高中课程文凭的要求有所差别（见表 6-12）。

表 6-12　澳大利亚八大盟校的 OSSD 和 BC 要求

学校	OSSD	BC
澳大利亚国立大学	提供 12 年级最好的 6 门科目成绩	提供 12 年级所有课程的成绩，按照 A=4、B=3、C+=2.5、C=2、C-=1、F=0 的计分方式转换
墨尔本大学	提供 12 年级最好的 5 门科目成绩，加拿大境外的 OSSD 不免语言条件	提供 12 年级最好的 5 门科目成绩（加拿大境外的 BC 省高中学历不免语言条件，且中文类科目不算）
悉尼大学	提供 12 年级最好的 6 门科目成绩	提供 12 年级所有课程的成绩，按照 A=4、B=3、C+=2.5、C=2、C-=1、F=0 的计分方式转换
新南威尔士大学	提供 12 年级最好的 6 门科目成绩	提供 12 年级所有课程的成绩，按照 A=4、B=3、C+=2.5、C=2、C-=1、F=0 的计分方式转换
蒙纳士大学	提供 12 年级最好的 6 门科目成绩；达到 30 学分	提供 12 年级所有课程的成绩；达到 80 个学分
昆士兰大学	提供 12 年级最好的 6 门科目成绩	提供 12 年级最好的 5 门科目成绩
西澳大学	提供 12 年级最好的 5 门科目成绩	提供 12 年级最好的 6 门科目成绩
阿德莱德大学	提供 12 年级最好的 6 门科目成绩	提供 12 年级最好的 4 门科目成绩（中文类科目不算）

资料来源：根据各学校官网公开资料整理。

（六）国际高中课程申请时的注意事项

关于有条件录取的注意事项：

- A-Level 或 IB：可用预估成绩或 AS 成绩以及高中平时成绩申请有条件录取。
- SAT、ACT 或 AP：申请时提供电子版成绩单和高中平时成绩以及在读证明，SAT、ACT 或 AP 需要安排送分。

关于免语言的注意事项：

- A-Level：一般只要上过英语课，比如 General Paper（英文理解与写作）、General Studies（通识课）、English Language and Literature（英语语言与文学）等常规本科课程，悉尼大学可免语言要求。
- IB：大部分学校及雅思要求为 6.5 或 6.0 分的专业，IB 英语 B 的 SL 标准在 4 分及以上可有机会免语言成绩要求，而新南威尔士大学的要求更高。
- 美国高中课程体系：可用 SAT 或 ACT 成绩申请常规本科课程，悉尼大学对于散文或写作成绩达到总分 50% 的学生，直接免语言要求。
- 加拿大课程体系：大部分常规本科课程一般要求 12 门单科成绩都达到学校要求，这样才有机会免语言要求（50% 及以上）；如果是国内中加班，即使英语 12 门单科成绩达到要求，墨尔本大学也不允许免语言要求。

四、澳大利亚研究生申请

澳大利亚大学不同的专业会有不同的学年制，一般有 1 年制、1.5 年制、2 年制。不同学年制的申请要求也不一样。通常，2 年制的专业课程是主流，要求申请者提供本科学科成绩和语言成绩。学生只要符合录取要求，基本上就可以收到录取通知，不需要其他条件，比如工作经验等。如果是 1 年制或 1.5 年制的课程，那么它可能会有一些额外的要求，比如获奖证明和工作经验等。对于中国学生喜欢申请的商科，学制一般会比较长。

澳大利亚各院校的研究生申请截止日期不同，但大多设定于 9 月或 10 月，有些截止日期则较早。一般情况下，录取通知会在申请后 1 ~ 2 个月内寄给申请者，奖学金结果在 11 月底至 12 月中旬揭晓。学校一般要求学生在 15 ~ 20 日内回复是否接受奖学金。若过期不回复，名额自动转给待定人员。

（一）澳大利亚的研究生类型不同，空间更大

依据课业内容和申请条件，澳大利亚的硕士研究生可分为三种类型，从难到易分别为研究类硕士研究生、授课类硕士研究生和过渡课程类硕士研究生。本节只介绍前两类主流硕士研究生，第三种是专科过渡硕士研究生，不在此介绍，中国学生大多选择前两种。

1. 研究类硕士研究生

这是澳大利亚硕士研究生类型中要求最高的一种类型。国内本科或硕士毕业的学生皆可申请。语言要求为雅思成绩 6.5 或 7.0 分，学制为 1～3 年。申请的专业要求与本科相似。但入学要求中最难的一点是，学生在国内有较强的研究背景和论文发表经验，还需要针对申请的专业递交开题报告。

澳大利亚的大学大多都开设研究类硕士课程，但是开设的专业方向有所区别，这取决于教授研究的专业方向。申请者需要与所申请专业的导师确定其专业方向是否符合要求，符合者才能递交申请。在申请签证时，若该类别的学生所申请的课程时长超过 1 年，则学生只需要提供一年的生活费和学费的担保费用证明即可。研究类硕士课程较易申请奖学金，课程以研究课题为主，偏理论，适合将来读博士或进入学术研究领域的学生。

2. 授课类硕士研究生

该类项目适合在国内打好学术基础的学生。授课类硕士研究生中的有些专业接受本科学生或硕士专业背景与其不同的学生，即接受跨专业申请。这类硕士课程主要以作业、测试和有限的研究论文为考核手段。有些课程要求学生具有相关专业背景，如果非本专业学生，则需要有相关工作背景，或者接受为期半年的基础课程学习，比如建筑、设计、工程和教育类硕士课程。有些课程则允许学生跨专业申请，比如商科、信息工程、翻译、教育等。授课类硕士研究生的申请主要以学生国内大学成绩、学历情况来对学生进行评估，同时雅思成绩要在 6.5 分及以上，个别学校、专业对雅思成绩的要求有所差别。

（二）澳大利亚研究生申请的四大要求

学校背景要求。国内任何一所学校的学生都可以申请澳大利亚的大学。有些专科学生也可以申请，但要从预科读起。而本科毕业的学生则可以视情况选择读预科还是直接入读硕士课程。985 院校的学生的成绩要求比 211 院校的低，211 院校比“双非”院校低，换言之，申请者的国内大学排名与成绩要求呈反比。

专业背景要求。澳大利亚研究类硕士研究生要求申请专业与本科专业相关，而授课类硕士研究生可以允许不完全与本科专业相关，这是由申请专业的要求决定的。有时，中国院校的设置不大相同，为了证明专业相关，申请人可提交相关辅助性证明文件，比如推荐信、作品集、课程描述说明等。

工作经历。一些大学的商科类课程或管理类课程，虽然不要求有相关的专业背景，但要求申请人具备一定的工作经验，工作或实习单位提供相应的证明材料即可。

语言要求。不同学校、专业、项目的语言成绩要求会有所差异。申请澳大利亚的大学，有三种语言考试可供选择：雅思、托福和 PTE。

（三）澳大利亚研究生申请时间轴

研究生申请要从本科就开始做好时间与学业规划，学生要在标化成绩、GPA、科研或实习经历以及推荐信等方面都做好充足准备，以申请到理想学校。图 6–7 是澳大利亚的研究生申请时间轴。

（四）澳大利亚留学生的打工与签证政策

在澳大利亚兼职的留学生，需要遵循相关规章制度。当地政府明确规定，学生申请的澳大利亚签证都自带打工许可签证，且打工年龄必须在 18 周岁以上，违者将被取消学籍。另外，在正式授课期间，打工的时间为每星期 20 小时，如果是在假期，那么留学生可以选择全日制工作，每星期打工时间为 40 小时。

至于薪资方面，澳大利亚最低薪资为每小时 18.93 澳元。但是，国际学生在澳大利亚求学并开始工作时，会受澳大利亚税法的影响，必须向澳大利亚税务办公室申请缴税号码。

留学生如果持有学生 500 签证，就自动获得打工许可，同时需遵守 8105 条款。留学生一旦违反移民局对于留学生工作的规定，后果将会非常严重且有可能被取消签证。8105 条款规定：在课程开始前，留学生不得在澳大利亚从事任何工作；在课程期间，留学生每两周工作时间不得超过 40 小时。

以下情况留学生可以全职工作：

（1）学校放假；

（2）工作被指定为课程要求的一部分，包括实习（比如厨师、幼教、养老护理等课程）；

（3）就读研究型硕士学位或博士学位。

同时，移民局规定：留学生在取得学生签证进入澳大利亚境内后，在正式学习开始之前，不得工作。

大一学年

大一：定专业、学习英语、多参加活动

1. 认真决定自己的专业，如果学校不允许换专业，需要提前调研自己专业的发展方向并认真学习
2. 对自己的语言能力先做一个评估，选择适合自己的语言考试并进行备考（建议选择雅思，大多数专业要求雅思总分为6.0~6.5分，单项为5.0~6.0分）

大二学年

大二：提高成绩、准备语言考试、寻找实习机会

1. 大二的重点仍然是成绩和语言，GPA是申请时最重要的硬性指标，提高语言能力是一个长期的过程，需要坚持学习
2. 大二暑期可以寻找与专业相关的实习，以提高未来竞争力
3. 参加雅思集训班，至少参加一次雅思考试

大三学年

大三：选校选专业、参加考试、提交申请

1. 继续保持在校成绩，申请者需注意与申请专业相关的必修课或专业课成绩
2. 大三要继续保持高效学习，确定想要申请的专业与学校，可以申请多个澳大利亚学校
3. 在校或寒假期间，集中参加与专业相关的科研或实习
4. 继续学习并且考雅思

大三下学期

申请材料准备：建立与教授、学术指导的联系，争取拿到他们的推荐信

大四学年 澳大利亚研究生入学时间为每年2月和7月

大四上学期9月

1. 申请材料准备，文书修改与润色
2. 开始争取推荐信

10月到次年2月

1. 递交院校网申材料
2. 录取发放阶段，如果语言成绩仍未通过，还有机会继续考，在学校给出的截止时间前都可以提交

大四下学期3月

提交了合格的语言成绩后，可以按照学校要求缴纳学费，申请入学确认书

4~6月

1. 体检，准备申请签证
2. 获得签证后，安排住宿，购买机票，准备开启留学生涯

图 6-7 澳大利亚的研究生申请时间轴

第四节
留学日本——东西方结合的教育体验

由于同在东亚文化圈，日本有着与我国相似的文化背景以及教育体系，因此中国学生能够迅速适应日本的学习生活并获得良好的留学体验。2021 年日本学生支援机构（JASSO）统计的数据显示，中国在日留学生占所有在日留学生的 47.1%，达到了 114 255 人，远超排名第二的越南。

一、日本的三类大学

日本的大学分为三类，即国立大学、公立大学和私立大学，国立大学有 86 所，公立大学有 93 所，私立大学有 603 所。

日本的国立大学由政府出资并运营。日本综合排名前十的大学大部分都为国立大学，包括东京大学、东北大学等。国立大学因为直接由政府出资，不仅教学质量优良，而且学费是三类大学中最便宜的。所以，国立大学的申请难度是最高的。

日本的私立大学则无政府投资，部分或全部的经营费用皆源自学费或捐赠人。因此，私立大学会招收更多学生以获取学费收入。相较于国立大学，私立大学更重视社会实践活动，有更加完备的基础设施，课程设置也更加灵活且贴近市场发展。私立大学的学费基本上是公立大学的两倍以上。

日本的公立大学的资金通常来自地方各种公共团体或公立大学法人，因此其更容易受到地方公共团体的政治影响。相比于前两类大学，公立大学的招生规模会更小，学费与国立大学基本持平。

日本的大学在物理、化学、医学等领域的成就被世界广泛认可，日本顶尖大学的数量在亚洲也名列前茅。由此可见，日本的大学教育质量非常优秀。在 QS2023 世界大学排名榜单中，日本有 48 所大学上榜。东京大学、京都大学、东京工业大学、大阪大学、东北大学、名古屋大学、九州大学、北海道大学、早稻田大学和庆应义塾大学都稳居日本前 10。

二、留学本科的条件与流程

去日本读大学本科需要选择以下两种考试中的一种：EJU（日本留学生考试）

或 SGU（日本超级国际化大学项目）。

（一）参加 EJU 考试

1. EJU 考试

EJU 考试是为欲考取日本大学本科的外国留学生设置的语言能力以及学科基础能力的考试。该考试每年举行两次，分别在 6 月和 11 月，学生可以参与两次考试并提交最佳成绩。EJU 考试的成绩是日本国立大学、公立大学招收留学生时主要参考的成绩。

考试科目有日语、理科综合、文科综合和数学。日语考试分为听力及阅读部分（400 分）与写作部分（50 分），仅在日本本土举行。理科综合一共 200 分，学生可以从物理、化学、生物中选择两个科目，出题范围为日本的高中课本。文科综合一共 200 分，考查学生的文学能力、辩证思维和经济、历史、社会知识。社会方面会考查信息社会、生命伦理、不平等修订、社会保障与社会福利等各方面的问题。

除了日语，其他科目都可以选择用英语进行考试，但也有一些学校不接受英语考试的成绩。

2. EJU 考试准备工作

EJU 考试适合英语语言能力较弱，对用英文授课的 SGU 项目不感兴趣的学生。尽管 EJU 考试可以在中国申请，在中国香港和中国台湾也设有考场，但大部分没有日语基础的同学会前往日本进入语言学校学习。语言学校是为留学生设置的学习日语的机构，每年有四次入学机会，分别在 1 月、4 月、7 月和 10 月。这些学校的学制一般为 1～2 年，课程内容不仅涉及日语，也会讲解 EJU 考试题目，是学生提高能力、适应新环境的过渡场所。

在确认心仪的语言学校后，学生可以向学校提交申请，并参加校方面试。面试通过后，学校会列出学生所需提交的材料，比如毕业证书、入学理由书、收入证明等，学生需要整理并把这些材料提交至入管局等待审核。通过审核后，学生便可以缴纳学费，获取在留资格并申请签证了。

（二）大学出愿材料的准备

在日本，学生在得到留学生考试成绩之后，需要向心仪的大学提出申请并提交要求的材料以备大学审查之用，有的大学还会有面试要求。大部分日本大学会于 7 月至 8 月在官网刊出招生简章，包含招生条件、报名费用、报考资料、EJU

分数要求和校内考试时间。申请者应当按照时间表，亲自或通过网络、邮寄将学校所要求的材料送到大学，这个过程叫作出愿。

日本大学一般会要求学生提交 EJU 成绩、高中毕业证书、请愿单和报名费。有些大学会额外要求学生提交托福或雅思的考试成绩。申请日本的顶尖大学，学生多半需要熟练掌握日语和英语这两门外语。

日本大学通常会在当年 11 月到次年 2 月举行校内考试和面试。大部分学校会在考试和面试结束一个月后通知学生是否被录取，被录取的学生就可以着手准备 4 月的入学手续了。

（三）日本大学对 EJU 考试的成绩要求

日本各大学都有不同的录取分数线，但不会公开录取者的分数。日本最顶尖的两所大学是东京大学和京都大学，它们在日本的地位相当于中国的清华大学和北京大学。作为竞争最激烈的两所学校，被录取的学生在 EJU 考试中，日语成绩需达到 350 分以上（不含写作），文综在 190 分以上，理综在 180 分以上，数学则接近满分最佳。同时，它们也需要学生提供雅思或托福成绩，托福需 90 分以上，雅思需 6.5 分以上。参加中国高考、SAT 或 ACT 的学生也可以将成绩作为参考成绩提交。一旦通过了一轮初审，学校就会要求学生在指定时间前往学校参加二轮测试。测试一般考查学生所选的专业相关内容，或以写一篇小论文的形式来考查学生的语言能力。笔试之后，学生会进入面试环节。如果成功通过了笔试和面试，学生就被正式录取了。

在日本被称为帝国大学的学校除了东京大学和京都大学，还有大阪大学、东北大学、名古屋大学、北海道大学、九州大学五所。另两所被称为私立双雄的大学，分别是早稻田大学和庆应义塾大学。这些学校都是被广泛认可的日本一流大学。申请这些院校，学生的总分应当为 680 ~ 700 分，其中日语成绩应在 350 分左右，数学在 170 分以上，文综在 180 分以上，理综在 160 分以上。对于大部分院校来说，超过 80 分的托福成绩和超过 6 分的雅思成绩都可以使用，但是一些专业院校（如医药学等）会要求学生有更高的英语成绩。在认可学生提交的材料后，这些学校也会向学生发出面试邀请，面试成功的学生才能拿到录取通知书。

（四）申请 SGU 项目

1. SGU 项目是另一种选择

除了竞争激烈的 EJU 考试，前往日本留学还有另一种选择，那就是申请 SGU

项目。SGU项目是日本教育部门为提升日本大学的国际化程度和国际竞争力而推出的面向留学生的政策。日本政府从全国的775所正规大学中筛选出了37所进入SGU项目，并为它们提供了7.7亿日元的资助。SGU项目里的大学分为两类：A类和B类。

A类大学是日本有潜力进入全球排名前100的大学，共有13所，包含11所国立大学和2所私立大学。国立大学分别是东京大学、京都大学、大阪大学、北海道大学、东北大学、筑波大学、东京医科齿科大学、东京工业大学、名古屋大学、广岛大学、九州大学。私立大学有庆应义塾大学和早稻田大学。B类大学则是创新型大学，是领导日本大学国际化的大学，共有24所。

SGU项目是申请制度，学生只需提交相关材料供学校审核，再通过面试即可。因为以提升日本大学国际化为目标，SGU项目对学生的日语水平没有要求，并采取全英文授课。学生可以直接提交托福、雅思或托业成绩进行申请。SGU项目作为由日本政府出资资助的项目，有多种类型的奖学金制度，还有可能随录取信附赠高额奖学金。

2. SGU项目准备工作与大学录取条件

SGU项目的入学时间一般在4月或10月，学生可以通过学校官网进行资料递交。在日本本地的学生可以到学校进行线下面试，会获得更多的考试机会。

虽然大部分SGU项目的侧重点和申请条件各不相同，但是它们都会要求学生满足以下几点：

（1）已经完成12年及以上的教育并获得高中毕业证书。

（2）符合要求的英语语言考试成绩。

（3）有标准化考试成绩，如SAT、ACT、IB、A-Level等。

大部分SGU项目都会要求学生的托福成绩在85分以上，雅思成绩在6.5分或7分以上。少数接受托业考试的学校则要求成绩在800分以上。学校也会对学生的高中成绩进行审查。

每所学校的SGU项目都包含不同的专业，所以专业课要求也不同。想要申请SGU项目的学生应当提前查看大学网站上关于项目和专业的信息，以便做好准备。

日本本科留学时间轴如图6–8所示。

留学前的3月或9月

语言学校学习阶段

1~2年

4~6月/10~12月选择学校

7~10月/1~3月向学校递交申请

1~3月/7~9月取得入学许可，办理出国手续

4月入学（1~2年学制）或10月入学（1年半学制）

参加7月或12月的JLPT考试

入学前一年

考试与申请阶段

1年

2~3月报名EJU考试

3~5月收集心仪大学资料要求，参加EJU考试

6~9月参加标化考试

10~11月（可以参加EJU考试）向心仪大学递交申请

12~2月参加学校考试、面试

1~3月收到录取通知，准备入学

4月入学

图 6-8　日本本科留学时间轴

三、硕士研究生的申请与流程

日本的硕士学位叫作修士，学制一般是两年。与国内的研究生不同，日本的“研究生”其实是指修士预科，也就是留学生去日本读硕士研究生的过渡阶段。处于这个阶段的学生并不算是大学的学生，而是课堂的旁听生，也可以进入实验室。在经过日本的修士考试后，“研究生”才能正式获得修士学位。同样，到日本读修士的学生可以选择参加修士考试，或者参与英语授课的 SGU 项目。

（一）参加日本的修士考试

1. 修士考试

考取日本大学的修士，必须要经过修士考试。日本大学采取自主招生的政策，大部分大学的大学院考试一年有两次，分为春季考试和秋季考试，每次考试会提前 1 到 2 个月开放报名。春季考试在 2 月前后，秋季考试则在 9 月左右。秋季的招生名额远超春季，因此秋季是一次很好的入学机会。但是也有一部分学校一年只安排一次修士考试，所以学生需要提前对心仪大学的招生方案做好调查。如果在明年 4 月入学，学生应当参加秋季考试；如果在当年 10 月入学，学生则

可以选择春季考试。

日本的修士考试可以分为三个阶段：材料准备阶段、请愿阶段和学校考试阶段。

2. 修士考试的材料准备

参加修士考试，学生必须先准备好大学所要求的材料：日语能力测验和英语标化考试成绩，大学的毕业证书和成绩单，列好的研究计划书。有些学校会要求学生提前与想要申请的硕士项目的教授取得联系，并获得对方的准许，即内诺书。具体要求请查看大学 6 ~ 7 月在官网上公布的募集要项。

（1）学生需要参加 JLPT 考试，即日语能力测验。申请修士的学生日语成绩需达到 N1 或至少 N2 的水平，英语则需要达到学校要求的水平。对于排名靠前的日本大学来说，雅思或托福成绩都是申请中的硬性要求。有些学校甚至会要求学生提交 GRE 或 GMAT 成绩。日本的修士考试对于学生本身就读的学校并未有太多要求，只要求学生 GPA 优秀。

（2）研究计划书：学生需要先确认自己的目标修士学院和专业，并寻找合适的导师，针对他们制作研究计划书。研究计划书是留学生对自己在日本留学期间研究的大致设想，也是向教授展示自己的能力和匹配度的重要材料。研究计划书的字数要控制在 1 200 ~ 2 000 字，并用日语撰写。在研究计划书中，学生需要具体描述自己的研究课题，并对研究背景和动机进行简单的阐述，同时大致展示自己已经取得的进度，以证明自己的研究方向的创新性和自己在该领域的专业性。学生还应大致列出日后的研究计划，方便教授观察学生与自己的匹配度。

（3）争取教授内诺书。准备好材料之后，学生可以开始联系心仪大学的教授进行充分沟通，即向他们解释自己的专业兴趣与研究导向。学生可以制作个人简历联系教授，有些教授会对看中的学生进行网络面试。拿到教授内诺书之后，学生应当把它作为申请材料提交。

3. 修士考试的出愿

想要参加修士考试，学生还需要向大学提交申请，即“出愿”。在修士考试的前 1 ~ 2 个月，学校会在官网开放申请，学生需要通过网络或邮寄的方式将材料交给学校。

4. 参加修士考试

修士考试一般分为笔试和面试。有些大学采取上午考试、下午面试的方法对学生进行综合考查，有的学校则分层筛选，在笔试之后通知合格的学生进行面试。大部分学校的修士考试所涉及的知识点和参考书都可以在学校官网上查到，学生也可以通过练习往年真题来熟悉学校的考试模式。

笔试主要考查学生的语言能力和专业知识，比如文科生可能要写小论文，理科生需要解答专业相关的题目，艺术生则可能需要提交作品集。笔试之后便是面试，面试是修士考试中最为重要的部分。一般来说，面试是由多位教授共同进行的，一般是 2～3 名教授，但是也有学校会组织更大规模的面试，由 7～10 名教授面试一位学生。

5. 修士考试的录取条件

对于修士申请，学校最看重的就是语言与学术能力。学生如果对自己的日语水平没有自信，可以申请进入语言学校学习，或申请“研究生”去熟悉大学氛围。对于本科院校并不十分优秀的学生来说，想要上日本顶尖大学的修士，日语考试和英语考试都需要考取高分，且 GPA 最好在 3.5 以上。如果是 985/211 学校的学生，那么 GPA 至少要达到 3.2。日本大学在修士考试中是择优录取的，留学生想在修士考试中脱颖而出，需要优秀的分数和充足的准备。

（二）申请 SGU 修士项目

1. SGU 修士项目

除了直接参加修士考试，SGU 项目也有修士课程。有一些 SGU 项目的修士申请每年有两次，但是多数项目一年只有一次申请入学机会。

各个院校的 SGU 项目申请方式各异，但总体而言主要有三种方式。第一种是学生通过官网的申请入口直接递送材料，包括本科成绩单、英语成绩、研究计划书和项目所要求的申请文书。对于 SGU 修士项目，学生的本科院校和在校成绩对结果的影响较大，但是研究计划书中体现的学术水平也同样重要。第二种方式则需要学生跟教授沟通，通过邮件交流展示自己的专业兴趣和学术水平，得到教授的允许后，学生才可以提交申请。第三种方式则是学生在提交申请并经过学校审理之后，需要和教授进行沟通并获得允诺书。

申请 SGU 修士项目的学生需要提交本科成绩单、语言和标化考试成绩、2～3 封来自学校教授或公司负责人的推荐信及研究计划书。有些 SGU 修士项目也会要求学生提供额外的材料以便审理，比如发表过的作品或个人简历等。

2. SGU 修士项目的录取要求

SGU 修士项目是国际化教育项目，中国学生要与来自使用英语教学的大学的学生竞争，因此托福和雅思成绩很重要。申请 A 类大学的学生通常需达到托福 100 分或雅思 7 分以上。部分学校也会强制要求学生参加 GRE 或 GMAT 考试。类似欧美大学的申请，学生的本科 GPA 也非常重要。考取 A 类大学的学生需保证 GPA 在 3.2 以上，甚至 3.5 及以上。本科学校为 985/211 的学生也更容易被录取。同时，学校会在面试中考查学生的专业能力，因此大学期间的科研经历、发表的论文或参加的竞赛等也会影响最终录取结果。

日本研究生留学时间轴如图 6–9 所示。

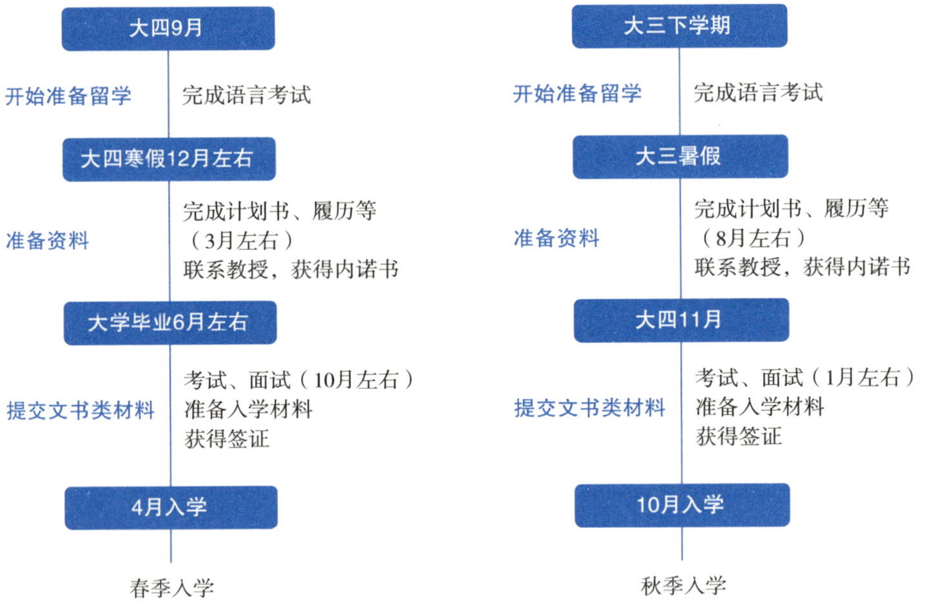

图 6–9　日本研究生留学时间轴

第七章

出国金融服务，助力留学之路

从做出留学决策到踏出国门，再到学成归来，几乎每个家庭都要往来银行数次。但对于绝大多数家庭而言，如何处理这些业务更省心，在网络上也很难找到标准答案。实际上，提前了解留学全过程需要用到的金融服务就像选择学校一样重要。出国金融服务不仅可以帮助申请者更便捷地走上留学之路，还可以通过专业顾问的合理规划，帮助申请者实现留学资金效能的最大化。

第一节
留学金融服务清单

从开始考虑留学起，每个留学家庭都意识到可能要付出高出国内教育几倍甚至几十倍的资金。但具体在哪个阶段支出，如何有效地控制成本，怎么平衡好家庭财富稳健增长和留学费用支出，常常让很多家庭感到困扰。事实上，面对逐年上涨的留学费用，越来越多的家庭开始重视家庭财富的规划。除了在留学申请过程中、收到大学录取通知后以及办理签证时需要办理资产证明，每年七月和八月是交学费的高峰期，如何快速、安全地汇出学费，是家长们尤其关心的问题。在海外生活，留学生对刷卡消费及取现服务也有很强的需求。从留学规划和申请、行前准备到留学，再到留学回国，留学金融服务贯穿其中、无处不在（见表 7–1）。

表 7-1 留学过程中涉及的金融产品和服务

留学阶段	场景	金融产品和服务
留学规划和申请阶段	留学咨询和规划	留学讲座
	资金规划	外币存款、理财、教育金
	学校申请费	信用卡、银行电汇等
	标化考试报名费（比如TOEFL、SAT、GMAT等）	信用卡（部分支持支付宝等方式）
	入学押金	信用卡、银行电汇等
	资信证明（美国需在学校申请阶段提交）	存款证明、资产证明
行前准备阶段	申请签证、支付签证费用	签证服务
	存款证明（除美国外，其他国家在签证阶段提交）	存款证明
	学费和生活费汇款	购汇、银行电汇等
	用于海外消费的银行卡	借记卡、信用卡
	行前指导	行前说明会、离境会
留学阶段	学费和生活费	银行卡、银行电汇等
	取现	信用卡、借记卡
	消费	信用卡、借记卡（部分支持支付宝等方式）等
留学回国阶段	实习	实习项目
	创业融资	贷款服务
	剩余外汇	结汇、外币理财、存款

图 7-1 显示了此次调查的受访者认为在留学期间最需要的银行金融服务业务类型。其中，资产证明（74.8%）、签证代办（69.3%）和国际电汇等支付服务（65.4%）、境外使用的信用卡（64.2%）是学生群体反馈在留学期间最希望银行能够提供的金融服务。

对家长群体而言，他们最需要银行提供的金融服务是外汇兑换服务（85.5%），且家长对外汇兑换服务的需求远高于学生的需求（59.0%），其次是资产证明（83.5%）。此外，家长群体对境外使用的信用卡（79.2%）和国际电汇等支付服务（75.1%）的需求也较高。外汇兑换、国际电汇等都是家长为异国的子女转账，提供学费和生活费时不可或缺的金融服务。

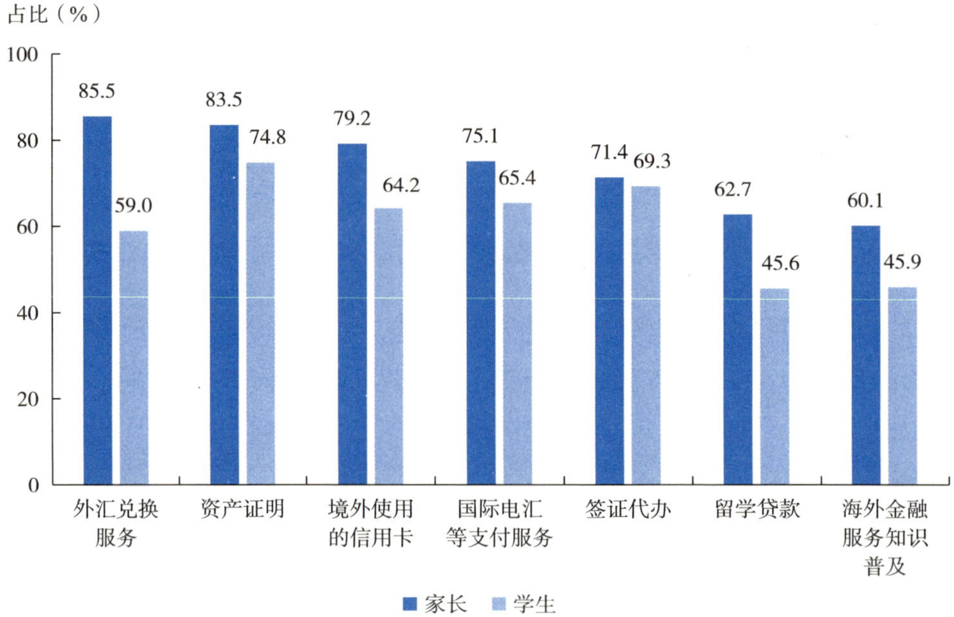

图 7-1　留学期间最需要的银行金融服务业务

要出国，找中信

出国金融是中信银行零售银行特色大单品，推出至今已有 20 余年。中信银行是美国、英国、新加坡、以色列等多国使馆和签证中心的合作金融机构，形成了涵盖签证、外汇结算、外币理财、跨境汇款、留学汇、资信证明、出国特色卡等产品的一站式出国金融服务体系，累计服务出国客户超过 2 200 万人次。

第二节
留学前：兵马未动，粮草先行

海外学校的学费每年都在上涨，以美国高校为例，其每年学费上涨幅度都在 3% 以上。近年来，由于通货膨胀的影响，留学费用更是一笔不小的支出。留学家庭需要在留学准备阶段合理规划资金来应对留学费用不断上涨的情况。

一、留学规划阶段

留学规划阶段是留学的前奏。留学的想法可能源于一次家庭会议的讨论，或者某次海外游学的经历，又或者某个朋友的建议。当一个家庭做出让孩子去陌生世界探险的决策后，最直接的问题是要准备多少钱，以及需要什么时候准备好。根据现有的留学签证体系，家长最早需要在留学申请前半年就准备好能够覆盖留学阶段学费加生活费的资金，用于申请签证。

在留学规划阶段，家长可以将拟留学使用的资金放在单独的银行账户内，购买低风险的定期存款或较低风险的理财产品，从而保证留学储备金稳健增长。

如何应对不断上涨的留学费用？留学专属借记卡和理财产品是不错的解决方案。

（一）留学专属借记卡

2018 年，中信银行联合中国少年儿童基金会推出了专门针对留学生的银行卡——护航卡。护航卡持卡人专享跨境汇款和结售汇点差优惠，对于每年需要定期支付学费和生活费的留学家庭来说，这可以节省一笔可观的开支。

中信银行护航卡

中信银行作为“护航计划”爱心编队成员，肩负起社会责任，响应中国少年儿童基金会的号召，推出“护航计划”联名借记卡和信用卡，在满足留学家庭境外消费、境外取现、学费汇划等核心需求的同时，整合了跨境汇款优惠、个人结售汇点差优惠、境外刷卡返现、境外医疗协助、留学官方权威资讯、社会实践实习活动等权益，为留学家庭提供专业的出国金融服务，用心护航留学之路。

特色 1：专享跨境汇款优惠，手续费享受 5 折优惠（最低 20 元，最高 125 元，不含邮电费）。

特色 2：专享结售汇点差优惠，办理美元、英镑、澳元、加元结售汇业务，可享受 30bps（基点）点差优惠。

特色 3：专享账户费用减免，免收开户工本费及换卡工本费、账户管理费，免收每月前 3 笔人民币跨行同城存取款手续费，免收人民币同行本地或异地存取款、本外币跨行柜台转账手续费等。

中信银行护航卡

（二）理财产品

中信银行打造了开放式理财产品货架，从全市场范围优选多元化、差异化理财产品，产品线覆盖人民币现金管理类、人民币固收类以及外币固收类等产品，满足客户个性化投资需求。（理财非存款，产品有风险，投资须谨慎。）

（三）外币存款

个人外币定期“定专享”存款产品，整存整取，保本保息，利率优惠，可开立存款证明，急用资金时可提前支取一次。

（四）留学讲座及活动

在留学规划阶段，留学家庭对当前留学趋势、主要留学国家的留学政策、专业选择和申请流程等信息非常关注。中信银行在每年 6 ~ 9 月的留学旺季，会定期举办留学规划、留学择校等沙龙活动，根据各地区留学特点，联合当地权威的留学机构，给家长和准留学生们带来权威的政策解读和合理规划的留学方案。

服务案例——实习营活动助力学生背景提升

2021 年 7 月，在中信银行郑州分行举办的实习营活动中，报名学生有二十余名是来自郑州市第四十七中学国际班的高中生。为了给学生们提供更贴心的专属服务，郑州分行为此部分学生开展了专场的实习营活动，并针对群体特点和需求，优化课程体系，制定专属特色化课程。本次活动取得了热烈反响。

海外院校对于申请学生的实习经历以及背景有一定的要求，中信银行的英才实习营社会实践活动恰好为即将申请留学的学生们提供了一个实习的平台和机会，帮助他们在了解金融行业知识的同时丰富实践活动经历。在学生参加实习后，中信银行为学生们开具的中英版实习证明可以助力学生背景提升，让他们成功申请海外院校。

二、留学申请阶段

在留学申请阶段，许多国家将资产证明作为必须提交的材料，以美国为例，其每年 10 月份就需学生提供资产证明。资产证明能够证明申请学生或其家庭有足够的资金支付其在海外留学所必需的学习、生活等费用。在后续办理签证阶段，学生也需要向使馆提供资产证明用于申请签证。一般情况下，我国银行提供的资产证明主要为“存款证明”。

（一）存款证明

个人存款证明业务是指银行为存款人出具证明，证明存款人在当前某个时点的存款余额或某个时期的存款发生额，以及证明存款人在该行有在以后某个时点前不可动用的存款余额，即在存款证明开具的时间段内，该笔资金自动被冻结且无法使用。

不同国家对申请者提供的存款证明金额以及时长有不同的规定。

1. 美国

美国大使馆对于存款证明的期限没有严格的规定，一般建议存期至少为 6 个月，学生可以以父母或直系亲属的名字开具证明，但需要提供自己与存款证明开具人的关系证明。存款证明冻结分两次：一次是申请大学时使用，即 12 年级的 10 月份冻结 60 万元左右的资金，并开具英文的存款证明作为大学申请资料提交；第二次是美国大学发放录取通知后，申请 I–20 表时冻结一年的学费，大约 60 万元，冻结日期可持续到办理签证后。大部分学校要求存款解冻日期在签证出签之后、正式开学之前。与其他国家不同，美国高校要求申请者在申请时就提供存款证明，若申请者同时申请 5 所高校，则需要分别向 5 所高校提供存款证明。在这种情况下，学生仅需提供一笔资金，并向银行提出开具与所申学校数量一致的存款证明份数。存款证明金额至少要与申请者在美国就读期间的学费加生活费总额一致。

2. 英国

英国政府于 2020 年 10 月 5 日正式开通了新学生签证系统，在新学生签证系统中，申请人需要获得 70 分才能取得签证。除了录取通知书和英语能力达标证明，学生还需要开具证明个人有足够经济能力以支撑在英学习的存款证明。前往英国的留学生最好准备好存款金额不低于在英国就读的学费加生活费总额的存款证明，以防被使馆抽查。

3. 其他热门留学国家或地区

不同留学国家或地区的存款证明要求可以参考表 7–2。

表 7–2 不同留学国家或地区的存款证明要求

国家或地区	学校申请阶段存款证明要求	签证申请阶段存款证明要求	存期
美国	60 万元	高中：80 万～120 万元 本科：60 万～100 万元 研究生：50 万～80 万元	建议 6 个月（学校另有规定的除外）
英国	无	30 万～50 万元（不强制要求，建议提供，以备抽查）	28 天起，建议 3 个月以覆盖签证申请周期
加拿大	无	80 万～100 万元	一年，金额能够支撑学业结束，要求提供 6 个月以上的存款流水
澳大利亚	无	小学：90 万元以上 中学：45 万～60 万元 本科：45 万元 研究生：30 万元	建议 3 个月
新西兰	无	35 万～100 万元	要求提供 6 个月以上的存款流水，避免一次性大额存入
中国香港	无	建议 20 万元	建议 3 个月以上
欧洲其他国家	无	建议 20 万元	建议 6 个月以上
亚洲其他国家及地区	10 万～20 万元	无	6 个月以上

存款证明应为中英双语对照形式。一般情况下，申请人只需向学校提交扫描版或 PDF 版存款证明，但部分学校要求提供纸质版存款证明。在申请签证时，不同国家的使馆对存款的存期及金额有不同的要求。如何方便快捷地开具存款证明，并且确保提供的存款证明被大多数使馆接受？中信银行支持线上开具中英双语对照的存款证明，且其被多国使馆认可接受。

中英双语 +PDF（便携式文档格式）版存款证明更方便

中信银行可为留学家庭提供中英双语对照的存款证明，这在使馆具有较高的认可度。客户无须亲自前往柜台，凭本人（学生或家长）在中信银行的定、活期存款，即可通过手机银行或出国金融小程序线上申请纸质版存款证明，银行会邮寄到家，或直接开具电子版存款证明并生成 PDF 文件。从存款证明开具当日起至证明期满，银行对该客户的账户资金实施冻结，到期自动解冻并恢复使用。存款证明可用于在申请签证和学校时，将个人信用转化成银行信用，从而提高申请人的信用水平。

存款证明进阶百科

（1）在银行的所有资产都可以开具存款证明吗？

随着业务的不断发展，除了传统的存款产品，银行还发展出了银行理财及代理销售的基金、保险、贵金属等产品。根据境外留学机构的要求，存款证明是为一段时间内资金价值不会发生变动的资产开具的，也就是说，只有本外币存款（定期、大额存单）才能够满足这一要求。

（2）开具存款证明的资金还能动用吗？

存款证明开具期间，资金需要冻结，客户是不能再使用这部分资金进行转账汇款、支付、投资理财的。冻结期限根据学校要求，一般为 3～6 个月，到期后自动解冻，资金恢复可以使用的状态。

（3）存款证明只能去银行网点开具吗？

中信银行提供了在线存款证明办理服务，客户可通过手机银行来申请开具电子版存款证明，完成后打印即可。除此之外，部分地区还支持客户通过手机银行来申请纸质版存款证明（邮寄到家）。

（4）签证通过后存款证明冻结的资金可以提前解冻吗？

存款证明冻结的资金可以提前解冻，但是申请人必须交还所有存款证明原件，并携带身份证前往银行柜台办理。如果申请人开具的是电子版存款证明，那么一般来说，资金不可以提前解冻。

（二）资产证明

个人资产证明业务是指银行为借记卡持卡人开具证明，证明持卡人在当前时点所拥有资产价值的证明文件，并以货币作为计量单位进行评估。

中信银行可提供中英双语对照的资产证明，客户无须前往柜台，凭本人在中信银行办理的活、定期存款及理财产品、保险产品、基金、国债等业务，即可通过手机银行或出国金融小程序线上开具电子版资产证明，并生成 PDF 文件。从证明开具之日起，银行不会对该客户的账户资金进行冻结，资产证明仅用来证明该客户某个时点在银行的大致资金余额情况。

三、签证办理一站式服务

（一）美国签证

在热门留学目的地中，美国的签证办理流程相对复杂，拒签率更高，学生要预留充分的办理时间。提前办理可以为拒签等异常情况预留充分的处理时间。美国大使馆 1998 年和 1999 年分别授权中信银行提供代收赴美签证费和护照传递服务，在中信银行办理美国签证是赴美留学生的必经之路。24 年来，中信银行已为超过 2 200 万名申请人提供美国签证办理服务。

美国签证代缴费、护照传递——中信银行一站式办理

中信银行受美国大使馆授权，为申请人提供网点柜台、官网、手机银行多种缴费渠道，申请人凭缴费参考号，可在全国 1 400 余个网点使用现金或银行卡就近办理，也可通过线上渠道便捷缴费。

如果申请人曾经获得过美国签证，其失效时间不超过 12 个月（该期限现临时延长至 48 个月，直至另行通知），且此次申请签证的类型与上次一致，那么申请人可能符合美国签证“免面谈”的条件，只需将申请材料递交至最近的中信银行网点，由中信银行将材料传递至美国大使馆签证处。“免面谈”服务免去了申请人往返奔波使馆之苦，为申请人节约了大量时间和差旅成本。

申请人如果不符合“免面谈”条件，就仍需前往美国大使馆进行面签，签证处会在签证审批完毕后，将护照交给中信银行专职信使。中信银行负责将护照传递至申请人指定的领取网点，遍布全国的 1 400 余个中信银行网点均可为申请人提供护照传递服务，方便申请人就近领取护照。

EVUS（签证更新电子系统）信息更新

对于已经拿到十年期签证的留学生家长而言，在赴美前还有一件重要的事情，那就是进行 EVUS 信息更新（见图 7-2）。自 2016 年 11 月 29 日开始，根据美国国土安全部的要求，持有十年期有效 B1/B2、B1 和 B2 签证的中国公民必须登录 EVUS 在线

登记个人信息，才能顺利入境美国。

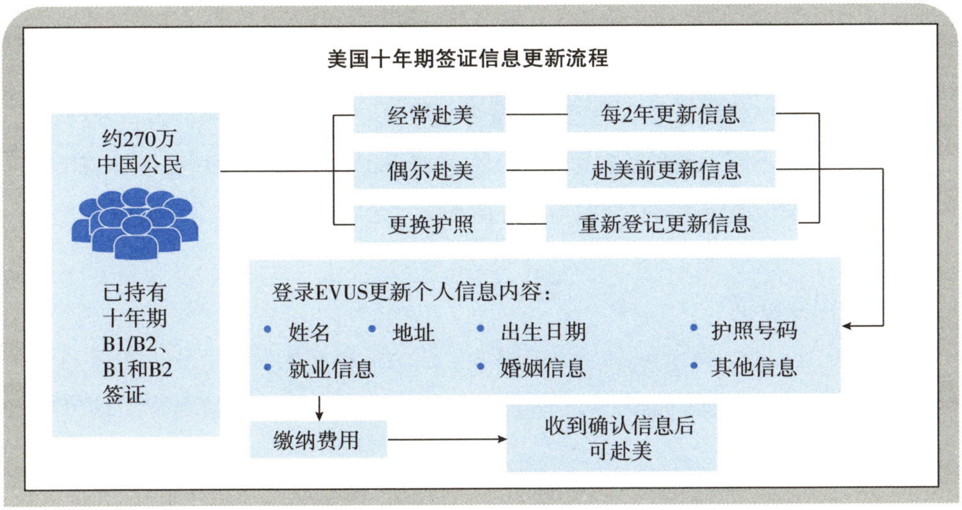

图 7–2 EVUS 信息更新

服务案例——中信银行开通“绿色通道”为客户保驾护航

2020 年 1 月 30 日，客户洪先生向中信银行青岛分行寻求紧急援助。洪先生女儿的签证已出签，但受疫情影响，无法领取护照，而客户计划 2 月 5 日出发，眼看出行日期日渐临近，客户万分着急。得知这一消息后，青岛分行高度重视，联合北京分行立即开通绿色通道和启动快速响应机制，决定使馆开馆后第一时间取出护照并由专人带回青岛。经过与使馆积极沟通，2 月 4 日中信银行从使馆取出了审批完成的客户护照，2 月 5 日客户如愿拿到护照，登机启程。青岛分行用实际行动为客户的出国之路保驾护航。

（二）英国签证

相比美国签证，英国签证的办理流程更简单，拒签率也更低。办理前，家长需要确保资产证明等签证材料准备齐全，以防出现因签证材料不全被拒问题。

英国签证办理可以不用去使馆

自 2018 年起，中信银行与英国大使馆合作推广英国“如意签”移动签证服务，即英国大使馆为中信银行客户提供上门采集指纹和接受申请材料的移动签证服务。上门地点可以是中信银行网点，也可以是申请人指定的地点。申请人可联系中信银行网点提出申请，由中信银行联系使馆和签证中心提供上门服务。该服务具有预约灵活、上门服务、人数不限、省时省力等特点，尤其对于 15 个英国签证中心以外城市的申请人而言，无须长途跋涉到其他城市去申请签证，这节省了大量时间和资金成本。

（三）其他国家签证

除去美国、英国两个国家，很多留学生还会选择澳大利亚、新西兰等英语国家。这些国家的学生签证拒签率不高，在准备好资产证明的情况下，拒签率会更低。

办签证也可以找银行

中信银行与美国大使馆自 1998 年起合作 24 年，获美国、英国、新加坡、以色列等多国使馆和签证中心权威授权，有着丰富的签证办理经验。中信银行“全球签”是业内首创的线上签证平台，为客户提供覆盖 70 余个热门国家和地区的签证咨询、翻译、填表、预约等服务。留学生家长再也不用因为沟通障碍和各国签证复杂的办理流程而对海外旅行望而却步，可以用脚步丈量世界，享受说走就走的旅行。此外，中信银行持续优化迭代平台功能，为客户提供更好的签证办理体验。

服务案例——“有温度的服务”解客户燃眉之急

受全球新冠肺炎疫情影响，远在海外的中国留学生牵动着国内千万家长的心，中信银行成都分行营业部高度重视留学家庭需求，组织全体零售客户经理积极联系客户，了解留学家庭需要，协助解决客户在留学缴费、跨境收支等方面的燃眉之急。

成都分行营业部梳理留学家庭名单、统计留学生需求物资等，组织客户经理在海外疫情暴发时，向客户赠送口罩、体温计等防疫物资，让客户得以将物资寄送给远在海外的子女。这一暖心的举动赢得了客户们的一致好评。

2022 年 6 月，成都分行营业部客户经理收到客户何女士的求助，其儿子在英国留学，今年毕业，英国签证也临近到期，近期准备回国，但是因为无法购买回国机票而着急不已。面对心急如焚的客户，成都分行出国金融负责人第一时间联系合作渠道，并与客户建立沟通微信群，保持信息通畅。因为存在时差，客户经理每天凌晨才能联系上客户的儿子，了解他的需求，帮助对接购买机票的事宜。客户的需求时间非常紧急，只有 5 天。客户经理细致地协助客户确认航班细节、了解在回国过程中可能发生的风险因素，站在客户的角度，想其所想，急其所急。在经历了多轮沟通和屡次抢票失败后，客户经理终于协助客户购买到了从伦敦到厦门的联程机票。客户对中信银行有温度、有细节、有责任感的服务，深表感谢。

第三节
留学中：好的金融产品让留学生活事半功倍

在做好留学的大量准备工作后，留学生终于要离开家庭，走出国门，开始在异国他乡的求学生活。这个阶段涉及最多的业务是汇出学费、生活费及国际信用卡刷卡消费、境外医疗服务等。学生还需要实时关注目的地风险预警提示、隔离政策、疫苗接种情况等。

其中，最受留学家庭关注的是一年两次的学费汇款和不定期的生活费汇款，每年的七月、八月以及十二月、一月，都是留学家庭向海外汇出学费的高峰时期。

如何满足留学家庭购汇、汇出学费和生活费、办理国际信用卡的需求？中信银行的特色产品“留学汇”不占用个人年度购汇额度，且多品类的国际信用卡产品为留学家庭提供丰富选择。

一、留学启程阶段

在学生拿到心仪学校的录取通知书并通过签证审批后，异国学习生活就近在咫尺。为了让日后的留学生活更便捷，很多学生选择在启程前购买外汇、缴纳学费、办理在国外可以使用的信用卡、购买境外保险等。

留学行前会

在留学生出行前的阶段，留学家庭对出国前应该做好哪些准备工作、入境注意事项以及如何适应当地生活等信息非常关注。中信银行会定期举办留学行前会，根据各地区留学特点并联合权威的留学机构，给家长和留学生们带来留学出行最需要注意的方方面面经验以及各个国家的生活习惯、法律政策等方面的介绍。

（一）购买外汇

外币兑换业务是留学生在留学中接触最频繁的金融业务之一，包括个人购汇、个人结汇以及外汇买卖。留学生最常办理的业务是个人购汇，也就是将人民币兑换成外币的业务。绝大多数海外高校不支持用人民币支付学费，因此家长必须先将自己的人民币存款兑换成留学目的地的法定货币。

购汇没有地点限制

中信银行柜台、网上银行、手机银行、信汇投资 App 都可办理个人购汇、个人结汇和外汇买卖业务。除办理各类个人外汇业务外，中信银行手机银行、信汇投资 App 还可用于实时查询外汇牌价及汇率阶段走势。中信银行还提供外币预约兑换业务，客户可在出行前提前与银行预约并换取等值的外币现钞。

（二）汇出学费、生活费

在留学生求学的过程中，境外汇款是必须用到的金融服务。一般来说，留学生家长一年给留学生汇两次学费，生活费的汇款次数则因家庭而异，基本按照月、季、半年的周期来汇款。银行提供的国际汇款业务一般包含电汇和创新型汇款产品。

1. 电汇

电汇是跨境汇款最基本和最常用的方式，指客户到银行柜台或通过网上银行、手机银行等电子渠道，准确、完整地填写电汇单后，将外币汇到学校指定账户。境外电汇所需要填写的信息全部为英文，常见必填信息包括所在学校的账户名称、账号、开户行名称、开户行地址、银行国际代码等。

总体来说，电汇具有方便安全、到账较快、费用便宜等优势。

一次填单，汇款进度全流程可视化

留学家庭在中信银行的网上银行和手机银行办理电汇，只需填写一次汇款单。在保护客户信息安全的前提下，汇款系统下次将自动调出联系人信息，客户只需要核对，不需要手工填写境外银行名称、地址、国际代码、收款人名称、账号等信息。同时，汇往主流留学国家的款项已支持汇款进度查询，客户再也不需要“苦苦等待”。

电汇小知识

电汇汇款的到账时间一般为 1~5 个工作日，如果汇款信息标准且不需要人工介入，那么最快数分钟即可到账。在进度查询方面，目前多数银行仅支持柜台查询，而中信银行支持客户自主通过手机银行渠道查询汇款进度（部分汇款不适用），微信通知汇款到账金额及时间，这可以节约客户奔波于柜台的时间，也提高了查询的准确性和及时性。

银行电汇的手续费一般在 0.1% 左右（一般会设置手续费最低值和最高值），还有 80~150 元的邮电费（不同国家和地区有所区别），另有清算行手续费和收款行手续费等。中信银行“护航计划”联名借记卡持卡人以及通过“留学汇”产品汇款的客户可享受跨境汇款手续费 5 折优惠（不含邮电费）。

服务案例——总分行联动解决客户学费汇款难题

2021 年 8 月 24 日，罗先生在中信银行长沙分行办理了一笔跨境汇款业务，用于孩子学费缴纳。但到 9 月 6 日，学校表示仍未收到学费，这极大增加了孩子入学的不确定性风险。

袁家岭支行紧急成立服务小组，与境外银行沟通，但因涉及多个银行，沟通效果并不理想，于是向总行发出求助。总行通过各渠道积极与清算行及收款行沟通，了解到因收款识别号已过有效期，资金无法顺利处理。为了不让资金退回，总行继续协助客户，多次通过电话、报文与境外银行及学校进行沟通，最终，资金在最后期限内按时到账。

客户事后专门致电 95558，表扬袁家岭支行的优质服务，表示中信银行的个人外汇业务服务专业且有温度，并向身边多位同事、朋友推荐中信银行出国金融服务。

2. 学费支付新渠道

中信银行留学汇——线上办理，不占额度不排队

为了让跨境汇款业务变得更加便捷、高效，中信银行不断优化汇款方式，推出了创新型汇款产品——留学汇。其优势主要包含以下几个方面：

- 额度便利：不占用个人年度购汇额度，支持全额到账，缴纳大额学费更省心。
- 操作简单：线上填信息，全程中文指引，无须提前购汇，汇款更轻松。
- 查询方便：受理进度实时跟踪，随时随地支持自助查询。
- 优惠权益：办理护航白金卡，享跨境汇款手续费 5 折优惠。

跨境汇款建议选正规金融机构

留学费用的支付渠道主要包括银行类金融机构和提供学费支付服务的第三方支付机构，考虑到留学费用金额较大，客户应首选银行类金融机构作为主要办理渠道。目前，部分银行已与第三方支付机构推出了合作产品，为客户提供多样化的产品选择。

在学费支付方面，银行可为客户提供跨境电汇、票汇、国际速汇等产品，国际速汇一般适用于个人对个人的跨境汇款，且受理金额相对较低，而票汇存在纸质票据丢失的风险。因此，最推荐客户使用的是跨境电汇产品。

在办理跨境电汇时，有一些细节值得注意：一是对于欧元、英镑等币种，校方可能同时提供了收款银行账号和 IBAN（国际银行账户号码），我们建议客户汇款时直接将 IBAN 填入收款账号处，否则可能会因为人工处理而发生较高的扣费甚至被退汇；二是全额到账服务并非适用于所有国家和地区，所以客户应在使用该服务前咨询银行客服；三是目前已有多家银行推出了跨境汇款状态查询服务，这能够帮助客户动态掌握每一个汇款环节。中信银行推出手机银行跨境汇款服务品牌“信 e 汇”，加速汇款到账，免费通过微信、短信推送汇款状态信息，有效呵护资金安全。

服务案例——远程为客户修改跨境汇款收款账号信息

2020 年 9 月 25 日，广州分行花城支行的客户留学生小彭通过手机银行跨境汇款功能汇学费到美国爱达荷大学的收款账户，由于输错了收款账号，导致汇款被退回。

花城支行工作人员通知客户临柜办理修改账号业务。但客户在上海参加比赛，短期不能回广州，且安排的行程是直接从上海出发到美国。由于学校规定了学费到账时间，因此客户申请由花城支行协助修改为正确的收款账号。

花城支行立即启动应急预案特别审批机制，为客户远程修改账户，并以远程视频、电话录音等技术手段核实客户身份及办理意愿，重新办理了跨境汇款业务，半小时内将款项汇入学校账户。

（三）办理国际信用卡

国际信用卡是留学过程中最常用的金融服务。在缴纳申请费、考试费、国际快递费以及在海外生活时都会用到国际信用卡。根据发卡机构的不同，目前常见的国际信用卡类型为万事达（MasterCard）、维萨（Visa）、大来卡（Diners Club）、JCB（Japan Credit Bureau，日本信用卡株式会社）和美国运通（American Express）。其中以万事达、维萨最为常见，在绝大多数的商家中都可以正常使用。而大来卡、JCB 以及美国运通的使用范围略小于前两种，可能会遇上商家不支持发卡机构的情况。

国际信用卡申请 7 ~ 20 个工作日可以完成，如果家长有连续社保缴纳记录和可查询的学历信息，银行一般不会再要求提供资产证明、在职证明、收入证明等材料。家长在办理国际信用卡的同时可以为留学生申请附属卡，方便其日后出国使用。因欧美发达国家的商家合规意识较强，留学生最好不要使用父母的信用卡，以防发生不必要的法律纠纷。

境外刷卡消费也能省钱

国际信用卡组织和中信银行与境外商户合作，为留学生海外消费提供众多便利和优惠，是留学生消费、省钱的好帮手。国际信用卡境外权益与特色权益比较多，表 7-3 对其进行了总结分析。

表 7-3 国际信用卡境外权益与特色权益

境外权益	特色权益		
中信银行 VISA 逍遥白金信用卡 [（原）留学生信用卡]	VISA Signature 全币通信用卡	万事达钛金信用卡	美国运通白金信用卡
■ 境外消费 2 倍积分 ■ 免 1.5% 境外交易货币转换费 ■ 卡片有效期内免年费（无附加消费条件） ■ 外币消费，人民币还款 ■ 航空意外伤害保险 ■ 30 000 元盗刷保障险（在信用卡挂失或临时止付前 48 小时内，因信用卡遗失、被盗、被抢所发生的被盗用损失，保额最高可达 30 000 元） ■ 全新 EMV（简易移动值）芯片卡，安全便捷 ■ 免年费，免货币转换费 ■ 境外不定期消费返现活动	■ 境外不定期消费返现活动 ■ 免 1.5% 境外交易货币转换费 ■ 境外消费 2 倍积分 ■ 航空意外伤害保险 ■ 航班延误保险 ■ 盗刷保障险	■ 境外不定期消费返现活动 ■ 指定品牌消费返现 20% ■ 免 1.5% 境外交易货币转换费 ■ 境外消费 2 倍积分 ■ 航空意外伤害保险 ■ 航班延误保险 ■ 盗刷保障险	■ 免 1.5% 境外交易货币转换费 ■ 全年境外消费 6 倍积分 ■ 白金尊贵卡权益 ■ 全球顶级餐厅、酒店预订 ■ TopCashback 网站专属返现礼遇

注：国际信用卡权益具体以银行最新活动细则为准。

国际信用卡紧急服务

1. 发现信用卡被盗刷怎么办？被盗刷的资金可以追回吗？

（1）发现信用卡账单出现非本人交易（或与实际交易情况不相符）的记账，在规定时间范围内（交易日起 60 天内）可向发卡行提出争议，由发卡行通过卡组织（如银联、维萨、万事达、JCB、美国运通等）向收单行提出调阅交易凭证的请求，以便了解交易的相关情况。

（2）调阅的交易凭证包括但不限于：签购单影像件、取现流水单据影像件、商户情况说明，以及与交易有关的截屏、电邮或其他与交易相关的资料。

（3）调单处理范畴：只针对信用卡交易是否成功、交易金额是否正确、有无重复入账以及商户是否按照卡组织规定进行收单操作进行核实（不针对签名笔迹、持卡人是否在现场等情况进行调查）。

2. 什么情况下会提示信用卡被锁？发现信用卡被锁后如何解锁？

信用卡被锁的原因有很多，比如密码多次输入错误，客户可联系客服解锁或通过自助渠道解锁。

3. 若进行大额消费时剩余额度不够，应该怎么做？是否可以临时提升额度？

客户可以尝试向银行申请临时额度。中信银行为了满足客户在境外的用卡需求，为优质客户提供海外专属额度，客户通过客服或短信激活该额度后，即可在海外指定地区消费。

银行系统会根据客户的用卡情况，自动审核生成海外额度，是否有海外额度及额度大小会根据客户的用卡情况有所变化，海外额度可在所有境外地区使用。海外额度激活后，符合条件的交易即可优先使用海外额度，再使用自身额度。

海外额度激活实时生效，有效期为一个月，有效期内未使用将自动失效。海外额度仅在客户在指定地区进行刷卡消费类交易时生效，提现、预授权、非刷卡交易等无法使用海外额度。海外额度激活成功与否，都会有短信提醒。在境外使用海外额度时无短信通知。

（四）境外保险

境外保险是出行必不可少的要素之一。客户出行之前需要通过银行或中介机构购买保险产品，以保障人身安全等。

二、海外就读阶段

从坐上国际航班，看着飞机上琳琅满目的免税商品杂志开始，学生的留学生涯就开始了，他们即将面对的是陌生的法律体系、社会制度、文化环境。因为各国的金融监管体系不同，留学生一定要多加重视，切莫因为无心之举被目的地认定为从事“跨境洗钱”等非法活动。但许多国家还经常使用现金，所以在海外学习生活，留学生需要携带一些现金以备不时之需。如何解决境外取现以及携带外币限额等问题，下文做了详细的分析与解读。

（一）携带外币现钞

欧美的发达国家仍旧广泛使用现金，所以留学生身上一定要带些外币现钞。但为了打击跨境洗钱，各国都规定了入境可携带的现钞限额，超过限额的部分必须申报。虽然各国都是随机抽查，但各国均有外币携带管制条件（见表 7–4），所以各位留学生不要存在侥幸心理，一定要遵守各国的现金携带规定，避免不必要的麻烦。

温馨提示

国家政策规定，携带超过 5 000 美元或等值外币出境，海关将对《外币携带证》进行核验。如果携带金额在等值 5 000 美元以上、1 万美元（含）以下的外币现钞出境，可以到中信银行网点申请开具《外币携带证》，海关凭加盖银行印章的证明文件验放。如果携带金额超过等值 1 万美元的外币现钞出境，需要到外汇管理局开具《外汇携带证明》，海关凭加盖外汇管理局印章的证明文件验放。

表 7–4　各国外币携带管制条件

国家	携带币值	备注
美国	不超过 1 万美元的现金、旅行支票或其他货币等	如不申报，当事人最高可面临 50 万美元的罚款及 10 年以上有期徒刑
加拿大	不超过 1 万加元或等值货币	超出限额，需如实申报
澳大利亚	不超过 1 万澳元或等值货币	超出限额，需向海关申报
德国	不超过 1 万欧元	
法国	不超过 7 600 欧元	
韩国	不超过 1 万美元或等值货币	超出限额，出入境都需向海关申报
日本	不超过 100 万日元或等值货币	填写申告书
英国	不超过 1 万欧元	超出部分需提交申请
阿联酋	不超过 5 000 美元	
泰国	至少携带 2 万泰铢	

（二）境外取现

部分留学生因担心携带的现钞丢失，选择到达留学目的地机场后用银行卡在自动取款机上取现。银联、维萨等卡组织发行的借记卡和信用卡均可在国外消费和取现，但取现手续费和限额不同。

借记卡境外取现因卡组织不同而收费标准及限额各异。以银联和维萨为例，银联卡每笔取现手续费为15元；维萨卡每笔取现手续费按照取现金额的1%收取，最低2美元。个人持境内银行卡（含借记卡与信用卡）在境外取现，每日每卡取款限额为等值1万元，每年每卡取款限额为等值10万元。

信用卡境外取现手续费按取现金额的3%收取，最低为20元或3美元或30港元或3欧元，同时按照每日万分之三到万分之五的利率收取利息。信用卡境外取现限额与借记卡相同。

旅美生活安全服务

作为美国大使馆在中国境内授权办理赴美签证业务的机构，中信银行承载了赴美“必经前站”的责任与使命。为了给中国公民赴美提供安全保障，同时为赴美人群提供全方位的生活、学习实用指导和服务，中信银行与中国驻美国大使馆、外交部领事保护中心共同推出“中国赴美公民全方位领事保护公共服务”，包括《中国驻美国大使馆领区手册》、领事“随手拍”系列视频、旅美生活服务平台（应急服务中心），为我国赴美人群提供全方位的旅美生活安全服务。

旅美生活服务平台二维码

第四节
留学后：善用金融服务让归来之路更顺利

一、假期归来阶段

当留学生走出国门、踏上海外求学的道路时，除了丰富多彩的学习生活，他们还会迎接新的挑战。面对这些挑战，丰富的金融产品和增值服务能够为留学生的海外学习生活解决问题、增添便利。

名企实习

留学生在归国期间可以参加中信银行英才实习营，在丰富实践经历的同时结识志同道合的小伙伴，让自己的留学生涯更加精彩纷呈。

英才实习营是中信银行为留学生及有实习需求的学生们提供的暑期及寒假短期实习项目，能丰富学生的实习经历、充实学生的假期生活。英才实习营全程提供丰富多彩的轮岗体验，还有业界大咖、专业导师交流辅导，能拓展学生的金融知识、提升学生的社交能力，更有超高含金量的双语实习证书，能有效提升学生背景，助力其境内外高校及工作申请，为留学生涯助力加油！

二、学成归来阶段

2022 年 2 月，智联招聘发布了《2021 中国海归就业调查报告》。监测数据显示，2021 年在国内求职的海归总人数及应届留学生人数均与 2020 年基本持平，前者同比下降 0.5%，后者同比增长 0.5%。2021 年学成归国人数更是创历史新高，可见海归回国发展意愿增强已是趋势。

在中信银行的调研中，受访者表示选择回国发展一方面是为了方便与家人团聚，兼顾家庭和事业，另一方面是更看好国内发展潜力和人际网络支持。而选择留在国外发展的受访者大多是因为专业匹配度高，或者已经完全融入国外的生活环境，建立了自己的交际圈。

（一）创业者融资

越来越多的海归选择创业，而融资困难是目前海归创业者遇到的难题。“巧妇难为无米之炊”，纵使留学归国人员具备先进的知识和极高的素养，拥有国际视野及跨文化沟通能力等优势，若不能获得足够的资金支持，成功也绝非易事。

创业启动金没那么难获得

从留学家庭的周期性需求出发，中信银行创新贷款方式，缓解留学家庭融资压力。留学家庭以核心房产为抵押，可以向银行申请综合授信额度（见表 7-5），额度项下贷款金额可用于消费和经营，其中消费包括合规购买本次综合授信抵押房产（包括住房和商用房)、购车、装修、教育、医疗、旅游、日常消费等其他满足家庭生活的用途。

个人房产抵押综合授信额度的授信期限最长不超过 30 年。授信到期日不得晚于抵押房产对应的土地使用权到期日。除了常规的等额本息和等额本金还款方式，中信银行还推出多种创新还款方式，有效降低客户还款压力，提高资金使用率。

表 7–5 以房产抵押方式申请授信额度

序号	房屋类型	最大额度
1	住房	房屋价值的 70%
2	商用房	房屋价值的 60%

(二)留学剩余外汇管理

在留学生学成归国后，留学家庭手中一般都会持有部分结余外汇。留学家庭根据自身需要，可选择结汇或继续持有。

1. 结汇——把握时机，多结多得

个人结汇业务是指以外汇购买人民币业务。由于国内各家银行结汇汇率不同，留学家庭在不同银行结汇的成本各异。留学家庭在选择结汇银行时应多方比较，并关注外汇市场，把握最佳结汇时机。

2. 持有外币——储蓄投资两相宜

如果留学生归国后，留学家庭仍有出境需求，或希望多币种投资以规避风险，那么留学家庭可以在一定时间内继续持有部分外币。

结汇和外币理财也有窍门

中信银行不定期开展点差优惠活动，多结多得；每周发布外汇市场分析报告，帮助留学家庭更好地了解外汇走势，把握结汇时机。

中信银行推出外币存款差异化利率定价，提供美元专属外币理财服务。

中信银行出国金融业务，助力留学之路

出国金融业务是由中信银行首家推出的、为出国人员和来华外籍人士等提供的一整套安全、快捷、便利的多样化金融服务。中信银行深耕出国金融业务24年，针对客户的不同需求，提供出国留学、旅游探亲、商务出国、外籍人士四大系列的一站式服务，业务范围包括签证、外汇结算、外币理财、跨境汇款、留学汇、资信证明、出国特色卡等。同时，通过与优质资源跨界融合，中信银行围绕留学周期提供专属增值服务，满足学生背景提升、海外安全、全球实习等需求，打造“线上＋线下”“金融＋非金融”的出国金融服务生态圈。

中信银行出国金融业务发展历程如图7-3所示。

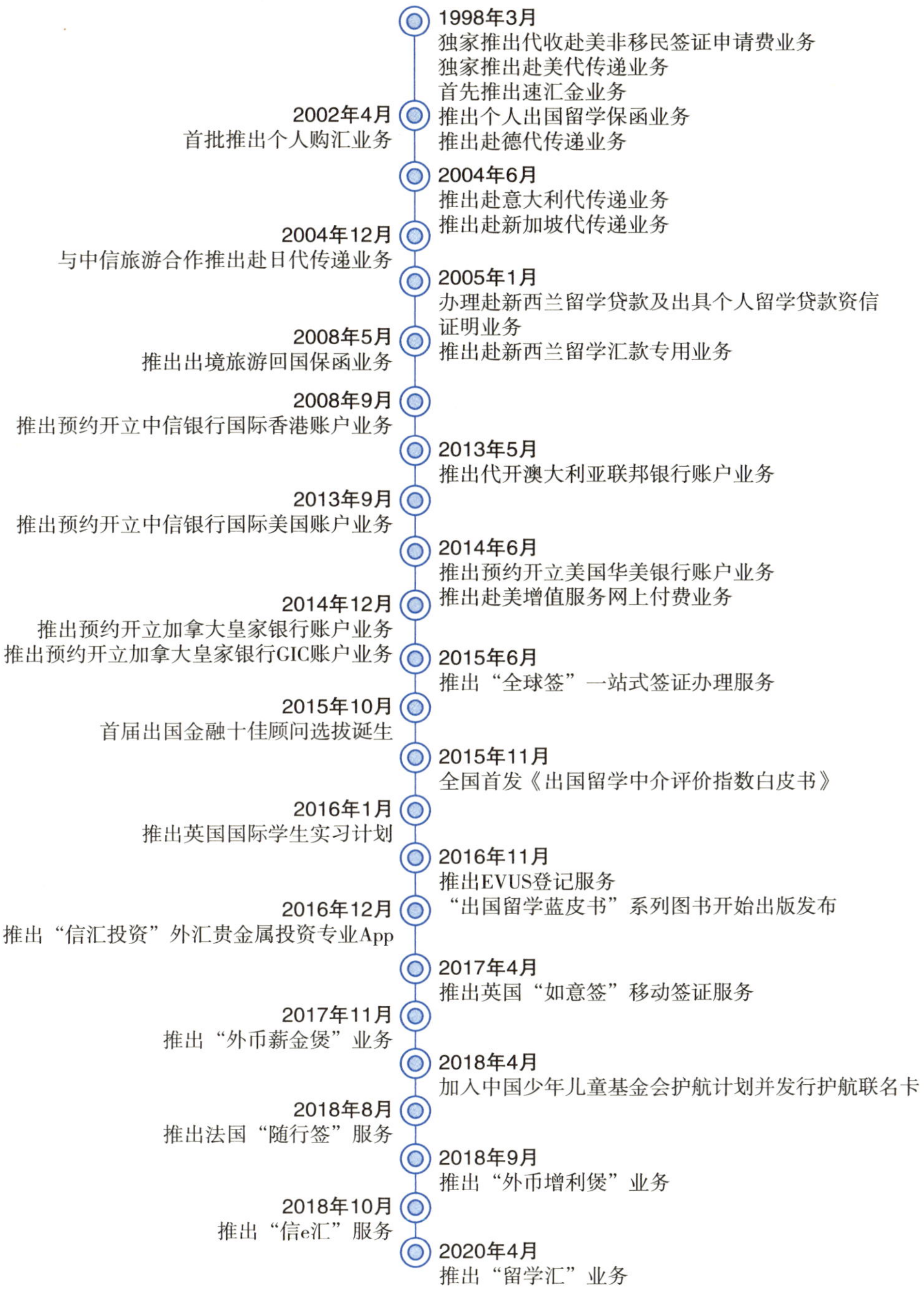

图 7-3　中信银行出国金融业务发展历程

附 表

附表 1　2022—2023 年 QS 世界大学排名

2022 年排名	2023 年排名	学校名称（中文）	学校名称（外文）	国家或地区
1	1	麻省理工学院	Massachusetts Institute of Technology（MIT）	美国
3	2	剑桥大学	University of Cambridge	英国
3	3	斯坦福大学	Stanford University	美国
2	4	牛津大学	University of Oxford	英国
5	5	哈佛大学	Harvard University	美国
6	6	加利福尼亚理工学院	California Institute of Technology（Caltech）	美国
7	6	帝国理工学院	Imperial College London	英国
8	8	伦敦大学学院	University College London	英国
8	9	苏黎世联邦理工学院（瑞士联邦理工学院）	Swiss Federal Institute of Technology Zurich	瑞士
10	10	芝加哥大学	University of Chicago	美国
11	11	新加坡国立大学	National University of Singapore	新加坡
18	12	北京大学	Peking University	中国
13	13	宾夕法尼亚大学	University of Pennsylvania	美国
17	14	清华大学	Tsinghua University	中国
16	15	爱丁堡大学	University of Edinburgh	英国
14	16	洛桑联邦理工学院	École Polytechnique Fédérale de Lausanne（EPFL）	瑞士
20	16	普林斯顿大学	Princeton University	美国
14	18	耶鲁大学	Yale University	美国
12	19	南洋理工大学	Nanyang Technological University	新加坡

（续表）

2022 年排名	2023 年排名	学校名称（中文）	学校名称（外文）	国家或地区
21	20	康奈尔大学	Cornell University	美国
22	21	香港大学	The University of Hong Kong（HKU）	中国香港
19	22	哥伦比亚大学	Columbia University	美国
23	23	东京大学	University of Tokyo	日本
25	24	约翰斯·霍普金斯大学	Johns Hopkins University	美国
23	25	密歇根大学安娜堡分校	University of Michigan, Ann Arbor	美国
44	26	巴黎第九大学	Université Paris Dauphine	法国
32	27	加利福尼亚大学伯克利分校	University of California, Berkeley	美国
27	28	曼彻斯特大学	University of Manchester	英国
29	29	首尔国立大学	Seoul National University	韩国
27	30	澳大利亚国立大学	The Australian National University（ANU）	澳大利亚
27	31	麦吉尔大学	McGill University	加拿大
30	32	西北大学	Northwestern University	美国
37	33	墨尔本大学	University of Melbourne	澳大利亚
31	34	复旦大学	Fudan University	中国
26	34	多伦多大学	University of Toronto	加拿大
33	36	京都大学	Kyoto University	日本
35	37	伦敦国王学院	King's College London	英国
39	38	香港中文大学	The Chinese University of Hong Kong（CUHK）	中国香港
42	39	纽约大学	New York University（NYU）	美国
34	40	香港科技大学	The Hong Kong university of Science and Technology（HKUST）	中国香港
38	41	悉尼大学	University of Sydney	澳大利亚

（续表）

2022 年排名	2023 年排名	学校名称（中文）	学校名称（外文）	国家或地区
41	42	韩国高等科技学院	Korea Advanced Institute of Science and Technology	韩国
45	42	浙江大学	Zhejiang University	中国
40	44	加利福尼亚大学洛杉矶分校	University of California, Los Angeles	美国
43	45	新南威尔士大学	University of New South Wales	澳大利亚
50	46	上海交通大学	Shanghai Jiao Tong University	中国
46	47	英属哥伦比亚大学	University of British Columbia	加拿大
49	48	巴黎综合理工学院	Institut Polytechnique de Paris	法国
50	49	慕尼黑工业大学	Technical University of Munich	德国
52	50	杜克大学	Duke University	美国
47	50	昆士兰大学	University of Queensland（UQ）	澳大利亚
53	52	卡内基梅隆大学	Carnegie Mellon University（CMU）	美国
48	53	加利福尼亚大学圣迭戈分校	University of California, San Diego	美国
53	54	香港城市大学	City University of Hong Kong	中国香港
56	55	东京工业大学	Tokyo Institute of Technology（TokyoTech）	日本
49	56	伦敦经济政治学院	The London School of Economics and Political Science（LSE）	英国
58	57	莫纳什大学	Monash University	澳大利亚
55	58	阿姆斯特丹大学	University of Amsterdam	荷兰
64	59	慕尼黑大学	Ludwig-Maximilians-Universität München	德国
72	60	索邦大学	Sorbonne University	法国
57	61	代尔夫特理工大学	Delft University of Technology	荷兰

（续表）

2022 年排名	2023 年排名	学校名称（中文）	学校名称（外文）	国家或地区
62	61	布里斯托大学	University of Bristol	英国
60	63	布朗大学	Brown University	美国
61	64	华威大学	The University of Warwick	英国
63	65	海德堡大学	Ruprecht-Karls-Universität Heidelberg	德国
66	65	香港理工大学	The Hong Kong Polytechnic University	中国香港
69	67	布宜诺斯艾利斯大学	Universidad de Buenos Aires（UBA）	阿根廷
75	68	大阪大学	Osaka University	日本
86	69	巴黎萨克雷大学	Université Paris-Saclay	法国
65	70	马来亚大学	Universiti Malaya（UM）	马来西亚
81	71	浦项科技大学	Pohang University of Science and Technology（POSTECH）	韩国
67	72	得克萨斯大学奥斯汀分校	University of Texas at Austin	美国
79	73	延世大学	Yonsei University	韩国
	74	高丽大学	Korea University	韩国
78	75	莫斯科国立大学	Lomonosov Moscow State University	俄罗斯
70	76	鲁汶大学	Catholic University of Leuven	比利时
68	77	台湾大学	National Taiwan University（NTU）	中国台湾
77	78	南安普敦大学	University of Southampton	英国
82	79	东北大学（日本）	Tohoku University	日本
82	80	华盛顿大学	University of Washington	美国
73	81	格拉斯哥大学	University of Glasgow	英国
79	82	哥本哈根大学	University of Copenhagen	丹麦
75	83	威斯康星大学麦迪逊分校	University of Wisconsin, Madison	美国

（续表）

2022 年排名	2023 年排名	学校名称（中文）	学校名称（外文）	国家或地区
70	83	苏黎世大学	University of Zurich	瑞士
82	85	伊利诺伊大学厄本那－香槟分校	University of Illinois，Urbana-Champaign	美国
92	86	利兹大学	University of Leeds	英国
85	87	奥克兰大学	The University of Auckland	新西兰
88	88	佐治亚理工学院	Georgia Institute of Technology（Georgia Tech）	美国
89	89	瑞典皇家理工学院	KTH Royal Institute of Technology	瑞士
93	90	西澳大利亚大学	The University of Western Australia	澳大利亚
90	91	伯明翰大学	University of Birmingham	英国
82	92	杜伦大学	Durham University	英国
96	93	宾夕法尼亚州立大学帕克分校	Pennsylvania State University，University Park	美国
98	94	中国科学技术大学	University of Science and Technology of China	中国
87	95	隆德大学	Lund University	瑞士
95	96	谢菲尔德大学	The University of Sheffield	英国
91	96	圣安德鲁斯大学	University of St Andrews	英国
101	98	都柏林三一学院	Trinity College Dublin，The University of Dublin	爱尔兰
97	99	成均馆大学	Sungkyunkwan University（SKKU）	韩国
94	100	莱斯大学	Rice University	美国

资料来源：QS 官网，https://www.qs.com/rankings。

附表 2　2022 年 U.S. News 美国大学排名

排名	学校名称（中文）	学校名称（英文）	RD 申请截止日期	2021 年秋季录取率	4 年毕业率
1	普林斯顿大学	Princeton University	1 月 1 日	0.06	0.90
2	哥伦比亚大学	Columbia University	1 月 1 日	0.06	0.86
2	哈佛大学	Harvard University	1 月 1 日	0.05	0.86
2	麻省理工学院	Massachusetts Institute of Technology	1 月 1 日	0.07	0.87
5	耶鲁大学	Yale University	1 月 2 日	0.07	0.84
6	斯坦福大学	Stanford University	1 月 2 日	0.05	0.74
6	芝加哥大学	University of Chicago	11 月 1 日	0.07	0.91
8	宾夕法尼亚大学	University of Pennsylvania	1 月 5 日	0.09	0.86
9	加利福尼亚理工学院	California Institute of Technology	1 月 3 日	0.07	0.86
9	杜克大学	Duke University	1 月 3 日	0.08	0.90
9	约翰斯·霍普金斯大学	Johns Hopkins University	1 月 2 日	0.09	0.89
9	西北大学	Northwestern University	1 月 3 日	0.09	0.85
13	达特茅斯学院	Dartmouth College	1 月 2 日	0.09	0.87
14	布朗大学	Brown University	1 月 5 日	0.08	0.84
14	范德堡大学	Vanderbilt University	1 月 1 日	0.12	0.88
14	圣路易斯华盛顿大学	Washington University in St. Louis	1 月 3 日	0.16	0.88
17	康奈尔大学	Cornell University	1 月 2 日	0.11	0.89
17	莱斯大学	Rice University	1 月 1 日	0.11	0.85
19	圣母大学	University of Notre Dame	1 月 1 日	0.19	0.93
20	加利福尼亚大学洛杉矶分校	University of California, Los Angeles	11 月 30 日	0.14	0.81
21	艾茉莉大学	Emory University	1 月 1 日	0.19	0.82
22	加利福尼亚大学伯克利分校	University of California, Berkeley	11 月 30	0.18	0.76

（续表）

排名	学校名称（中文）	学校名称（英文）	RD 申请截止日期	2021 年秋季录取率	4 年毕业率
23	乔治城大学	Georgetown University	1 月 10 日	0.17	0.90
23	密歇根大学安娜堡分校	University of Michigan, Ann Arbor	2 月 1 日	0.26	0.81
25	卡内基梅隆大学	Carnegie Mellon University	1 月 1 日	0.17	0.80
25	弗吉尼亚大学	University of Virginia	1 月 1 日	0.23	0.89
27	南加州大学	University of Southern California	1 月 15 日	0.16	0.79
28	纽约大学	New York University	1 月 5 日	0.21	0.79
28	塔夫茨大学	Tufts University	1 月 1 日	0.16	0.89
28	加利福尼亚大学圣塔芭芭拉分校	University of California, Santa Barbara	11 月 30 日	0.37	0.71
28	佛罗里达大学	University of Florida	3 月 1 日	0.31	0.67
28	北卡罗来纳大学教堂山分校	University of North Carolina, Chapel Hill	1 月 15 日	0.24	0.86
28	维克森林大学	Wake Forest University	1 月 1 日	0.32	0.85
34	加利福尼亚大学圣迭戈分校	University of California, San Diego	11 月 30	0.38	0.68
34	罗切斯特大学	University of Rochester	1 月 5 日	0.35	0.76
36	波士顿学院	Boston College	1 月 1 日	0.26	0.89
36	加利福尼亚大学尔湾分校	University of California, Irvine	11 月 30 日	0.30	0.69
38	佐治亚理工学院	Georgia Institute of Technology	1 月 4 日	0.21	0.47
38	加利福尼亚大学戴维斯分校	University of California, Davis	11 月 30 日	0.46	—
38	得克萨斯大学奥斯汀分校	University of Texas at Austin	12 月 1 日	0.32	0.70
38	威廉玛丽学院	William & Mary	1 月 1 日	0.42	0.85
42	波士顿大学	Boston University	1 月 4 日	0.2	0.84
42	布兰迪斯大学	Brandeis University	1 月 1 日	0.34	0.82

（续表）

排名	学校名称（中文）	学校名称（英文）	RD 申请截止日期	2021 年秋季录取率	4 年毕业率
42	凯斯西储大学	Case Western Reserve University	1月15日	0.30	0.64
42	杜兰大学	Tulane University	11月15日	0.11	0.77
42	威斯康星大学麦迪逊分校	University of Wisconsin, Madison	2月1日	0.57	0.67
47	伊利诺伊大学厄本那－香槟分校	University of Illinois, Urbana-Champaign	1月5日	0.63	0.72
48	佐治亚大学	University of Georgia	1月1日	0.48	0.68
49	里海大学	Lehigh University	1月15日	0.50	0.79
49	东北大学	Northeastern University	1月1日	0.20	—
49	俄亥俄州立大学	Ohio State University, Columbus	2月1日	0.68	0.65
49	佩伯代因大学	Pepperdine University	1月15日	0.42	0.80
49	普渡大学西拉法叶分校	Purdue University, West Lafayette	滚动录取	0.67	0.60
49	维拉诺瓦大学	Villanova University	1月15日	0.31	0.89
55	佛罗里达州立大学	Florida State University	3月1日	0.32	0.72
55	伦斯勒理工学院	Rensselaer Polytechnic Institute	1月15	0.57	0.74
55	圣克拉拉大学	Santa Clara University	1月7日	0.51	0.88
55	迈阿密大学	University of Miami	1月1日	0.33	0.72
59	雪城大学	Syracuse University	1月1日	0.69	0.71
59	马里兰大学学院帕克分校	University of Maryland, College Park	1月20日	0.49	0.70
59	匹兹堡大学	University of Pittsburgh, Pittsburgh Campus	滚动录取	0.64	0.69
59	华盛顿大学	University of Washington	11月15日	0.56	0.68
63	乔治华盛顿大学	George Washington University	1月1日	0.43	0.79

（续表）

排名	学校名称（中文）	学校名称（英文）	RD 申请截止日期	2021 年秋季录取率	4 年毕业率
63	宾夕法尼亚州立大学帕克分校	Pennsylvania State University, University Park	滚动录取	0.54	0.70
63	罗格斯大学	Rutgers University, New Brunswick	滚动录取	0.67	0.67
63	康涅狄格大学	University of Connecticut	1月15日	0.56	0.73
63	伍斯特理工学院	Worcester Polytechnic Institute	2月15日	0.59	0.81
68	福特汉姆大学	Fordham University	1月1日	0.53	0.79
68	印第安纳大学伯明顿分校	Indiana University, Bloomington	滚动录取	0.8	0.69
68	南卫理公会大学	Southern Methodist University	1月15日	0.53	0.73
68	德州农工大学	Texas A&M University	12月1日	0.63	0.57
68	马萨诸塞大学阿默斯特分校	University of Massachusetts, Amherst	1月15日	0.65	0.76
68	明尼苏达大学双城分校	University of Minnesota, Twin Cities	滚动录取	0.70	0.71
68	叶史瓦大学	Yeshiva University	2月1日	0.67	0.69
75	贝勒大学	Baylor University	2月1日	0.68	0.64
75	克莱蒙森大学	Clemson University	5月1日	0.62	0.63
75	洛约拉玛丽蒙特大学	Loyola Marymount University	1月15日	0.50	0.75
75	弗吉尼亚理工学院	Virginia Tech	1月15日	0.67	0.65
79	美利坚大学	American University	1月15日	0.39	0.73
79	杨百翰大学	Brigham Young University, Provo	12月15日	0.69	0.21
79	贡萨加大学	Gonzaga University	2月1日	0.73	0.77
79	北卡罗来纳州立大学	North Carolina State University	1月15日	0.46	0.59

（续表）

排名	学校名称（中文）	学校名称（英文）	RD 申请截止日期	2021 年秋季录取率	4 年毕业率
83	纽约州立大学宾汉姆顿分校	Binghamton University, SUNY	滚动录取	0.43	0.72
83	科罗拉多矿业学院	Colorado School of Mines	5 月 1 日	0.55	0.65
83	伊隆大学	Elon University	1 月 10 日	0.72	0.79
83	霍华德大学	Howard University	2 月 15 日	0.39	0.52
83	马凯特大学	Marquette University	12 月 1 日	0.82	0.67
83	密歇根州立大学	Michigan State University	滚动录取	0.76	0.58
83	史蒂文斯理工学院	Stevens Institute of Technology	1 月 15 日	0.53	0.53
83	得克萨斯基督大学	Texas Christian University	2 月 1 日	0.48	0.70
83	加利福尼亚大学河滨分校	University of California, Riverside	11 月 30 日	0.66	0.62
83	艾奥瓦大学	University of Iowa	5 月 1 日	0.84	0.54
93	纽约州立大学石溪分校	Stony Brook University, SUNY	1 月 15 日	0.49	0.63
93	纽约州立大学水牛城分校	University at Buffalo, SUNY	滚动录取	0.67	0.59
93	加利福尼亚大学默塞德分校	University of California, Merced	11 月 30 日	0.85	0.45
93	特拉华大学	University of Delaware	1 月 15 日	0.63	0.73
93	丹佛大学	University of Denver	1 月 15 日	0.61	0.67
93	圣迭戈大学	University of San Diego	12 月 15 日	0.59	0.69
99	奥本大学	Auburn University	2 月 3 日	0.85	0.51
99	科罗拉多大学博尔德分校	University of Colorado Boulder	1 月 15 日	0.84	0.50
99	俄勒冈大学	University of Oregon	1 月 15 日	0.83	0.58
99	犹他大学	University of Utah	4 月 1 日	0.79	0.34

资料来源：U.S. News 官网，https://www.usnews.com/best-colleges/rankings/national-universities?_mode=table。

附表 3　2022 年 U.S. News 美国文理学院前五十名

排名	学校名称（中文）	学校名称（英文）	所在城市
1	威廉姆斯学院	Williams College	威廉姆斯镇，马萨诸塞州
2	阿默斯特学院	Amherst College	阿默斯特，马萨诸塞州
3	斯沃斯莫尔学院	Swarthmore College	斯沃斯莫尔，宾夕法尼亚州
4	波莫纳学院	Pomona College	克莱蒙特，加利福尼亚州
5	韦尔斯利学院	Wellesley College	韦尔斯利，马萨诸塞州
6	鲍登学院	Bowdoin College	布伦瑞克，缅因州
6	美国海军学院	United States Naval Academy	安纳波利斯，马里兰州
8	克莱蒙特麦肯纳学院	Claremont McKenna College	克莱蒙特，加利福尼亚州
9	卡尔顿学院	Carleton College	北田镇，明尼苏达州
9	明德学院	Middlebury College	明德镇，佛蒙特州
11	西点军校	United States Military Academy	西点，纽约州
11	华盛顿与李大学	Washington and Lee University	莱克星顿，弗吉尼亚州
13	戴维森学院	Davidson College	戴维森，北卡罗来纳州
13	格林内尔学院	Grinnell College	格林内尔，艾奥瓦州
13	汉密尔顿学院	Hamilton College	克林顿市，纽约州
16	哈弗福德学院	Haverford College	哈弗福德，宾夕法尼亚州
17	巴纳德学院	Barnard College	纽约市，纽约州
17	科尔比学院	Colby College	沃特维尔，缅因州
17	科尔盖特大学	Colgate University	汉密尔顿，纽约州
17	史密斯学院	Smith College	北安普敦，马萨诸塞州
17	卫斯理安大学	Wesleyan University	米德尔敦，康涅狄格州
22	美国空军学院	United States Air Force Academy	科罗拉多春城，科罗拉多州
22	里士满大学	University of Richmond	里士满市，弗吉尼亚州
22	瓦萨学院	Vassar College	波基浦西市，纽约州
25	贝茨学院	Bates College	路易斯顿，缅因州
26	科罗拉多学院	Colorado College	科罗拉多春城，科罗拉多州
27	麦卡莱斯特学院	Macalester College	圣保罗，明尼苏达州

（续表）

排名	学校名称（中文）	学校名称（英文）	所在城市
28	哈维姆德学院	Harvey Mudd College	克莱蒙特，加利福尼亚州
29	美国创价大学	Soka University of America	索维耶荷，加利福尼亚州
30	伯里亚学院	Berea College	伯里亚，肯塔基州
30	布林莫尔学院	Bryn Mawr College	布林莫尔，宾夕法尼亚州
30	凯尼恩学院	Kenyon College	甘比尔，俄亥俄州
30	曼荷莲女子学院	Mount Holyoke College	南哈德利，马萨诸塞州
30	斯克利普斯学院	Scripps College	克莱蒙特，加利福尼亚州
35	圣十字学院	College of the Holy Cross	伍斯特，马萨诸塞州
35	匹泽学院	Pitzer College	克莱蒙特，加利福尼亚州
37	欧柏林学院	Oberlin College and Conservatory	欧柏林，俄亥俄州
38	巴克内尔大学	Bucknell University	路易斯堡，宾夕法尼亚州
38	拉法耶特学院	Lafayette College	尹斯顿镇，宾夕法尼亚州
38	斯基德莫尔学院	Skidmore College	萨拉托加温泉镇，纽约州
38	惠特曼学院	Whitman College	沃拉沃拉，华盛顿州
42	丹尼森大学	Denison University	格兰维尔，俄亥俄州
42	富兰克林马歇尔学院	Franklin & Marshall College	兰开斯特，宾夕法尼亚州
42	西方学院	Occidental College	洛杉矶，加利福尼亚州
42	托马斯阿奎那学院	Thomas Aquinas College	圣保罗，加利福尼亚州
46	德堡大学	DePauw University	绿城堡，印第安纳州
46	弗曼大学	Furman University	格林维尔，南卡罗来纳州
46	希尔斯代尔学院	Hillsdale College	希尔斯代尔，密歇根州
46	三一学院	Trinity College	哈特弗德，康涅狄格州
50	康涅狄格学院	Connecticut College	新伦敦，康涅狄格州
50	狄金森学院	Dickinson College	卡莱尔市，宾夕法尼亚州
50	联合学院	Union College（NY）	斯克内克塔迪市，纽约州
50	西沃恩南方大学	Sewanee University of the South	西沃恩，田纳西州

资料来源：U.S. News 官网，https://www.usnews.com/best-colleges/rankings/national-universities。

附表 4　2022 年 NICHE 美国私立高中前五十名

排名	学校名称（中文）	学校名称（英文）	所在州
1	菲利普斯中学安多佛	Phillips Academy Andover	马萨诸塞州
2	霍奇基斯中学	The Hotchkiss School	康涅狄格州
3	乔特罗斯玛丽中学	Choate Rosemary Hall	康涅狄格州
4	格罗顿中学	Groton School	马萨诸塞州
5	菲利普斯埃克塞特中学	Phillips Exeter Academy	新罕布什尔州
6	劳伦斯威尔中学	The Lawrenceville School	新泽西州
7	圣保罗中学	St. Paul's School	新罕布什尔州
8	格里诺贵族中学	Noble and Greenough School	马萨诸塞州
9	迪尔菲尔德中学	Deerfield Academy	马萨诸塞州
10	康科德中学	Concord Academy	马萨诸塞州
11	鲁米斯查菲中学	The Loomis Chaffee School	康涅狄格州
12	米尔顿中学	Milton Academy	马萨诸塞州
13	凯特中学	Cate School	加利福尼亚州
14	克瑞布鲁克中学	Cranbrook Schools	密歇根州
15	米德尔塞克斯中学	Middlesex School	马萨诸塞州
16	撒切尔中学	The Thacher School	加利福尼亚州
17	普林斯顿国际数学与科学学院	Princeton International School of Math and Science	新泽西州
18	圣马克中学	St. Mark's School	马萨诸塞州
19	森林湖中学	Lake Forest Academy	伊利诺伊州
20	圣安德鲁中学	St. Andrew's School	特拉华州
21	佩迪中学	Peddie School	新泽西州
22	摩尔西斯堡中学	Mercersburg Academy	宾夕法尼亚州
23	圣奥尔本斯中学	St. Albans School	华盛顿特区
24	哈克里中学	Hackley School	纽约州
25	韦伯中学	The Webb Schools	加利福尼亚州
26	塔夫特中学	The Taft School	康涅狄格州
27	圣斯蒂芬主教中学	St. Stephen's Episcopal School	得克萨斯州
28	托马斯杰斐逊中学	Thomas Jefferson School	密苏里州
29	艾玛威拉德女子中学	Emma Willard School	纽约州
30	肯特中学	Kent School	康涅狄格州

（续表）

排名	学校名称（中文）	学校名称（英文）	所在州
31	玛黛拉女子中学	The Madeira School	弗吉尼亚州
32	贝尔蒙山中学	Belmont Hill School	马萨诸塞州
33	主教中学	Episcopal High School	弗吉尼亚州
34	庞弗雷特中学	Pomfret School	康涅狄格州
35	北野山高中	Northfield Mount Hermon School	马萨诸塞州
36	夏威夷中学	Iolani School	夏威夷州
37	塞拉峡谷中学	Sierra Canyon School	加利福尼亚州
38	世界联合学院	United World College USA	新墨西哥州
39	西储中学	Western Reserve Academy	俄亥俄州
40	雅典娜中学	The Athenian School	加利福尼亚州
41	石溪中学	The Stony Brook School	纽约州
42	萨菲尔德中学	Suffield Academy	康涅狄格州
43	希尔中学	The Hill School	宾夕法尼亚州
44	费尔蒙特预备中学	Fairmont Preparatory Academy	加利福尼亚州
45	迈斯特中学	The Masters School	纽约州
46	明尼苏达国际中学	The International School of Minnesota	明尼苏达州
47	桑迪赛德中学	Shady Side Academy	宾夕法尼亚州
48	布莱尔中学	Blair Academy	新泽西州
49	乔治城预科中学	Georgetown Preparatory School	马里兰州
50	库欣中学	Cushing Academy	马萨诸塞州

资料来源：NICHE 官网，https://www.niche.com/k12/search/best-boarding-high-schools/。

附表 5　2022 年雅思考试时间

考试日期 日 / 月 / 年	类别	报名截止日期 日 / 月 / 年	准考证打印日期 日 / 月 / 年	成绩单寄送日期 日 / 月 / 年
06/08/2022	A+G	21/07/2022	29/07/2022	19/08/2022
11/08/2022	A	26/07/2022	03/08/2022	24/08/2022
13/08/2022	A+G	28/07/2022	05/08/2022	26/08/2022
20/08/2022	A	04/08/2022	12/08/2022	02/09/2022
27/08/2022	A+G	11/08/2022	19/08/2022	09/09/2022

（续表）

考试日期 日 / 月 / 年	类别	报名截止日期 日 / 月 / 年	准考证打印日期 日 / 月 / 年	成绩单寄送日期 日 / 月 / 年
03/09/2022	A	18/08/2022	26/08/2022	16/09/2022
10/09/2022	A	25/08/2022	02/09/2022	23/09/2022
15/09/2022	A+G	30/08/2022	07/09/2022	28/09/2022
24/09/2022	A+G	08/09/2022	16/09/2022	07/10/2022
08/10/2022	A	22/09/2022	30/09/2022	21/10/2022
13/10/2022	A	27/09/2022	05/10/2022	26/10/2022
22/10/2022	A+G	06/10/2022	14/10/2022	04/11/2022
29/10/2022	A+G	13/10/2022	21/10/2022	11/11/2022
05/11/2022	A+G	20/10/2022	28/10/2022	18/11/2022
10/11/2022	A+G	25/10/2022	02/11/2022	23/11/2022
19/11/2022	A	03/11/2022	11/11/2022	02/12/2022
26/11/2022	A	10/11/2022	18/11/2022	09/12/2022
03/12/2022	A+G	17/11/2022	25/11/2022	16/12/2022
08/12/2022	A+G	22/11/2022	30/11/2022	21/12/2022
10/12/2022	A+G	24/11/2022	02/12/2022	23/12/2022
17/12/2022	A	01/12/2022	09/12/2022	30/12/2022

资料来源：雅思官网，https://news.neea.cn/IELTS/zh_CN/D4F4A8F80C3C2ABBE0530746C80AEBA2.html。

附表 6　2022 年下半年托福考试时间

月份	日期
8 月	21 日、**27 日**、28 日
9 月	4 日、7 日、**17 日**、18 日、21 日、**24 日**、25 日
10 月	9 日、15 日、19 日、22 日、**29 日**、30 日
11 月	2 日、5 日、12 日、16 日、**19 日**、20 日、27 日
12 月	3 日、4 日、7 日、10 日、11 日、**17 日**、21 日

注：粗体日期同时提供上下午考场场次，因全球公共健康事件影响，考试时间也许会有变化，以 College Board 官网实时发布信息为准。

资料来源：托福考试官网，https://toefl.cn/。